중·고등 영어도 역시 **1위 해커스**다.

해커스**북** ^{중·고등}

HackersBook.com

해커스
수능 어법
불변의 패턴 실력편 이 특별한 이유!

수능·내신에 나오는 어법은 모두 다 잡으니까!

1

역대 수능·모의고사 기출 분석으로
실전에 바로 적용 가능한
37개의 불패 전략

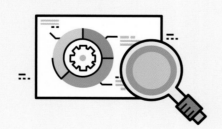

2

출제포인트와 함정까지
빈틈없이 대비하는
기출 예문 및 기출 문제

해커스 수능 어법 불변의 패턴

필수편   실력편

어떤 변수에도 흔들리지 않는 진짜 내 실력이 되니까!

3

핵심 문법 설명부터 실전 어법까지
제대로 된 어법 실력을 쌓는
단계별 학습 구성

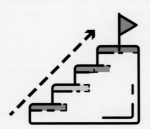

4

서술형 대비 영작 워크시트 및
다양한 부가 학습 자료로
흔들림 없는 실력 완성

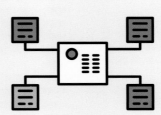

해커스 수능 어법 불변의 패턴 시리즈를 검토해주신 선생님들

경기
강상훈 RTS학원/수원대치명문
우재선 리더스학원
이창석 정현영어학원
최지영 다른영어학원

경남
권장미 인서울영어학원
김상훈 청어람
이현란 헬렌아카데미
조유진 리딩온어학원
황은영 에이블학원

대전
이재근 이재근영어수학학원

서울
이현아 이은재 어학원
최세아 씨앤씨학원

세종
주현아 너희가꽃이다입시학원

전북
정석우 정석우영어학원

충남
노성순 천안공업고등학교

해커스 어학연구소 자문위원단 3기

강원
박정선 잉글리쉬클럽
최현주 최샘영어

경기
강민정 YLP김진성열정어학원
강상훈 평촌RTS학원
강지인 강지인영어학원
권계미 A&T+ 영어
김미아 김쌤영어학원
김설화 업라이트잉글리쉬
김성재 스윗스터디학원
김세훈 모두의학원
김수아 더스터디(The STUDY)
김영아 백송고등학교
김유경 벨트어학원
김유경 포시즌스어학원
김유동 이스턴영어학원
김지숙 위디벨럽학원
김지현 이지프레임영어학원
김해빈 해빛영어학원
김현지 지앤비영어학원
박가영 한민고등학교
박영서 스윗스터디학원
박은별 더킹영수학원
박재홍 록키어학원
성승민 SDH어학원 불당캠퍼스
신소연 Ashley English
오귀연 루나영어학원
유신애 에듀포커스학원
윤소정 ILP이화어학원
이동진 이룸학원
이상미 버밍엄영어교습소
이연정 명품M비온드수학영어학원
이은수 광주세종학원
이지혜 리케이온
이진희 이엠원영수학원
이충기 영어나무
이효명 갈매리드앤톡영어독서학원
임한글 Apsun앞선영어학원
장광명 엠케이영어학원
전상호 평촌이지어학원
정선영 코어플러스영어학원
정준 고양외국어고등학교
조연아 카이트학원
채기림 고려대학교EIE영어학원
최지영 다른영어학원
최한나 석사영수전문
최희정 SJ클쌤영어학원
현지환 모두의학원
홍태경 공감국어영어전문학원

경남
강다원 더(the)오르다영어학원
라승희 아이작잉글리쉬
박주언 유니크학원
배송현 두잇영어교습소
안윤서 어썸영어학원
임진희 어썸영어학원

경북
권현민 삼성영어석적우방교실
김으뜸 EIE영어학원 옥계캠퍼스
배세왕 비케이영수전문고등관학원
유영선 아이비티어학원

광주
김유희 김유희영어학원
서희연 SDL영어수학학원
송승연 송승연영수학원
오진우 SLT어학원수학원
정영철 정영철영어전문학원
최경옥 봉선중학교

대구
권익재 제이슨영어
김명일 독학인학원
김보곤 베스트영어
김연정 달서고등학교
김혜란 김혜란영어학원
문애주 프렌즈입시학원
박정근 공부의힘pnk학원
박희숙 열공열강영어수학학원
신동기 신통외국어학원
위영선 위영선영어학원
윤창원 공터영어학원 상인센터
이승현 학문당입시학원
이주현 이주현영어학원
이헌욱 이헌욱영어학원
장준현 장쌤독해종결영어학원
최윤정 최강영어학원

대전
곽선영 위드유학원
김지운 더포스둔산학원
박미현 라시움영어대동학원
박세리 EM101학원

부산
김건희 레지나잉글리쉬 영어학원
김미나 위드중고등영어학원
박수진 정모클영어국어학원
박수진 지니잉글리쉬
박인숙 리더스영어전문학원
옥지윤 더센텀영어학원
윤진희 위니드영어전문교습소
이종혁 진수학원
정혜인 엠티엔영어학원
조정래 알파카의영어농장
주태양 솔라영어학원

서울
Erica Sull 하버드브레인영어학원
강고은 케이앤학원
강신아 교우학원
공현미 이은재어학원
권영진 경동고등학교
김나영 프라임클래스영어학원
김달수 대일외국어고등학교
김대니 채움학원
김문영 창문여자고등학교
김정은 강북뉴스터디학원
김혜경 대동세무고등학교
남혜원 함영원입시전문학원
노시은 케이앤학원
박선정 강북세일학원
박수진 이은재어학원
박지수 이플러스영수학원
서승희 함영원입시전문학원
양세희 양세희수능영어학원
우정용 제임스영어앤드학원
이박원 이박원어학원
이승혜 스텔라영어
이정욱 이은재어학원
이지연 중계케이트영어학원
임예찬 학습컨설턴트
장지희 고려대학교사범대학부속고등학교
정미라 미라정영어학원
조민규 조민규영어
채가희 대성세그루영수학원

울산
김기태 그라티아어학원
이민주 로이아카데미
홍영민 더이안영어전문학원

인천
강재민 스터디위드제이쌤
고현순 정상학원
권효진 Genie's English
김솔 전문과외
김정아 밀턴영어학원
서상천 최정서학원
이윤주 트리플원
최예영 영웅아카데미

전남
강희진 강희진영어학원
김두환 해남맨체스터영수학원
송승연 송승연영수학원
윤세광 비상구영어학원

전북
김길자 맨투맨학원
김미영 링크영어학원
김효성 연세입시학원
노빈나 노빈나영어전문학원
라성남 하포드어학원
박재훈 위니드수학지앤비영어학원
박향숙 STA영어전문학원
서종원 서종원영어학원
이상훈 나는학원
장지원 링컨더글라스학원
지근영 한솔영어수학학원
최성령 연세입시학원
최혜영 이든영어수학학원

제주
김랑 KLS어학원
박자은 KLS어학원

충남
김예지 더배움프라임영수학원
김철흥 청경학원
노태겸 최상위학원

충북
라은경 이화윤스영어교습소
신유정 비타민영어클리닉학원

실전에 강해지는 수능·내신 어법 훈련서

해커스
수능 어법
불변의
패턴 실력편

⒣ 해커스 어학연구소

Contents

책의 특징과 구성

⊙ 실전 수능에 대비하는 어법 실력을 빠르게 완성할 수 있습니다.

역대 수능, 모의고사, 내신 시험 빅데이터를 기반으로 세워진 불패전략과 기출 문장 위주로 빠르게 어법 학습을 끝낼 수 있습니다.

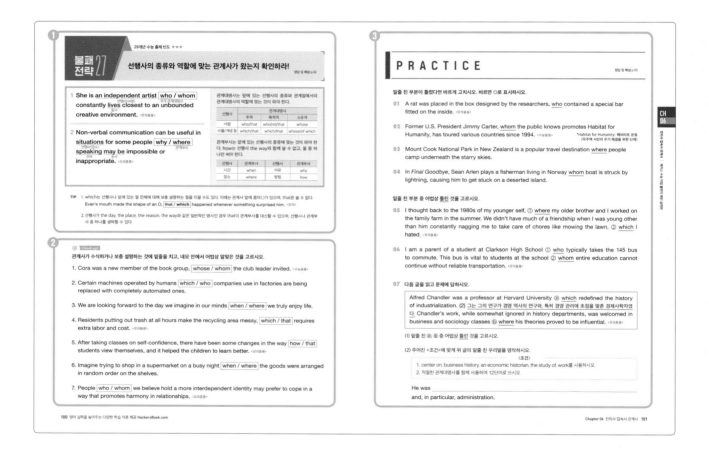

❶ 핵심 기출문제 풀이전략을 총정리한
불패전략 37개

시험에 항상 나오는 핵심 기출 포인트들을 문제 풀이에 바로 적용할 수 있는 불패전략으로 정리하였습니다. 37개의 불패전략만 익혀두면 쉽고 빠르게 어법 학습을 끝낼 수 있습니다.

TIP 각 불패전략과 관련하여 함께 알아두어야 할 심화 문법과 자주 나오는 함정을 놓치지 않고 학습할 수 있습니다.

❷ 학습한 불패전략을 적용해보는
Check-up!

간단한 고르기 문제와 문장분석에 학습한 불패전략을 바로 적용해보며 실전 문제를 위한 발판을 마련할 수 있습니다.

❸ 기출 문장과 유형을 그대로 반영한
PRACTICE

수능·모의고사에 출제된 문장과 지문을 활용한 문제를 수록하였으며, 내신 시험에 출제되는 주관식·서술형 문제까지 함께 연습할 수 있습니다.

확실한 마무리를 통해 흔들리지 않는 진짜 실력을 쌓을 수 있습니다.

단계적으로 구성된 이론학습과 문제풀이 연습을 통해 실전 대비를 완벽하게 마칠 수 있습니다.

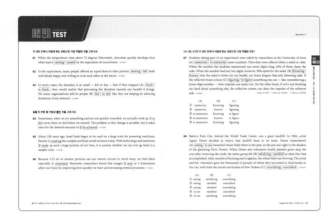

문장 단위부터 실전 길이의 지문까지 실력을 쌓는
어법 만점 TEST

모든 챕터마다 문장 단위부터 실전 길이의 지문까지 체계적으로 발전하는 난이도의 문제들을 통해 학습한 불패전략을 종합하여 확인할 수 있습니다.

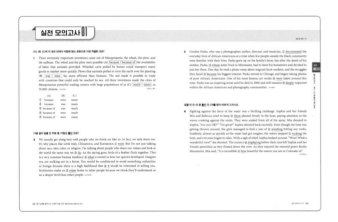

실전을 위한 완벽한 마무리
실전 모의고사

모든 챕터를 마친 후 학습한 내용을 모두 누적하여 확인해 볼 수 있는 총 8회분의 실전 모의고사를 통해 어법 학습을 완벽하게 마무리할 수 있습니다.

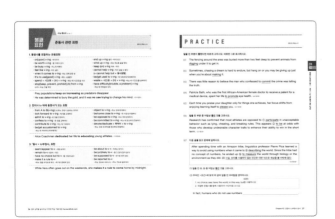

관용표현까지 놓치지 않고 꽉 잡는
불패표현

암기해 두기만 하면 문제 풀이에 바로 활용할 수 있는 표현들을 정리해서 제공하였고, 바로 문제로 확인까지 할 수 있어 놓치는 부분 없이 실전 대비를 할 수 있습니다.

어법 문제 최신 출제경향 및 학습전략

◉ 어법 문제에 출제되는 포인트는 거의 바뀌지 않는다.

(1) 문법 요소별 출제비율은 수능·모의평가·학력평가가 실시된 이래로 큰 변화 없이 거의 동일하게 유지되고 있다.

〈총 29개년(1993~2022) 출제비율〉		〈최근 5개년(2017~2022) 출제비율〉
28.83%	전치사·접속사·관계사	33.13%
16.50%	동명사·to부정사·분사	15.94%
15.21%	동사 vs 준동사	15.94%
11.93%	형용사·부사·비교구문	10.35%
9.24%	주어-동사 수일치	10.56%
8.35%	명사·대명사·한정사	7.66%
5.86%	동사의 능동태·수동태	3.31%
4.08%	시제·가정법·조동사	3.11%

(2) 어법 문제에서 가장 자주 출제되는 최빈출 10개 포인트 역시 다음과 같이 거의 동일하게 유지되고 있다.

총 29개년 빈출 어법 포인트 TOP 10		최근 5개년 빈출 어법 포인트 TOP 10	
동사 자리 vs 준동사 자리	1위 (10.93%)	동사 자리 vs 준동사 자리	1위 (11.18%)
현재분사 vs 과거분사	2위 (9.15%)	현재분사 vs 과거분사	2위 (9.32%)
형용사 자리 vs 부사 자리	3위 (7.55%)	관계대명사 vs 관계부사/「전치사 + 관계대명사」	3위 (9.32%)
that vs what	4위 (7.36%)	that vs what	4위 (8.90%)
관계대명사 vs 관계부사/「전치사 + 관계대명사」	5위 (6.96%)	형용사 자리 vs 부사 자리	5위 (7.87%)
문장 형태와 의미에 맞는 명사절 접속사 선택	5위 (6.96%)	문장 형태와 의미에 맞는 명사절 접속사 선택	6위 (7.25%)
수식어를 사이에 둔 주어와 동사 수일치	7위 (4.67%)	수식어를 사이에 둔 주어와 동사 수일치	7위 (6.00%)
명사와 대명사 수일치	8위 (4.77%)	명사와 대명사 수일치	8위 (5.38%)
병렬 구조에서 나열된 것들의 덩어리 구분	9위 (4.27%)	병렬 구조에서 나열된 것들의 덩어리 구분	9위 (4.76%)
선행사와 격에 맞는 관계사 선택	10위 (3.68%)	선행사와 격에 맞는 관계사 선택	9위 (4.76%)

* 순위 뒤의 괄호 안에는 출제비율을 기재

◎ 문장 전체 구조와 여러 문법요소를 함께 고려해야 하는 문제의 출제 비율이 높아지고 있다.

(1) 긴 문장의 전체 구조를 파악해서 풀어야 하는 관계사와 접속사 밑줄 문제의 출제 비율이 증가해왔다.

출제 어법	총 29개년 출제비율	최근 5개년 출제비율
관계대명사 vs 관계부사/「전치사 + 관계대명사」	6.96%	9.32%
that vs what	7.36%	8.90%

 Behavioral economists — the economists who actually study **what** people do as opposed to the kind who simply assume the human mind works like a calculator — have shown again and again that people reject unfair offers even if it costs them money to do so. (2018년 6월 모평 28번)

➡️ 밑줄 친 접속사는 동사 study의 목적어 역할을 하는 명사절을 이끌어야 하고, do의 목적어가 없는 불완전한 절 앞에 올 수 있는 것이어야 한다. 따라서 '~한 것'이라는 의미로 불완전한 절을 이끄는 명사절 접속사 what이 온 것은 적절하다.

(2) 길고 복잡한 구조를 가진 문장에서 밑줄 친 대명사/동사 등이 가리키는 것을 찾고, 수와 종류 등 여러 요소가 일치하는지 복합적으로 확인해야 하는 문제의 출제 비율이 증가해왔다.

출제 어법	총 29개년 출제비율	최근 5개년 출제비율
명사를 대신하는 대명사의 종류와 수일치	4.77%	5.38%
수식어를 사이에 둔 주어와 동사 수일치	4.67%	6.00%
다른 동사를 대신하는 do/be/have동사 종류와 시제	2.09%	2.48%

 Never before and never since has the quality of monumentality been achieved as fully as it **did** in Egypt. (2021년 11월 수능 29번)
→ **was**

➡️ 밑줄 친 동사는 앞서 언급된 '성취되다(be achieved)'라는 의미를 반복하면서, 과거의 이집트에서 일어난 일을 나타내므로 과거시제 was achieved를 대신해야 한다. 따라서 일반동사를 대신하는 did가 아니라 「be + p.p.」를 대신하는 was가 와야 한다.

어법 문제 최신 출제경향 및 학습전략

◎ 더 복잡한 구조와 함정을 포함한 고난도 문장이 출제되는 경우가 잦아지고 있다.

동사 자리 vs 준동사 자리 문제

최근 5개년 간, 동사가 하나만 포함된 단문보다는 2개 이상의 절이 접속사로 연결된 더 길고 복잡한 문장에서 동사나 준동사 중 무엇의 자리인지 묻는 문제가 더 자주 출제되고 있다.

 (2008년 11월 수능 22번)
There is also the possibility of damage your stuff, some of it valuable.
동사 / 전치사 → **damaging**(동명사)

 (2020년 6월 모평 29번)
With this form of agency comes the belief that individual successes depending primarily on one's own abilities and actions, and thus,
동사 1 / 접속사 1 / → **depend**(동사 2) / 접속사 2
whether by influencing the environment or trying to accept one's circumstances, the use of control ultimately centers on the individual.
동사 3

병렬 구조 덩어리 구분 문제

이전에는 동일한 동사/준동사 2~3개가 단순 나열되어 형태만으로도 덩어리 구분이 쉬운 문제가 주로 출제되었지만, 최근에는 다양한 동사/준동사와 2개 이상의 접속사가 섞여 있어 의미상 정확하게 덩어리 구분을 해야 하는 문제들이 출제되고 있다.

 (2008년 6월 모평 22번)
The driver must (get out of the car), (pump the gas), and (walk over to the booth to pay).
조동사 / 동사원형 / 동사원형 / O (동사원형)

 (2021년 11월 수능 29번)
After the cell has grown to the proper size, its metabolism shifts as it either (prepares to divide) or (matures and differentiates)
단수동사 / 단수동사 / O (단수동사)
into a specialized cell.

형용사 자리 vs 부사 자리 문제

이전에는 일반적인 문장 구조에서 형용사와 부사 중 무엇이 적절한지 묻는 문제만 출제되었지만, 최근에는 도치가 되거나, 문장의 일부가 생략되어 일반적인 구조와 다른 구조의 문장이 출제되는 경우가 잦아졌다.

 (2011년 모평 9월 20번)
Sometimes the variation is as **subtle / subtly** as a pause.
주어 / be동사 / 형용사

 (2021년 4월 3학년 학평 29번)
So uniformly is this expectation, indeed, that the odd exception is noteworthy, and generally established for a specific purpose.
→ **uniform** be동사 주어
(주격보어 형용사)

어법 문제 학습전략

1. 항상 출제되는 포인트가 출제되므로 기출 포인트 위주로 학습한다.

어법 문제는 항상 나오는 포인트들 내에서 출제되므로 모든 문법을 다 학습할 필요는 없다. 본 교재에서 정리하여 제공하는 37개의 불패전략만 간단히 학습한다면 어법 문제를 어렵지 않게 해결할 수 있다.

* 정해진 포인트들 중에서도 자주 출제되는 포인트들이 정해져 있으므로 각 불패전략의 출제 빈도를 나타내는 별표 개수를 참고하여 학습한다. 출제 빈도가 높은 포인트를 먼저 집중적으로 학습하면 시간을 효율적으로 사용하면서도 대부분의 어법 문제를 해결할 수 있다.

2. 문장 전체의 구조 파악을 요구하는 문제가 출제되고 있으므로 구조분석 연습을 병행한다.

최근의 어법 문제들은 길고 복잡한 문장에서 각 단어의 문장 성분을 파악하고, 정확하게 해석해야 풀 수 있는 경우가 많다. 각 불패전략의 하단에 제공되는 Check-up!에서는 문장의 주어/동사를 찾고, 병렬 구조 덩어리를 구분하는 등 문장의 구조를 분석하는 연습을 함께 할 수 있다.

3. 어려운 문장 구조의 출제 비율이 높아지고 있으므로 포인트별 심화 문법을 함께 익혀둔다.

영어영역 고득점을 노린다면 어법 문제까지 반드시 맞혀야 하지만, 일반적인 문법만으로는 변별력을 높이기 위해 출제되는 고난도 문제는 맞히기 어렵다. 각 불패전략의 TIP에서 다루는 심화 문법과 주의해야 할 함정들을 함께 익혀두면 고난도 문제에도 충분히 대비할 수 있다.

해커스북 중·고등

www.HackersBook.com

CHAPTER 01

동사 vs 준동사

동사나 준동사에 밑줄이 있는 경우, 밑줄 친 자리가 동사나 준동사 자리가 맞는지 묻는 문제가 가장 많이 출제되고 있다. 따라서 밑줄 이외의 부분에 동사가 따로 있는지, 하나의 문장에 여러 개의 동사가 필요한지 등을 파악해야 한다.

절 안에 동사가 있는지 확인하라!

정답 및 해설 p.2

---

1 In many cases, noticeable clothes, such as a T-shirt with a famous singer on it, ☐causing / caused☐ only a few observers to remember them. <모의응용>
　　　　　　　　　　　　　　　　　동사

2 An individual neuron ☐sends / sending☐ a signal in the brain uses as much energy as a leg muscle cell running a marathon. <모의>
　　　　　　　　　　　　준동사　　　　　동사

절에는 동사가 반드시 있어야 하므로, 동사가 따로 없다면 준동사(동명사/to부정사/분사)가 아닌 동사가 와야 한다.

절 안에 동사가 이미 있다면 준동사가 와야 한다.

TIP　전치사의 목적어로는 동명사가 와야 하며, 다른 준동사는 올 수 없다.

✅ **Check up!**

네모 안에서 어법상 알맞은 것을 고르시오. 네모 안의 단어가 문장의 동사가 아니면 동사를 찾아 밑줄 치시오.

1. Starting up a store in the middle of the city ☐requires / requiring☐ as much as $ 200,000. <수능응용>

2. Perhaps his greatest strength was his ability ☐inspires / to inspire☐ people to work together to achieve revolutionary changes in society's perception of race. <모의>

3. ☐Watch / To watch☐ someone interacting with service workers or other strangers to get a sense of their character.

4. The initial phase of ☐develop / developing☐ any new process starts from the recognition of a problem. <모의응용>

5. Fully ☐assess / assessing☐ the emotional capacity of animals considered highly intelligent, such as dolphins, must be based on their mental function.

6. Low magnesium levels discovered in soil ☐occur / occurring☐ with acidic soils, making around 70% of the farmland on earth acidic. <모의응용>
　　　　　　　　　　　　　　　　　　　　　　　　　　　　　　　　　　　　*acidic: 산성의

7. The researcher's investigation is all to do with ☐find / finding☐ simple solutions to our daily communication problems. <모의응용>

PRACTICE

정답 및 해설 p.2

밑줄 친 부분이 틀렸다면 바르게 고치시오. 바르면 ○로 표시하시오.

01 Housecats are nearly identical in behavior to the ones living in the wild, <u>having</u> the same instinct to hunt and bury their food.

02 The use of vibrations by an insect in communicating with others <u>depending</u> on the ability to make its entire body vibrate. <모의응용>

03 In many countries, some of the funds previously <u>spent</u> on newspaper advertising migrated to the Internet. <수능응용>

04 In 1809, the Cambridge University physicist, widely regarded as the greatest cosmic thinker, <u>to attempt</u> nothing less than "a complete understanding of the universe." <모의>

밑줄 친 부분 중 어법상 **틀린** 것을 고르시오.

<모의응용>

05 Improved consumer water consciousness may be the cheapest way ① <u>to save</u> the most water. You can also contribute to water conservation with the smallest effort. We often waste water while brushing our teeth. During that limited time, ② <u>keeping</u> the faucet turned off.

06 To make the choice to express a feeling by carving a specific form from a rock, without the use of high technology or colors, ① <u>restricts</u> the artist significantly. Ultimately, ② <u>have</u> the option of using every supply and technique available is a gift granted to the artist. <모의응용>

07 다음 글을 읽고 문제에 답하시오.

> In the twentieth century, advances in technology from refrigeration to sophisticated ovens to air transportation, made it possible ⓐ <u>evolved</u> baking. However, wholly ⓑ <u>relying</u> on these innovations, chefs began sacrificing taste for convenience. (2) 결과적으로, 제빵사들은 옛날식 빵의 맛을 복구하기 위해 수제 반죽을 만들기 위한 방법들을 연구했다. <모의응용>

(1) 밑줄 친 ⓐ, ⓑ 중 어법상 **틀린** 것을 고르시오.

(2) 주어진 단어들을 사용해서 우리말 해석에 맞는 영어 문장을 쓰시오.

(produce, restore, research, bakers, methods, handmade dough, for)

As a result, _____

the flavors of old-fashioned breads.

불패전략 02 문장 안에 접속사/관계사가 있다면 동사가 하나 더 온다는 것에 주의하라!

정답 및 해설 p.3

1 Insufficient care taken when fish pens were constructed meaning / means that pollution from fish waste created huge underwater deserts. <수능응용>

접속사1 / 동사1 / 동사2 / 접속사2 / 동사3

*pen: (동물의) 우리

문장 안에 접속사/관계사가 있다면 절마다 동사가 한 개씩 있어야 한다. 즉, 동사는 문장에 포함된 접속사/관계사 개수보다 하나 더 많아야 한다.

TIP

1. 목적어 역할의 명사절 접속사 that, 목적격 관계대명사, 관계부사는 생략되어 있을 수 있다.

The documentary **shows** (that) some engineers **created** special effects (that) we **admire**. <모의응용>
동사1 명사절 접속사 동사2 목적격 관계대명사 동사3

2. 부사절 접속사 뒤에 온 「주어 + be동사」는 생략할 수 있으므로, 이 경우 접속사가 있어도 동사가 한 번 더 오지 않는다.

When (you are) expressing feelings of affection to friends, you **can express** them using nonverbal cues. <모의>
부사절 접속사 현재분사 동사

✓ Check up!

네모 안에서 어법상 알맞은 것을 고르시오. 네모 안의 단어 이외에 동사가 있다면 모두 찾아 밑줄 치시오.

1. Sometimes, you feel the need to avoid something that leads / leading to success out of discomfort. <모의>

2. It is overwhelming for consumers looking at hundreds of ads a day sort / to sort through the information they find. <모의응용>

3. If you eat ice-cream to feel happy, drinking carrot juice replaces / to replace it is like fixing a leaky tap by repainting the walls. <모의응용>

4. Natalie knew attending an online class would save her a lot of time, since going to an in-person class took / taken too long. <모의응용>

5. There is a group of people strongly believe / believing others are wrong about how the world works. <모의응용>

6. Galileo, who heard about the Dutch spyglass and began making his own, realizing / realized right away how useful the device could be to sailors. <모의>

7. I have found that if a person is not afraid of completely tell / telling the truth to sensitive questions, his or her manner will not change significantly. <모의응용>

PRACTICE

밑줄 친 부분이 틀렸다면 바르게 고치시오. 바르면 ○로 표시하시오.

01 Amateurs often focus only on the result and forget about <u>doing</u> all the things that would almost automatically bring about the result. <모의>

02 Suddenly, a phrase I once read <u>to come</u> floating into my mind while in the middle of giving my speech. <모의응용>

03 Once somebody makes a discovery, others <u>reviewing</u> it carefully before using the information in their own research. <모의>

04 Although plays were turned into films regularly, <u>films</u> plays did not encourage the evolution of what truly was distinctive about a movie. <수능응용>

밑줄 친 부분 중 어법상 **틀린** 것을 고르시오.

05 A group of educators thinks that children don't need to be prohibited from ① <u>watching</u> violent content. However, psychologists point to more than a thousand studies that ② <u>demonstrating</u> a link between media violence and real aggression. <모의응용>

06 After catching their prey, lions and tigers first eat hearts, livers, and brains of the animals they kill, often ① <u>leave</u> the muscle meat for eagles. This shows the apex predators instinctively know eating organs ② <u>makes</u> it easier to take in the nutrients they need. <모의응용>

*apex predator: 최상위 포식자

07 다음 글을 읽고 문제에 답하시오.

> I am writing to you with new information related to your current membership that ⓐ <u>providing</u> special discounts. As stated in the last newsletter, to celebrate our 50th anniversary, further benefits ⓑ <u>including</u> free admission for up to ten people will be offered to you. (2) <u>우리는 이것이 우리가 개장한 직후에 가입한 장기 고객들에 대한 우리의 감사를 보여주기를 희망합니다.</u> <모의응용>

(1) 밑줄 친 ⓐ, ⓑ 중 어법상 **틀린** 것을 고르시오.

(2) 주어진 <조건>에 맞게 위 글의 밑줄 친 우리말을 영작하시오.

〈조건〉
1. hope, join, show, our gratitude, longtime members, this, who, for를 사용하시오.
2. 11단어로 쓰시오.

_____ shortly after

we first opened.

불패전략 03

병렬 구조에서는 접속사 앞뒤 형태를 통일하라!

정답 및 해설 p.4

1 Getting medical treatment is not just a matter of (listening to your doctor) presenting the
   options and | make / (making) | a choice). <모의응용>
   동명사
   등위접속사   동명사

등위/상관접속사 앞뒤는 형태와 기능이 대등한 것들이 나열되는 병렬 구조를 이뤄야 한다. 병렬 구조에서는 동사는 동사끼리, 준동사는 같은 준동사끼리 나열되어야 한다.

TIP   to부정사가 나열되는 병렬 구조에서는 뒤에 오는 to부정사 자리에 to를 생략하고 동사원형만 쓸 수도 있다.
I make it a rule **to visit** and (**to**) **eat** dinner with my parents once a week.

✅ **Check up!**

밑줄 친 것과 병렬 구조를 이루는 것을 괄호로 묶고, 네모 안에서 어법상 알맞은 것을 고르시오.

1. Those who want to report a missing pet or | make / making | a donation should call the main office of the animal shelter.

2. After feeding my brother and me breakfast, Mom would scrub, mop, and | dust / to dust | everything. <수능>

3. A high fever is quite dangerous but can be regulated by applying ice packs all over the body or | fanning / fanned | the person.

4. Being a mentor for a troubled teen is something you should experience; it is tough but entirely | rewards / rewarding |.

5. People seek out information that supports their existing beliefs and | avoid / avoiding | information that challenges those beliefs. <수능>

6. A person tries to influence the future with the present and | arrange / arranging | things he or she cannot control. <수능응용>

7. Aggressive scrubbing does not help to clean your pores but rather only | serves / to serve | as a means of irritating your skin.

*pore: 모공

PRACTICE

정답 및 해설 p.5

밑줄 친 부분이 틀렸다면 바르게 고치시오. 바르면 ○로 표시하시오.

01 Scientists at Harvard University wanting to see how Buddhist monks meditate interviewed and to document them in the 1980s.

*meditate: 명상하다

02 A caring and understanding attitude shown by parents not only builds matured confidence but inspired empathy in children from a young age.

03 Around 10,000 years ago, humans learned to build permanent dwellings, cultivate plants, and taming animals. <모의응용>

04 During the longhaul portion of a flight, pilots spend more time assessing aircraft status than search out nearby planes. <모의>

밑줄 친 부분 중 어법상 **틀린** 것을 고르시오.

05 There is usually a correct way to play musical instruments, and some important conditions are that they should be superior in quality and ① practiced daily. Correct playing comes from the desire to discover the most appropriate sound quality and ② finding the most comfortable playing position. <모의응용>

06 Innovation can be sometimes stimulated considerably when the government regulates product prices and ① taken charge of the pace of the market. The money raised through the tax can be used directly by the government either to support modernizing existing technologies or ② to search for alternatives. <수능응용>

07 다음 글을 읽고 문제에 답하시오.

> (2) 고양이는 이상한 장소들에 비집고 들어가기 위해 그들의 상태를 바꿀 수 있고 그것을 유지할 수 있는 독특한 생물이다. They use more energy trying to fit into awkward spots than ⓐ stay somewhere comfortable. To get into a tiny box, for instance, a cat fills the inside like a liquid and still ⓑ remains a solid mass. <모의응용>

(1) 밑줄 친 ⓐ, ⓑ 중 어법상 **틀린** 것을 고르시오.

(2) 주어진 <조건>에 맞게 위 글의 밑줄 친 우리말을 영작하시오.

> 〈조건〉
> 1. change, squeeze into, sustain, their state, it을 사용하시오.
> 2. both ~ and를 함께 사용하여 10단어로 쓰시오.

Cats are a unique creature that can _____

odd places.

각 네모 안에서 어법에 맞는 표현으로 가장 적절한 것을 고르시오.

01 Clearly, parents make a distinction between children just watching violence on TV and violence acts / acted out by the children with plastic guns. <모의응용>

02 Individuals who take a wholehearted stand for truth often achieve / achieving results that surpass their expectations. <수능응용>

03 After a cell has grown to the proper size, it either prepares to divide or matures and (A) to differentiate / differentiates into a specialized cell. Until it has finished this process, it is impossible (B) know / to know which particular function the cell will have. <수능응용>

*differentiate: 분화하다

밑줄 친 부분 중 어법상 틀린 것을 고르시오.

04 While India and China were on occasion invaded by other nations, both civilizations ① having long periods of war within their own borders as well. They kept on ② fighting battles because of political differences between citizens and the government. <모의응용>

05 University students were told by Tory Higgins to read a personality description of someone and ① summarize it for someone else. Higgins was able to examine innate biases by thoroughly ② analyzed the summary the students wrote. <모의응용>

06 In general, children who are learning to speak in sentences ① try to get explanations for everything. Consequently, anyone who has spent time with a five-year-old ② knowing that children this age can test the limits of your patience. <모의응용>

(A), (B), (C)의 각 네모 안에서 어법에 맞는 표현으로 가장 적절한 것은?

07 Rather than attempting to punish students with a low grade or mark, teachers at Beachwood Middle School motivated students by considering their work as incomplete and (A) require / requiring additional effort. They recorded students' grades as A, B, C, or I (Incomplete). A student who received an I grade needed to do additional work (B) brought / to bring their performance up to an acceptable level. This policy was based on the belief that a student (C) performing / performed at a failure level in large part because teachers accepted it. The Beachwood teachers believed that, with appropriate support, students would continue to work until their performance was satisfactory. <모의응용>

	(A)	(B)	(C)
①	require	brought	performing
②	require	to bring	performing
③	requiring	to bring	performing
④	requiring	to bring	performed
⑤	requiring	brought	performed

08 Many evolutionary biologists maintain humans (A) developing / developed language for economic reasons. We needed to trade, and we needed to establish trust in order to trade. Language is very handy when you are trying to conduct business with someone. Among early humans, language was not only used to trade three wooden bowls for six bunches of bananas but (B) establish / establishing rules as well. What wood was used for the bowls? Where did you get the bananas? That business deal would have been nearly impossible using only gestures. (C) Carry / Carrying it out according to terms agreed upon creates a bond of trust. Language allows us to be specific, and this is where conversation plays a key role. <모의응용>

	(A)	(B)	(C)
①	developing	establishing	Carrying
②	developing	establishing	Carry
③	developing	establish	Carrying
④	developed	establish	Carry
⑤	developed	establish	Carrying

다음 글의 밑줄 친 부분 중, 어법상 틀린 것은?

09 Hunting can explain how humans ① underline{developed} reciprocal altruism and social exchange. Humans seem to be unique among primates in showing extensive reciprocal relationships that can last years, decades, or a lifetime. For example, meat from a large game animal ② underline{coming} in quantities that exceed what a single hunter and his immediate family could possibly consume. Furthermore, it is highly variable ③ underline{to succeed} in hunting; a hunter who is successful one week might fail the next. These conditions encourage food sharing from hunting. The costs to a hunter of ④ underline{sharing} meat he cannot eat immediately are low because he cannot consume all the meat himself, and leftovers will soon spoil. The benefits can be large, however, when those ⑤ underline{given} his food return the generous favor later on. In essence, hunters can store extra meat in the bodies of their friends and neighbors. <모의응용>   *reciprocal altruism: 상호 이타주의 **primates: 영장류

10 Some researchers at Sheffield University recruited 129 hobbyists to look at how the time ① underline{devoted} to their hobbies shaped their work life. While measuring the seriousness of each participant's hobby, the team ② underline{assessed} how similar the demands of their job and hobby were. Then, each month for seven months, participants recorded how many hours they spent doing their hobby, evaluated their work competency, and ③ underline{reported} the results to the team. The researchers found that when participants spent a longer time than normal doing their leisure activity, their belief in their ability ④ underline{to perform} their job increased. But this was only the case when they had a serious hobby that was dissimilar to their job. When their hobby was both serious and similar to their job, then ⑤ underline{spend} more time on it actually decreased their self-efficacy. <모의응용>

11 When an important change takes place in your life, ① <u>observe</u> your response to the outcome of it. If you resist accepting the change, it is because you are afraid of losing something. Perhaps you might not only give up possessions accumulated over time but ② <u>lose</u> a high position in life achieved with difficulty. Perhaps with the change you lose the closeness of a person or a place, while prestige or privileges you've enjoyed ③ <u>disappearing</u> like the wind. In life, all these things come and go, and then others appear and go like a river in constant movement. Thus, we should get accustomed to ④ <u>accepting</u> life as it happens, whether the water rises or falls. To learn to let go without resistance is not to cling to the past and ⑤ <u>allow</u> the flow of the river: allow changes that create improvement and widen horizons. <모의응용>

12 Monks who lived in monasteries that were the examples of order and routine ① <u>influenced</u> the invention of the mechanical clock. They had to keep accurate time so that monastery bells could be rung at regular intervals ② <u>to announce</u> the seven hours of the day reserved for prayer. Early clocks were nothing more than a weight tied to a rope ③ <u>wrapped</u> around a revolving drum. Time was determined by watching the length of the weighted rope. The discovery of the pendulum in the seventeenth century ④ <u>led</u> to the widespread use of clocks and enormous public clocks. Eventually, people started to follow the mechanical time of clocks rather than their natural body time. They adapted to eating at meal times rather than when they were hungry, and ⑤ <u>go</u> to bed when it was time, rather than when they were sleepy. The world had become orderly. <모의응용>

*monastery: 수도원 **pendulum: 흔들리는 추

다음 글을 읽고 문제에 답하시오.

13 Halet Cambel, after earning her degree from the University of Istanbul in 1940, ⓐ <u>fighting</u> tirelessly for the advancement of archaeology. She tried to preserve some of Turkey's most important archaeological sites ⓑ <u>buried</u> near the Ceyhan River. There, she unearthed one of humanity's oldest known civilizations by discovering a Phoenician alphabet tablet, and ⓒ <u>preserving</u> Turkey's cultural heritage let her win a Prince Claus Award. But as well as revealing the secrets of the past, she was also firmly committed to ⓓ <u>change</u> the political atmosphere. As just a 20-year-old archaeology student, Cambel went to the 1936 Berlin Olympics, ⓔ <u>becoming</u> the first Muslim woman to compete in the Games. (2) 후에, 그녀는 아돌프 히틀러를 만날 기회를 얻었지만 그녀의 정치적인 신념 때문에 그 제안을 거절했다. <모의응용>

(1) 위 글의 밑줄 친 ⓐ-ⓔ 중 어법상 틀린 것을 2개 찾아 바르게 고치시오.

(2) 주어진 <조건>에 맞게 위 글의 밑줄 친 우리말을 영작하시오.

〈조건〉
1. get, meet, reject, Adolf Hitler, the chance, the offer를 활용하시오.
2. 접속사 but을 포함한 병렬 구조로 쓰시오.
3. 12단어로 쓰시오.

Later, _____
because of her political beliefs.

CHAPTER 02

동명사·to부정사·분사

준동사에 밑줄이 있는 경우, 밑줄 친 준동사 대신 다른 준동사가 필요하지 않은지 묻는 문제와 준동사의 능·수동형이 올바른지 묻는 문제가 자주 출제되고 있다. 따라서 준동사의 역할을 파악하는 것이 중요하며, 준동사가 수식하는 대상과의 관계를 통해 준동사의 형태를 판단할 수 있다.

불패전략 04

목적어 자리의 준동사는 동사를 보고 판단하라!

정답 및 해설 p.8

동명사를 목적어로 취하는 동사
1 While you enjoy │living / to live│ with your pets, we want │ensuring / to ensure│ that
to부정사를 목적어로 취하는 동사
you do not do so at the expense of your neighbors. <모의응용>

목적어 자리에는 명사 역할을 하는 동명사나 to부정사가 올 수 있으며, 이때 동명사나 to부정사 중 무엇이 적절한지는 동사를 보고 구분해야 한다.

TIP **1. 동명사를 목적어로 취하는 동사**

· enjoy	· stop	· give up	· discuss	· keep	· quit	· imagine	· consider
· finish	· mind	· deny	· avoid	· postpone	· put off	· recommend	

2. to부정사를 목적어로 취하는 동사

· want	· expect	· offer	· refuse	· need	· decide	· ask	· fail
· wish	· plan	· promise	· manage	· hope	· choose	· agree	· afford

3. 다음의 동사들은 동명사와 to부정사를 모두 목적어로 취할 수 있지만, 목적어가 무엇인지에 따라 의미가 달라진다.

forget + 동명사 (과거에) ~한 것을 잊다	regret + 동명사 (과거에) ~한 것을 후회하다
forget + to부정사 (미래에) ~할 것을 잊다	regret + to부정사 (미래에) ~하게 되어 유감이다
remember + 동명사 (과거에) ~한 것을 기억하다	try + 동명사 (시험 삼아) ~해보다
remember + to부정사 (미래에) ~할 것을 기억하다	try + to부정사 ~하려고 노력하다

✓ Check up!

네모 안에서 어법상 알맞은 것을 고르시오.

1. The captain of the student dance club promised │using / to use│ the field respectfully. <모의응용>

2. Iris doesn't mind │lending / to lend│ supplies to her coworkers even if she never gets them back.

3. The new gaming company hopes │following / to follow│ the successes of the bigger companies.

4. We want this donation to help │provide / providing│ the best education for our students. <모의응용>

5. A study revealed that one-third of immigrants regretted │coming / to come│ to the United States.

6. Despite the evidence from the security cameras, the clerk denied │taking / to take│ the money.

7. Climatologists worried that we cannot afford │wasting / to waste│ time on debating whether we need big changes now.

*climatologist: 기후학자

P R A C T I C E

정답 및 해설 p.9

밑줄 친 부분이 틀렸다면 바르게 고치시오. 바르면 ○로 표시하시오.

01 Avoid <u>to justify</u> poor past or future test performance by placing the blame on factors other than your own willingness to study. <모의응용>

02 Some types of beliefs, such as the belief that the Earth will stop <u>to spin</u> on its axis by the year 9999, cannot be tested for truth. <모의응용>

03 As he made better and better spyglasses, which were later named telescopes, Galileo decided <u>pointing</u> one at the Moon. <모의>
*spyglasses: (휴대용) 소형 망원경

04 The high jumper kept <u>to practice</u> hard and gained attention with her achievements in several competitions during her time in college. <모의응용>
*high jumper: 높이뛰기 선수

밑줄 친 부분 중 어법상 **틀린** 것을 고르시오.

<모의응용>

05 Since we know we can't completely eliminate our biases, we should try ① <u>to limit</u> the harmful impacts they can have on our decisions and judgments. If you feel like you are being prejudiced, you should stop for a moment ② <u>questioning</u> why you are behaving this way.

06 Patricia Bath chose ① <u>to concentrate</u> on ophthalmology, which is the branch of medicine that works with eye diseases and disorders. She finished ② <u>to serve</u> her residency at New York University in 1973, the first African American to do so. <모의응용>
*ophthalmology: 안과학

07 다음 글을 읽고 문제에 답하시오.

> We should always remember ⓐ <u>recognizing</u> our cognitive biases and make a conscious choice to overcome them. (2) <u>우리는 때때로 편향의 영향을 깨닫는 것에 실패하고 대상들을 객관적으로 보는 것을 그만둔다.</u> However, we do have the power to stop ⓑ <u>giving</u> into the biases that we possess. <모의응용>
> *cognitive bias: 인지 편향

(1) 밑줄 친 ⓐ, ⓑ 중 어법상 **틀린** 것을 고르시오.

(2) 주어진 <조건>에 맞게 위 글의 밑줄 친 우리말을 영작하시오.

〈조건〉
1. fail, quit, realize, see, a bias, the impact, things, of, and를 사용하시오.
2. 12단어로 쓰시오.

We sometimes _____

with objectivity.

불패 전략 05

목적격보어 자리의 준동사는 동사와 목적어를 보고 판단하라!

정답 및 해설 p.10

1 The knowledge of another's personal affairs
　　　　　동사　　　　목적어(행위 주체)
can tempt the possessor of this information
| to repeat / repeated | it as gossip. <모의>
　　to부정사

목적격보어는 동사의 종류와 목적어와의 관계에 따라 결정된다. 목적어와 목적격보어가 능동 관계일 때는 어떤 준동사가 적절한지 동사를 보고 구분해야 하며, 수동 관계일 때는 항상 과거분사를 쓴다.

TIP 목적어와 목적격보어가 능동 관계면, 다음과 같이 동사에 따라 목적격보어가 달라진다.

목적격보어로 취하는 준동사	동사					
to부정사	· want	· expect	· invite	· lead	· encourage	· enable
	· advise	· allow	· cause	· warn	· consider	· tell
	· get	· ask	· permit	· force	· compel	· tempt
원형부정사	(사역동사) · make　· have　· let					
to부정사/원형부정사	(준사역동사) · help					
원형부정사/현재분사	(지각동사) · see　· watch　· hear　· listen to　· feel　· smell					
현재분사	· keep　· find　· leave					

The mayor *encouraged* *residents* **to attend** the spring festival.
　　　　　　동사　　　목적어　　목적격보어

✓ **Check up!**

네모 안에서 어법상 알맞은 것을 고르시오.

1. The enormous wages of college sports coaches can cause the salaries of college presidents | look / to look | small. <모의응용>

2. Continuously thinking about my end goal is what keeps me | motivating / motivated | in my work.

3. I would like to let you | know / to know | that you can put out your recycling on Wednesdays only. <모의>

4. It is very challenging to help stubborn individuals | stick / stuck | to new practices. <모의응용>

5. Because the announcement was unclear, the manager left employees | wondering / wondered | about the policy changes. <모의응용>

6. The specific genetics of each animal species will enable it | locate / to locate | sources of smell.
　　　　　*genetics: 유전적 특징, 유전학

7. Timothy Lawson explored the spotlight effect by having college students | wear / worn | shirts with big popular logos on the front before meeting a group of peers. <모의응용>

PRACTICE

정답 및 해설 p.10

밑줄 친 부분이 틀렸다면 바르게 고치시오. 바르면 ○로 표시하시오.

01 Relying only on current market trends leads us <u>make</u> all sorts of wrong decisions about national economic policy, our own careers, and much more. <모의응용>

02 Post the heartwarming story wherever you need it most, such as on your refrigerator or at work, so that every time you see it, you will feel your spirit <u>lifted</u>. <모의응용>

03 The warnings from the analysts made global leaders <u>understood</u> the urgency for change.

04 Failing to follow safety protocols while working at an airport can get an airline worker <u>to fire</u>.

밑줄 친 부분 중 어법상 **틀린** 것을 고르시오.

05 Airplanes will have airspace ① <u>to separate</u> vertically by traffic controllers as they enter the airport terminal control area. The up and down separation of aircrafts allows some flights ② <u>to pass</u> over airports while other processes occur below. <모의응용>

06 Give children a calendar and let them ① <u>crossed</u> off days of the week as each day passes. You will find it ② <u>showing</u> children the way that time passes according to schedules. <모의응용>

07 다음 글을 읽고 문제에 답하시오.

> Melanie's mother saw her daughter ⓐ <u>dancing</u> with the flawless steps and enthusiasm of a ballerina. She had the basement ⓑ <u>turn</u> into a studio so Melanie could practice. She thought to herself "(2) <u>나는 그녀가 그녀의 기술을 다듬도록 돕기 위해 Melanie가 전문 수업을 듣게 해야 해</u>." <모의응용>

(1) 밑줄 친 ⓐ, ⓑ 중 어법상 **틀린** 것을 고르시오.

(2) 주어진 <조건>에 맞게 위 글의 밑줄 친 우리말을 영작하시오.

〈조건〉
1. get, to help, polish, take, her, professional lessons, her skills를 사용하시오.
2. 12단어로 쓰시오.

I must _____ .

불패전략 06

동명사/to부정사의 능·수동은 주어를 보고 판단하라!

정답 및 해설 p.11

1 For English aristocrats, planting trees had 　문장의 주어
an advantage of | regarding / being regarded |
　　　　　　　　　　　　　　　　　　수동형
as a patriotic act. <모의응용>

2 In some cases, starvation paves the way
for genetic variants to | take / be taken | hold
to부정사의 의미상 주어　　　　　　능동형
in the population of a species. <모의응용>
*variant: 변종, 변형

문장의 주어가 동명사/to부정사 행위의 주체이면 능동형이, 행위의 대상이면 수동형이 와야 한다.

문장의 주어와 다른 별개의 의미상 주어가 동명사/to부정사 앞에 올 수도 있으며, 이때는 의미상 주어와 동명사/to부정사 행위의 관계를 보고 능·수동형을 판단한다.
• 동명사의 의미상 주어: 소유격/목적격
• to부정사의 의미상 주어: for/of + 목적격

TIP 동명사/to부정사 행위가 문장의 동사보다 앞서 일어난 일을 나타내는 경우 완료형(having p.p., to have p.p.)을 쓸 수 있다.
OECD countries are estimated **to have spent** 8.8 percent of their GDP on health care in last year.

✓ Check up!

동명사/to부정사의 의미상 주어가 따로 있다면 밑줄을 치고, 네모 안에서 어법상 알맞은 것을 고르시오.

1. The manager realized a lot of the parts of the machinery were significantly worn and needed to | repair / be repaired |. <모의응용>

2. The worry of teleworkers | leaving / being left | out will lead companies to communicate more often with them. <모의응용>
*teleworker: 재택근무자

3. It was considerate of him to | send / be sent | holiday greetings to all his coworkers.

4. When the earliest known plant cells evolved, the atmosphere seems to | be contained / have contained | very little oxygen. <모의응용>

5. Studies report more and more young adults | eating / being eaten | alone, whether it is at home or out at a restaurant.

6. As we grow, we are constantly learning new facts, and old ones have to drop out of our memory to | make / be made | way for them. <수능응용>

7. The judges had a problem with his | awarding / being awarded | the medal for the competition and subsequently took it away.

PRACTICE

정답 및 해설 p.12

밑줄 친 부분이 틀렸다면 바르게 고치시오. 바르면 ○로 표시하시오.

01 People hate <u>forcing</u> to breathe in tobacco smoke in restaurants because of the personal choice that another individual makes. <수능응용>

02 What professional athletes mean by focusing on the process is that they focus on the actions they need to <u>be taken</u> in order to achieve their desired result. <모의응용>

03 The fact that Paula is afraid of snakes has nothing to do with her <u>being</u> afraid of heights, water, dogs, or the number thirteen. <수능응용>

04 Pharmaceutical companies have to wait for a new drug to <u>approve</u> by the FDA before they can sell it to the public.

*pharmaceutical: 제약의

밑줄 친 부분 중 어법상 <u>틀린</u> 것을 고르시오.

05 Decline in the magnesium content of wheat is partly due to potassium ① <u>playing</u> a role as a blocker against absorption. Thus, some farmers have been using magnesium fertilizer in the soil for nutrients to ② <u>raise</u> to an acceptable level. <모의응용>

*potassium: 칼륨

06 The man is reported to ① <u>have acted</u> with prejudice, but no one has the right to blame him. Everyone automatically categorizes and generalizes all the time unconsciously, so his actions are not a question of ② <u>enlightening</u>. <모의응용>

07 다음 글을 읽고 문제에 답하시오.

> In the wild, grass is eaten by rabbits while rabbits in turn are eaten by foxes. Therefore, grass is ultimately to ⓐ <u>use</u> as energy when foxes hunt. (2) <u>이것은 먹이사슬이라고 불리는데, 이는 생물들이 먹고 먹히는 반복되는 과정을 통해 에너지가 이동하는 방법을 의미한다.</u> It is possible for animals to ⓑ <u>get</u> greater energy if the food chain is shorter. <모의응용>

(1) 밑줄 친 ⓐ, ⓑ 중 어법상 <u>틀린</u> 것을 고르시오.

(2) 주어진 <조건>에 맞게 위 글의 밑줄 친 우리말을 영작하시오.

〈조건〉

1. eat, eat, organisms, the repeated process, and, through, of를 사용하시오.
2. 동명사의 의미상 주어를 함께 사용하여 10단어로 쓰시오.

This is called a food chain, which means the way energy transfers _____

_____ .

불패 전략 07 수식받는 대상과의 관계를 보고 현재분사와 과거분사를 구별하라!

정답 및 해설 p.12

---

1 Scientists who experiment on themselves can avoid the restrictions **associated / ~~associating~~** with experimenting on other people. <수능>

수식받는 대상 / 과거분사

> 분사의 수식을 받는 대상과 분사의 관계가 능동이면 현재분사가, 수동이면 과거분사가 와야 한다.

TIP 명사 앞의 v-ing는 현재분사가 아니라 동명사일 수도 있다. 「동명사 + 명사」는 복합명사로, 이때 동명사는 '~하는 용도의/~하기 위한'의 의미이다.

· dining room 식사하는 용도의 방
· packaging box 포장하는 용도의 상자
· parking lot 주차하는 용도의 부지(주차장)
· working conditions 근무하기 위한 조건
· scoring opportunity 득점을 위한 기회
· living environment 생활을 하기 위한 환경

✓ **Check up!**

분사가 수식하는 대상에 밑줄을 치고, 네모 안에서 어법상 알맞은 분사를 고르시오.

1. Because the time **spending / spent** with their patients is quite important, hospital doctors try to see every patient for at least 10 minutes each day. <모의응용>

2. Payment apps are steadily replacing cash and credit cards, with most **using / used** in larger cities and suburban areas.

3. Because individuals cannot sense waves **moving / moved** toward them during a tsunami, they can suddenly be overwhelmed by the sudden rush of water. <모의응용>

4. Pets are important in the treatment of **neglected / neglecting** or chronically ill patients. <수능응용>

5. My dad was a generous man **dealing / dealt** with irresponsible kids who did not appreciate the unconditional love that was given to them. <모의응용>

6. Anthems are often expressions of loyalty and identity and have reached the level of something **approaching / approached** a local art form. <모의응용>   *anthem: 찬가, 송가

7. The visual preoccupation of early humans with the nonhuman creatures **inhabiting / inhabited** their world is profoundly meaningful. <수능응용>   *preoccupation: 집착

PRACTICE

정답 및 해설 p.13

밑줄 친 부분이 틀렸다면 바르게 고치시오. 바르면 ○로 표시하시오.

01 Around 3/4 of our energy is expended on the <u>specializing</u> brain cells that communicate in vast networks to generate our thoughts. <모의>

02 Being born was something <u>doing</u> to me, but my own life began when I first made out the meaning of a sentence. <모의>

03 This period of time, when teams have different numbers of players on the field, provides an excellent <u>scoring</u> opportunity for the larger team. <모의>

04 Thieving bees sneak into the nest of an <u>unsuspected</u> "normal" host bee and lay an egg near the pollen mass gathered by the host bee. <모의>   *pollen mass: 화분괴(꽃가루가 서로 붙어있는 덩어리)

밑줄 친 부분 중 어법상 **틀린** 것을 고르시오.

05 We are looking for artists highly ① <u>educating</u> in product design who are ready to go global. Take the opportunity to design the ② <u>packaging</u> box for our brand-new green tea products in the competition! <모의응용>

06 ① <u>Persisting</u> emotions are a dilemma as we simultaneously try to reveal and conceal them. With these counter-forces ② <u>battled</u> inside us, we cannot completely control what we communicate. <수능응용>

07 다음 글을 읽고 문제에 답하시오.

> While out on a walk, Megan spotted the dog ⓐ <u>splashing</u> around in the middle of the lake. At first, she thought he was playing. Then, she realized there was no owner and the ⓑ <u>abandoning</u> puppy was in serious trouble. (2) <u>그녀의 심장이 망치처럼 쿵쿵거리는 채로, 그녀는 그 개를 향해 헤엄치기 시작했다.</u> <모의응용>

(1) 밑줄 친 ⓐ, ⓑ 중 어법상 **틀린** 것을 고르시오.

(2) 주어진 <조건>에 맞게 위 글의 밑줄 친 우리말을 영작하시오.

┄┄┄┄┄┄┄┄┄┄┄┄┄┄┄┄┄ 〈조건〉 ┄┄┄┄┄┄┄┄┄┄┄┄┄┄┄┄┄
  1. pound, start, swim, her heart, a hammer, like를 사용하시오.
  2. with로 시작하여, 10단어로 쓰시오.
┄┄┄

_____ toward the dog.

불패전략 08 분사구문의 현재분사·과거분사는 분사구문의 주어를 보고 판단하라!

정답 및 해설 p.13

주절의 주어 = 분사구문의 주어

1 Recently, <u>a severe disease</u> hit Asian nations hard, boxed(causing / caused) several hundred deaths. <수능>
현재분사

2 Sumerian cuneiform was a linear writing system, <u>its symbols</u> usually boxed(set / setting) in columns. <모의>
분사구문의 주어 · 과거분사

*cuneiform: 쐐기 문자

분사구문의 주어와 분사의 관계가 능동이면 현재분사가, 수동이면 과거분사가 와야 한다. 분사구문의 주어가 주절의 주어와 일치하면 따로 쓰지 않고, 주절의 주어와 다르면 분사구문 앞에 따로 쓴다.

- 분사구문의 주어가 주절의 주어와 일치하면 주절의 주어를 보고 현재분사·과거분사를 판단한다.
- 분사구문의 주어가 주절의 주어와 다르면 분사구문의 주어를 보고 현재분사·과거분사를 판단한다.

TIP 분사구문 앞에 부사절 접속사가 올 수도 있다. 접속사는 분사구문의 의미를 명확하게 하기 위한 것으로, 분사와 주어의 관계에는 영향을 미치지 않는다.

✓ Check up!

분사구문의 주어 또는 의미상 주어에 밑줄을 치고, 네모 안에서 어법상 알맞은 분사를 고르시오.

1. When boxed(criticizing / criticized) by hostile protestors, law enforcement officers must remain calm.

2. A cell is born as a twin when its mother cell divides, boxed(producing / produced) two daughter cells. <수능>

3. boxed(Hired / Hiring) for special needs children, the teachers should not only have a unique lesson plan but also be patient and gentle.

4. The village boxed(situating / situated) at the top of the mountain far from civilization, the people there still thrive without any technology.

5. Advanced musicians have a clear idea of the tone and mood of the music while boxed(practicing / practiced) a new piece. <모의응용>

6. boxed(Advertising / Advertised) themselves as knowledgeable about every type of new business, a number of efficiency experts set up shop in London. <모의응용>

7. Tug of war, a game which has long been played in nearly all cultures, may yet make a comeback in the future, its modern variation boxed(rejecting / rejected) from the Olympics in 1920 due to a number of controversies surrounding it.

*tug of war: 줄다리기

PRACTICE

정답 및 해설 p.14

밑줄 친 부분이 틀렸다면 바르게 고치시오. 바르면 ○로 표시하시오.

01 Birth order may define your role within a family, but you mature into adulthood, <u>accepted</u> other social roles. <수능응용>

02 When <u>asking</u> to recall what they had read, people remembered the description of a character as being more positive than it was. <모의응용>

03 Organisms living in the deep sea have adapted to the high pressure by storing water in their bodies, some <u>consisting</u> almost entirely of water. <모의>

04 <u>Delivered</u> vague answers to the public, the media does not satisfy the public's demands for certainty with regard to health. <모의응용>

밑줄 친 부분 중 어법상 **틀린** 것을 고르시오.

05 ① <u>Compared</u> with the old washers that squeezed out excess water by putting clothes through rollers, modern washers are indeed an electrical-mechanical phenomenon. The machines were revolutionized with the introduction of belts and motors powered by electricity, ② <u>made</u> laundry day much less of a chore. <모의응용>

06 While ① <u>defending</u> against harmful organisms entering the body, oxygen free radicals also have the capability of destroying cells. These fierce radicals, ② <u>building</u> into life as both protectors and avengers, are potent agents of aging. <수능응용>　　*oxygen free radical: 활성 산소

07 다음 글을 읽고 문제에 답하시오.

> ⓐ <u>Provided</u> important experiences to young writers, the journalism program run by our school is excellent. (2) 장학 기금이 특별한 재정적 필요성을 가진 사람들을 위해 조성되었기 때문에, 이 프로그램을 위해 학생들의 수업료가 지원된다. If you contribute to our fund, you'll get a great feeling ⓑ <u>knowing</u> you're supporting the formation of future leaders in the profession. <모의응용>

(1) 밑줄 친 ⓐ, ⓑ 중 어법상 **틀린** 것을 고르시오.

(2) 주어진 <조건>에 맞게 위 글의 밑줄 친 우리말을 영작하시오.

〈조건〉
1. set up, those, a scholarship fund, for, with special financial needs를 사용하시오.
2. 11단어의 분사구문으로 쓰시오.

Students' tuition is assisted for the program, _____

_____ .

불패 전략 09

감정을 일으키면 현재분사, 감정을 느끼면 과거분사를 쓴다!

정답 및 해설 p.15

1 The data we find on the Internet about
  분사가 설명하는 대상(= The data)
ourselves can often be false; or, it can be
true but deeply humiliating / humiliated .
                  현재분사   <모의응용>

감정 동사의 현재분사는 '~한 감정을 느끼게 하는'이라는 뜻이고, 과거분사는 '~한 감정을 느끼는'이라는 뜻이다. 따라서 분사가 수식하거나 설명하는 대상이 감정을 일으키면 현재분사, 감정을 느끼면 과거분사가 와야 한다.

✅ Check up!

네모 안에서 어법상 알맞은 분사를 고르시오.

1. We should become relaxing / relaxed a little more and not let our work take over our lives. <모의응용>

2. Nikola Tesla designed the prototype for the modern electricity supply system, fascinating / fascinated with transmitting electrical currents without wires.

3. Compared to her older sister who was so adventurous and outgoing, Olivia was always known as the boring / bored sister.

4. Anthony was pleasing / pleased to have everyone in the family leave the house so that he could fully concentrate on his research paper. <수능응용>

5. Skilled makeup artists in the film industry can make even the most angelic faces look frightening / frightened for a horror movie.

6. They don't feel satisfying / satisfied with the available information and think they still need more discussions to perfect their decision. <모의>

7. Smartphones are a ubiquitous form of technology, though some from older generations still find their various functions confusing / confused .

*ubiquitous: 어디에나 있는

PRACTICE

밑줄 친 부분이 틀렸다면 바르게 고치시오. 바르면 ○로 표시하시오.

01 The playful and curious boy felt <u>interesting</u> in his brother Felix, who committed himself to studying no matter where he was. <수능응용>

02 Thoroughly <u>surprising</u>, Anna and Jane simply looked at the girl with their eyes wide open. <수능응용>

03 The army had no chance of defending itself, its young soldiers <u>terrifying</u> because of the enemy troops in the region.

04 The famous chefs were presenting special recipes and showing unique cooking skills that made all the guests <u>amazed</u>. <모의응용>

밑줄 친 부분 중 어법상 틀린 것을 고르시오.

05 Parents may sometimes experience ① <u>embarrassing</u> situations and incidents when their children come up with wild fantasies. However, children who create imaginary friends or worlds should never be ② <u>humiliating</u> or feel shame in any way. <모의응용>

06 ① <u>Overwhelming</u> by tedious class after class in college, you may stop listening to lectures. <모의응용>
But you will find even boring lecturers become more ② <u>interesting</u> when you realize the interest comes from what you generate rather than what the lecturer offers.

*tedious: 지루한

07 다음 글을 읽고 문제에 답하시오.

> Some may think it is ⓐ <u>shocking</u> that the global film industry makes more than 100 billion dollars in revenue almost every year. But the truth is, movies do more than present two-hour spectacles; they also tell stories that we find ⓑ <u>satisfied</u>. (2) <u>우리는 고난을 겪는 우울해하는 등장인물들에게 연민을 느끼거나 악에 맞서 싸우는 용감한 영웅들을 응원할 수도 있다.</u> <수능응용>

(1) 밑줄 친 ⓐ, ⓑ 중 어법상 틀린 것을 고르시오.

(2) 주어진 <조건>에 맞게 위 글의 밑줄 친 우리말을 영작하시오.

〈조건〉
1. depress, feel, suffer, for, hardship, characters, sympathy, who를 사용하시오.
2. 8단어로 쓰시오.

We may _____

or cheer on brave heroes who fight against evil.

불패 표현

준동사 관련 표현

정답 및 해설 p.16

1. 동명사를 포함하는 관용표현

- on[upon] v-ing ~하자마자
- be worth v-ing ~할 가치가 있다
- be busy v-ing ~하느라 바쁘다
- feel like v-ing ~하고 싶다
- when it comes to v-ing ~하는 것에 관한 한
- It's no use[good] v-ing ~해도 소용없다
- spend + 시간/돈 + (in) + v-ing ~하는 데 시간/돈을 쓰다
- stop[keep, prevent, prohibit] (A) from v-ing
  (A가) ~하는 것을 막다

- end up v-ing 결국 ~하게 되다
- wind up v-ing ~하는 것으로 끝을 맺다
- keep (on) v-ing 계속 ~하다
- cannot help v-ing ~하지 않을 수 없다
  (= cannot help but + 동사원형)
- be/get used to v-ing ~에 익숙하다/익숙해지다
- waste + 시간/돈 + (in) + v-ing ~하는 데 시간/돈을 낭비하다
- have difficulty[trouble, a problem] v-ing
  ~하는 데 어려움이 있다

[1] Prey populations **keep on increasing** as predators disappear.

[2] He was determined to bury the gold, and it was **no use trying** to change his mind. <모의응용>

2. 전치사 to 뒤에 동명사가 오는 표현

- from A to B(v-ing) (A)하는 것에서 (B)하는 것까지
- look forward to v-ing ~하기를 고대하다
- admit to v-ing ~한 것을 인정하다
- confess to v-ing ~한 것을 고백하다
- contribute to v-ing ~하는 데 기여하다
- be/get accustomed to v-ing
  ~하는 데 익숙하다/익숙해지다

- object to v-ing ~하는 것에 반대하다
- be/come close to v-ing ~에 가깝다/근접하다
- be opposed to v-ing ~하는 것에 반대하다
- be committed to v-ing ~하는 데 헌신하다/전념하다
- devote/dedicate + 목적어 + to v-ing
  ~하는 것에 (목적어)를 헌신하다/전념하다

[3] Alice Coachman **dedicated** her life **to educating** young athletes. <모의응용>

3. 「동사 + to부정사」 표현

- seem/appear to-v ~처럼 보이다
- remain to-v 여전히 ~이다
- have no choice but to-v ~할 수밖에 없다
- make it a rule to-v
  ~하는 것을 규칙으로 하다, ~하기로 정해져 있다

- be about to-v 막 ~하려는 참이다
- be (un)likely to-v ~할 것 같다(같지 않다)
- be supposed to-v ~하기로 되어 있다
- be reported to-v
  ~하는 것으로 나타나다, ~하는 것으로 알려지다

[4] While Vera often goes out on the weekends, she **makes it a rule to come** home by midnight.

P R A C T I C E

정답 및 해설 p.16

밑줄 친 부분이 틀렸다면 바르게 고치시오. 바르면 ○로 표시하시오.

01 The fencing around the area was buried more than two feet deep to prevent animals from <u>digging</u> under it to get in.

02 Sometimes, chasing a dream is hard to endure, but hang on or you may be giving up just when you're about <u>making</u> it.

03 There was little reason to believe the man who confessed to <u>commit</u> the crime was telling the truth.

04 Patricia Bath, who was the first African-American female doctor to receive a patent for a medical device, spent her life <u>to promote</u> eye health. <모의응용>

05 Each time you praise your daughter only for things she achieves, her focus shifts from enjoying learning itself to <u>please</u> you. <모의응용>

06 밑줄 친 부분 중 어법상 **틀린** 것을 고르시오.

Research has confirmed that most athletes are opposed to ① <u>participate</u> in unacceptable behavior such as lying, cheating, and breaking rules. This appears ② <u>to be</u> at odds with those who develop undesirable character traits to enhance their ability to win in the short term. <모의응용>

07 다음 글을 읽고 문제에 답하시오.

> After spending time with an Amazon tribe, linguistics professor Pierre Pica learned a way to avoid using numbers when it came to ⓐ <u>describing</u> the world. Since the tribe had no concept of numbers, he ended up ⓑ <u>to measure</u> the world through biology or the environment as they did. (2) <u>사실, 숫자를 사용하지 않는 인간은 이런 식으로 세상을 볼 수밖에 없다.</u>
>
> <모의응용>

(1) 밑줄 친 ⓐ, ⓑ 중 어법상 **틀린** 것을 고르시오.

(2) 주어진 <조건>에 맞게 위 글의 밑줄 친 우리말을 영작하시오.

> 〈조건〉
> 1. no choice, see, have, the world, in this way, but을 사용하시오.
> 2. 적절한 준동사를 함께 사용하여 11단어로 쓰시오.

In fact, humans who do not use numbers _____ .

각 네모 안에서 어법에 맞는 표현으로 가장 적절한 것을 고르시오.

01 When the temperature rises above 75 degrees Fahrenheit, chocolate quickly develops thin white layers | causing / caused | by the separation of cocoa butter. <모의응용>

02 In the experiment, many people offered an equal share to their partner, | leaving / left | both individuals happy and willing to trust each other in the future. <모의응용>

03 In many cases, the donation is so small — $10 or less — that if they stopped (A) | think / to think |, they would realize that processing the donation exceeds any benefit it brings. Yet many organizations still let people (B) | feel / to feel | like they are helping by allowing donations of any amount. <수능응용>

밑줄 친 부분 중 어법상 틀린 것을 고르시오.

04 Sometimes, when we try something and are not quickly rewarded, we actually wind up ① to feel worse than we did before we started. The problem is that change is possible, but it takes years for the desired outcome to ② be achieved. <모의응용>

05 About 250 years ago, fossil fuels began to be used on a large scale for powering machines, thereby ① creating the complex artificial world we know today. With technology and machines ② made up such a huge portion of our lives, it is unclear whether we can ever go back to a simpler time. <모의응용>

06 Because 3-D art or motion pictures use our neural circuits in novel ways, we find them especially ① interested. Moreover, researchers found that images ② seen in 3 dimensions affect our brain by improving how quickly we react and increasing mental processes. <모의응용>

(A), (B), (C)의 각 네모 안에서 어법에 맞는 표현으로 가장 적절한 것은?

07 Students taking part in an experiment were asked by researchers at the University of Iowa (A) memorize / to memorize some numbers. Then they were offered either a salad or cake. When the number the students memorized was seven digits long, 63% of them chose the cake. When the number had just two digits, however, 59% opted for the salad. (B) Knowing / Known that the salad is better for our health, our brain forgoes that soft, fattening cake. If the reflective brain is busy (C) figuring / to figure something else out — like remembering a seven-digit number — then impulse can easily win. On the other hand, if we're not thinking too hard about something else, the reflective system can deny the impulse of the reflexive side. <모의응용>

*forgo: 포기하다 **reflective: 숙고하는 ***reflexive: 반사적인

	(A)	(B)	(C)
①	memorize	Knowing	figuring
②	memorize	Known	figuring
③	to memorize	Knowing	to figure
④	to memorize	Known	to figure
⑤	to memorize	Knowing	figuring

08 Battery Park City, behind the World Trade Center, was a giant landfill. In 1982, artist Agnes Denes decided to return that landfill back to its roots. Denes remembered (A) seeing / to see beautiful wheat fields there in the past, so she put one right in the shadow of the gleaming Twin Towers. When Denes and volunteers finally planted grain atop the area after removing the trash, the entire group felt (B) satisfying / satisfied at what they had accomplished. After months of farming and irrigation, the wheat field was thriving. The artist and her volunteers gave the thousands of pounds of wheat they harvested to food banks in the city, with both the minds and bodies of New Yorkers (C) nourishing / nourished . <모의응용>

	(A)	(B)	(C)
①	seeing	satisfying	nourishing
②	seeing	satisfied	nourished
③	seeing	satisfied	nourishing
④	to see	satisfied	nourished
⑤	to see	satisfying	nourishing

다음 글의 밑줄 친 부분 중, 어법상 틀린 것은?

09 Computers can only carry out instructions that humans give them. Computers can process data accurately at great speeds, yet they are limited in many respects, like lacking common sense. However, ① <u>combining</u> the strengths of these machines with human strengths creates synergy. Synergy occurs when combined resources produce output that exceeds the sum of the output of the same resources ② <u>employed</u> separately. A computer works quickly and accurately; humans work relatively slowly and make mistakes. A computer cannot make independent decisions unless ③ <u>programming</u> to do so by humans. Even with sophisticated artificial intelligence, which has the computer ④ <u>learn</u> and then implement what it learns, the initial programming must be done by humans. This means a human-computer combination translating human thoughts and ⑤ <u>processing</u> large amounts of data. <모의응용>

10 The psychology professor Dr. Kelly Lambert's research shows that keeping your hands busy helps you ① <u>dealing</u> with challenges in the environment around you or in your emotional life more effectively and efficiently. Doing hands-on activities that ② <u>produce</u> results you can see and touch — such as knitting a scarf, cooking from scratch, or tending a garden — fuels the reward circuit so that it functions optimally. She argues that the increase in the number of Americans feeling ③ <u>depressed</u> may be directly correlated with the decline of purposeful physical activity. When we work with our hands, it increases the release of dopamine and serotonin ④ <u>generating</u> positive emotions. She also explains that working with our hands gives us a greater sense of control over our environment and more connection to the world around us. These things contribute to ⑤ <u>reducing</u> a lot of stress and anxiety and build resilience against the onset of depression. <모의응용>

*resilience: 회복력

11 Even the most respectable of all musical institutions, the symphony orchestra, carries inside its DNA the legacy of the hunt. When you stop ① to examine the various instruments in the orchestra, you will get a glimpse of their primitive origins. Their earliest forms were made either from the animal (horn, hide, gut, bone) or the weapons ② using in bringing the animal under control (stick, bow). In the formidable aggression and awe-inspiring force of the core repertoire of the world's leading orchestras, we are more likely ③ to hear this history. I can easily summon up images of bands of men starting to chase animals ④ listening to Beethoven, Brahms, Mahler, Bruckner, Berlioz, Tchaikovsky, Shostakovich, and other great composers. The sounds composed by them both revealed the source of dominance and ⑤ expressed predatory power. <모의응용>

*legacy: 유산 **formidable: 강력한

12 Often ① originating from uncertainty, risks can result from problems or situations we do not know how to approach. One way to avoid such risk is to hire someone who is used to ② dealing with it. For example, to minimize the financial risk ③ associated with the capital cost of equipment for production of a large, complex system, a manufacturer might subcontract the production of the system's major components to suppliers familiar with those components. In this way, the financial risk of the manufacturer tends to ④ relieve to a degree. However, transfer of one kind of risk often means inheriting another kind. For example, subcontracting work for the components puts the manufacturer in the position of ⑤ relying on outsiders, which increases the risks related to quality control and scheduling. But these risks often can be reduced through careful management of the suppliers. <모의응용>

*subcontract: 하청을 주다(일감을 다른 사람에게 맡기다)

다음 글을 읽고 문제에 답하시오.

13 Maria Sutton was a social worker in a place where the average income was very low. The coal industry in a nearby town ⓐ <u>collapsing</u> recently, many of Maria's clients had lost their jobs. Every Christmas season, Maria tried to arrange a special visit from Santa Claus for one family. Alice, the seven-year-old daughter of Maria, was very ⓑ <u>interested</u> in helping her mother's Christmas event. This year's lucky family was a 25-year-old mother ⓒ <u>naming</u> Karen and her three-year-old son. However, when Maria called the local organization, something appeared ⓓ <u>to have gone</u> wrong with the holiday surprise. The aid for Karen had been rejected. No Santa Claus. No presents. Maria saw the cheer ⓔ <u>disappeared</u> from Alice's face, who ran to her room. (2) 잠시 후에, Alice는 결의로 가득 찬 얼굴을 한 채 Maria에게 돌아왔다. She counted out the coins from her piggy bank: $4.30. "Mom," she told Maria, "I know it's not much. But maybe this will buy a present for the kid." <모의응용>

(1) 위 글의 밑줄 친 ⓐ-ⓔ 중 어법상 <u>틀린</u> 것을 2개 찾아 바르게 고치시오.

(2) 주어진 <조건>에 맞게 위 글의 밑줄 친 우리말을 영작하시오.

〈조건〉
1. fill, return, her face, resolve, to, with를 사용하시오.
2. 「with + 명사 + 분사」 구조를 사용하여 10단어로 쓰시오.

After a while, _____ .

*resolve: 결의[결심]

CHAPTER 03

주어-동사 수일치

동사에 밑줄이 있다면 밑줄 친 동사의 주어가 무엇인지 파악하고, 동사와 그 주어의 수가 일치하는지 먼저 확인하는 것이 좋다. 이때 주어와 동사가 멀리 떨어져 있거나 도치되어 있는 경우가 많이 출제된다.

불패전략 10   주어로 혼동되는 수식어에 동사의 수를 일치시키지 마라!

정답 및 해설 p.19

---

1 The main purpose of food labels **is / are** to
주어(단수명사)　　수식어(전치사 + 명사구)　단수동사
inform you what is inside the food you are
purchasing. <모의>

> 주어와 동사 사이에는 길고 다양한 수식어가 올 수 있으므로, 이 수식어를 제외하고 주어와 동사가 수일치하는지 확인해야 한다. 이때 동사 바로 앞에 온 수식어에 수일치하지 않도록 주의해야 한다.

TIP　주어와 동사 사이에는 목적격 관계대명사와 관계부사가 생략된 관계절이 올 수도 있다.

Expeditions [(*that*) an organization sends to an exotic location] **exceed** the budget most times.
주어(복수명사)　목적격 관계대명사　　수식어(관계절)　　　　　복수동사

 Check up!

네모 안의 동사가 수일치해야 할 주어에 밑줄을 치고, 네모 안에서 어법상 알맞은 동사를 고르시오.

1. The fact that a doctor goes into war-torn nations without protection to save lives **amaze / amazes** citizens.

2. Normally, the ways to learn a new language **is / are** talking to native speakers and studying vocabulary words.

3. Even with good care, the average life of a street tree surrounded by concrete and asphalt **is / are** seven to fifteen years. <모의응용>

4. Common weaknesses in reasoning **exist / exists** across people of all ages and educational backgrounds. <모의>

5. Psychologists noticed that the interdependent relationships within groups that humans depend on **is / are** not possible without a shared morality. <모의응용>

6. The idea of medical tests **get / gets** scarier as people age, with more health problems developing later in life. <모의응용>

7. Dr. Marla Hayes warns that highly intelligent marine mammals at entertainment parks or zoos kept in small enclosures **become / becomes** depressed.

PRACTICE

정답 및 해설 p.20

밑줄 친 부분이 틀렸다면 바르게 고치시오. 바르면 ○로 표시하시오.

01 His studies that deal with the history of big business <u>has</u> been carried out with grants from a number of sources, including the Sloan Foundation. <모의응용>

02 In the end, speculations about the meaning and purpose of prehistoric art <u>rely</u> heavily on analogies drawn from hunter-gatherer societies. <수능응용>   *speculation: 고찰 **analogy: 유사점

03 Play, the language of communication among young children, <u>remain</u> invaluable for them in order to make friendships and create relationships early on in life.

04 Like cave animals, some predators hunting in parts of the ocean where there is little sunlight <u>possesses</u> excellent visual capabilities. <모의응용>

밑줄 친 부분 중 어법상 틀린 것을 고르시오.

05 The provision of timely, constructive feedback to participants on their performances ① <u>is</u> an asset that some competitions and contests offer. The fact that players receive a degree of critical assessment ② <u>further</u> their skills. <모의응용>   *provision: 제공

06 Great scientists are driven by an inner quest to understand the nature of things; the outside reward that matters most to them ① <u>come</u> from the recognition of their peers. All innovative thinkers who continue to seek the truth ② <u>know</u> satisfaction comes from discovery. <모의응용>

07 다음 글을 읽고 문제에 답하시오.

> The muscles and wrinkles around the eyes that appear with a smile ⓐ <u>look</u> noticeably different when you are truly happy. (2) 그리고 덜 현저히, 당신이 진짜 미소를 지을 때 눈썹과 위쪽 눈꺼 풀 사이의 피부는 내려간다. On the other hand, fake smiles, it seems, never quite ⓑ <u>reaches</u> the eyes enough to seem genuine to most people. <모의응용>

(1) 밑줄 친 ⓐ, ⓑ 중 어법상 틀린 것을 고르시오.

(2) 주어진 단어들을 사용해서 우리말 해석에 맞는 영어 문장을 쓰시오.

   (and, between, go down, upper eyelid, the eyebrow, the skin)

   And less noticeably, _____

   when you make a genuine smile.

불패전략 11 항상 단수동사나 복수동사가 오는 주어 형태를 익혀둬라!

정답 및 해설 p.21

---

1 Accepting your role in your problems [mean / means] that you understand the solution lies within you. <모의>
   - 주어(동명사구)
   - 단수동사

2 Companion animals have no memories about what the aged once [was / were] and greet them like children. <수능응용>
   - 주어(the + 분사)
   - 복수동사

동명사(구)나 to부정사(구), 명사절이 주어이면 단수동사가 와야 한다.

'~한 사람들'이라는 의미의 「the + 형용사/분사」가 주어이면 복수 동사가 와야 한다.

- the poor/rich 가난한/부유한 사람들
- the young 젊은 사람들
- the old/aged/elderly 나이가 든 사람들
- the homeless 집이 없는 사람들
- the blind 눈이 안 보이는 사람들
- the unemployed 직업이 없는 사람들

✓ **Check up!**

네모 안의 동사가 수일치해야 할 주어에 밑줄을 치고, 네모 안에서 어법상 알맞은 동사를 고르시오.

1. Understanding how to develop respect for other cultures [begin / begins] with realizing we are all equal. <모의응용>

2. The homeless who are prevented from sleeping in the park [look / looks] for other places to rest.

3. Rolling rocks coming down from the top of the cliff [strike / strikes] some of the cars that are driving past on the mountain road.

4. In economic systems, what takes place in one sector [has / have] impacts on another; demand for goods in one sector is derived from another. <모의>

5. In the film, the unemployed college graduate with multiple degrees [end / ends] up in a minimum paying job along with his debt from tuition.

6. Navigating the world within virtual realities [require / requires] moving around and using a lot of brainpower. <모의응용>

7. If all the evidence and trustworthy people are against you, even what you think is best [fail / fails] to make a difference. <모의응용>

PRACTICE

정답 및 해설 p.21

밑줄 친 부분이 틀렸다면 바르게 고치시오. 바르면 ○로 표시하시오.

01 Indeed, what most people really want in their lives, I'm sure, <u>are</u> to stop wanting. <모의응용>

02 Hoping to steal elephant tusks, criminals armed with a knife or saw frequently <u>breaks</u> into national reserves at night looking for the protected creatures.

03 Fertilizing crops with nitrogen and potassium <u>have</u> led to declines in magnesium, zinc, iron and iodine. <모의응용>

*nitrogen: 질소 **potassium: 칼륨, 포타슘

04 The analysis shows that the elderly <u>experience</u> poorer sleep, significantly contributing to a lower quality of life.

밑줄 친 부분 중 어법상 **틀린** 것을 고르시오.

<모의응용> <수능응용>

05 That laws are restrictive for medical tests ① <u>cause</u> human trials to become harder to get approved, which is why many scientists choose to experiment on themselves. However, one obvious drawback is the danger involved; knowing that it exists ② <u>does</u> nothing to reduce it.

06 How people convey what they mean ① <u>depends</u> on which senses they rely on the most. The blind who do not use sight, for instance, ② <u>uses</u> touch and subtle differences in tone of voice to communicate with others. <모의응용>

07 다음 글을 읽고 문제에 답하시오.

> Rising leaders say that, avoiding uncomfortable things, the young today actively ⓐ <u>shuts</u> out success. However, what the wise entrepreneur knows ⓑ <u>is</u> that challenges are the best stepping stones to success. (2) 그러므로, 불편한 것들을 피하려는 당신의 본능을 극복하는 것은 기회를 늘린다. <모의응용>

(1) 밑줄 친 ⓐ, ⓑ 중 어법상 **틀린** 것을 고르시오.

(2) 주어진 <조건>에 맞게 위 글의 밑줄 친 우리말을 영작하시오.

〈조건〉
1. increase, overcome, to avoid, your instinct, opportunities, uncomfortable things를 사용하시오.
2. 9단어로 쓰시오.

Therefore, _____ .

1 In general, <u>most of the students in the</u>
주어(most of + 복수명사)
classroom often closely pay / pays
복수동사
attention to their teacher's body language.
<모의응용>

주어가 다음과 같은 「부분/수량 표현 + of + 명사」 형태인 경우, of 뒤가 단수명사면 단수동사가, 복수명사면 복수동사가 와야 한다.

· all/most/half/some/any of
· a lot[lots] of   · plenty of
· the majority of   · the rest of
· 퍼센트(%) + of   · 분수 + of

2 <u>A number of</u> 'youth friendly' mental health
주어(a number of + 명사)
websites has / have been developed. <모의>
복수동사

다음과 같은 부분/수량 표현을 포함한 주어에는 항상 단수동사 또는 복수동사가 온다.

<항상 단수동사가 오는 표현>

· one of   · the amount of   · the number of

<항상 복수동사가 오는 표현>

· a number of

✓ **Check up!**

네모 안에서 어법상 알맞은 동사를 고르시오.

1. In reality, the majority of health supplements is / are artificial and may not even be completely absorbed by your body. <모의>

2. In 1996, the amount of venture capital funding for smaller start-up companies was / were expected to fall 53% from the previous year. <수능응용>

3. The rest of the sci-fi movies shown at the Cannes Films Festival is / are created by people who were educated in the humanities, not in the sciences. <모의응용>   *humanities: 인류학

4. According to a report, the number of passengers using New York's airports demand / demands the addition of two new terminals.

5. A more loose immigration law will not be passed as roughly half of the population disagree / disagrees with it.

6. Plenty of the plants foraged in the past was / were root crops, weeds, and shrubs. <모의응용>
*forage: (식량·먹이 등을) 찾다

7. A comprehensive study reports that a number of deep earthquakes recorded by the US Geological Survey take / takes place in the Pacific Ocean.

PRACTICE

정답 및 해설 p.23

밑줄 친 부분이 틀렸다면 바르게 고치시오. 바르면 ○로 표시하시오.

01 My father used to have a great build when he was younger, but a lot of beer <u>have</u> been consumed since then, and now he is very fat. <모의응용>

02 Unfortunately, most of the research from the science websites <u>lacks</u> proper sources or evidence so far.

03 While reflecting on organizations, leaders, and families today, we realize that one of the unique characteristics needed <u>are</u> inclusivity. <모의응용>
*inclusivity: 포용성

04 Only 15 percent of teens <u>says</u> they trust the recommendations provided by influencers, while more than three times that number distrust them. <모의응용>

밑줄 친 부분 중 어법상 틀린 것을 고르시오.

05 Surprisingly, one-fifth of adults participating in the survey ① <u>say</u> they believe the information from television advertising. All of the trust in commercials ② <u>emerge</u> from having faith in big corporations. <모의응용>

06 Some experts estimate that half of what we communicate ① <u>are</u> done through the way we move our bodies. Some of the physical methods we use in a conversation ② <u>help</u> us connect to the other person through more than words. <모의응용>

07 다음 글을 읽고 문제에 답하시오.

> A number of the meaningful experiences we go through ⓐ <u>arises</u> from an internal and not physical place. In particular, almost three-fourths of our mental imagery ⓑ <u>is</u> generated by feeling and introspection. (2) <u>그러한 정신적인 경험들에 대한 가장 좋은 증거 중 일부는 음악 공연 분야에서 나온다.</u> <모의응용>
> *introspection: 자기 성찰

(1) 밑줄 친 ⓐ, ⓑ 중 어법상 틀린 것을 고르시오.

(2) 주어진 <조건>에 맞게 위 글의 밑줄 친 우리말을 영작하시오.

> 〈조건〉
> 1. come, evidence, mental experiences, such, the best, for를 사용하시오.
> 2. some of를 함께 사용하여 10단어로 쓰시오.

_____ from

the field of musical performance.

불패 전략 13 주격 관계대명사절 동사의 수일치는 선행사를 보고 판단하라!

정답 및 해설 p.24

1 The patients are presenting with aching
jaw pain that occasionally extend / extends
　선행사(불가산명사) 주격 관계대명사　　　　　　　　　　단수동사
down to their chest. <모의응용>

주격 관계대명사가 이끄는 절의 동사는 관계대명사가 가리키는 선행사에 수일치시켜야 한다.

TIP 1. 앞의 절 전체 내용을 대신하는 관계대명사 뒤에는 항상 단수동사가 온다. 이때 관계대명사 앞의 명사를 선행사로 착각하지 않도록 주의한다.

It takes 7,000 liters of water to make a pair of jeans, **which contributes** significantly to environmental pollution.
　　　　　　　　　　　　　　　　　　　　　　　(= It ~ jeans) 단수동사

2. it-that 강조구문이 주어를 강조할 때는 that 뒤에 주어가 따로 없기 때문에, it과 that 사이의 강조 대상에 동사를 수일치시켜야 한다.

It is **the invention** of the Internet *that* **makes** our world convenient and efficient.

✓ **Check up!**

네모 안의 동사가 수일치해야 할 대상에 밑줄을 치고, 네모 안에서 어법상 알맞은 동사를 고르시오.

1. We have planned many activities that increase / increases the writing skills of our club members. <모의응용>

2. No doubt it is the utopian aspect of movies that account / accounts for why we enjoy them so much. <수능>

3. It would be odd to label as creative someone who never do / does anything. <모의응용>

4. According to the market response model, it is high prices that on the whole drive / drives consumers to conserve. <수능응용>

5. Going to the bathroom leads to washing and drying your hands, which remind / reminds you that you need to put the dirty towels in the laundry. <모의>

6. Far too often, companies collect valuable customer information that, most people believe, end / ends up buried and never used. <모의응용>

7. Motion pictures, 3-D games, and visual illusions leverage our biological senses that is / are normally used to accomplish other things. <모의응용>

*leverage: 이용하다

PRACTICE

정답 및 해설 p.24

밑줄 친 부분이 틀렸다면 바르게 고치시오. 바르면 ○로 표시하시오.

01 You buy a toy for your child and soon find yourself purchasing all of the accessories that accordingly <u>goes</u> with it. <모의응용>

02 There are some people on the Internet who <u>believes</u> the Earth is flat, although we have objective evidence that the Earth is a sphere. <모의응용>

03 Smithson describes studying animals at night as an initially difficult schedule adjustment which soon <u>turn</u> into a natural routine.

04 Problems unexpectedly coming up that <u>need</u> solutions force us to use our brains in order to develop creative answers. <모의응용>

밑줄 친 부분 중 어법상 **틀린** 것을 고르시오.

05 If you applaud every time your child identifies a letter, she may become a praise lover who eventually ① <u>feel</u> less interested in learning the alphabet than in hearing you applaud. It is cheap compliments that consequently ② <u>create</u> a spoiled child, one who becomes anxious the moment they fail to get praise for even the smallest thing. <모의응용>

06 Writing with powerful words stirs strong emotions in people, which effectively ① <u>encourages</u> real change. You will have written a lot of essays that not only ② <u>avoids</u> passivity in the reader, but get people to think. <모의응용>   *passivity: 수동성

07 다음 글을 읽고 문제에 답하시오.

> (2) 여행할 때, 우리는 보통 화석 연료를 태우고 환경적으로 해로운 가스를 배출하는 교통수단을 사용한다.
> While traveling is necessary, it is the overuse that in many cases ⓐ <u>contributes</u> to the warming planet. The high pollution from large jet planes accounts for 3% of CO_2 emissions in the atmosphere, which ⓑ <u>surprise</u> most people. <모의응용>

(1) 밑줄 친 ⓐ, ⓑ 중 어법상 **틀린** 것을 고르시오.

(2) 주어진 <조건>에 맞게 위 글의 밑줄 친 우리말을 영작하시오.

〈조건〉
1. burn, emit, use, fossil fuels, gasses, transportation, and, environmentally harmful을 사용하시오.
2. 관계대명사 that을 함께 사용하여 11단어로 쓰시오.

When we travel, we usually _____

_____ .

불패 전략 14

도치 구문은 동사 뒤에 있는 주어에 동사의 수를 일치시켜라!

정답 및 해설 p.25

1 Contrary to popular belief, rarely do / does professional athletes and coaches talk about scoring a goal, a home run, or achieving a good shot. <모의응용>

부사구, 부정어, 보어가 절의 앞쪽에 오면 동사가 주어 앞으로 오는 도치가 일어날 수 있으므로, 동사 뒤에서 주어를 찾아 수일치시켜야 한다. 이때 동사 앞에 있는 어구를 주어로 착각하지 않도록 주의해야 한다.

✅ Check up!

네모 안의 동사가 수일치해야 할 주어에 밑줄을 치고, 네모 안에서 어법상 알맞은 동사를 고르시오.

1. War is never an isolated act, nor do / does only one decision determine its outcome. <수능응용>

2. The taste of the desserts by French pastry chefs is incredible, but more pleasing is / are their visual presentation.

3. Inside the downtown area filled with modern buildings sit / sits a traditional teahouse from centuries ago.

4. Only if you actually use the information do / does knowing something become worthwhile. <모의응용>

5. That first step off the cliff is the most difficult moment, but I have to make it as do / does other adventurers. <모의응용>

6. Professional code breakers have studied the secret message, but they have not been able to interpret it and neither has / have anyone else.

7. Similar to reptiles, there is / are now strong indications of a sleep like state in some invertebrates, such as honey bees. <모의응용>

*reptiles: 파충류 **invertebrates: 무척추동물

P R A C T I C E

정답 및 해설 p.26

밑줄 친 부분이 틀렸다면 바르게 고치시오. 바르면 ○로 표시하시오.

01 When thinking about the development of cities, rarely <u>does</u> ordinary citizens consider the critical role of vertical transportation such as escalators and elevators. <모의응용>

02 So unexpected <u>was</u> the discovery of the 10,000-year-old artifacts that many people wondered if they were well-made fakes.

03 Not only <u>have</u> memory governed our ability to think, but it has defined the content of our experiences. <모의응용>

04 A number of demonstrators on the road were holding flags on which <u>were</u> a shield with a sword that represented their strong will for freedom.

밑줄 친 부분 중 어법상 **틀린** 것을 고르시오.

05 In sports, there ① <u>exists</u> an opinion that job advancement is like a pyramid. If you look at a pyramid, at the wide base are many jobs with high school athletic teams, while at the narrow tip ② <u>is</u> the few, highly desired jobs with professional organizations. <모의응용>

06 Filling a position is not a passive task for either the seeker or the finder. Job seekers do not simply browse for work, nor ① <u>does</u> employers "just look" at the résumé of applicants. Even more motivated ② <u>is</u> the applicant looking for a dream job, and the employer who looks hardest ends up with the better employee. <모의응용>

07 다음 글을 읽고 문제에 답하시오.

> It's important that you fight for what you believe in, but there ⓐ <u>comes</u> a time when it's wiser to stop fighting for your view. (2) <u>더 넓은 지역사회 내에는 다른 것들보다 더 큰 영향을 가져오는 목표들이 있다.</u> Only when citizens learn what is worth fighting for and what to let go ⓑ <u>does</u> actions make a true difference. <모의응용>

(1) 밑줄 친 ⓐ, ⓑ 중 어법상 **틀린** 것을 고르시오.

(2) 주어진 <조건>에 맞게 위 글의 밑줄 친 우리말을 영작하시오.

〈조건〉
1. be, bring about, a greater impact, purposes, others, that, than을 사용하시오.
2. 도치 구조를 사용하여 10단어로 쓰시오.

Within the wider community _____.

각 네모 안에서 어법에 맞는 표현으로 가장 적절한 것을 고르시오.

01 In political surveys, half of US citizens answer / answers questions without revealing their name or where they live.

02 Small indicator lights are placed along the trail to help rookie hikers at night, who, it is supposed, get / gets lost frequently.

03 Stricter regulations in addition to other methods that decrease the amount of uneaten food (A) has / have helped aquaculture to clean up its act. These are necessary steps, as employing aquaculture on a larger scale (B) relieve / relieves food insecurity while keeping oceans sustainable. <수능응용>

*aquaculture: 양식업, 수경 재배

밑줄 친 부분 중 어법상 틀린 것을 고르시오.

04 The competition to sell manuscripts to publishers ① is fierce. Unknown writers may possess all the talent in the world, but rarely ② does their works make it to the desk of a publisher without prior publications or else a very good agent. <모의응용>

05 Many of the teens faced with the fact that the majority of animals raised as food live in confinement ① gives up meat to protest those conditions. It may be their youthful determination that fully ② allows them to support the cause for animal rights. <모의응용>

*in confinement: 가둬져서, 감금되어

06 The preference of ratios over exact numbers, Pica suggests, ① emerge because ratios are much more important for survival in the wild than the ability to count. What is critical when, for example, faced with enemies ② is not that we know exactly how many enemies there are but simply whether they outnumber us. <모의응용>

(A), (B), (C)의 각 네모 안에서 어법에 맞는 표현으로 가장 적절한 것은?

07 Nothing is trash by nature. Mary Douglas who studied the euro-centric misconceptions surrounding rites and rituals, (A) analyze / analyzes the common saying that dirt is "matter out of place." Dirt is relative, she emphasizes. Shoes are not dirty in themselves, but it is dirty to place them on the dining-table; food is not dirty in itself, but it is dirty to leave pots and pans in the bedroom, or food all over clothing. Similarly, outdoor things which mistakenly (B) is / are placed indoors can be regarded as dirt. Sorting the dirty from the clean, such as removing the shoes from the table, (C) involve / involves systematic ordering and classifying.

<모의응용>

	(A)	(B)	(C)
①	analyze	is	involves
②	analyze	are	involve
③	analyzes	are	involve
④	analyzes	are	involves
⑤	analyzes	is	involves

08 In modern times, society is more dynamic. Social mobility has increased among younger generations, which (A) pose / poses a challenge to traditional roles in society. People exercise a higher degree of choice regarding, for instance, their profession, their marriage, or their religion. It is less evident that one needs to commit to the roles one was born into when alternatives can be realized. Not only (B) is / are control over one's life choices possible, but it is also desired. Identity now becomes a problem. It is no longer almost ready-made at birth but something to be discovered. Most of the traditional role identities prescribed by society (C) appear / appears as masks imposed on people whose real self is to be found somewhere underneath. <모의응용>

*prescribe: 규정하다 **impose: 부여하다

	(A)	(B)	(C)
①	poses	is	appear
②	pose	are	appear
③	poses	are	appear
④	pose	are	appears
⑤	poses	is	appears

다음 글의 밑줄 친 부분 중, 어법상 틀린 것은?

09 The known fact of contingencies, without knowing precisely what those contingencies will be, ① <u>shows</u> that disaster preparation is not the same thing as disaster rehearsal. No matter how many mock disasters are staged according to prior plans, even one of those practice situations ② <u>does</u> not perfectly mirror a real disaster. Preparing for disasters of all types ③ <u>is</u> more like training for a marathon than training for a sprinting event. Marathon runners do not practice by running the full course of twenty-six miles; rather, they get into shape by running shorter distances and let their endurance ④ <u>grow</u> with cross-training. The athletes who have prepared successfully and are in optimal condition ⑤ <u>completes</u> a predetermined course and length, assuming a range of weather conditions. This is normal marathon preparation. <모의응용>

*contingency: 비상사태 **mock: 모의의 ***cross-training: 여러 가지 운동을 조합하여 행하는 훈련법

10 While facing enormous pressures to decide quickly, leaders often make premature decisions, which ① <u>lead</u> to an inevitable failure. This is primarily because most leaders are used to ② <u>responding</u> to the superficial issue of a decision rather than taking the time to explore the underlying issues. Bob Carlson, the co-CEO of a company that builds automobile parts, ③ <u>is</u> a good example of a leader exercising patience. During the economic downturn, his manufacturing plant faced a 30 percent drop in revenues. When circumstances like this arise, the argument that firing workers makes up for the lack of profits always ④ <u>gain</u> significant support. Although it would have been easy to push for a decision or ⑤ <u>call</u> for a vote in order to ease the tension of the economic pressures, he helped the team work together and examine all of the issues. The team finally agreed on salary reductions after thoroughly examining the implications of all decisions. <모의응용>

*revenue: 총수입 **implication: 영향

11 While sports can trigger a strong emotional response in its consumers, products or brands that similarly ① <u>creates</u> the same type of response are rare. It's nearly impossible to meet customers buying bank memorabilia or consumers ② <u>getting</u> a tattoo logo of their car insurance company to show their loyalty. On the other hand, sports fans are extremely passionate and some of these sports followers ③ <u>feel</u> so strongly about players, teams, and the sport itself that their interest goes beyond obsession. This addiction, it seems in many cases, ④ <u>provides</u> the emotional glue that binds fans to teams and maintains loyalty even in the face of failure. Most managers can only dream of having such passionate customers as sports fans, but it's important for them to know that the emotion triggered by sports also ⑤ <u>has</u> a negative impact. For example, changing club colours may be turned down because it breaks with tradition. <모의응용>

*memorabilia: 기념품 **obsession: 집착

12 The single most important change you can make in your working habits ① <u>is</u> to switch to doing creative work first and doing necessary work second. This means blocking off a large chunk of time every day for creative work with the phone and e-mail ② <u>turned</u> off. I used to be a frustrated writer. Making this switch turned me into a productive writer. Yet every time I sat down to write an article, blog post, or book chapter, there ③ <u>were</u> a lot of people waiting for me to get back to them. It wasn't easy, particularly when I got phone messages beginning "I sent you an e-mail two hours ago...!" This approach goes against the expectation of others and the pressures the expectation ④ <u>puts</u> on you. It feels uncomfortable, and sometimes people get upset. But what you can get from disappointing a few people over small things ⑤ <u>result</u> in much more than an empty inbox. <모의응용>

다음 글을 읽고 문제에 답하시오.

13 When we see an adorable creature, overwhelming urges to squeeze, pinch, or maybe even bite it ⓐ <u>occurs</u>. This is a perfectly normal psychological reaction — an oxymoron called "cute aggression." In fact, a number of scientific experiments ⓑ <u>proves</u> this compulsion actually makes us more caring. The first studies to look at cute aggression in the human brain ⓒ <u>have</u> now revealed that this is a complex neurological response, involving several parts of the brain. Only when cute aggression stops us from becoming so emotionally overloaded ⓓ <u>is</u> the ability for us to look after cute things possible. Without it, we become too distracted to care for things that ⓔ <u>are</u> super cute. (2) <u>그러므로, 우리가 극도로 귀엽다고 인식하는 어떤 것을 돌볼 수 있도록 허락하는 것은 귀여운 공격성이다.</u> <모의응용>

*oxymoron: 모순 어법

(1) 위 글의 밑줄 친 ⓐ-ⓔ 중 어법상 **틀린** 것을 2개 찾아 바르게 고치시오.

(2) 주어진 <조건>에 맞게 위 글의 밑줄 친 우리말을 영작하시오.

〈조건〉
1. allow, take care of, cute aggression, something, us를 활용하시오.
2. it-that 강조구문을 사용하여 12단어로 쓰시오.

Thus, _____
that we perceive as overwhelmingly cute.

CHAPTER 04

동사의
능동태·수동태

동사에 밑줄이 있는 경우, 동사의 능동태·수동태가 올바른지 묻는 문제가 수일치 문제 다음으로 자주 출제되고 있다. 따라서 주어와 동사의 관계 또는 선행사와 관계대명사절의 동사의 관계를 통해 능·수동을 구분해야 한다.

불패 전략 15

주어가 동사 행위의 주체인지 대상인지 구별하라!

정답 및 해설 p.30

1 **Advertising expenses have been** 주어(동사 행위의 주체) **following /**
followed 능동태(have been + v-ing) **the migration of the news from**
offline to online media. <수능응용>

주어가 동사 행위의 주체이면 능동태 동사가 와야 하고, 행위의 대상이면 수동태 동사가 와야 한다.

✅ **Check up!**

네모 안의 동사의 주어에 밑줄을 치고, 네모 안에서 어법상 알맞은 동사를 고르시오.

1. If there are less than five people who want to attend, the event for local writers will
   delay / be delayed . <모의응용>

2. Over the past 20 years, animal shelters are / have consistently provided lost animals with
   protection and sometimes new homes. <모의응용>

3. The check returned to him included / was included a stamped imprint of "Insufficient Funds."
   <수능응용>

4. Our recycling program that began 5 years ago is introducing / being introduced in a newspaper
   article. <모의응용>

5. Because of recent cyberattacks, the security system our company uses has been
   checking / checked all of our records carefully.

6. Alfred Chandler's book *The Visible Hand* has recognized / been recognized internationally,
   getting the Pulitzer Prize for History. <모의응용>

7. Due to technological innovations, music is / has now experienced in more regions and for more
   time than ever before. <모의응용>

PRACTICE

정답 및 해설 p.30

밑줄 친 부분이 틀렸다면 바르게 고치시오. 바르면 ○로 표시하시오.

01 The interaction between social media influencers and branded products has increasingly <u>established</u> against the background of a continually changing youth culture. <모의응용>

02 Those who organize the yearly charity fundraiser are hopeful what they are <u>done</u> helps others.

03 Children's opportunities to play and explore in their own ways are going down, and the effects have been especially <u>damaged</u> empathy, he argues. <모의응용>   *empathy: 공감, 감정 이입

04 If, just for a moment, young adults <u>release</u> from their cares and duties, they will get the chance to sort out what is important to them. <모의응용>

밑줄 친 부분 중 어법상 **틀린** 것을 고르시오.

05 Nowadays, motorists pull up to a gas station where an attendant ① <u>is enclosed</u> in a glass booth with the cash register. Drivers have been ② <u>paid</u> for their gas through a small window rather than handing it to the attendant directly. <모의응용>

06 Accepting what others are communicating only ① <u>works</u> if their interests correspond to ours. However, during communication, having the same interests is rarely ② <u>achieving</u>; most people have their own specific goal for speaking to someone else. <모의응용>

07 다음 글을 읽고 문제에 답하시오.

> Environmental organizations have been actively ⓐ <u>searching</u> for fresh solutions that may help combat what's happening to the planet. Thus, a competition has ⓑ <u>organized</u> to find the best new ideas for environmental change by Go Green. (2) 대회의 세 명의 수상자는 5월 31일에 웹사이트에 발표될 것이다. <모의응용>

(1) 밑줄 친 ⓐ, ⓑ 중 어법상 **틀린** 것을 고르시오.

(2) 주어진 단어들을 사용해서 우리말 해석에 맞는 영어 문장을 쓰시오.

　　(announce, the contest, on, the three winners, the website, will, of)

　　_____ on May 31st.

불패 전략 16 의미상 수동태로 헷갈릴 수 있는 자동사를 익혀둬라!

정답 및 해설 p.31

1 When we listen to the same piece of music again, a special harmony emerges / is emerged that we missed before. <모의응용>
자동사

뒤에 목적어가 오지 않는 자동사는 수동태로 쓸 수 없다. 의미상 수동태로 헷갈릴 수 있는 자동사들을 익혀두도록 한다.

TIP 다음은 수동태로 쓸 수 없는 자동사들이다.

· appear 나타나다, ~처럼 보이다	· happen 일어나다, 벌어지다	· rise 오르다, 일어나다
· seem ~처럼 보이다, ~인 것 같다	· occur 발생하다, 일어나다	· lie 눕다, 놓여있다, 거짓말하다
· become ~이 되다, ~해지다	· arise 생기다, 발생하다	· belong (to) (~에) 속하다
· remain 남아 있다, 계속 ~하다	· emerge 생겨나다, 드러나다	· result (in) (~라는) 결과를 낳다

Check up!

네모 안에서 어법상 알맞은 것을 고르시오.

1. Bikes with minimal features have been become / becoming popular because they are lightweight and less expensive. <모의응용>

2. Although the exchange between capitalist and laborer defined / is defined as always equal, in reality, sometimes it is not.

3. The curiosity of the marketing team was arisen / aroused when they discovered the unusual advertisement was becoming more popular. <모의응용>

4. Talent obviously separates the best musicians from lesser ones, but one of the other major differences lies / lays in the depth of their imagination. <모의응용>

5. Thanks to the tireless effort of wildlife organizations, the number of seabirds on the West Coast has / was remained stable for the past 5 years.

6. If something unexpected happens / is happened , you can have a snack to get a boost of energy that can help you get through the incident. <모의응용>

7. An interesting phenomenon that reveals the concept of social proof has arisen / aroused from social media. <모의응용>

PRACTICE

정답 및 해설 p.32

밑줄 친 부분이 틀렸다면 바르게 고치시오. 바르면 ○로 표시하시오.

01 Changes to the structures of an organism <u>are occurred</u> over many generations. <모의응용>

02 The simplicity of buying and selling cryptocurrency through apps has been <u>encouraged</u> traders to give it a try. *cryptocurrency: 암호화폐, 가상화폐

03 The notation from the bank <u>was appeared</u> to read, "We have made a serious mistake, but we will do everything to correct it." <수능응용>

04 Elizabeth Rockefeller, the first child of John D. Rockefeller, <u>belonged</u> to one of the most well-established and wealthiest families in US history.

밑줄 친 부분 중 어법상 틀린 것을 고르시오.

05 Europeans' idea of nature ① <u>consists</u> of the familiar boring landscapes they see every day. But in the new worlds, the variation of the land ② <u>was seemed</u> much clearer not only to European settlers and visitors but also to their descendants. <모의응용> *descendant: 후손

06 Autumn, with its red and gold trees, is Nina's favorite season, but she ① <u>was</u> remained silent for hours ever since she and Marie got on the road. Nina has been ② <u>removed</u> from the wrestling team after fighting with a teammate and now cannot attend the championship tournament. <수능응용>

07 다음 글을 읽고 문제에 답하시오.

> Ruthless attitudes and actions ⓐ <u>result</u> from years and years of focusing solely on winning and nothing else. While skill level ⓑ <u>is risen</u>, a sense of ethics slips, causing such a person to lose the respect of fellow athletes. (2) 운동선수들이 더 높은 경쟁 수준까지 나아감에 따라, 좋은 스포츠 행동은 감소하는 것처럼 보인다. <모의응용>

(1) 밑줄 친 ⓐ, ⓑ 중 어법상 틀린 것을 고르시오.

(2) 주어진 <조건>에 맞게 위 글의 밑줄 친 우리말을 영작하시오.

〈조건〉
1. athletes, competitive levels, seem, progress, good sporting behavior, to, higher, to decline을 사용하시오.
2. 12단어로 쓰시오.

As _____ .

불패전략 17 관계대명사절 동사의 능·수동 구분에 주의하라!

정답 및 해설 p.32

1 If possible, save the remains of **the food that** 선행사(동사 행위의 대상)
  ate / was eaten 주격 관계대명사 / 수동태 and let the doctor see it for
  identification purposes. <모의응용>

주격 관계대명사절에는 따로 주어가 없으므로 주어 역할을 하는 관계대명사가 가리키는 선행사가 동사 행위의 주체인지 대상인지 확인해야 한다.

TIP 1. 「whose + 명사」와 「(대)명사 + of which/of whom」이 관계절의 주어 역할을 하는 경우, 그 자체가 동사 행위의 주체인지 대상인지 확인해야 한다.

A child **whose bad behavior reveals** the need for discipline is often first noticed by teachers instead of parents. <모의응용>
주어(whose + 명사) 능동태

2. 「전치사 + 관계대명사」가 장소/방향의 의미를 나타낼 때 동사가 주어 앞으로 오는 도치가 일어날 수 있다.

The online process requires you to enter an email address, *to which* **is sent a contract**.
전치사 + 관계대명사 동사 주어

✅ Check up!

네모 안의 동사의 능·수동을 결정하는 것에 밑줄을 치고, 네모 안에서 어법상 알맞은 동사를 고르시오.

1. We request you create a logo that best represents / is represented our company's core vision. <모의응용>

2. The airline ultimately lost money by selling cheap tickets, nearly 85% of which bought / were bought below average prices.

3. The degree to which computer graphics are using / used changes the look of the film.

4. We will award $1,000 to the person whose pumpkin lands / is landed in the Lucky Spot during the pumpkin throwing competition. <모의응용>

5. Employees who have unfairly dismissed / been dismissed while on the job can call the nonprofit law firm to ask for help. *dismiss: 해고하다

6. Once the fall semester is finished, we will be able to start renovating those parts of our campus that have neglected / been neglected for the past 10 years. <모의응용>

7. After quitting his job, he began to visit different countries, through which discovered / was discovered his true passion for travel.

PRACTICE

정답 및 해설 p.33

밑줄 친 부분이 틀렸다면 바르게 고치시오. 바르면 ○로 표시하시오.

01 Australia, which was not <u>including</u> among the top seven natural gas producing countries in 2014, ranked seventh in 2018. <모의>

02 Some discoveries entail numerous phases and discoverers, a large number of which have been <u>funding</u> thanks to generous donors. <수능응용>

*entail: 수반하다

03 The goal of the planning process is to produce a scheme the contractor will efficiently <u>be used</u> within the allowable time. <모의응용>

04 City designers spent months creating urban gardens all around the area, in which <u>planted</u> a variety of vegetables and leafy greens.

밑줄 친 부분 중 어법상 틀린 것을 고르시오.

05 The winner of this year's scholarship is Martin Goodwin, whose thesis will ① <u>print</u> in the next issue of *Science Academia*. The sixty pages of detailed notes presented clear evidence of a curious student who was constantly ② <u>exploring</u> the world around him. <모의응용>

06 In the mid-nineteenth century, London's pioneering sewer system, which is still ① <u>utilized</u> today, was built as a result of understanding the importance of clean water in stopping the spread of cholera. The highly contaminated water Dr. John Snow ② <u>was detected</u> in 1849 helped officials realize they needed to take action. <모의응용>

*sewer system: 하수 처리 시스템

07 다음 글을 읽고 문제에 답하시오.

> (2) 추운 기후에서, 그들의 열이 손실된 많은 작은 포유류들은 하루의 대부분 동안 잔다. It is a period of time during which animals ⓐ <u>conserve</u> energy so that they may be able to survive especially harsh temperatures. Interestingly, the energy that ⓑ <u>saves</u> while the animals just rest rather than sleep is the same because they are staying still for both activities. <모의응용>

(1) 밑줄 친 ⓐ, ⓑ 중 어법상 틀린 것을 고르시오.

(2) 주어진 <조건>에 맞게 위 글의 밑줄 친 우리말을 영작하시오.

〈조건〉
1. whose, sleep, many small mammals, lose, heat을 사용하시오.
2. 8단어로 쓰시오.

In cold climates, _____ throughout most of the day.

불패전략 18

4형식/5형식 동사는 뒤에 명사가 있어도 수동태로 쓸 수 있다!

정답 및 해설 p.34

1 People chose foods for red wine, such as chocolate, when they gave / were given white wine coloured with a red dye. <모의응용>
주어 / 수동태(4형식 동사) / 직접목적어

2 Before that horrific period of the 1940s, World War I was simply calling / called "The Great War." <모의>
주어 / 수동태(5형식 동사) / 목적격보어

4형식/5형식 동사는 수동태일 때에도 뒤에 목적어처럼 보이는 명사가 남을 수 있다. 이 명사는 직접목적어 또는 목적격보어이므로, 이를 보고 능동태 동사가 와야 한다고 착각하지 않도록 주의해야 한다.

- 4형식 동사는 두 개의 목적어를 취하므로, 간접목적어가 주어 자리에 온 수동태 문장에는 직접목적어가 남는다.
- 5형식 동사는 목적어와 목적격보어를 취하므로, 5형식 동사의 수동태 문장에 목적격보어가 남는다.

TIP 다음과 같은 4형식/5형식 동사들을 알아두도록 한다.

4형식 동사	· give · show · teach · lend · tell · offer · bring · buy · make · ask · award · send · grant · loan						
5형식 동사	· make · call · name · elect · expect · want · tell · ask · allow · compel · urge · force · cause · keep · find · leave							

✓ Check up!

네모 안에서 어법상 알맞은 것을 고르시오.

1. No dog will allow / be allowed to enter the building unless it is accompanied by its owner.

2. One day, a poor man living on the streets brought / was brought a bunch of grapes to a prince as a gift. <모의응용>

3. "Ms. Zoe Perry has been awarding / awarded the General Excellence trophy for her work with charities," the host announced. <모의응용>

4. There are some countries that have named / been named the taxes on tobacco and alcohol "sin taxes" to discourage undesirable activities. <모의응용>

5. When speaking about learning science, sometimes a "hands-on" scientist knows / is known to be dangerous. <수능응용>
*hands-on: (말만 하지 않고) 직접 해 보는

6. James Arkady, PR Director of KHJ Corporation, will send / be sent us our product design proposal once he is done with it. <모의응용>

7. "Combative sports," which include actual body contact between opponents, expect / are expected to theoretically be an alternative to violence. <모의응용>

PRACTICE

정답 및 해설 p.34

밑줄 친 부분이 틀렸다면 바르게 고치시오. 바르면 ○로 표시하시오.

01 The Democratic candidate has <u>elected</u> president after a hard-fought campaign against his Republican rival.   *Democratic: 민주당의 **Republican 공화당의

02 Aiming for a smaller goal helps idealists stick to their decision and create habits that <u>are offered</u> them long-term results. <모의응용>   *idealist: 이상주의자

03 Some war refugees may be <u>driven</u> to steal food or medicine if they are in a desperate situation with no help around. <모의응용>

04 There is often a lot of uncertainty about what makes an action moral or immoral, which the general public <u>finds</u> frustrating. <모의응용>

밑줄 친 부분 중 어법상 틀린 것을 고르시오.

05 According to top experts, it is better if human bodies are mostly ① <u>giving</u> nutrients from a whole food instead of a supplement. Nevertheless, we hope supplements will ② <u>offer</u> our bodies more energy, prevent us from catching a cold in the winter, or improve our skin and hair. <모의응용>

06 When they first begin, news reporters ① <u>teach</u> to start their stories with the most important information. The first sentence, which ② <u>is called</u> the lead in the news industry, must contain the most essential elements of the story. <모의응용>

07 다음 글을 읽고 문제에 답하시오.

> (2) <u>An outside perspective grants our acts and thoughts new meaning and value.</u> That is why we ⓐ <u>tell</u> to respect and listen to others' opinions and views. Once we ⓑ <u>are made</u> a spectator to our own behavior, we can learn, grow, and develop into better people. <모의응용>

(1) 밑줄 친 ⓐ, ⓑ 중 어법상 틀린 것을 고르시오.

(2) 위 글의 밑줄 친 문장을 주어진 단어를 주어로 하는 수동태 문장으로 바꾸어 쓰고, by를 사용해 행위 주체를 나타내시오.

Our acts and thoughts _____ .

불패표현

자주 쓰이는 수동태 표현

정답 및 해설 p.35

1. 수동태 + as

· be regarded as ~으로 간주되다
· be referred to as ~으로 불리다

· be known as/for ~으로 유명하다/알려져 있다

¹ A steady tone **is regarded as** the primary and essential condition of all music. <수능응용>

2. 수동태 + in

· be involved in ~에 관여하다
· be engaged in ~에 종사하다, ~하느라 바쁘다
· be absorbed in ~에 열중하다

· be located in/at 등 ~에 위치하다
· be situated in/at 등 ~에 위치하다

² The students **were engaged in** working on their science projects about renewable energy.

3. 수동태 + to

· be devoted to ~에 헌신하다
· be dedicated to ~에 전념하다, ~에 바쳐지다
· be used to + 명사/동명사 ~에 익숙하다
  cf. be used to + 동사원형 ~하기 위해 사용되다
    used to + 동사원형 (예전에는) ~하곤 했다

· be/get married to ~와 결혼하다
· be related to ~와 관련되다
· be attributed to ~의 덕분이다, ~에 기인하다
· be/get accustomed to ~에 익숙하다/익숙해지다

³ What seems to us apparent may well **be related to** our current demands of the situation. <모의응용>

⁴ Mesopotamians **were used to** predicting eclipses because they recorded natural events. <모의응용>

  cf. Some people assume that Stonehenge **was used to** predict eclipses.

4. 수동태 + with

· be associated with ~와 관련되다
· be covered with ~으로 덮이다
· be crowded with ~으로 붐비다
· be filled with ~으로 가득 차다
· be faced with ~을 직면하다

· be finished with ~이 끝나다
· be equipped with ~을 갖추고 있다
· be credited with ~에 대한 공을 인정받다
· be occupied with ~으로 바쁘다/여념 없다
· be obsessed with ~에 집착하다

⁵ Young adults today **are faced with** a declining job market and rising house prices.

⁶ His mind **was occupied with** thoughts about the mistakes he made in the past.

5. 수동태 + 기타 전치사

· be named after ~을 따서 이름 지어지다
· be composed of ~으로 구성되다

· be made of/from ~으로 만들어지다
· be based on ~에 근거하다

⁷ The contest **is composed of** writing an essay as well as giving a presentation.

P R A C T I C E

정답 및 해설 p.35

밑줄 친 부분이 틀렸다면 바르게 고치고, 바르면 ○로 표시하시오. 빈칸에 적절한 전치사를 쓰시오.

01 Unlike in the past, modern tents and other camping equipment regard _____ high-end items now.

02 People who are involved _____ volunteer work are more likely to feel a greater sense of satisfaction and happiness.

03 In the US, regional styles of speech have always been associating _____ regional styles of building. <모의>

04 The family named their son _____ his great uncle, a war veteran who had won the Medal of Honor.

05 When photographs were not in color, pictures referred _____ "photographs" rather than "black-and-white photographs" as we call them today. <모의응용>

06 밑줄 친 부분 중 어법상 틀린 것을 고르시오.

All living organisms, from the tiniest bacteria to the largest whale, ① compose of cells, whether one or billions of them. Furthermore, each cell ② is equipped with the tools to replicate its DNA precisely.

07 다음 글을 읽고 문제에 답하시오.

> I used to ⓐ think that the decisions I made happened in the moment, informed only by relevant information. (2) 그러나 연구는 미래에 대한 당신의 결정은 당신이 그것 직전에 마쳤던 것에 근거할 것이라는 것을 보여준다. Will you travel abroad after high school or go straight to college? It may depend on whether you washed the dishes or did the laundry before making the choice. In fact, routine activities ⓑ credit with influencing even some of the larger choices we make in life, although we may not realize it. <모의응용>

(1) 밑줄 친 ⓐ, ⓑ 중 어법상 틀린 것을 고르시오.

(2) 주어진 <조건>에 맞게 위 글의 밑줄 친 우리말을 영작하시오.

〈조건〉
1. on the future, you, your decision, what, base, finish, will을 사용하시오.
2. 적절한 전치사를 함께 사용하여 12단어로 쓰시오.

But research shows that _____

right before it.

각 네모 안에서 어법에 맞는 표현으로 가장 적절한 것을 고르시오.

01 An unusual balance [achieved / was achieved] in the painting between order and chaos that the artist depicted with great skill.

02 In general, kinetic energy is the energy related to motion, while potential energy represents the energy which [stores / is stored] in an object. <모의응용>　　　　*kinetic energy: 운동 에너지

03 The man was quite cautiously (A) [offering / offered] chopsticks instead of a fork by the host, which he accepted with a smile of confidence. But then, by an unfortunate accident, as he raised a slippery slice of tofu to his lips, he (B) [placed / was placed] just a little excess pressure on his chopsticks, causing the tofu to slip out. <모의응용>

밑줄 친 부분 중 어법상 틀린 것을 고르시오.

04 When gains come quickly, we tend to lose sight of the basic wisdom about hard work that ultimately ① is lied in true success. The most fruitful individual never forgets this and ② is dedicated to what they do, not what they can achieve. <모의응용>

05 Many football chants fans ① are cheered out during a match create an atmosphere of excitement for both spectators and players. This form of popular culture can be ② said to display pleasure and emotional excess in contrast to the controlled and quiet manner of everyday life. <모의응용>　　　　　　　　　　　　　　　　　　　　　　　*chant: 응원법, 구호

06 Practicing curiosity in the workplace has ① been proven to promote better teamwork and remove defensiveness. In fact, curiosity ② associates with a less defensive reaction to stress and, as a result, less aggression when we respond to irritation. <모의응용>

(A), (B), (C)의 각 네모 안에서 어법에 맞는 표현으로 가장 적절한 것은?

07 Born in 1895, Carol Ryrie Brink was orphaned by age 8 and raised by her grandmother. She married Raymond Woodard Brink, who was diligently (A) teaching / taught college students mathematics in Moscow. After their son and daughter were born, early in her career, she started to write children's stories and edited a yearly collection of short stories. While she and her husband spent several years living in France, she (B) absorbed / was absorbed in her own work, and finally her first novel *Anything Can Happen on the River* was published in 1934. After that, she wrote more than thirty fiction and nonfiction books, including *Caddie Woodlawn* for which she (C) was / has awarded the Newbery Award in 1936. <모의응용>

	(A)	(B)	(C)
①	teaching	absorbed	has
②	teaching	was absorbed	was
③	teaching	was absorbed	has
④	taught	was absorbed	was
⑤	taught	absorbed	has

08 Health and the spread of disease are very closely (A) linking / linked to how we live and how our cities operate. The good news is that cities are incredibly resilient. Many cities have experienced epidemics in the past and have not only survived but advanced. During the nineteenth and early-twentieth centuries, destructive outbreaks of cholera, typhoid, and influenza (B) emerged / were emerged in European cities. Doctors such as John Snow, from England, and Rudolf Virchow, of Germany, showed the connection in particular between poor water sanitation and disease. As a result, waterways (C) made / were made sewage systems throughout the cities to stop the spread of epidemics. <모의응용>

*resilient: 회복력이 있는   **typhoid: 장티푸스

	(A)	(B)	(C)
①	linking	were emerged	made
②	linking	were emerged	were made
③	linked	were emerged	were made
④	linked	emerged	were made
⑤	linked	emerged	made

다음 글의 밑줄 친 부분 중, 어법상 틀린 것은?

09 Literary works, by their nature, suggest rather than explain; it is more common for their claims to ① be implied rather than directly stated. Depending on when they were written and by whom, large amounts of direct telling may ② be contained in literary works. Still, there are many direct statements that are ③ concealed something for readers to interpret. Thus, we ask the question "What does the text suggest?" as a way to begin thinking about a text's implications. What a text implies is often of great interest to us. And our work of figuring out a text's implications ④ tests our analytical powers. In considering what a text suggests, readers ⑤ are given a chance to practice making sense of texts. <모의응용>

10 Sibling rivalry is natural, especially between strong-willed kids. As parents, one of the common dangers ① is comparing children unfavorably with each other, since they are always looking for a competitive advantage. The issue is not how fast a child can run, but who crosses the finish line first. A boy does not care how tall he is; anyone who is tallest, or at least taller than him, is ② searched for desperately. He systematically ③ becomes interested in measuring himself against his peers on everything from skateboarding ability to who has the most friends. The child whose failure ④ talks about openly within his own family especially feels ashamed. Accordingly, parents who want a little peace at home have to guard against comparative comments that routinely ⑤ praise one child over another. To violate this principle is to set up even greater rivalry between them. <모의응용>

*sibling rivalry: 형제간의 경쟁

11 The idea that planting trees could have social or political significance has ① <u>been accepted</u> widely since the early 1600s. In fact, it ② <u>appears</u> that the idea was invented by the English. Seventeenth and eighteenth century aristocrats ③ <u>were known</u> to plant hardwood trees, usually in lines, to show how large their property was. As said by an editor of a magazine for gentlemen, the trees planted in long rows ④ <u>were called</u> 'living witnesses' of the property preserved and continued from age to age. Planting trees also had the additional advantage of being regarded as a patriotic act, because the Crown had declared a severe shortage of the hardwood on which the Royal Navy ⑤ <u>was depended</u>. <모의응용>   *aristocrat: 귀족 **patriotic: 애국적인

12 In farming, the organic method includes any techniques that do not use chemicals. Groups devoted to helping the environment ① <u>have</u> suggested that such methods would be less damaging to the biosphere. However, when farmers stop ② <u>to think</u> about what this entails, they realize that adopting "organic" methods is not that easy. Especially in agriculture, large-scale adoption of "organic" farming methods would reduce yields, which ultimately ③ <u>raises</u> production costs for many major crops. Meanwhile, inorganic nitrogen fertilizers are essential for most crop species, over 60% of which ④ <u>spray</u> with these fertilizers. This is because organic supplies of nitrogenous materials are usually more expensive. In addition, much hand labor ⑤ <u>is required</u> if chemicals cannot be used, and fewer people are willing to do this work as societies become wealthier. <수능응용>   *nitrogen fertilizer: 질소 비료

다음 글을 읽고 문제에 답하시오.

13 The Zeigarnik effect is commonly ⓐ <u>referred</u> to as the tendency of the subconscious mind to remind you of a task that is incomplete until that task is complete. Bluma Zeigarnik was a Lithuanian psychologist who ⓑ <u>knew</u> for her theory about the effects of leaving tasks incomplete. While she watched people in a restaurant, it ⓒ <u>occurred</u> to her that the effect took place everywhere. (2) <u>As customers were being served, they expected the waiters to memorize specific orders and requests.</u> The waiters remembered all of them, however complicated, until their job was complete, but they later found them difficult to recall. This phenomenon ⓓ <u>was shown</u> that people remembered the tasks that hadn't been ⓔ <u>completed</u> better than the finished ones. <모의응용>

(1) 위 글의 밑줄 친 ⓐ-ⓔ 중 어법상 **틀린** 것을 2개 찾아 바르게 고치시오.

(2) 위 글의 밑줄 친 문장을 주어진 단어를 주어로 하는 수동태 문장으로 바꾸어 쓰시오.

While serving customers, the waiters _____ .

CHAPTER 05

시제·가정법· 조동사

동사에 밑줄이 있는 경우, 동사의 시제가 올바른지 묻는 문제나 「조동사 + 동사」가 올바르게 쓰였는지 묻는 문제도 종종 출제된 다. 조동사 문제 중에서는 반복되는 동사 대신 do/be/have동사 가 올바르게 쓰였는지 묻는 문제가 자주 출제되고 있다.

불패전략 19 단순과거와 현재완료의 쓰임을 구별하라!

정답 및 해설 p.38

1 Playing many roles as the heroine of a film, Ingrid Bergman **gained / has gained** star status in Hollywood in the early 1940s. <모의응용>
단순과거
in + 과거의 연도

2 Advances in elevators are probably the greatest innovations we **saw / have seen** in tall buildings since 1800s. <모의응용>
현재완료
since + 과거시점

과거의 한 시점만을 나타내는 표현은 단순과거와 써야 하며, 현재까지 지속되는 기간을 나타내는 표현은 현재완료와 함께 써야 한다.

<단순과거와 함께 자주 쓰이는 표현>

· last night/week/month 등   · yesterday
· in + 과거의 세기/연도/월 등   · ~ ago
· when + 과거시제

<현재완료와 함께 자주 쓰이는 표현>

· since + 과거시점/과거시제   · how long
· for + 기간

TIP 1. 「for + 기간」이나 how long이 과거에 이미 끝난 기간을 나타낸다면 단순과거와도 쓸 수 있다.
I didn't realize **how long** it **took** to finish the report until I submitted it. (과거에 이미 보고서를 끝냈음)

2. 과거 시점에 일어난 일보다 더 앞선 시점에 일어난 일을 had p.p.(대과거)로 나타낼 수 있다. 단, 일어난 일들의 순서가 명확하면 대과거 대신 단순과거로 쓸 수 있다.
Suddenly awakening in the night, Matt *wondered* what **had wakened[wakened]** him. <모의응용>
(과거에 궁금해했던 것보다 더 앞선 시점에 무언가가 그를 깨웠음)

Check up!

네모 안에서 어법상 알맞은 것을 고르시오.

1. Gary Clark Jr. is a famous musician who **played / has played** the guitar since he was 12.

2. It was reported recently that scientists at NASA **discovered / have discovered** a new way to grow food in space last month.

3. After I flipped through the book's pages, I figured she **has hidden / had hidden** a note for me. <모의응용>

4. Reporters are amazed at how long the Future Music School **provided / has provided** music education for yesterday's and today's talented children. <모의응용>

5. The city **relied / has relied** on coal energy for 30 years before a nuclear power plant was built.

6. Although citizens complained that they could not find work, companies **added / have added** more than a million jobs last quarter.

7. Black Friday **was / has been** an unofficial U.S. holiday marking the beginning of the holiday season since the early 1980s. <모의응용>

PRACTICE

정답 및 해설 p.39

밑줄 친 부분이 틀렸다면 바르게 고치시오. 바르면 ○로 표시하시오.

01 Despite electric cars' continual sales increase since 2016, France <u>has recorded</u> the lowest sales volume among these five European countries in 2019. <모의응용>

02 Personal computers <u>reached</u> a level of familiarity similar to TVs for many users since the 1980s when they became affordable for nearly everyone. <수능응용>

03 Archaeologists believed that pottery was first invented around modern Iran where they <u>had found</u> pots dating back to 9,000 B.C. <모의응용>

04 The students had a noticeable reaction when the teacher <u>has shown</u> a famous documentary about the Holocaust during history class.

밑줄 친 부분 중 어법상 틀린 것을 고르시오.

05 The group ① <u>has been</u> thrown by the wildness of the water when the boat tumbled through the waves for the longest 10 minutes of their lives. Suddenly, almost as quickly as the water ② <u>had got</u> rougher, the river seemed to calm down, and they finally relaxed. <모의응용>

06 Scientists presumed a wide variety of factors ① <u>influenced</u> hereditary traits centuries ago. However, since the rise of sociobiology in the twentieth century, we ② <u>believed</u> in genetic causes of diagnoses — a theory called genetic determinism. <모의응용>

*hereditary: 유전적인 **genetic determinism: 유전자 결정론

07 다음 글을 읽고 문제에 답하시오.

> (2) 디지털화된 정보 체계가 1950년대에 도입된 이래로, 그것은 사업이 수행되는 방식을 바꾸어왔다. Before then, companies ⓐ <u>had handled</u> data inefficiently, but the invention of new technologies permitted recording and processing information on a larger scale. The advantages of the digitalized information system ⓑ <u>have come</u> to small businesses and individuals when personal computers increased in the 1970s and 80s. <모의응용>

(1) 밑줄 친 ⓐ, ⓑ 중 어법상 틀린 것을 고르시오.

(2) 주어진 <조건>에 맞게 위 글의 밑줄 친 우리말을 영작하시오.

〈조건〉
　1. change, in the 1950s, conduct, introduce, business, it, the way를 사용하시오.
　2. 13단어로 쓰시오.

Since the digitalized information system _____

_____ .

불패전략 20

시간/조건 부사절에서는 미래시제 대신 현재시제를 써라!

정답 및 해설 p.40

1 If the brain | **predicts** / will predict | one event,
   조건 부사절 if   현재시제
   without actually experiencing it, the
   unusualness will be especially interesting.
   <모의응용>

접속사 when/if 등이 이끄는 시간/조건 부사절에서는 미래에 일어날 일이더라도 미래시제가 아닌 현재시제를 써야 한다.

TIP when/if 등이 이끄는 절이 명사절 또는 관계절일 때는 미래의 일은 미래시제 동사로 쓴다.

England will ask *if* the EU **will agree** to a new travel regulation.
동사 will ask의 목적어로 쓰인 명사절

✓ Check up!

네모 안에서 알맞은 시제의 동사를 고르시오.

1. Once we | **recognize** / will recognize | that a mistake in reasoning can lead to a false conclusion, we will see it everywhere. <모의응용>

2. Athletes will be able to develop good sportsmanship that lasts a lifetime when they | **resist** / will resist | the temptation to win in a dishonest way. <모의응용>

3. Financial institutions will need to decide when they | **stop** / will stop | dealing with paper money altogether in the years to come.

4. If a close friend | **recommends** / will recommend | a news article to you, in many cases, the credibility of the idea it presents will rise greatly. <모의응용>

5. Felix is pleased his noisy brothers are playing outside, and now he will concentrate on the lesson, at least till they | **come** / will come | back. <수능응용>

6. David freezes when thinking of the day he got injured and now he doesn't know if he | competes / **will compete** | in the championship match this upcoming weekend.

7. I will make constant efforts to explain my plan until everyone | **understands** / will understand | it.

P R A C T I C E

정답 및 해설 p.40

밑줄 친 부분이 틀렸다면 바르게 고치시오. 바르면 ○로 표시하시오.

01 After the marketing director <u>will implement</u> the new strategy, she will check in again to see if it is working in the way she hopes. <모의응용>

02 A researcher surveying a California neighborhood will ask if residents <u>will allow</u> a large sign reading ''Drive Carefully'' on their front lawns. <모의응용>

03 We will not provide refunds unless class <u>will be</u> cancelled due to low registration or the lecturer is not able to attend. <모의응용>

04 As soon as the developer <u>will finish</u> the plans, the city will begin construction on the new bridge connecting the two districts.

밑줄 친 부분 중 어법상 **틀린** 것을 고르시오.

05 I will have a new heart and liver when I ① <u>will get</u> the transplants I have been waiting for. However, as long as my mind and memories ② <u>remain</u> the same, I will continue to be the same person, no matter which part of my body is replaced. <모의응용>

06 The school office will inform you when the auditorium ① <u>will close</u> until further notice for repairs. Students will be able to use the auditorium as soon as the repairs ② <u>will be</u> completed. <모의응용>

07 다음 글을 읽고 문제에 답하시오.

> What will a businessman do first if he ⓐ <u>will see</u> an item suddenly becoming popular?
> (2) 성급한 결정은 위험할 수도 있지만, 제품들이 더 인기 있게 될 때, 더 많은 경쟁자들이 시장에 진입할 것이다.
> The businessman will therefore be most concerned about when he ⓑ <u>will enter</u> the business in the future. <모의응용>

(1) 밑줄 친 ⓐ, ⓑ 중 어법상 **틀린** 것을 고르시오.

(2) 주어진 <조건>에 맞게 위 글의 밑줄 친 우리말을 영작하시오.

〈조건〉
1. more popular, the marketplace, products, more competitors, become, enter를 사용하시오.
2. 10단어로 쓰시오.

A hasty decision can be dangerous, but when _____

_____ .

불패전략 21

가정법 문장의 동사 형태를 기억하라!

정답 및 해설 p.41

1 According to Einstein, if we know / **knew**
과거형
about everything in the universe, it **would**
would + 동사원형
not be called research. <모의응용>

가정법 문장에는 if절에 실제보다 하나 앞선 시제의 동사가 와야 한다. 다음 가정법 과거·과거완료의 형태를 기억하도록 한다.

- 가정법 과거 (현재 상황을 반대로 말할 때)
  If + 주어 + 과거형, 주어 + would 등 + 동사원형
- 가정법 과거완료 (과거 상황을 반대로 말할 때)
  If + 주어 + had p.p., 주어 + would 등 + have p.p.

TIP 1. if절이 실제로 일어날 가능성이 있는 일을 말하는 조건 부사절일 때는 if절에 현재시제를 쓴다.
If I **go** out tonight, I *won't do* as well on the test tomorrow. (나갈 가능성이 있음)
If I **went** out tonight, I *wouldn't do* as well on the test tomorrow. (나갈 가능성이 없음)

2. 가정법 문장에서 if가 생략되기도 하며, 이때는 동사가 주어 앞으로 도치된다.
Were *the military force* mightier, it would defeat the enemy troops easily.
(= If *the military force* **were** mightier)

✓ Check up!

네모 안에서 어법상 알맞은 것을 고르시오.

1. What would I say / have said in that speech if I hadn't been too afraid? <모의응용>

2. If two nations meet / met only to start a war, both will be likely to lose in the long run. <모의응용>

3. Were the dinosaurs not extinct, they, not humans, would take / have taken over the Earth as the dominant species.

4. If engineers installed / had installed the water filtration system correctly, it would have prevented the water from becoming contaminated.

5. It would be foolish for us to begin a conflict if you and I are / were a pair of lions on the Serengeti, trying to decide who was the strongest. <모의응용>

6. If most of the citizens refused to pay their parking tickets, there would be / have been strong pressure for an amnesty for such offenders. <모의응용>　　*amnesty: 사면

7. Galileo could avoid / have avoided house arrest for the last 8 years of his life if he had abandoned his conclusions that all planets revolved around the Sun.　　*house arrest: 가택 연금

PRACTICE

정답 및 해설 p.41

밑줄 친 부분이 틀렸다면 바르게 고치시오. 바르면 ○로 표시하시오.

01 If we had a unique name for every single thing, we would not <u>have had</u> a usable language to communicate with each other. <모의응용>

02 Even though you received poor education, you succeeded in building an empire. What could you have been if you <u>learned</u> more skills? <모의응용>

03 Had our company hired a more youthful design expert, we would <u>have produced</u> a better product for the younger generation.

04 If students <u>experienced</u> something new through the unexpected enthusiasm of their teachers, they will be more likely to remember the information they learn. <모의응용>

밑줄 친 부분 중 어법상 틀린 것을 고르시오.

05 If you closely ① <u>observe</u> an infant who does not yet know language, you will realize the world is a chaotic mess for that child. Similarly, if you didn't know how to read, the whole world would ② <u>have seemed</u> like an unorganized supermarket. <수능응용>

06 Had the librarian not been thinking cleverly, she would ① <u>have been</u> stuck arguing with the two men, satisfying neither. The librarian could not ② <u>invent</u> the solution she did if she had focused only on the fact that one wanted the window open and the other wanted it closed.

<모의응용>

07 다음 글을 읽고 문제에 답하시오.

> You will understand what a story is about if you ⓐ <u>read</u> the first few lines of a news article. Were you to continue with the article, you would mostly ⓑ <u>have found</u> out smaller details that help you fill in the gaps. (2) <u>News stories are not written like mysteries with a dramatic ending, so readers in the middle of a story will not miss the point.</u> <모의응용>

(1) 밑줄 친 ⓐ, ⓑ 중 어법상 틀린 것을 고르시오.

(2) 위 글의 밑줄 친 문장을 참고하여, 다음의 우리말 내용과 일치하는 문장을 영작하시오.

> 만약 뉴스 이야기들이 극적인 결말이 있는 추리물처럼 쓰였다면, 이야기 중간에 있는 독자들은 요점을 놓칠 것이다.

If news stories _____

_____ .

불패 전략22

과거에 대해 말할 때는 조동사 뒤에 have p.p.를 써라!

정답 및 해설 p.42

1 Since Cora had missed several classes,
   과거의 일
   Anna worried that something might | happen
                                       조동사
   / have happened | to her. <수능응용>
   might + have p.p.

과거의 일에 대한 추측/후회 등을 나타내기 위해서는 조동사 뒤에 have p.p.가 와야 한다. 현재나 미래의 일에 대한 추측/능력/의무 등을 나타내기 위해서는 조동사 뒤에 동사원형이 온다.

TIP 다음과 같은 「조동사 + have p.p.」의 의미 차이를 주의해서 익혀두도록 한다.

추측	· could have p.p. ~이었을 수도 있다
	· cannot have p.p. ~이었을 리가 없다
	· may[might] have p.p. ~이었을지도 모른다
	· must have p.p. ~이었음이 틀림없다
후회·유감	· could have p.p. ~할 수 있었는데 안 했다
	· should have p.p. ~했어야 했는데 안 했다

✅ Check up!

네모 안에서 어법상 알맞은 것을 고르시오.

1. The man I met yesterday cannot | be / have been | my childhood friend Alex because the man did not have a scar on his right hand.

2. Although people start with good intentions to find a solution, they overthink unimportant elements that might | lead / have led | to a wrong decision. <모의응용>

3. We should | stop / have stopped | using plastic a long time ago, and now it is harming our environment and our health.

4. Some residents say that the flickering lights they see in the sky must | be / have been | a UFO since it is moving so fast.

5. After your friend started hot yoga, it may | change / have changed | her life, but was it the right practice for you too? <모의응용>

6. Supervisors often work away from their employees, so how can supervisors who are unable to watch their work performance | evaluate / have evaluated | them? <모의응용>

7. After the advertising campaign ended in a disaster, I realized I shouldn't | attempt / have attempted | to manage the entire event on my own in the first place.

PRACTICE

정답 및 해설 p.43

밑줄 친 부분이 틀렸다면 바르게 고치시오. 바르면 ○로 표시하시오.

01 Courts in the past shouldn't <u>trust</u> only witnesses to make a verdict since it led to innocent people going to jail.

*verdict: 평결

02 For hundreds of thousands of years, our ancestors must <u>survive</u> only by communicating with one another through nonverbal signs. <모의응용>

03 Not only can a complaint from a customer <u>have caused</u> the seller to improve but it reveals weaknesses in the company. <모의응용>

04 Sweden could <u>have implemented</u> a national lockdown during the pandemic but ultimately decided to keep their economy open.

밑줄 친 부분 중 어법상 **틀린** 것을 고르시오.

05 When your physical space is violated, you can ① <u>try</u> to create "psychological" space by avoiding eye contact. For example, when someone was standing too close to you in an elevator, you might ② <u>stare</u> at the elevator buttons to give yourself some psychological distance from the other person. <모의응용>

06 In the past, explorers knew they could ① <u>have died</u> exploring in the Amazon, but they went looking for the legendary riches of the Lost City of Z despite this. It was this strong desire for gold that led many of today's historians to conclude that such journeys must ② <u>have taken</u> place. <모의응용>

07 다음 글을 읽고 문제에 답하시오.

> On my frequent business trips to India, I can ⓐ <u>stay</u> anywhere, but there is one particular hotel that I especially used. The hotel must ⓑ <u>store</u> a record from my previous visits, but they always checked me in like a new customer. (2) <u>그들은 나를 충성 고객으로 유지하기 위해 더 많은 노력을 했어야 했다.</u> <모의응용>
>
> *retrieve: (정보를) 검색하다

(1) 밑줄 친 ⓐ, ⓑ 중 어법상 **틀린** 것을 고르시오.

(2) 주어진 <조건>에 맞게 위 글의 밑줄 친 우리말을 영작하시오.

〈조건〉
1. more effort, a loyal guest, make, as, to keep을 사용하시오.
2. 알맞은 조동사를 함께 사용하여 12단어로 쓰시오.

They _____ .

불패 전략 23

당위성을 나타내는 that절에는 동사원형을 쓴다!

정답 및 해설 p.43

1 Fears of damaging ecosystems were based on the conservationist principle, which urges that we strive / strived to minimize the disruption we caused. <모의응용>

(should) + 동사원형

*conservationist: 자연보호주의의

주장/제안/요구/명령의 의미를 가진 동사 뒤에 온 that절이 당위성(~해야 한다)을 나타낼 때는 「should + 동사원형」이 오는데, 대체로 should가 생략되고 동사원형만 남는다.

<주장/제안/요구/명령의 의미를 가지는 동사>

· insist	· urge	· advise
· suggest	· propose	· recommend
· demand	· ask	· request
· order	· command	

TIP 단, that절의 내용이 '~해야 한다'가 아니라 단순한 사실인 경우, 동사 자리에 should를 쓰지 않고 동사를 인칭·수·시제에 맞게 쓴다.

Results from the study go against the people who *insist* that caffeine fully **makes** up for inadequate sleep. <모의응용>

Check up!

빈칸에 should가 들어갈 수 있다면 쓰고, 네모 안에서 어법상 알맞은 것을 고르시오.

1. The financial program advises companies _____ be / are careful about adding more features to their products, as this will increase costs. <모의응용>

2. It is highly recommended that a parent _____ expose / exposes his or her children to other cultures as often as possible. <모의응용>

3. Articles written about Shakespeare by Freud and other notable figures insisted that he _____ write / wrote his plays with the help of others.

4. The societal rule of a unified nation ordered that civilians _____ give / gave up their individuality for the greater good.

5. Various physical reactions suggest that a plant _____ possess / possesses not only the senses of sight, touch, and hearing, but a dozen other sensory capacities. <모의응용>

6. A downward trend in the employment rate suggested displacement from Artificial Intelligence in the U.K _____ increase / increased more than expected. <모의응용> *displacement: 해고

7. This medical regimen for the disease advises that the patient _____ take / takes medicine each day before breakfast. *regimen: 처방[투약] 계획

PRACTICE

정답 및 해설 p.44

밑줄 친 부분이 틀렸다면 바르게 고치시오. 바르면 ○로 표시하시오.

01 Recent trends suggest that the birth rate of younger generations <u>decreases</u> accordingly with job shortages and with each passing year.

02 Commonly, long passages in a musical composition demand that the musician <u>conserves</u> their breath and energy to get through them.

03 It was proposed by several candidates that an employee making less than $3,000 a month <u>receives</u> lower home loan interest rates.

04 The evidence suggests that early human populations <u>prefer</u> the fat and organ meat of the animal over its muscle meat. <모의>

밑줄 친 부분 중 어법상 **틀린** 것을 고르시오.

05 The animal welfare groups we work with urged that circuses using animal acts ① <u>are</u> shut down. For our own organization, we propose that zoos ② <u>close</u> for good as well. <모의응용>

06 Neurologist and classroom teacher Judith Willis insists that a surprise in the classroom ① <u>be</u> one of the most effective ways of teaching with brain stimulation in mind. She therefore recommends that a teacher ② <u>encourage</u> active discovery in the classroom, allowing students to interact with new information. <모의응용>   *neurologist: 신경학자   **stimulation: 자극

07 다음 글을 읽고 문제에 답하시오.

> The discovery of Sumerian tablets from the temple complexes at ancient Uruk suggests that writing ⓐ <u>evolved</u> as a tool of centralized economic governance. The Sumerian culture was highly sophisticated and commanded that citizens ⓑ <u>exchanged</u> goods and resources in a fair manner. However, as society grew more complex, it became impossible to rely on memory. (2) <u>따라서, 관리들은 모든 것을 관리하기 위해 기록들이 쓰여져야 한다고 주장했다.</u> <모의응용>
> *Sumerian tablet: 수메르의 쐐기 문자판   **complex: 건물

(1) 밑줄 친 ⓐ, ⓑ 중 어법상 **틀린** 것을 고르시오.

(2) 주어진 <조건>에 맞게 위 글의 밑줄 친 우리말을 영작하시오.

⟨조건⟩
1. insist, write down, officials, to manage, records, that을 사용하시오.
2. 9단어로 쓰시오.

Thus, _____ everything.

불패전략 24

do/be/have동사가 어떤 동사를 대신하는지 확인하라!

정답 및 해설 p.45

1 Some researchers assume early human
반복되는 동사
beings made pigments from minerals, as we
 do / are now. <모의응용>   *pigment: 안료, 색소
do동사

동사부터 그 뒤 내용 전체가 앞에 나온 내용을 반복하면, do/be/have동사를 쓰고 나머지 내용은 생략한다. 이때 반복되는 동사가 일반동사이면 do동사, be동사이면 be동사, have동사이면 have동사를 쓴다.

TIP 1. do/be/have동사가 쓰이는 다음 표현들을 어순에 주의하여 익혀둔다.

· so + do/be/have + 주어 (주어)도 역시 그렇다   · neither + do/be/have + 주어 (주어)도 역시 그렇지 않다

· as + do/be/have + 주어 (주어)가 그렇듯이   · than + do/be/have + 주어 (주어)가 그런 것보다

※ 단, as와 than은 뒤에 「주어 + do/be/have」 순으로 올 수도 있다.

2. do동사는 일반동사의 의미를 강조할 때도 쓸 수 있다. 이때 do동사로 시제나 수를 나타내고, 일반동사는 동사원형으로 쓴다.

Emma came running up to her mother and said, "Mommy, Santa **did come** last night!" <모의응용>

✓ Check up!

네모 안에서 어법상 알맞은 것을 고르시오.

1. Before you move to a new home, you may mistakenly think that you do not have as many items to pack as you really are / do . <수능응용>

2. The government provided a stimulus check not only for workers who did not have a fulltime job but also for those who were / did .   *stimulus check: 재난 지원금

3. Recently, disease research conducted by hospitals has become a major subject of concern, as is / has the difficulty of getting funding for it.

4. The opposing team has practiced more hours than we do / have since they hired a new coach.

5. If the lighting is required to move while filming, it is / does so unnoticeably, calling as little attention to itself as possible. <모의응용>

6. Private imaginings may have no outcomes in the world at all, but creativity that is shared with others has / does . <모의응용>

7. The babies of the black widow spider looked small and helpless but in reality, each was just as poisonous as their mother was / did .

PRACTICE

정답 및 해설 p.45

밑줄 친 부분이 틀렸다면 바르게 고치시오. 바르면 ○로 표시하시오.

01 A physiologist argued that the negative effects of violent video games for children are no more harmful than social media <u>does</u> to their self-image.

02 If plant-eating animals completely lose their food source and die out, so <u>have</u> the animals that prey upon them. <모의응용>

03 Before the discovery of penicillin, doctors <u>did</u> prescribe using leeches as a valid method for getting rid of "toxic" substances in the body.

*leech: 거머리

04 Never before has the ingenuity of mankind been achieved as remarkably as it <u>did</u> during the Industrial Revolution.

*ingenuity: 독창성

밑줄 친 부분 중 어법상 **틀린** 것을 고르시오.

05 Human beings always watch fellow humans closely to learn and judge their character, as they ① <u>did</u> ever since the Pleistocene. This type of observance cannot always protect you from harm, but it ② <u>does</u> on the whole allow you to get a better idea of who is friend and who is enemy. <모의응용>

*the Pleistocene: 홍적세(洪積世) (인류가 발생하여 진화한 시기)

06 Landmarks are amazing in that the distance from a landmark to a regular house seems longer than the distance from the house to the landmark ① <u>does</u>. Ordinary places do not seem to pull other locations toward themselves, but landmarks, like black holes, ② <u>are</u>.

<모의응용>

07 다음 글을 읽고 문제에 답하시오.

> (2) <u>현재 순간은 실제로 존재하지 않으며, 따라서 시간의 흐름도 역시 그렇지 않다.</u> An event happening in the "now" only exists as long as we ⓐ <u>do</u> in the moment of it occurring. Thus, while a person does apparently ⓑ <u>experiences</u> the present moment, it becomes their past simultaneously so that it is as if it had never happened in the first place. <모의응용>

(1) 밑줄 친 ⓐ, ⓑ 중 어법상 **틀린** 것을 고르시오.

(2) 주어진 <조건>에 맞게 위 글의 밑줄 친 우리말을 영작하시오.

〈조건〉
1. the flow, neither, time, of를 사용하시오.
2. do/be/have동사 중 적절한 것을 함께 사용하여 6단어로 쓰시오.

The present moment does not really exist, and therefore _____.

불패 표현

가정법 & 조동사 관련 표현

정답 및 해설 p.46

1. 가정법의 의미를 가진 표현

- as if[though] + 주어 + 과거시제/had p.p. (사실은 아니지만) 마치 ~인/였던 것처럼
- I wish + 주어 + 과거시제/had p.p. (사실은 아니지만) ~라면/~였다면 좋을 텐데
- what if + 주어 + 과거시제/had p.p. (가능성은 낮지만) ~라면/~였다면 어떨까?
- otherwise + 주어 + would 등 + 동사원형/have p.p. (상황이) 그렇지 않으면 ~할 텐데/그렇지 않았으면 ~했을 텐데
- were it not for (= but for, without) (지금 있지만) ~이 없다면, ~이 아니라면
- had it not been for (= but for, without) (과거에 있었지만) ~이 없었다면, ~이 아니었다면
- It's (about[high]) time + 주어 + 과거시제 (지금 하고 있지 않지만) ~해야 할 때이다
- suppose[supposing] that + 주어 + 과거시제 (가능성은 거의 없지만 지금) ~라고 가정하면

¹ **What if** we **were** able to love everything with all of our hearts? <모의응용>

² The project lacked funding. **Otherwise**, we **would have continued** working on it.

2. 2단어 이상으로 이루어진 조동사

- had better ~하는 것이 더 낫다
- used to (과거에) ~하곤 했다, 한때 ~였다
  - cf. be used to + v-ing ~하는 데 익숙하다
    be used to + 동사원형 ~하는 데 사용되다
- dare to 감히 ~하다
- be able to (= can) ~할 수 있다
- have to (= must) ~해야 한다
- ought to (= should) ~해야 한다, ~일 것이다

³ Young adults **had better begin** saving for retirement early.

⁴ You **have to see** working abroad as a series of adventures. <모의응용>

3. 조동사를 포함한 관용 표현

- cannot help + v-ing (= have no choice[option] but to + 동사원형) ~하지 않을 수 없다
- cannot (help/choose) but + 동사원형 ~하지 않을 수 없다
- would like[love] to + 동사원형 ~하고 싶다
- would rather + 동사원형 ~하는 것이 더 좋다
- would rather A than B B하느니 차라리 A하고 싶다
- may well + 동사원형 아마 ~일 것이다, ~하는 것이 당연하다
- may[might] as well + 동사원형 ~하는 편이 낫다, ~하는 것이 좋다

⁵ Humans **cannot help wondering** about the meaning of life.

⁶ I **would rather be** a poor shoemaker **than** a heartless merchant, as I was before. <모의응용>

P R A C T I C E

정답 및 해설 p.46

밑줄 친 부분이 틀렸다면 바르게 고치시오. 바르면 ○로 표시하시오.

01 He heard someone call his name but didn't look back and strode on as if he <u>heard</u> nothing. <모의응용>

*stride: 성큼성큼 걷다

02 The ancient Greeks used to <u>describing</u> two very different ways of thinking — logos and mythos. <모의>

*logos: 이성 *mythos: 신화, 신화 체계

03 Had it not been for the generous donations of numerous investors, the hospital would <u>have closed</u> down years ago.

04 While others admired the number of cars produced by his competitor, Henry Ford dared to <u>ask</u>, "Can we do even better?" <모의응용>

05 It's time we <u>change</u> our thinking so that there is no difference between the rights of humans and the rights of the environment. <수능>

06 밑줄 친 부분 중 어법상 틀린 것을 고르시오.

Some people cannot help ① <u>thinking</u> about their past mistakes or regrets. But if you want to grow as a person, you had better ② <u>learning</u> to move on from the past and look towards the future.

07 다음 글을 읽고 문제에 답하시오.

> (2) 가족 전체를 살펴보면서, Sean은 마치 그가 우리의 상관인 것처럼 우리의 일에 간섭한다. He cannot but ⓐ <u>give</u> his opinion on certain issues, even though we never ask him. Although it might sound a little mean, I wish I ⓑ <u>told</u> him to leave the family gathering last week, as he had ruined the mood. <수능응용>

(1) 밑줄 친 ⓐ, ⓑ 중 어법상 틀린 것을 고르시오.

(2) 주어진 <조건>에 맞게 위 글의 밑줄 친 우리말을 영작하시오.

〈조건〉
1. in our business, our boss, interfere, be를 사용하시오.
2. 11단어의 가정법 문장으로 쓰시오.

While checking on the whole family, _____

_____ .

어법 만점 TEST

각 네모 안에서 어법에 맞는 표현으로 가장 적절한 것을 고르시오.

01 If I suffered / had suffered from heart failure and depended upon an artificial heart, I would have been unable to continue my athletic career. <모의응용>   *heart failure: 심부전

02 In studies examining the effectiveness of vitamins, a group which was comprised of older adults received as much vitamin C supplement as the younger group was / did . <모의응용>

03 In a software company I worked for in 2001, the sales director (A) kept / has kept an air horn outside his office, blowing it when a salesperson settled a deal. You should (B) see / have seen the way the rest of the sales team wanted the air horn blown for them. <모의응용>

*air horn: (압축 공기로 작동하는) 경적

밑줄 친 부분 중 어법상 틀린 것을 고르시오.

04 Since human began thinking critically, our brains ① have evolved to remember unexpected events because basic survival depends on the ability to perceive causes and predict effects. In particular, if something that is the root of danger ② will occur, we will keep it stored away in our memory for future reference. <모의응용>

05 As he illustrated in "philosophy of camera," John Ford insisted that you ① aimed to capture the eyes when you take pictures. Furthermore, we as the viewers are asked to watch the actions as if they ② were taking place in a different reality, and we are not asked to participate. <모의응용>

06 Many times, if someone knew just a few tips on how to use new technologies, he or she could mistakenly ① have appeared very knowledgeable. In fact, such tips ② do often give a person an advantage in the workplace even though they are not really that smart. <모의응용>

(A), (B), (C)의 각 네모 안에서 어법에 맞는 표현으로 가장 적절한 것은?

07 Imagine you're cooking up a special dinner with a friend. You're a great cook, but your friend is an amateur sommelier, who (A) studied / has studied the flavors and pairings of wines since he sipped his first glass over 10 years ago. A neighbor drops by and starts telling you both about the terrific new wines being sold at the liquor store just down the street. There are many new wines, so there's a lot to remember. If your friend weren't around, you might (B) try / have tried harder to listen. But why bother when the information would be better retained by the wine expert sitting next to you? Your friend who is the wine expert remembers the information much better than you (C) do / are without even trying. <모의응용>

	(A)	(B)	(C)
①	studied	try	do
②	studied	have tried	are
③	studied	have tried	are
④	has studied	try	are
⑤	has studied	try	do

08 When you don't know something, admit it and immediately take action — ask a question. Nearly all confident leaders suggest that you (A) be / are willing to ask the basic questions: the questions to which you may feel embarrassed about not knowing the answers. If you have forgotten who the governor is, quietly ask a friend; quit hiding. Paradoxically, when someone (B) asks / will ask basic questions, the person will more likely be perceived by others to be smarter. More importantly, this approach will cause you to be more successful, although in the past, you might (C) think / have thought pretending to be smart was better. To make good leaders, effective teachers encourage students to ask simple questions. <모의응용>

	(A)	(B)	(C)
①	be	asks	think
②	be	asks	have thought
③	be	will ask	have thought
④	are	will ask	have thought
⑤	are	asks	think

다음 글의 밑줄 친 부분 중, 어법상 틀린 것은?

09 Crossing a busy street in Los Angeles is a tricky business, but luckily, at the press of a button, we can stop traffic, and it is as easy as walking across an empty country road ① <u>is</u>. However, is this true? In fact, the button's real purpose is just to make us feel as if we ② <u>had</u> an influence on the traffic lights. By pressing the button, we're better able to endure the wait with more patience, even though we will not know when the signal ③ <u>will change</u>. This trick is also used in offices; for some it will always be too hot, for others, too cold. Clever technicians create the illusion of control by installing fake temperature dials, and this does really ④ <u>reduces</u> energy bills — and complaints. Such tricks are ⑤ <u>called</u> "placebo buttons" and they are being pushed in all sorts of contexts. <모의응용>

<모의응용>

10 When construction workers cleared a site in downtown Athens in 1996 for the foundations of a new Museum of Modern Art, they ① <u>has found</u> traces of a large structure sitting on the bedrock. A building had occupied this same spot some two-and-a-half thousand years earlier. This had been a place for the young men of Athens ② <u>training</u> to become soldiers and citizens. If the city ③ <u>had built</u> the museum elsewhere, the excavation would never have uncovered the remains of a gymnasium, a wrestling arena, changing rooms, and baths. However, archaeologists insisted that the area ④ <u>played</u> a role as more than just a centre for physical improvement. They realized that they ⑤ <u>had discovered</u> one of the most significant sites in all of western European: the Lyceum of Aristotle. It was the world's first university.

*bedrock: 기반암

<모의응용>

11 Humans share their opinions to reach the best conclusion, and so ① do honeybees. Honeybees have evolved what we call "swarm intelligence," with up to 50,000 workers in a single colony ② coming together to make democratic decisions. For example, if a hive ③ will get too crowded in springtime, colonies will send scouts to look for a better place. If scouts disagree on the location of the next hive, they argue their case by dancing. Each scout that has found a potential spot in nearby areas ④ performs a "waggle dance" in an attempt to convince the other bees of the spot's merit. The more enthusiastic the dance is, the happier the scout is with the spot. The remainder of the colony votes with their bodies. Only when one potential hive overcomes all other dance "choices" can the hive collectively ⑤ move to their new home.

*swarm intelligence: 군집지능   **colony: (개미, 벌 등의) 집단, 군집

12 There is a story about F. Yates, a prominent UK statistician. For all his student years at St. John's College, Cambridge, Yates ① enjoyed a form of sport consisting of climbing about the roofs and towers of the college buildings at night. In particular, the chapel of St. John's College has a massive neo-Gothic tower adorned with statues of saints, and it ② occurred to him that he could improve upon them. Yates thought, 'It would be more suitable if these saints ③ were properly dressed in surplices.' One night he climbed up and did the job. This was not an easy thing, not only for someone who did not know how to get on the roof but even for someone who ④ was. The next morning, the result was generally much admired. But the College authorities were not happy with his ⑤ having clothed the statues and began to consider means of divesting the saints of their newly acquired garments. However, at this, they failed. Eventually Yates came forward and volunteered to climb up in the daylight and bring them down. <모의응용>

*surplice: 흰 가운   **divest: 벗기다

다음 글을 읽고 문제에 답하시오.

13 Cyber attacks on air traffic control systems ⓐ _____ a leading security concern since air traffic systems switched to digital. The federal government released a report stating that the nation's air traffic control system is vulnerable to a cyber attack. In addition, the report found numerous security problems which could ⓑ _____ invaders easy access to it previously, including easy-to-crack passwords and unencrypted file folders. (2) 전문가들은 전 세계에 있는 모든 공항이 즉시 이러한 문제들을 해결해야 한다고 조언했다. Once a cyber attack ⓒ _____ on air traffic, it can potentially kill many people and cripple the country's entire airline industry. It's about time we ⓓ _____ tightening airline computer security even more important than conducting security screenings of passengers. <모의응용>

*unencrypted: 암호화되지 않은 **cripple: 무력하게 만들다

(1) <보기>에 주어진 단어를 한 번씩만 골라 ⓐ-ⓓ의 빈칸에 올바른 형태로 쓰시오.

<보기> give	consider	become	begin

ⓐ _____ ⓑ _____ ⓒ _____ ⓓ _____

(2) 주어진 <조건>에 맞게 위 글의 밑줄 친 우리말을 영작하시오.

〈조건〉
1. advise, every airport, these problems, experts, that, fix, all around the world를 활용하시오.
2. 12단어로 쓰시오.

_____ immediately.

CHAPTER 06

전치사·접속사· 관계사

전치사, 접속사, 관계사에 밑줄이 있는 경우, 문장 구조에 맞는 것이 왔는지 묻는 문제가 가장 많이 출제되고 있다. 밑줄 뒤가 구인지 절인지, 절이 완전한지 불완전한지에 따라 올 수 있는 것이 달라지므로, 밑줄이 포함된 문장 전체의 구조를 함께 파악하는 것이 중요하다.

불패전략 25

전치사는 명사 앞에, 접속사는 절 앞에 온다!

정답 및 해설 p.50

1 Many scientists suspected that koalas were so lethargic because / because of the chemicals in eucalyptus leaves kept the cute animals in a sleepy state. <모의응용>   *lethargic: 무기력한

접속사 / 주어 / 동사

명사(구) 앞에는 전치사가 와야 하고, 「주어 + 동사」를 포함한 절 앞에는 접속사가 와야 한다. 다음과 같이 전치사인지 접속사인지 혼동되는 표현들을 알아둔다.

전치사	접속사
· because of ~ 때문에 · during ~ 동안 · despite[in spite of] 　~에도 불구하고	· because ~하기 때문에 · while ~하는 동안/반면 · although[though] 　비록 ~일지라도

TIP before, after, until[till], since, as, for, like는 전치사와 접속사 둘 다로 쓰인다.

✓ Check up!

네모 안에서 어법상 알맞은 것을 고르시오.

1. At the jazz festival, volunteers handed out water to the audience during / while some of the sound machines were being checked by engineers.

2. The artist Jackson Pollock continued to paint in his unique drip style in spite of / though criticisms he received from many critics.

3. Few realize how unexpected and surprising life can be during / while their childhood, nor how difficult and sad.

4. Inspiring collaboration is something that leaders should do because / because of several obstacles stand in the way of people voluntarily working alone. <모의응용>

5. Canada makes military planes despite / although none of them are used for combat, only transportation.

6. Ideas are discovered through logical reasoning, but they are made possible only because / because of an accepted theory that has been proven. <모의응용>

7. Phobias are a common psychological phenomenon, despite / though many types of deeply hidden fears are quite irrational.

PRACTICE

정답 및 해설 p.50

밑줄 친 부분이 틀렸다면 바르게 고치시오. 바르면 ○로 표시하시오.

01 We can evaluate the way that we think <u>because</u> the human brain enabling self-reflective, abstract thought. <모의응용>

02 Robots are not equipped with capabilities like humans to solve problems <u>after</u> they arise, and they often collect data that are unhelpful or irrelevant. <수능>

03 A capitalist system is based on making a profit <u>in spite of</u> a profit just on its own is not strictly necessary for a free market to function.

04 Scholars and amateur history students alike appreciate Ken Burns's *The Civil War* as a window into understanding the cultural climate of the US today.   *cultural climate: 문화 풍토

밑줄 친 부분 중 어법상 **틀린** 것을 고르시오.

05 People from more individualistic cultures tend to be motivated to maintain self-focused control, ① <u>for</u> this serves as the basis of one's self-worth. For them, sustaining command over themselves is crucial ② <u>because of</u> forming their personality into who they want to be is what they want. <모의응용>

06 Now on the bus for Alsace, Jonas cannot stay calm because he has long been looking forward to this field trip ① <u>since</u> a friend first showed him a picture of the beautiful French town. The landscape seen out the window looks fascinating ② <u>during</u> the bus is heading to Alsace. <수능응용>

07 다음 글을 읽고 문제에 답하시오.

> An organization produced high quality products with a new machine ⓐ <u>despite</u> the cost of making them was considerably less than before. (2) <u>이는 그 기계가 제조를 더 생산력 있게 만드는 기술을 포함했기 때문이다.</u> The organization's profitability soared and the manager in charge was appreciated for his performance ⓑ <u>as</u> the machinery was effective. <모의응용>

(1) 밑줄 친 ⓐ, ⓑ 중 어법상 **틀린** 것을 고르시오.

(2) 주어진 <조건>에 맞게 위 글의 밑줄 친 우리말을 영작하시오.

〈조건〉
1. include, more, technology, manufacturing, the machine, that, productive, make를 사용하시오.
2. because와 because of 중 적절한 것을 함께 사용하여 10단어로 쓰시오.

This is _____.

불패전략 26

절과 절을 연결하려면 접속사/관계사가 있어야 한다!

정답 및 해설 p.51

1 As they get older, children will start to write
접속사 ___ 동사1
down a schedule for themselves, | it / which |
관계대명사
further helps them develop their sense of
동사3
control. <모의>

절과 절을 연결하기 위해서는 접속사나 관계사가 필요하며, 접속사/관계사의 개수는 문장에 포함된 절(동사)의 개수보다 하나 적어야 한다.

TIP 명사절 접속사 that, 목적격 관계대명사, 관계부사는 생략되어 있을 수 있다.

Dad thought (*that*) | ~~which~~ / **it** | was a normal family outing to go to a car racing event. <수능>

✅ Check up!

네모 안에서 어법상 알맞은 것을 고르시오.

1. The reporter said he got his information from several different sources, none of | them / which | can be identified as reliable. <수능응용>

2. Last month, | while the solar eclipse occurred / the solar eclipse occurred | over the Western part of the Earth, several communication satellites were disrupted. *solar eclipse: 일식

3. I slowly realized that my present was just a book, and sadly, | it / which | was so different from what I had wanted. <모의응용>

4. It is important not to overly emphasize the role of science, | its / whose | advocates often slip into scientism. <수능응용> *scientism: 과학만능주의

5. Although Rhonda, a student attending the University of California, was living near campus with other people, some of | them / whom | barely knew one another. <모의응용>

6. When painting the famous *Guernica*, Picasso produced 79 different drawings, many of | them / which | were quite expressive. <모의응용>

7. We know that | a blanket traps / just as a blanket traps | heat from your body, carbon dioxide absorbs the Earth's heat radiation. *heat radiation: 열복사

PRACTICE

정답 및 해설 p.52

밑줄 친 부분이 틀렸다면 바르게 고치시오. 바르면 ○로 표시하시오.

01 <u>Mars was</u> closer to Earth than ever in human history, the one-way travel time of light was just 3 minutes and 6 seconds. <수능>

02 People who live in rural villages without refrigeration make pickled or dried foods <u>they</u> bury underground during the winter months.

03 Developmental biologists now know <u>which</u> is really the combination of nature and nurture that establishes a child's morals. <수능응용>

04 The expressions of the tendency to integrate man and animal are anthropomorphism and totemism, both of <u>them</u> are spread through primitive art. <수능응용>   *anthropomorphism: 의인화

밑줄 친 부분 중 어법상 **틀린** 것을 고르시오.

05 Our brains react favorably to certain sounds, ① <u>it</u> is a phenomenon studied by technicians to create captivating music. The special music is similar in principle to 3-D art, motion pictures, or visual illusions, none of ② <u>which</u> have been around long enough for our brains to truly understand. <모의응용>

06 It was Evelyn's first time to explore the Badlands of Alberta, ① <u>whose</u> numerous dinosaur fossils were famous across Canada. She came across what looked like a bone and she exclaimed ② <u>which</u> felt so smooth in her hands. <수능응용>

07 다음 글을 읽고 문제에 답하시오.

> Matthew headed to the new restaurant by his studio apartment ⓐ <u>its</u> grand opening was tonight. (2) <u>The famous Chef Riley presented diverse dishes, and many of them looked quite unusual and smelled even worse.</u> 'Should I just walk out?' he wondered while looking at the food. In the end, he sighed and said to himself ⓑ <u>it</u> would be better to eat all the dishes cheerfully and please the chef. <모의응용>

(1) 밑줄 친 ⓐ, ⓑ 중 어법상 **틀린** 것을 고르시오.

(2) 관계대명사를 사용하여 위 글의 밑줄 친 문장을 바꿔 쓰시오.

　　The famous Chef Riley presented diverse dishes, _____

_____ .

불패전략 27 선행사의 종류와 역할에 맞는 관계사가 왔는지 확인하라!

정답 및 해설 p.52

1 She is an <u>independent artist</u> | who / whom |
　　　　　　　　선행사(사람)　　　　주격 관계대명사
constantly <u>lives</u> closest to an unbounded
　　　　　동사
creative environment. <모의응용>

---

2 Non-verbal communication can be useful in
situations for some <u>people</u> | why / where |
　　　　　　　　선행사(장소)　　　　　관계부사
<u>speaking</u> <u>may be</u> impossible or
　주어　　　　동사
inappropriate. <모의응용>

관계대명사는 앞에 있는 선행사의 종류와 관계절에서의 관계대명사의 역할에 맞는 것이 와야 한다.

선행사	관계대명사		
	주격	목적격	소유격
사람	who/that	who(m)/that	whose
사물/개념 등	which/that	which/that	whose/of which

관계부사는 앞에 있는 선행사의 종류에 맞는 것이 와야 한다. how는 선행사 the way와 함께 쓸 수 없고, 둘 중 하나만 써야 한다.

선행사	관계부사	선행사	관계부사
시간	when	이유	why
장소	where	방법	how

TIP　1. which는 선행사나 앞에 있는 절 전체에 대해 보충 설명하는 절을 이끌 수도 있다. 이때는 관계사 앞에 콤마(,)가 있으며, that은 쓸 수 없다.
　　　　Evan's mouth made the shape of an O, | ~~that~~ / **which** | happened whenever something surprised him. <모의>

　　　2. 선행사가 the day, the place, the reason, the way와 같은 일반적인 명사인 경우 that이 관계부사를 대신할 수 있으며, 선행사나 관계부사 중 하나를 생략할 수 있다.

✅ **Check up!**

관계사가 수식하거나 보충 설명하는 것에 밑줄을 치고, 네모 안에서 어법상 알맞은 것을 고르시오.

1. Cora was a new member of the book group, | whose / whom | the club leader invited. <수능응용>

2. Certain machines operated by humans | which / who | companies use in factories are being replaced with completely automated ones.

3. We are looking forward to the day we imagine in our minds | when / where | we truly enjoy life.

4. Residents putting out trash at all hours make the recycling area messy, | which / that | requires extra labor and cost. <모의응용>

5. After taking classes on self-confidence, there have been some changes in the way | how / that | students view themselves, and it helped the children to learn better. <모의응용>

6. Imagine trying to shop in a supermarket on a busy night | when / where | the goods were arranged in random order on the shelves.

7. People | who / whom | we believe hold a more interdependent identity may prefer to cope in a way that promotes harmony in relationships. <모의응용>

PRACTICE

정답 및 해설 p.53

밑줄 친 부분이 틀렸다면 바르게 고치시오. 바르면 ○로 표시하시오.

01 A rat was placed in the box designed by the researchers, <u>who</u> contained a special bar fitted on the inside. <모의응용>

02 Former U.S. President Jimmy Carter, <u>whom</u> the public knows promotes Habitat for Humanity, has toured various countries since 1994. <수능응용>　*Habitat for Humanity: 해비타트 운동 (무주택 서민의 주거 해결을 위한 단체)

03 Mount Cook National Park in New Zealand is a popular travel destination <u>where</u> people camp underneath the starry skies.

04 In *Final Goodbye*, Sean Arlen plays a fisherman living in Norway <u>whom</u> boat is struck by lightning, causing him to get stuck on a deserted island.

밑줄 친 부분 중 어법상 틀린 것을 고르시오.

05 I thought back to the 1980s of my younger self, ① <u>where</u> my older brother and I worked on the family farm in the summer. We didn't have much of a friendship when I was young other than him constantly nagging me to take care of chores like mowing the lawn, ② <u>which</u> I hated. <모의응용>

06 I am a parent of a student at Clarkson High School ① <u>who</u> typically takes the 145 bus to commute. This bus is vital to students at the school ② <u>whom</u> entire education cannot continue without reliable transportation. <모의응용>

07 다음 글을 읽고 문제에 답하시오.

> Alfred Chandler was a professor at Harvard University ⓐ <u>which</u> redefined the history of industrialization. (2) <u>그는 그의 연구가 경영 역사의 연구와, 특히 경영 관리에 초점을 맞춘 경제사학자였다.</u> Chandler's work, while somewhat ignored in history departments, was welcomed in business and sociology classes ⓑ <u>where</u> his theories proved to be influential. <모의응용>

(1) 밑줄 친 ⓐ, ⓑ 중 어법상 틀린 것을 고르시오.

(2) 주어진 <조건>에 맞게 위 글의 밑줄 친 우리말을 영작하시오.

〈조건〉
1. center on, business history, an economic historian, the study of, work를 사용하시오.
2. 적절한 관계대명사를 함께 사용하여 12단어로 쓰시오.

He was _____

and, in particular, administration.

불패전략 28

관계사 뒤에 온 절이 완전한지 불완전한지 확인하라!

정답 및 해설 p.54

---

1 It's been a mystery where the fur seals of the eastern Pacific feed during the winter, which / when they spend off the coast of
목적격 관계대명사　　주어　　동사
North America. <모의응용>

2 Select clothing appropriate for the environmental conditions which / in which
전치사 + 관계대명사
you will be doing exercise. <모의>
주어　　　동사　　　목적어

관계대명사는 관계절에서 주어 또는 목적어 역할을 하므로, 주어나 목적어가 없는 불완전한 절 앞에 와야 한다.

who(m)/which/that whose + 명사 명사 + of which	+	불완전한 절

관계부사와 「전치사 + 관계대명사」는 관계절에서 수식어인 부사 역할을 하므로, 필수성분이 모두 있는 완전한 절 앞에 와야 한다.

when/where/how/why 전치사 + which/whom	+	완전한 절

TIP 전치사 뒤에 관계대명사 who/that은 올 수 없고, which/whom만 올 수 있다. 단, in that은 '~라는 점에서'라는 의미의 부사절 접속사로, 「전치사 + 관계대명사」 형태가 아님에 주의해야 한다.

The policy is different from previous ones **in that** it puts employees' needs first.
(직원들의 요구를 우선에 둔다는 점에서)

✅ Check up!

네모 안에서 어법상 알맞은 것을 고르시오.

1. Ideas bubble out of laboratories which / in which a group of researchers work together. <모의>

2. Sir Arthur Conan Doyle, the creator of Sherlock Holmes, wrote many books during his career who / where he displayed a great sense of human sensitivity.

3. The climatologists studied the ground in places which / where they noticed oceanic climates were much more prevalent.

*climatologist: 기후학자

4. Being able to adapt to insufficient food supplies is part of the process of selection which / by which biological evolution functions. <모의응용>

5. Training excessively every day can be dangerous for your muscles in which / that they do not have time to recover from the workout.

6. The author, an orphan herself, wrote the numerous bestsellers which / for which address the impact of adoption from various viewpoints.

7. The inclusion of youth culture can be seen in a number of examples which / where popular songs are enthusiastically sung by sports fans. <모의응용>

PRACTICE

정답 및 해설 p.54

밑줄 친 부분이 틀렸다면 바르게 고치시오. 바르면 ○로 표시하시오.

01 The dictionary defines courage as a quality which enables one to pursue a right course of action, <u>through which</u> one may cause anger. <수능응용>

02 Mathematical practices should be viewed among real-life situations <u>which</u> students develop their identities as mathematics learners. <모의응용>

03 Airways have fixed widths and defined altitudes, <u>where</u> separate traffic moving in opposite directions. <모의>

04 Baseball has no set time length to be played and thus belongs to the kind of world <u>which</u> people do not say, "I haven't got all day." <모의응용>

밑줄 친 부분 중 어법상 **틀린** 것을 고르시오.

05 Doing something over and over is the best way to make it a routine ① <u>where</u> eventually turns into habitual behavior. In fact, there is a huge body of scientific research to explain the mechanism ② <u>by which</u> routine enables difficult things to become easy. <모의응용>

06 The best results occur in the specific moment among individuals ① <u>who</u> people decide to work together. Exclusivity in problem solving, even with a genius, is not as effective as inclusivity, ② <u>in which</u> everyone's ideas are heard and a solution is developed through collaboration. <모의응용>

*exclusivity: 배타성, 독점 **inclusivity: 포용성

07 다음 글을 읽고 문제에 답하시오.

> (2) 연구들은 음악이 신체적, 정신적 능력을 향상시킨다는 것을 보여주지만, 음악이 그것들을 약화시킬 수도 있는 특정한 장소들이 있다. A time ⓐ <u>which</u> music has potentially damaging effects is during driving. In a study, people tended to drive faster or more recklessly in circumstances ⓑ <u>during which</u> loud, quick-tempo music was played in the car. <모의응용>

(1) 밑줄 친 ⓐ, ⓑ 중 어법상 **틀린** 것을 고르시오.

(2) 주어진 <조건>에 맞게 위 글의 밑줄 친 우리말을 영작하시오.

〈조건〉
1. certain, there are, can weaken, music, spaces를 사용하시오.
2. 적절한 관계사를 함께 사용하여 9단어로 쓰시오.

Studies show that music improves physical and mental abilities, but _____
_____ .

불패 전략 29

뒤에 있는 절의 형태에 맞는 명사절 접속사가 왔는지 확인하라!

정답 및 해설 p.55

1 The most dramatic contacts between civilizations were [what / when] people from
   when + 완전한 절   주어
   one civilization conquered the people of
        동사   목적어
   another. <모의응용>

2 The product warranty specifies in clear print
   [what / if] the company provides for spare
   what + 불완전한 절   주어   동사
   parts and materials. <수능응용>

명사절을 이끄는 접속사는 완전한 절과 불완전한 절 앞에 오는 것으로 나뉘므로, 뒤에 있는 절의 형태에 맞는 것이 와야 한다.

<완전한 절 앞에 오는 명사절 접속사>

· that ~라는 것, ~라고, ~라는(동격 that)
· if/whether ~인지 (아닌지)
· when/where/why/how ~하는 시간/장소/이유/방법
                 언제/어디에서/왜/어떻게 ~하는지
· how + 형용사/부사 얼마나 …한/하게 ~하는지

<불완전한 절 앞에 오는 명사절 접속사>

· what 무엇이(무엇을) ~하는지, ~하는 것
· which/who(m) 무엇이(무엇을)/누가(누구를) ~하는지
· whatever/whichever/who(m)ever
     ~하는 무엇이든지/누구든지

TIP

1. 뒤에 있는 절의 형태에 맞는 접속사가 왔다면 맥락상 의미가 적절한 것인지 확인해야 한다.

   The researchers wondered [~~that~~ / **whether**] different types of stretching exercises could ease people into sleep.
   <모의응용>

2. if/whether와 whatever/whichever/who(m)ever는 부사절 접속사로도 쓸 수 있다.

   · if 만약 ~라면, 비록 ~일지라도   · whether ~이든 아니든 상관없이   · whatever/whichever/who(m)ever 무엇이든지/누구든지

✓ Check up!

네모 안에서 어법상 알맞은 것을 고르시오.

1. The scientists are running the experiment but there is no way to know [what / whether] the process will be successfully completed.

2. The lawyers tried to determine [what / if] their clients were actually at fault for the accident.

3. The researchers have specific requirements in mind for [what / where] conditions could be tightly controlled and monitored for their experiment.

4. Sometimes perfectionists find that they are troubled because [what / whatever] they do, it never seems good enough. <모의>
   *perfectionist: 완벽주의자

5. The reporter said, when researching Internet rumors, [which / that] social media plays a large role in how information is spread.

6. The second time we hear a song, we hear lyrics we didn't catch, or we might notice [what / where] the drums are doing in the background. <모의응용>

7. Australia's Prime Minister confirmed that she will support [however / whatever] the district leaders decide concerning the tax policy.

PRACTICE

정답 및 해설 p.56

밑줄 친 부분이 틀렸다면 바르게 고치시오. 바르면 ○로 표시하시오.

01 The physical characteristics of the medium through which the sound travels have a major influence on <u>how</u> the sound can be used. <모의>

02 <u>Whatever</u> Egyptians used only manpower or an unknown construction method, by building the pyramids with it they proved how advanced they were.

03 For communication with the same goal in mind to occur, there must be strong guarantees <u>which</u> those who receive the signal will accept it. <모의응용>

04 We have a deep intuition that the past is fixed, but we don't know <u>if</u> the future is open or not. <모의응용>

밑줄 친 부분 중 어법상 **틀린** 것을 고르시오.

05 Experts wonder ① <u>what</u> significantly the indifference to world events had caused a decrease in newspaper reading. Of course, some of this decline has been due to the fact ② <u>that</u> we are doing more of our newspaper reading online. <수능응용>

06 Employers know by listening carefully to your words ① <u>which</u> your skills are strong if you show curiosity and communicate well. They judge, by asking insightful questions, ② <u>how</u> sharp you really are. <모의응용>

07 다음 글을 읽고 문제에 답하시오.

> Many scientific breakthroughs were recorded, but among them, how popular they were with the public would determine ⓐ <u>which</u> would persist for decades. (2) 그러나, 역사가들이 기록한 무엇이든지 항상 적절하거나 정확하게 남아있지는 않았기 때문에 이 기록 보존 방법의 결함들은 명백해졌다. Furthermore, closer analysis of scientific discoveries led historians to ask ⓑ <u>what</u> the dates of discoveries and their discoverers could even be identified precisely. <수능응용>

(1) 밑줄 친 ⓐ, ⓑ 중 어법상 **틀린** 것을 고르시오.

(2) 주어진 <조건>에 맞게 위 글의 밑줄 친 우리말을 영작하시오.

〈조건〉
1. record, remain, historians, relevant, did not always, accurate, or를 사용하시오.
2. 적절한 명사절 접속사를 함께 사용하여 10단어로 쓰시오.

However, faults in this record-keeping method became apparent because _____

_____.

불패전략 30

that과 what의 쓰임을 구별하라!

정답 및 해설 p.57

1 Certainly Leonardo da Vinci had an unusual mind and a special ability to see that / what others didn't see. <모의응용>
주어　　　　　동사

that이 접속사일 때는 완전한 절 앞에 오고, 관계사일 때는 완전한 절과 불완전한 절 앞에 모두 올 수 있다. 반면에 what은 불완전한 절 앞에만 올 수 있고, 선행사를 수식하는 관계사로는 쓸 수 없다.

TIP the fact/possibility/notion/sign 등의 명사 뒤에서 그 상세 내용을 설명하는 절을 이끄는 동격 that은 관계대명사가 아니라 명사절 접속사이므로 완전한 절 앞에 온다.

*The notion **that** mental health can affect physical health is being studied.*
주어　　　　　동사　　　　목적어

✅ Check up!

네모 안에서 어법상 알맞은 것을 고르시오.

1. It is better that / what you make your mistakes early on rather than later in life. <모의>

2. One cool thing about Arthur was that / what he could always pick the best places to camp. <모의>

3. Many species lower their calorie intake to survive without food for long periods of time, as finding the food that / what is available consumes a lot of energy. <모의응용>

4. If you consistently reward children for their accomplishments, they may focus more on getting the reward than on what / that they did to earn it. <모의>

5. Teachers play a critical role in developing environments what / that encourage independence through discussions in the classroom. <모의응용>

6. That / What appears to us as simultaneous is often a kind of behavior moving faster than the eye can see. <모의>　　　　　　　　　　　　　　　　　　　　　　　*simultaneous: 동시에 일어나는, 동시의

7. There is agreement across a wide range of perspectives what / that a shared sense of morality is necessary to society. <모의응용>

PRACTICE

정답 및 해설 p.57

밑줄 친 부분이 틀렸다면 바르게 고치시오. 바르면 ○로 표시하시오.

01 Several researchers have found <u>that</u> differentiates the best musicians from lesser ones lies in the quality of sound the best ones create. <모의응용>

02 Logical assumptions make all the difference in how well you convert <u>that</u> you hear into something you learn. <모의응용>

03 <u>What</u> cell metabolism and structure must be complex would not be surprising, but actually, they are rather simple. <수능>
*metabolism: 신진대사

04 If the manufacturer cuts costs so deeply <u>that</u> doing so harms the product's quality, then the increased profitability will not last long. <모의응용>

밑줄 친 부분 중 어법상 틀린 것을 고르시오.

05 An Italian printer calculated in 1550 ① <u>that</u> to send a load of books from Rome to Lyons would cost 18 scudi by land compared with 4 by sea. This calculation made it clear ② <u>what</u> forming close relationships with ship captains would be financially advantageous. <모의응용>
*scudi: 스쿠도 (19세기까지 쓰인 이탈리아 은화 (화폐 단위))

06 The reduction of minerals in our food is the result of using pesticides ① <u>that</u> kill off beneficial bacteria, earthworms, and bugs in the soil. Since pesticides are fairly essential to modern farming, scientists are trying to figure out ② <u>that</u> may fix the issue. <모의응용>

07 다음 글을 읽고 문제에 답하시오.

> We can support ⓐ <u>that</u> technology can achieve, providing us with access to imaginary places. We appreciate the way ⓑ <u>that</u> worlds created by computers are made. Thanks to technological advances, anything and everything we imagine can be created inside a digital world. (2) <u>우리의 꿈은 화면을 통해 살아 움직이는 것처럼 보이고, 우리를 매혹되게 하는 것은 끝없는 가능성이다.</u> <모의응용>

(1) 밑줄 친 ⓐ, ⓑ 중 어법상 틀린 것을 고르시오.

(2) 주어진 <조건>에 맞게 위 글의 밑줄 친 우리말을 영작하시오.

〈조건〉
1. keep, the endless possibility, fascinated, be를 사용하시오.
2. that 또는 what 중 적절한 것을 함께 사용하여 8단어로 쓰시오.

Our dreams seemingly come to life through the screen, and _____ .

각 네모 안에서 어법에 맞는 표현으로 가장 적절한 것을 고르시오.

01 Children who visit their parents or grandparents in hospital cannot help but remember that / what they once were and be depressed by their incapacities. <수능응용>

02 There are often situations which / in which a firm finds that it can't sell its goods and thus has to close its factories. <모의응용>

03 Sports' emotional intensity can mean in many cases (A) which / that fans have strong attachments to organisations through nostalgia and club tradition. Thus, fans (B) who / whom it turns out connect greatly with teams are usually quite loyal. <모의응용>

밑줄 친 부분 중 어법상 틀린 것을 고르시오.

04 In the self-exploratory workshop, we were given an exercise to write the events ① what we consider as the ten most important in our lives. Number one was "I was born," and we could put ② whatever we liked after that. <모의응용>

05 Some say that people ① whose birthday is in March tend to be bolder than their peers, making them more likely to become CEOs. In fact, their birthstones are aquamarine and bloodstone, both of ② them symbolize courage.

06 At twenty, I could have written with accuracy the history of my school days, ① when would be quite impossible now. But one's memories can grow sharper even after a long passage of time ② as one can look at the past with fresh eyes and can notice facts which were previously hidden. <수능응용>

(A), (B), (C)의 각 네모 안에서 어법에 맞는 표현으로 가장 적절한 것은?

<모의응용>

07 The United Nations asks that all companies remove their satellites from orbit within 25 years after the end of their mission. This is tricky to enforce, though, (A) because / because of satellite failures that happen unexpectedly. To deal with this problem, several companies around the world have come up with novel solutions. These include removing dead satellites from orbit and dragging them back into the atmosphere, (B) which / where they will burn up. Ways we could do this include using a harpoon to grab a satellite, catching it in a huge net, using magnets to grab it, or even firing lasers to heat up the satellite. However, these are such uncertain methods (C) that / what some experts are skeptical about how well they will work.

*harpoon: 작살

	(A)	(B)	(C)
①	because	which	that
②	because of	which	what
③	because of	where	what
④	because of	where	that
⑤	because	where	that

<수능응용>

08 Frank Hyneman Knight was a renowned economist of the twentieth century. While Knight was one of the world's leading economists, he also taught excellent students at the University of Chicago (A) who / which received the Nobel Prize later. Knight is the author of the book *Risk, Uncertainty and Profit*, a study of the role of the entrepreneur in economic life. A brief introduction to economics entitled *The Economic Organization* was also written by Knight, (B) it / which became a classic of microeconomic theory. In it, he discussed much of his skepticism for current economic theories utilized by the government. Furthermore, Knight developed (C) what / how turned into influential theories on freedom, democracy, and ethics.

*entrepreneur: 기업가 **microeconomic: 미시(微視) 경제학의

	(A)	(B)	(C)
①	who	it	how
②	who	which	what
③	who	which	how
④	which	which	how
⑤	which	it	what

다음 글의 밑줄 친 부분 중, 어법상 **틀린** 것은?

09 Shutter speed refers to the speed of a camera shutter, but in behavior profiling, it refers to the speed ① at which we blink when faced with dangerous or unexpected situations. Thus, shutter speed is a measurement of fear. Think of an animal ② what has a reputation for being fearful. A Chihuahua might come to mind. In mammals, because of evolution, their eyelids will speed up to minimize the amount of time ③ when they can't see an approaching predator. The greater the degree of fear an animal is experiencing, the more the animal is concerned with an approaching predator. The eyelids involuntarily speed up ④ since the animal must keep the eyes open as much as possible. Speed, when it comes to behavior, almost always equals fear. In humans, if we experience fear, our eyelids close and open more quickly as the Chihuahua's ⑤ do. <모의응용>

*eyelid: 눈꺼풀

10 On his march through Asia Minor, Alexander the Great fell dangerously ill. His physicians ① who historians presume were afraid to be blamed if they didn't succeed were hesitant to treat him. Only one, Philip, was willing to take the risk. The medicine ② prepared, Alexander received a letter from a stranger. The note contained a suspicion ③ that the physician had been bribed to poison his master. When Philip entered the tent with the medicine, Alexander took the cup from him, handing Philip the letter. While the physician was reading it, Alexander calmly drank the whole contents of the cup that ④ was extended to him with a confident hand. Horrified, Philip threw himself down at the king's bedside, but Alexander assured him ⑤ which he had complete confidence in his honor. After three days, the king was well enough to appear again before his army. <모의응용>

*Asia Minor: 소아시아

11 The online world is an artificial universe – entirely human-made and designed. The underlying system ① that shapes how we appear and what we see of other people is designed this way on purpose. It determines the structure of conversations and who has access to what information. Architects of physical cities determine the paths people ② take and the sights they see. Architects, however, do not control how the residents of those buildings present themselves or see each other, but the designers of artificial places ③ whose world comes to life in virtual spaces do. They have far greater influence on the social experience of their users. They determine ④ what we only know each other's names or know everything about the other person. They can reveal the size of an audience and designate a seemingly intimate space for communicating and interacting in a seemingly private manner, ⑤ where their writing seems to be only for a few, even if millions are in fact reading. <모의응용>

12 My buddy and his wife were in constant conflict over deciding the time ① when the housework should get done. He wanted to work in short periods and take frequent breaks to watch a TV show or make a nice meal. She wanted to get it all done at once and hang out and relax ② during the rest of the day that they had remaining. I was able to point out to my buddy that he and his wife just had different preferences, and neither of them was wrong. I advised ③ it was possible that when they needed to get a lot of chores done in a short period of time, they use her method but take a meal break. What they agree to do for fewer chores ④ is, they use his method but see the specific task to completion before taking a break. This way, the couple could take turns doing the quick or slow methods, both of ⑤ them could be productive depending on the situation. <모의응용>

다음 글을 읽고 문제에 답하시오.

13 We live in a time of busy individuals ⓐ who / when every working mom and dad is looking for a babysitter. (2) <u>이것이 몇몇 컴퓨터 회사들은 컴퓨터가 부모들을 대신할 수 있는 방법들을 광고하기 시작한 이유이다.</u> They are too late — television has already done that. Seriously, however, in every branch of education, including moral education, we make a mistake ⓑ when we / we suppose that a particular type of content or a particular teaching method or a particular configuration of students and space will accomplish our ends. ⓒ Despite / Although the answer to such a situation appears hard to find, it is actually simple in ⓓ that / which we only need to be present with them. We, parents and teachers, should live with our children, talk and listen to them. We have to show them by ⓔ what / why we accomplish and how we talk that it is possible ⓕ what / that we can live appreciatively with others. <모의응용>   *configuration: 배치, 배열

(1) ⓐ-ⓕ의 각 네모 안에서 어법에 맞는 표현으로 가장 적절한 것을 고르시오.

ⓐ _____   ⓑ _____   ⓒ _____

ⓓ _____   ⓔ _____   ⓕ _____

(2) 주어진 <조건>에 맞게 위 글의 밑줄 친 우리말을 영작하시오.

〈조건〉
1. to advertise, begin, replace, computers, parents, ways, can을 사용하시오.
2. 적절한 관계사를 함께 사용하여 9단어로 쓰시오.

That is why some computer companies _____

_____ .

CHAPTER 07

명사·대명사·
한정사

대명사나 한정사에 밑줄이 있는 경우, 그것이 가리키거나 수식하는 명사의 수와 종류에 맞는 것인지 묻는 문제가 가장 많이 출제되고 있다. 따라서 밑줄 친 대명사나 한정사가 가리키거나 수식하는 명사가 무엇인지 파악하는 것이 중요하다.

불패전략 31

대명사와 그것이 가리키는 명사의 수를 일치시켜라!

정답 및 해설 p.61

1 Warm-blooded animals must expend a lot of energy to maintain a temperature higher than that / those of their surroundings.

대명사가 가리키는 명사

단수대명사

<모의응용>

대명사는 그것이 가리키는 명사와 수가 일치해야 한다. 단수명사/불가산명사는 단수대명사로, 복수명사는 복수대명사로 가리켜야 한다. 동명사(구)/to부정사(구)/명사절은 단수 취급하므로 단수대명사로 가리켜야 한다.

TIP 1. those는 「전치사 + 명사(구)」나 분사구, 관계절 등의 수식을 받아 '~한 사람들'이라는 뜻의 대명사로도 쓰인다.

The list included **those** who passed the first round of the competition.

2. it은 to부정사(구)나 that절 등 긴 주어/목적어를 대신하는 가주어/가목적어로 쓸 수 있다.

Psychologists agree **it** is likely *that both genes and the environment affect behavior*.

가주어   진짜 주어

✓ **Check up!**

대명사가 가리키거나 대신하는 명사에 밑줄을 치고, 네모 안에서 어법상 알맞은 대명사를 고르시오.

1. Asking something insightful during a job interview is important, and it / they will improve your chances of getting hired. <수능응용>

2. The profitability of these simple machines is much higher than the more complex one / ones that unnecessarily have an added cost. <모의응용>

3. If all our foolish acts are preserved forever in permanent records, we might find it / them harder to engage in improving ourselves. <모의응용>

4. Halfhearted individuals seldom act courageously, even when it involves its / their own welfare. <수능응용>

5. Early astronomy provided information about when to plant crops and gave humans its / their first formal method of recording the passage of time. <모의>

6. Evaluation of performances, such as in gymnastics, can be subjective, although elaborate scoring rules help make it / them fairer. <모의응용>

7. The company is fundamentally changing its business model by focusing on profitable products and cutting off that / those making little money. <수능응용>

PRACTICE

정답 및 해설 p.61

밑줄 친 부분이 틀렸다면 바르게 고치시오. 바르면 ○로 표시하시오.

01 The days we have left to live can bring happiness and joy from the way we use <u>it</u> rather than from the number of days we have left.

02 The farming requirements are not extremely difficult for cultivating a healthy crop of broccoli, similar to <u>that</u> which are used for cauliflowers.

03 Sometimes, the longer <u>it</u> takes for a work of art to reveal all of its subtleties to us, the more fond of that thing we become. <모의>

*subtlety: 중요한 세부 요소[사항]들

04 Some obvious ways of identifying the genuine smile from the insincere <u>one</u> are looking at the lower half of the face and focusing on the eyes. <모의응용>

밑줄 친 부분 중 어법상 <u>틀린</u> 것을 고르시오.

05 Even though most doctors might be good at record keeping and arranging appointments, ① <u>they</u> will be generally in their interest to hire someone to perform these services. Competent assistants can be relied upon to keep a reliable schedule, and ② <u>they</u> can receive patients coming in. <모의응용>

06 One wonders whether our children's inherent capacity to recognize and classify information about their environment is slowly disappearing to adapt to life in ① <u>their</u> increasingly virtualized world. In order to make sure our children don't get so used to a world made up entirely out of pixels, perhaps we should expose ② <u>it</u> more often to the real world. <모의응용>

07 다음 글을 읽고 문제에 답하시오.

> Many insects have a hard outer covering that protects them, including small ⓐ <u>ones</u> living underground. (2) 외피는 여러 부분들로 나뉘며, 그 부분들은 개별적인 신경계를 갖는 것이 일반적이다. In a sense, each individual section of the body comprised of segments has ⓑ <u>their</u> own individual and autonomous brain. <모의응용>
>
> *outer covering: 외피 **autonomous: 자율적인

(1) 밑줄 친 ⓐ, ⓑ 중 어법상 <u>틀린</u> 것을 고르시오.

(2) 주어진 <조건>에 맞게 위 글의 밑줄 친 우리말을 영작하시오.

> 〈조건〉
> 1. the parts, an individual nervous system, typical, to have, for, be를 사용하시오.
> 2. it과 they 중 적절한 것을 함께 사용하여 12단어로 쓰시오.

The covering is divided into several parts, and _____

_____.

불패 전략 32

명사의 수에 따라 올 수 있는 한정사/대명사를 익혀둬라!

정답 및 해설 p.62

1 Before making a final decision, consider whether other / another plausible options are being ignored or overlooked. <수능응용>

복수명사를 수식하는 other   복수명사

명사의 수량이나 범위를 한정하는 한정사 또는 「대명사 + of」는 그것이 수식하는 명사에 맞는 것이 와야 한다.

수식하는 명사	한정사/대명사	
단수명사	· every · each	· either/neither · another
복수명사	· many (of) · a number of · both (of) · either/neither of	· each of · other · few/a few (of)
불가산명사	· much (of)	· little/a little (of)
가산명사(복수), 불가산명사	· lot of · plenty of	· lots of · all (of)

TIP 1. some (of)/any (of)/no는 수식하는 명사의 종류에 상관없이 쓸 수 있다.

2. no/none/nothing은 not/unable/without 등 부정의 의미를 가진 어구와 함께 쓰지 않는다. 이때는 any/anyone/anything이 온다.
You must **not** wear ~~no~~ / any metal accessories during the CT scan.

✓ Check up!

네모 안에서 어법상 알맞은 것을 고르시오.

1. Unfortunately, many / much of the measures experts identified to promote energy efficiency are not cost effective. <수능응용>

2. To overcome the problem of being overly cautious, almost every / all animals become accustomed to safe stimuli that occur frequently. <모의응용>   *stimuli: 자극

3. After the experiment, researchers observed both / either groups to determine whether one group had fewer colds than the other. <모의응용>

4. Each / Each of moment you experience true happiness, the stored emotions are activated as you are flooded with even deeper joy. <모의응용>

5. If the world doesn't act now, we will soon be unable to protect the Earth or do nothing / anything with regard to preserving nature.

6. People who are focused on creating art have few / little patience for those who interrupt them.

7. Many / Much of the PC users from the 1980s tended to assume that using email required little more than the electricity used to power our computers. <모의응용>

PRACTICE

정답 및 해설 p.63

밑줄 친 부분이 틀렸다면 바르게 고치시오. 바르면 ○로 표시하시오.

01 With <u>a little</u> careful, mindful changes, unnecessary CO_2 emissions can easily be avoided without requiring time, money, or too much effort. <모의응용>

02 The division of television audiences, which happened as new channels launched everywhere, has caused advertisers <u>many</u> stress. <수능응용>

03 The education reform implemented this year matched <u>neither</u> of the opinions made by the president or vice president during their campaign.

04 Seeing Melanie dancing with the flawless steps, her mother said, "Isn't it strange? Melanie is dancing so well without receiving <u>no</u> formal training!" <모의응용>

밑줄 친 부분 중 어법상 **틀린** 것을 고르시오.

05 The heart rate of a mammal can range from over 800 to just 13 beats per minute at ① <u>any</u> particular time in life, depending on the species. Despite the vast differences in heart rates, though, almost ② <u>every</u> mammals have about a billion heartbeats in them if they live an average life. <모의응용>

06 Ideas are developed from logical statements or consequences of ① <u>another</u> accepted ideas, and it is in this way that cultural innovations and discoveries are possible. Two statements can lead to a new conclusion, but only if ② <u>neither</u> of the statements turns out to be false.
<모의응용>

07 다음 글을 읽고 문제에 답하시오.

> Scientists found that ⓐ <u>much</u> of babies' skill in learning language is learned through constant repetition. Babies are able to determine which sounds come up again and again and have expectations about what they will hear. Thus, scientists conclude that ⓑ <u>a number of</u> babies' competence for learning language is due to their ability to calculate probability. (2) 그것이 심지어 교육이 거의 없이도 언어를 학습하는 데 어려움을 겪는 아이들이 거의 없는 이유이다. <모의응용>

(1) 밑줄 친 ⓐ, ⓑ 중 어법상 **틀린** 것을 고르시오.

(2) 주어진 단어들을 알맞게 배열해서 우리말 해석에 맞는 영어 문장을 쓰시오.

    (difficulty, have, little, learning, children, even with, language, few, who)

    That is why there are _____

    _____ education.

불패전략 33

목적어가 주어와 같은 대상인지 다른 대상인지 확인하라!

정답 및 해설 p.63

1 Clothes are part of how people present
〔 them / themselves 〕 to the world, and
재귀대명사(주어와 동일한 대상)
주어
fashion locates them in the present, relative
to what is happening in society. <수능응용>

> '~ 자신/스스로'라는 뜻으로 주어와 동일한 대상을 가리키면 재귀대명사가 와야 한다. 단, 목적어가 주어와 다른 대상을 가리키면 목적격 대명사가 와야 한다.

TIP 1. 준동사의 목적어는 준동사의 의미상 주어와 같은 대상인지 다른 대상인지 확인해야 한다.

Some viruses are potent enough to attack *the drugs* meant to kill 〔 themselves / **them** 〕.
문장의 주어   kill의 의미상 주어   (= viruses)

2. 명령문에는 주어 you가 생략되어 있으므로, 목적어가 주어 you와 같은 대상인지 다른 대상인지 확인해야 한다.

✓ Check up!

네모 안에서 어법상 알맞은 대명사를 고르고, 그 대명사와 동일한 대상이 있다면 밑줄을 치시오.

1. Social media helps popularize unknown brands having difficulty getting their name out for 〔 them / themselves 〕 without the aid of advertising.

2. Ms. Edler asked Erika to participate in the exhibit, and she was happy and showed 〔 her / herself 〕 some of her best artwork. <모의응용>

3. The climbers, having lost their climbing tools, refused to give up hope, encouraging 〔 them / themselves 〕 to keep going no matter what.

4. If your social image is terrible, look within yourself and take the necessary steps which improve 〔 it / itself 〕 today. <모의>

5. Fears can be terrifying, but remind 〔 you / yourself 〕 of your own strength and that you have the courage to overcome them.

6. We want things to fit neatly, but the world is not a linear place, and objects do not organize 〔 them / themselves 〕 horizontally or vertically in real life. <모의응용>   *linear: 직선의, 선으로 된

7. After their father passed, in order to discuss the inheritance for Maggie who is the youngest and allow 〔 her / herself 〕 to decide what to do, the five siblings gathered at the old home.

PRACTICE

정답 및 해설 p.64

밑줄 친 부분이 틀렸다면 바르게 고치시오. 바르면 ○로 표시하시오.

01 The company, wanting to dominate the cosmetics market, ended up overestimating <u>itself</u> and ran out of funds for development and advertising within a year.

02 In order to ensure sustainable business performance, firms need to take into account the trade markets surrounding <u>themselves</u>. <수능응용>

03 Knowing that he is damaging the environment makes <u>himself</u> feel bad, so he tries hard to leave a small carbon footprint. *carbon footprint: 탄소 발자국 (온실 효과를 유발하는 이산화탄소의 배출량)

04 As many great philosophers say, history will repeat <u>it</u> unless society learns from the mistakes of the past and progresses forward. <수능응용>

밑줄 친 부분 중 어법상 **틀린** 것을 고르시오.

05 Try to make communication work even in the most aggressive relationships by imagining ① <u>yourself</u> as a negotiator. A prey can convince a predator not to chase ② <u>itself</u>. <모의응용>

06 Ted entered Mr. Lawrence's office and nervously stood in front of the man who could finally grant ① <u>him</u> the promotion he'd been wanting. Ted just sat there, and he repeated that sentence, "Don't panic," over and over to ② <u>him</u>. <모의응용>

07 다음 글을 읽고 문제에 답하시오.

> People do not like to be in an uncomfortable situation, so most of us do everything to save us from ⓐ <u>itself</u>. (2) <u>어쨌든, 우리가 직업이 없거나 가족과 싸우는 우리를 발견하는 것은 즐거운 경험이 아니다.</u> But, extend ⓑ <u>yourself</u> past the unpleasantness and you will realize that you can learn a lot by facing adversity. <모의응용> *adversity: 역경

(1) 밑줄 친 ⓐ, ⓑ 중 어법상 **틀린** 것을 고르시오.

(2) 주어진 <조건>에 맞게 위 글의 밑줄 친 우리말을 영작하시오.

〈조건〉
1. for us, a pleasant experience, not, to find를 사용하시오.
2. 가주어 it과 알맞은 형태의 대명사를 함께 사용하시오.
3. 11단어로 쓰시오.

After all, _____

without a job or in a fight with family.

각 네모 안에서 어법에 맞는 표현으로 가장 적절한 것을 고르시오.

01 The economic downturn was severe enough to cause most small businesses to close, although a few / a little local companies were able to endure.

02 If you saw a bee buzzing around some flowers, you could guess by looking at its / their wings that flying was the normal mode of transport. <모의응용>

03 Metacognition simply means "thinking about thinking," and it is one of the main distinctions between the human brain and (A) that / those which we typically find in other species. It allows us to become aware, so that we see our thoughts and other parts of (B) us / ourselves from the outside. <모의응용>

*metacognition: 상위 인지, 초인지

밑줄 친 부분 중 어법상 틀린 것을 고르시오.

04 My husband and I start work early in the morning and this makes ① them impossible for us to drop our son off at school. We wish we could, and ② those with the ability to do so do not know how lucky they are to take part in this simple act. <모의응용>

05 Both major breakthroughs, like understanding the genetic structure of life, and smaller ① ones, such as advances in mathematics or basic chemistry, can occur in university labs. In fact, student labs, basements, and even diners, not at big fancy companies, are where ② many of scientific progress can be found. <모의응용>

06 Time can feel like it is literally moving, in that the present is constantly updating ① itself. Thus, a moment in the present disappears in just a few seconds like ② those of the scenery in a moving train. <모의응용>

(A), (B), (C)의 각 네모 안에서 어법에 맞는 표현으로 가장 적절한 것은?

07 Jeffery noticed a woman standing in front of the gas station. He could tell that the woman was homeless. Her clothes were worn and Jeffery could see almost (A) all / every bone in her body. Suddenly, a dog walked up. Jeffery could tell that the dog was a mother feeding puppies. The dog was terribly thin, and he felt so bad for her. But he did not do anything. However, the homeless woman, who seemed to have no money, went into the store and bought a can of dog food for the dog but nothing for (B) her / herself to eat. From that day on, Jeffery has helped people in trouble, especially mothers struggling to raise children. Despite all his other experiences, (C) it / they changed Jeffery's life entirely to see a homeless woman showing kindness. <모의응용>

	(A)	(B)	(C)
①	every	her	it
②	every	herself	they
③	every	herself	it
④	all	herself	they
⑤	all	her	it

08 Personal robotic assistants are devices that cannot handle items or even move around. Instead, they have a distinct social presence and have visual features suggestive of their ability to interact socially, such as eyes, ears, or a mouth. They give the impression of being aware of people, putting them on (A) another / other level of familiarity compared to simpler machines. Although personal robotic assistants provide services similar to (B) that / those of smart-home assistants, their social presence offers an opportunity that is unique to social robots. For instance, in addition to playing music for the users, a social personal assistant robot would express (C) its / their engagement with the music so that users would feel like they are listening to the music together with the robot. <모의응용>

	(A)	(B)	(C)
①	other	that	its
②	other	that	its
③	another	that	their
④	another	those	their
⑤	another	those	its

다음 글의 밑줄 친 부분 중, 어법상 틀린 것은?

09 Interest in ideology in children's literature arises from a theory ① that children's literary texts are culturally formative and important educationally, intellectually, and socially. Perhaps more than any other texts, they reflect society as it hopes to be seen and as it unconsciously wishes ② itself to become one day. Naturally, literature is not the only socialising agent in the life of children. It is possible to argue, for example, that, today, the influence of books is inferior to ③ that of television. However, a considerable degree of interaction between TV shows and books takes place, and we should welcome ④ them without prejudice. ⑤ Many of so-called children's literary classics are televised, and the resultant new book editions strongly suggest that viewing can encourage subsequent reading. Similarly, some television series for children are published in book form. <모의응용>

*resultant: 그 결과로 생긴

10 Waldemar Haffkine was born on the 16th of March 1860 at Odessa in Russia. In 1889, Haffkine went to Paris to work at the Pasteur Institute and vowed to find ① any way to make a cholera vaccine. After a series of animal trials, he tested the cholera vaccine, despite protests from a colleague, on ② him, risking his own life. During the Indian cholera epidemic of 1893, he went to Calcutta and introduced his vaccine which was widely accepted after initial criticism. Haffkine was ③ appointed the director of the Plague Laboratory in Bombay. After his retirement in 1914, he returned to France and devoted himself to ④ writing for medical journals. He revisited his hometown of Odessa after several years but found ⑤ it hard to adapt to the tremendous changes after the revolution in the country. He moved to Switzerland and remained there for the last two years of his life. <모의응용>

11 The major oceans are all interconnected so that the geographical boundaries are less clear on a map than ① <u>those</u> existing on landmasses. As a result, their biotas show fewer clear differences than those on land. The oceans themselves are continually moving because the water within ② <u>each</u> of the ocean valleys slowly rotates. These moving waters carry marine organisms from place to place, and also help young ③ <u>one</u> spread to places farther away. Furthermore, the gradients between the environments of different areas of ocean water mass are very gradual and often extend over wide areas that ④ <u>are</u> inhabited by a great variety of organisms that live in different conditions. However, there may be some natural barriers to the movement of organisms. For instance, they may not go into areas with ⑤ <u>little</u> nutrition or too many predators. <모의응용>

*biota: 생물 군집   **gradient: 변화도

12 When we are emotionally charged, we often use anger to hide our deeper emotions, which doesn't allow for true resolution. Try to fully separate ① <u>yourself</u> from an emotionally upsetting situation. It gives you the space you need to better understand ② <u>what</u> you are truly feeling. On the other hand, we may transfer feelings to other people when ③ <u>encountering</u> a situation that doesn't allow us to deal with emotions. For instance, if you had an unsuccessful presentation at work, you might suppress your feelings at the office, and then release ④ <u>it</u> by fighting with your spouse when you get home later that evening. Clearly, your anger didn't originate at home, but you released it there. When you take the appropriate time to digest your feelings, you strengthen bonds with family, friends, and ⑤ <u>other</u> close relationships.

<모의응용>

다음 글을 읽고 문제에 답하시오.

13 There is a logical reason why science will never be able to explain everything according to ⓐ <u>many</u> of the philosophers from the past. In order to explain something, we need to refer to something else. But what explains the first thing? To illustrate, recall that Newton explained a diverse range of events using the law of gravity, but what can explain ⓑ <u>that</u> of gravity itself? What should we tell ⓒ <u>those</u> who want to know why ⓓ <u>every</u> existing bodies apply a gravitational attraction on each other? Newton was unable to provide ⓔ <u>no</u> answer to this question. In Newtonian science, the law of gravity was a fundamental principle. (2) 뉴턴의 법칙은 다른 것들을 설명했지만 그것 자신의 기원을 설명하기 위해 다른 법칙이 필요했다. However much the science of the future can explain, the explanations it gives will have to make use of ⓕ <u>both</u> fundamental laws and principles. Since it's impossible for anything to explain ⓖ <u>it</u>, at least some of these laws and principles will themselves remain unexplained forever. <모의응용>

(1) 위 글의 밑줄 친 ⓐ-ⓖ 중 어법상 틀린 것을 3개 찾아 바르게 고치시오.

(2) 주어진 <조건>에 맞게 위 글의 밑줄 친 우리말을 영작하시오.

〈조건〉
1. things, it, own origin, to explain, law, but, need를 활용하시오.
2. other과 another를 모두 사용하고, its와 their 중 적절한 것 하나만 사용하시오.
3. 12단어로 쓰시오.

Newton's law explained _____ .

CHAPTER 08

형용사·부사·
비교구문

형용사나 부사에 밑줄이 있는 경우, 밑줄 친 자리에 형용사나 부사 중 무엇이 와야 하는지 묻는 문제가 가장 많이 출제되고 있다. 또한, 형용사와 부사의 원급·비교급·최상급을 포함한 비교구문의 형태가 바른지 묻는 문제도 간혹 출제되고 있다.

불패전략 34

형용사 자리와 부사 자리를 구별하라!

정답 및 해설 p.67

---

1 We have to filter enormous amounts of seawater to collect a | relative / **relatively** | small amount of plastic. <모의응용>
형용사를 수식하는 부사
형용사

형용사는 명사를 수식하고, 부사는 명사 이외의 것들을 수식한다. 또한 주격보어와 목적격보어 자리에는 부사가 아닌 형용사가 와야 한다.

TIP 「as + 원급 + as」 또는 「비교급 + than」과 같은 비교구문에서도 명사를 수식할 때나 보어 자리일 때는 형용사가 오고, 명사 이외의 것을 수식할 때는 부사가 와야 한다.

The novel seemed **more suitable** to make into a play rather *than* a movie. <수능응용>
동사   주격보어

✅ **Check up!**

네모 안에서 어법상 알맞은 것을 고르시오.

1. James Joyce was an iconic writer, but his novels | full / fully | of complex language are not easy to get through for most readers.

2. Erosion of the ground by glaciers and deposits of the eroded materials are characteristic and | easy / easily | recognizable. <모의응용>
   *deposit: 침전물

3. There are differences between individuals, relating to the ability to smell an odour, or how | pleasant / pleasantly | it seems. <모의>

4. Laundry is now done by a machine that | automatic / automatically | regulates the water, measures the detergent, washes, and rinses. <모의응용>

5. Instruction in mathematics skills without understanding renders students | helpless / helplessly | to benefit from the instruction. <모의응용>

6. Sometimes the indication of someone telling a lie is as | subtle / subtly | as staying silent. <모의응용>

7. At the same time, we know that artists usually limit themselves quite | forceful / forcefully | by choice of material and form of expression. <모의>

P R A C T I C E

정답 및 해설 p.68

밑줄 친 부분이 틀렸다면 바르게 고치시오. 바르면 ○로 표시하시오.

01 If you need to turn down an offer or request through an email, state your response as <u>direct</u> as you can so that there is no room for misinterpretation.

02 So <u>uniformly</u> was the loyalty to the Roman king's army, indeed, that it was quite noteworthy when a soldier rebelled. <모의응용>

03 When we try and are not <u>instant</u> rewarded, we actually wind up feeling worse than we did before we started. <모의응용>

04 To make communication work in adversarial relationships, the messages have to be kept, on the whole, <u>honestly</u>. <모의응용>
*adversarial: 적대적인

밑줄 친 부분 중 어법상 틀린 것을 고르시오.

05 A newly established business ① <u>eagerly</u> to succeed should hire the best people they can rather than as many as they can. If the business can get more production from a fewer number of employees, they're ② <u>basically</u> earning free money. <모의응용>

06 It seems ① <u>obvious</u> that nature separates out stronger species from weaker ones. Thus, starvation is one process that can help make it ② <u>possibly</u> to achieve the good of greater diversity. <모의응용>

07 다음 글을 읽고 문제에 답하시오.

> For many children, the first day of school is a day more ⓐ <u>significantly</u> than any other before then. (2) <u>교실 안으로 걸어 들어가는 것은 좋은 경험이지만 매우 부담스럽게 느껴진다.</u> Teachers can help make this transition easier by giving them some control. They can spend time going over the schedule for the day, giving students a choice in the schedule wherever ⓑ <u>available</u>. <모의응용>

(1) 밑줄 친 ⓐ, ⓑ 중 어법상 틀린 것을 고르시오.

(2) 주어진 <조건>에 맞게 위 글의 밑줄 친 우리말을 영작하시오.

> ─────────── 〈조건〉 ───────────
> 1. a good experience, feel, into a classroom, overwhelming, be, but, walking, great을 사용하시오.
> 2. 12단어로 쓰시오.

불패전략 35 형용사인지 부사인지 헷갈리는 단어들에 주의하라!

정답 및 해설 p.69

1 Skilled musicians listen to themselves carefully so that they know how close / closely they are to playing the musical piece right. <모의응용>

(close: 형용사)
(they are: 동사)

형용사와 부사 둘 다로 쓰이면서, -ly가 붙으면 다른 의미의 부사가 되는 단어에 주의해야 한다.

- near (형) 가까운 (부) 가까이
- close (형) 가까운 (부) 가까이
- deep (형) 깊은 (부) 깊게
- high (형) 높은 (부) 높게
- late (형) 늦은 (부) 늦게
- short (형) 짧은 (부) 짧게
- free (형) 자유로운, 무료인 (부) 자유롭게, 무료로
- hard (형) 어려운, 단단한 (부) 열심히, 세게

- nearly (부) 거의, 친밀하게
- closely (부) 자세히, 긴밀히
- deeply (부) 깊게, 매우
- highly (부) 고도로, 매우
- lately (부) 최근에
- shortly (부) 곧, 간단히
- freely (부) 자유롭게

- hardly (부) 거의 ~ 않다

TIP 다음의 단어들은 형용사와 부사 둘 다로 쓸 수 있다. 단, enough는 형용사일 때는 명사 앞에 오고, 부사일 때는 형용사/부사 뒤에 와야 한다.

· long   · fast   · early   · that   · alike   · enough

She received **enough** *education* and was *smart* **enough** to become the manager.

✓ **Check up!**

네모 안에서 어법상 알맞은 것을 고르시오.

1. For more information about the classes, feel free / freely to contact us at (215) 8393-6047. <모의응용>

2. After driving three hours on the road, Jonas saw nothing but endless agricultural fields, which were vast but hard / hardly appealed to him. <수능응용>

3. For political candidates, it is important to keep their campaign slogan short / shortly if they want people to remember it.

4. Waves can have such dead / deadly power, and in the case of tsunamis, they can destroy buildings and cities, tossing cars around easily. <모의응용>

5. She ran barefoot along the dirt road behind her house as the sunset drew near / nearly .

6. Many poets have experienced struggles and trauma that make their poetry deep / deeply .

7. If a rumor is enough old / old enough , it starts to be called a "tradition", and then people believe it all the more. <모의>

PRACTICE

정답 및 해설 p.69

밑줄 친 부분이 틀렸다면 바르게 고치시오. 바르면 ○로 표시하시오.

01 Although it is sometimes successful, experimenting on oneself remains <u>deeply</u> problematic.
<수능응용>

02 Employees going through a tough time <u>late</u> have been given some relief with several tax breaks initiated by the government.
*tax break: 세금 우대 조치

03 Robots are particularly good at <u>high</u> repetitive simple motions, which is why they are frequently used for labor in factories. <수능응용>

04 While we have begun to appreciate the importance of emotional intelligence in recent years, we have <u>long</u> known about IQ and rational intelligence. <모의응용>

밑줄 친 부분 중 어법상 틀린 것을 고르시오.

05 The collective work of many individuals produces a corpus of knowledge within which certain discoveries become possible or more ① <u>likely</u> in the long run. You may uncover some surprising findings if you take a ② <u>closely</u> look at the collection of information. <모의응용>
*corpus: 집적, 집성

06 As Marilyn Strathern has remarked, the notion of 'the political' is a bias ① <u>long</u> reflected in Western concepts. The West has pushed their system ② <u>hardly</u> over the years so many nations are now Westernized. <수능응용>

07 다음 글을 읽고 문제에 답하시오.

> Some older people go weeks, months, or even years without interacting with anyone close. But seniors can fall into depression or become physically unwell if they spend ⓐ <u>that</u> much time alone. That's why older people should prioritize ⓑ <u>closely</u> relationships, focusing more on achieving emotional well-being. (2) <u>더욱이, 몇몇 전문가들은 만약 당신이 나이 든 친척들과 충분히 가까이 산다면, 당신은 당신이 할 수 있을 때마다 그들을 방문하도록 노력해야 한다고 조언한다.</u> <모의응용>

(1) 밑줄 친 ⓐ, ⓑ 중 어법상 틀린 것을 고르시오.

(2) 주어진 <조건>에 맞게 위 글의 밑줄 친 우리말을 영작하시오.

> 〈조건〉
> 1. you, older relatives, enough, live, to, if, near를 사용하시오.
> 2. 8단어로 쓰시오.

Furthermore, some experts advise that _____ ,

you should try to visit them whenever you can.

불패전략 36

most와 almost, so와 such의 쓰임을 구별하라!

정답 및 해설 p.70

---

1 If food goes bad, the British government places **most / almost** responsibility with the consumers, not with the producers. <모의응용>

명사를 수식하는 most   명사

2 Many examples of **so / such** green taxes exist, forcing businesses to find alternative energy sources. <수능응용>

명사를 수식하는 such   명사

명사를 수식하는 자리에는 most (of)가 와야 하며, 형용사/부사를 수식하는 자리에는 부사 almost가 와야 한다.

수식받는 어구가 명사를 포함하고 있다면 such가 와야 하며, 명사 없이 형용사/부사를 수식하는 자리라면 so가 와야 한다.

TIP 다음과 같이 so 뒤의 어구에 명사가 포함되는 경우에 주의한다.

· so + many/much + 명사   · so + 형용사 + a/an + 단수명사 (= such + a/an + 형용사 + 단수명사)

Carl who saw his friend going through **so many difficulties** felt sorry for her situation. <모의>

The nation did not realize that waging war would come at **so high a cost**.

(= such a high cost)

✓ **Check up!**

네모 안에서 어법상 알맞은 것을 고르시오.

1. To this day, it amazes historians that the Great Wall of China was **so / such** precisely built without the use of modern machines.

2. Oxygen had risen to **most / almost** present level on Earth by about 370 million years ago, when animals first spread on to land. <모의응용>

3. If we want things to be "this way" or "that way," we can certainly arrange evidence in a way that supports **so / such** a specific viewpoint. <모의응용>

4. I know **most / almost** newcomers eventually drop out of the club after a few months, but I thought that she would be different. <수능응용>

5. **So / Such** complex is the mathematical equation that it took academics more than a decade to figure out the solution.

*equation: 방정식, 등식

6. The Wright brothers had **so / such** ceaseless fights because they enjoyed them. <모의응용>

7. **Most / Almost** of the various forms of signaling that are used by different species of animals have not yet been identified by scientists. <모의응용>

PRACTICE

정답 및 해설 p.70

밑줄 친 부분이 틀렸다면 바르게 고치시오. 바르면 ○로 표시하시오.

01 Firms in <u>most</u> every industry tend to be clustered together because it ultimately brings in more profits for all involved. <모의응용>   *cluster: 무리를 이루다

02 I cannot relax in my apartment at night because of <u>so</u> loud barking and yelling from the newly opened dog park. <수능응용>

03 There are occasions when foreign dialogue in a movie is not subtitled, and thus incomprehensible to <u>almost</u> of the target audience. <모의응용>   *subtitle: 자막 처리를 하다

04 After the fire had been extinguished, the firefighter realized he had <u>such</u> severe a burn that he needed to be hospitalized.

밑줄 친 부분 중 어법상 **틀린** 것을 고르시오.

05 The city has decided to put up more billboards where ① <u>most</u> local advertising is done, but they disrupt the natural beauty of our town. As a resident of Sunnyville, I think ② <u>so</u> a plan is unacceptable, so I urge the council to listen to the concerns of the community. <모의응용>

06 The immense improvement in the yield of farming during the twentieth century has banished famine to ① <u>most</u> near eradication. ② <u>So</u> remarkable is this achievement that many of those who have contributed to the progress have received Nobel Prizes. <모의응용>   *famine: 기근

07 다음 글을 읽고 문제에 답하시오.

> (2) 사회의 발전에 있어서, 별들과 행성들은 매우 중요한 역할을 했다. In fact, ⓐ <u>most</u> civilizations depended on the night sky for aid in farming, gathering resources, and navigating the world. Even in modern times, many people in remote areas of the planet observe the night sky for ⓑ <u>so</u> practical purposes. <모의응용>

(1) 밑줄 친 ⓐ, ⓑ 중 어법상 **틀린** 것을 고르시오.

(2) 주어진 <조건>에 맞게 위 글의 밑줄 친 우리말을 영작하시오.

〈조건〉
1. stars and planets, role, play, important를 사용하시오.
2. so와 such를 각각 포함한 2개의 문장을 완성하시오.

In social development, _____ .

In social development, _____ .

불패전략 37 비교구문의 형태가 맞는지 확인하라!

정답 및 해설 p.71

1 Aesthetic architecture differs from regular buildings, as surely as / than the Washington National Cathedral differs from the local community church. <모의응용>

as + 원급 + as

비교구문의 형태에 맞게 형용사/부사의 원급/비교급/최상급이 쓰였는지, as/than의 쓰임이 적절한지를 확인해야 한다. as/than은 원급/비교급과 멀리 떨어져 있는 경우도 있으니 주의해야 한다.

원급 비교	as + 원급 + as
비교급 비교	비교급 + than
최상급 비교	(the) + 최상급 + (of/in + 기간/집단 등)

TIP 1. 비교급과 최상급의 의미를 강조하기 위해 다음과 같은 표현이 올 수 있다. very는 원급 앞에만 올 수 있고, 비교급/최상급 앞에 올 수 없다.

비교급을 강조하는 표현	much/far/even/still/a lot 등
최상급을 강조하는 표현	much/by far/quite 등

2. 일부 형용사/부사는 비교급과 최상급의 형태가 불규칙하게 변하므로, 이러한 불규칙한 변화형이 문장의 의미와 비교구문의 형태에 맞게 사용되었는지 확인해야 한다.

· good/well - better - best
· many/much - more - most
· bad/ill - worse - worst
· little - less - least

· late 늦은, 늦게 ┌ later 나중의, 나중에 - latest 최신의
              └ latter 후자의, 후반의 - last 지난, 마지막의, 마지막에
· far 먼, 멀리 ┌ farther 더 먼, 더 멀리 - farthest 가장 먼, 가장 멀리
         └ further 더 먼/멀리, 더 나아가 - furthest 가장 먼, 가장 멀리 (나아가)

✓ Check up!

네모 안에서 어법상 알맞은 것을 고르시오.

1. Green products such as reusable grocery bags involve higher ingredient costs as / than those of mainstream products. <모의응용>

2. Each person makes the best / most trade-off between their ideal schedule and the congestion they will suffer on their commute. <모의>
*trade-off: 균형

3. We have even / very few complaints from our customers, so we don't need customer service training at the moment. <모의>

4. Identifying what caused the Big Bang is as fundamental a problem among scientists as / than discovering how life began on Earth.

5. Talking to a counselor along with medication helps people feel much little / less depressed most of the time than just enduring it alone.

6. Greta Thunberg, a young environmental activist, is as gifted in the art of persuasive speech as / than some of the best orators throughout history.
*orator: 연설가, 웅변가

7. Owning a pet is very / much more complex than simply feeding and sheltering an animal.

PRACTICE

정답 및 해설 p.72

밑줄 친 부분이 틀렸다면 바르게 고치시오. 바르면 ○로 표시하시오.

01 If you are well-rested, mild stimulation from caffeine does not provide any further improvement to your memory performance <u>than</u> a 10-minute walk. <모의응용>

02 Steven always likes to use the newest phone, so any time one comes out, he goes to buy the <u>last</u> model at the store.

03 "We spend <u>very</u> greater time and effort on trying to control the world," best-selling writer Yuval Noah Harari says, "than on trying to understand it." <모의>

04 Our ability to make a reasonable decision has <u>much</u> relevance to our social interactions than our logical thinking. <모의응용>

밑줄 친 부분 중 어법상 틀린 것을 고르시오.

05 Interestingly, an idea spreads more quickly as a rumor or some bad news ① <u>as</u> a proven fact. Under most circumstances, the idea travels ② <u>furthest</u> when it is more shocking and terrible. <모의응용>

06 Ghost stories are fun to tell if they are really scary, and ① <u>even</u> more so if you claim that they are true. Telling them is a pastime as ② <u>better</u> to share among friends and family as any other miracle stories and legends. <모의응용>

07 다음 글을 읽고 문제에 답하시오.

> Receipts and bills are the same as the ⓐ <u>best</u> literary texts when it comes to giving us an insight into the culture of ancient civilizations. Studying the recordings of such transactions is even better for understanding how society worked ⓑ <u>as</u> looking at cave paintings. (2) <u>만약 그러한 기록들이 없다면, 우리는 지금 우리가 아는 것보다 고대 문명들에 대해 훨씬 더 적게 알 것이다.</u> <수능응용>

(1) 밑줄 친 ⓐ, ⓑ 중 어법상 틀린 것을 고르시오.

(2) 주어진 <조건>에 맞게 위 글의 밑줄 친 우리말을 영작하시오.

〈조건〉
1. far, about ancient cultures, would know, than, know, little을 사용하시오.
2. 11단어로 쓰시오.

If it weren't for those records, _____

_____ now.

1. 원급 관련 표현

- as + 원급 + as possible 가능한 한 ~한/하게
- as + many/much + 명사 + as ⋯ ⋯만큼 많은 (명사)
- 배수사(twice/three times 등) + as + 원급 + as ⋯ ⋯의 몇 배만큼 ~한/하게

[1] In rugby, coaches teach beginner athletes how to tackle opponents **as safely as possible**.

[2] Blind trust will get us into **as much trouble as** no trust at all. <수능>

2. 비교급 관련 표현

- no later than ⋯ ⋯보다 늦지 않게, ⋯까지는
- more and more + 명사 점점 더 많은 (명사)
- get + 비교급 + and + 비교급 점점 더 ~해지다
- the + 비교급 ~, the + 비교급 ⋯ 더 ~할수록, 더 ⋯하다
- no sooner ~ than ⋯ ~하자마자 ⋯하다
- sooner or later 조만간, 머지않아

[3] Confronted by a strange object, an animal may freeze, but if nothing happens, **sooner or later** it will continue its activity. <모의응용>

[4] Heat is lost at the surface of any object, so **the more** surface area there is, **the harder** you must try to stay warm. <모의응용>

3. 최상급 관련 표현

- at least 적어도
- the + 서수 + 최상급 몇 번째로 가장 ~한
- one of the + 최상급 + 복수명사 가장 ~한 (복수명사)들 중 하나
- at most 기껏해야, 많아야
- the + 최상급 + possible 가능한 한 가장 ~한/하게

[5] It is the responsibility of management to prevent or, **at least**, to ease work stress. <수능응용>

[6] Argentina is **the eighth largest** nation by land area and bodies of water combined.

4. 원급/비교급을 이용한 최상급 비교 표현

- no (other) + 단수명사 ~ as + 원급 + as ⋯ 어떤 다른 (단수명사)도 ⋯만큼 ~하지 않다
- no (other) + 단수명사 ~ 비교급 + than ⋯ 어떤 다른 (단수명사)도 ⋯보다 더 ~하지 않다
- 비교급 + than any other + 단수명사 다른 어떤 (단수명사)보다 더 ~한/하게
- nothing ~ 비교급 + than ⋯ 어떤 것도 ⋯보다 더 ~하지 않다

[7] Parents say their child's laughter is **the most beautiful** sound.

= Parents say **no other sound** is **as beautiful as** their child's laughter.

= Parents say **no other sound** is **more beautiful than** their child's laughter.

P R A C T I C E

정답 및 해설 p.72

밑줄 친 부분이 틀렸다면 바르게 고치시오. 바르면 ○로 표시하시오.

01 When making a presentation about a new product, concepts and descriptions need to be as <u>clearest</u> as possible. <모의응용>

02 Musgravite, first discovered in 1967 in Australia, is the fifth <u>rarer</u> gemstone in the world, costing about 35 thousand dollars per carat.

03 Some people think that by doing aerobic workouts like running, the body gets stronger and <u>strong</u> without adding weight training into the routine.
*aerobic: 유산소의

04 We all want to believe our brains sort through information in the most rational <u>possible</u> way.
<모의응용>

05 At present, all humans combined weigh more than 350 times as much in terms of gross kilograms <u>as</u> all bison and elephants put together. <모의응용>
*bison: 들소

06 밑줄 친 부분 중 어법상 틀린 것을 고르시오.

Annapurna is tougher ① <u>as</u> any other 8,000-meter climb in the world. Even in good weather it is extremely dangerous. Hikers are encouraged to start the 40-day trek ② <u>no later than</u> April for the spring season.
*Annapurna: 안나푸르나(네팔 북부의 히말라야 산맥의 산)

07 다음 글을 읽고 문제에 답하시오.

> Of the modern age, one of the ⓐ <u>biggest</u> inventions to impact our culture in a fundamental way was the smartphone. Now, there is no other technology as ⓑ <u>greater</u> as it, especially when it comes to communication. We exchange texts and pictures through phone messages more than any other previous method. (2) <u>그리고, 우리가 더 많은 메시지들을 주고 받을 수록, 우리는 더 많은 서버들이 필요하다.</u> <모의응용>

(1) 밑줄 친 ⓐ, ⓑ 중 어법상 틀린 것을 고르시오.

(2) 주어진 <조건>에 맞게 위 글의 밑줄 친 우리말을 영작하시오.

〈조건〉
1. receive, send, messages, servers, need, and를 사용하시오.
2. 적절한 비교급 표현을 사용하여 12단어로 쓰시오.

And, _____ .

어법 만점 TEST

각 네모 안에서 어법에 맞는 표현으로 가장 적절한 것을 고르시오.

01 Instead of chasing after money or fancy titles, you may find it [valuable / valuably] — both in mind and spirit — to help others.

02 When we think of culture, we first think of computers, fashions, and pop stars, but for [most / almost] of cultural history, none of those things existed. <모의응용>

03 At times, you may think it best to make a quick decision by yourself (A) [short / shortly] after a proposition. But sometimes it's smarter, and ultimately better, for you to be open-minded in all things (B) [as / than] to decide things on your own. <모의응용>

밑줄 친 부분 중 어법상 틀린 것을 고르시오.

04 It is quite amazing that cells, the simplest things on the planet, are effective ① enough in forming the basic unit for all of life. Even the most complex cell has only a small number of parts, each ② responsibly for a distinct aspect of cell life. <수능응용>

05 There are many sports jobs altogether, but the competition becomes ① increasing tough as one gets to higher positions. At the very top, the struggle to stay there is ② much worse, causing many to quit. <모의응용>

<모의응용>

06 ① Similar to our open-air markets were the occasional markets at which Sio villagers living on the coast met New Guineans from inland villages. The opportunity to exchange goods, culture, and friendship was why these gatherings became ② so essential aspects of tribal life.

*open-air market: 노천 시장

(A), (B), (C)의 각 네모 안에서 어법에 맞는 표현으로 가장 적절한 것은?

07 When considering an experiment with social media, (A) most / almost every organization makes the mistake of focusing too much on social media platforms and not enough on business objectives. The reality for businesses is that creating a social media program does not begin with insight into the (B) latest / last social media tools. Rather, it begins with a thorough understanding of the organization's own goals. "Being in social media" serves no purpose in and of itself. The important thing is how (C) effective / effectively a social media presence is used to solve problems for the organization and its customers. In all things, purpose drives success and social media is no different. <수능응용>

	(A)	(B)	(C)
①	most	latest	effective
②	most	last	effectively
③	almost	latest	effectively
④	almost	last	effectively
⑤	almost	latest	effective

08 Our art professor, projecting an image of a monk with his back to the viewer standing on the shore, asked us, "What do you see?" The darkened auditorium became filled with curiosity and (A) silent / silently . All of us were up to the challenge. We looked and looked and thought and thought as (B) hard / hardly as possible to unearth the hidden meaning, coming up with nothing. With exasperation she said, "It's a painting of a monk! His back is to us! He is standing near the shore!" Why didn't we see it? The (C) fast / faster you acknowledge what you actually see rather than what you think you have to see, the better you understand your world. <모의응용>

*monk: 수도자, 수도승 **exasperation: 격분

	(A)	(B)	(C)
①	silent	hard	faster
②	silent	hard	fast
③	silent	hardly	fast
④	silently	hardly	fast
⑤	silently	hardly	faster

다음 글의 밑줄 친 부분 중, 어법상 틀린 것은?

09 The rain was more than a quick spring shower because, in the last ten minutes, it had only gotten worse and ① underline{worse}. Sadie and Lauren were out there with no rain gear. No shelter. Sadie looked up at the sky ② underline{anxiously} with wide eyes, trying to see if the black cloud was moving. But it was no longer just one cloud. It ③ underline{appeared} in just a few minutes as though the entire sky had turned dark. Their innocent spring shower had turned into a raging thunderstorm. The thunder, as it continued to boom, was becoming louder ④ underline{as} a bomb exploding. "Maybe we should go back. Do you know which way we came from?" Lauren asked, worried. Sadie's heart fell. She stared in panic at the surrounding paths that were going in different directions, all of ⑤ underline{which} looked the same. <모의응용>

<모의응용>

10 More than 100,000 years ago, it was not unusual for Homo sapiens to travel hundreds of miles to trade, share food and, no doubt, gossip. Unlike Neanderthals ① underline{preferring} to live largely in small units, their social groups extended far beyond their own families. Imagine trying to maintain a social network across hundreds of square miles of Paleolithic wilderness. To travel for ② underline{that} long, you needed navigation skills, spatial awareness, and the ability to store maps of the landscape in your mind. Anthropologist Ariane Burke believes that the brain ③ underline{suitably} for way-finding was developed through all these effort our ancestors made to keep in touch with their neighbours. Meanwhile, the Neanderthals, ④ underline{whose} travels didn't take them as far, went extinct despite being sophisticated hunters and well-adapted to the cold. In the prehistoric badlands, physical fitness was good but ⑤ underline{much} better was a group of friends.

*Paleolithic: 구석기 시대의 **badlands: 불모지

11 Brightness of sounds means much energy in higher frequencies. A violin's tone is much brighter compared to ① that of a flute's. An oboe is brighter than a classical guitar, and a cymbal brighter than a double bass. Indeed, people like brightness. One reason is that it makes sound ② subjective louder, which is part of the loudness war in modern electronic music. All sound engineers know that if they play back a track to a musician ③ that just recorded it and add higher frequencies, the musician will like it much better. But this is a short-lived effect, and in the long run, people find it too ④ bright to listen to again and again. So it is wise not to play back ⑤ such modified tracks, as it normally takes some time to convince the musician that less brightness serves his music better in the end. <모의응용>

*frequency: 주파수

12 Recording an interview can be more thorough and more ① timely for an interviewer than trying to scribble everything in a notebook. But not only is using a recorder ② inconvenient at times but it is also far from the best solution. If the interview lasts a while, listening to it again to select the quotes you wish to use ③ is sometimes time-consuming, especially during a tight deadline. ④ Such efficient is the technique of selective note-taking. This involves writing down the key answers from an interview so that they can be transcribed easily later on. It is sensible to take down more than you think you'll need, but remember ⑤ to get into the habit of editing out the material you are not going to need. It makes the material much easier and quicker to handle afterwards. <모의응용>

*transcribe: (데이터를 다른 기록 형태로) 바꾸다

다음 글을 읽고 문제에 답하시오.

13 Sometimes animals seem unconcerned even when close by ⓐ <u>near</u> cities, whereas other times they disappear in a flash when you come in sight. Animals tend to be disturbed by unexpected and unpredictable events. (2) <u>빠른 움직임과 큰 소음은 그들에게 매우 많은 스트레스를 유발한다.</u> ⓑ <u>Most</u> of the animals that are regularly disturbed by visitors become more ⓒ <u>tolerably</u> of intrusions than those that have had little previous contact with humans. In Yellowstone National Park, for example, elks that live ⓓ <u>close enough</u> to the town of Mammoth Hot Springs to see residents typically do not flee until cross-country skiers get within ⓔ <u>far</u> less than fifty feet. On the other hand, elks living in more remote parts of the park take flight when skiers are as much ⓕ <u>than</u> a quarter mile away. <모의응용>

*intrusion: 방해, 침범 **elk: 엘크(북유럽이나 아시아에 사는 큰 사슴)

(1) 위 글의 밑줄 친 ⓐ-ⓕ 중 어법상 <u>틀린</u> 것을 2개 찾아 바르게 고치시오.

(2) 주어진 <조건>에 맞게 위 글의 밑줄 친 우리말을 영작하시오.

〈조건〉
1. loud noises, much, stress, quick movements, cause, and를 사용하시오.
2. so와 such 중 적절한 것을 함께 사용하여 9단어로 쓰시오.

_____ to them.

실전 모의고사

실전 모의고사 01

(A), (B), (C)의 각 네모 안에서 어법에 맞는 표현으로 가장 적절한 것은?

1 Three extremely important inventions came out of Mesopotamia: the wheel, the plow, and the sailboat. The wheel and the plow were possible (A) because / because of the availability of labor that animals provided. Wheeled carts pulled by horses could transport many goods to market more quickly. Plows that animals pulled to turn the earth over for planting (B) was / were far more efficient than humans. The sail made it possible to trade with countries that could only be reached by sea. All three inventions made the cities of Mesopotamia powerful trading centers with large populations of as (C) much / many as 30,000 citizens. <모의응용>

*plow: 쟁기

	(A)	(B)	(C)
①	because	were	many
②	because	was	many
③	because of	was	much
④	because of	were	much
⑤	because of	were	many

다음 글의 밑줄 친 부분 중, 어법상 틀린 것은?

2 We usually get along best with people who we think are like us. In fact, we seek them out. It's why places like Little Italy, Chinatown, and Koreatown ① exist. But I'm not just talking about race, skin color, or religion. I'm talking about people who share our values and look at the world the same way we ② do. As the saying goes, birds of a feather flock together. This is a very common human tendency ③ what is rooted in how our species developed. Imagine you are walking out in a forest. You would be conditioned to avoid something unfamiliar or foreign because there is a high likelihood that ④ it would be interested in killing you. Similarities make us ⑤ relate better to other people because we think they'll understand us on a deeper level than other people. <모의응용>

3 Gordon Parks, who was a photographer, author, director, and musician, ① <u>documented</u> the everyday lives of African Americans at a time when few people outside the black community were familiar with their lives. Parks grew up on his family's farm, but after the death of his mother, Parks, ② <u>whose</u> sister lived in Minnesota, had to leave his hometown and decided to join her there. One day, he read a photo-essay about migrant farm workers, and the struggles they faced ③ <u>became</u> his biggest interest. Parks moved to Chicago and began taking photos of poor African Americans. One of his most famous art works ④ <u>were</u> taken around this time. Parks was an inspiring artist until he died in 2006 and still remains ⑤ <u>deeply</u> respected within the African American and photography communities. <모의응용>

밑줄 친 ⓐ-ⓔ 중 틀린 것 2개를 찾아 바르게 고치시오.

4 Fighting against the force of the water was a thrilling challenge. Sophia and her friends Mia and Rebecca tried to keep ⓐ <u>them</u> planted firmly in the boat, paying attention to the waves crashing against the rocks. They were soaked from all of the spray. Mia shouted to Sophia, "Are you OK?" "I'm great!" Sophia shouted back excitedly. Even though the boat was getting thrown around, the girls managed to find a way of ⓑ <u>avoiding</u> hitting any rocks. Suddenly, almost as quickly as the water had got rougher, the waves stopped ⓒ <u>rocking</u> the boat, and everyone began to relax. With a sigh of relief, Sophia looked around. "Wow! What a wonderful view!" she shouted. The scenery ⓓ <u>displaying</u> before their eyes left Sophia and her friends speechless as they floated down the river. As they enjoyed the emerald green Rocky Mountains, Mia said, "It is incredible ⓔ <u>how</u> beautiful the nature you see in Colorado is!"

<모의응용>

실전 모의고사 02

(A), (B), (C)의 각 네모 안에서 어법에 맞는 표현으로 가장 적절한 것은?

1 Whenever I look into my daughter Emily's face, I think about the power of fatherhood. Her face reminds me (A) that / what I have given her more than just my name. Like me, she has freckles stretching across the bridge of her nose almost like a Band-Aid. The skin around her eyes (B) form / forms small and thin lines, and the lines match mine. "When Emily smiles," my mother tells me, "she looks just like you." I see my reflection clearly in her eyes, the windows to her soul. Like me, she has a drive to succeed and will try anything. "Who needs to wait for instructions?" Emily, as she attempted to do the high bar in gymnastics class, used to tell (C) her / herself; more than once, she failed. Also, more than once, she succeeded. <모의응용>

*high bar: (체조의) 철봉

	(A)	(B)	(C)
①	that	form	herself
②	that	forms	herself
③	what	form	herself
④	what	form	her
⑤	that	forms	her

다음 글의 밑줄 친 부분 중, 어법상 틀린 것은?

2 Without guidance from their teacher, students will not learn about the value of cooperation through personal development. When ① <u>left</u> to their own devices, they will just continue to compare test scores and teacher feedback. Therefore, they will instinctively become ② <u>immensely</u> competitive instead of helping each other get better. We don't need to teach our students about winners and losers ③ <u>as</u> the playground and the media do that for them. However, we do have to teach them that there is more to life than winning and about the skills ④ <u>need</u> for successful cooperation. A group successfully working together requires individuals with a multitude of social skills, as well as a high level of interpersonal awareness. To bring cooperation between peers into your classroom, you should teach these skills preparing them for the future consciously and ⑤ <u>nurture</u> them continuously throughout the school years.

<모의응용>

3 Human beings differ from one another physically in many ways. If races — as most people define them — are real biological entities, then people of African ancestry would share a wide variety of traits while a large collection of different traits that define a person would be ① sharing among people of European ancestry. But once you add traits that are less visible than skin coloration and hair texture you will feel quite ② surprised that the people we identify as "the same race" are less and less like one another and more and more like people we identify as "different races." Add to this point that the physical features that are used to ③ identify a person as a representative of some race (e.g. skin coloration) are continuously variable. So, one cannot actually say ④ where "brown skin" becomes "white skin." Although the physical differences themselves are real, a few of the many ways ⑤ in which we use physical differences to classify people into separate races are cultural constructions. <모의응용>　　*entity: 실체　**ancestry: 혈통

밑줄 친 ⓐ-ⓔ 중 틀린 것 2개를 찾아 바르게 고치시오.

4 Not many years ago, schoolchildren were taught ⓐ which carbon dioxide is just a natural part of the atmosphere. However, children today are more likely to think of carbon dioxide as a poison. That's because the amount of carbon dioxide ⓑ contained in the atmosphere has increased substantially over the past one hundred years, from about 0.028% to 0.038%. But what people don't know is that the carbon dioxide level 80 million years ago must ⓒ have been at least 0.1%. In fact, the concentration of carbon dioxide you regularly breathe will be that much if you work in a new energy-efficient office building. And, that also is the level established by the engineering group with worldwide membership ⓓ who sets standards for heating and ventilation systems. So not only is carbon dioxide not poisonous to our bodies, but changes in ⓔ their levels don't necessarily mirror the activities of humans. <모의응용>　*ventilation: 환기

(A), (B), (C)의 각 네모 안에서 어법에 맞는 표현으로 가장 적절한 것은?

1 The biggest complaint of kids who don't read is that they can't find anything to read that (A) interest / interests them. This is why we parents need to do a better job of helping our kids identify the genres that excite (B) it / them . The librarian at your local public library, your kids' school librarian, or the manager of the kids' section at a good bookstore can help you choose new material that isn't familiar to you. Also, think about (C) when / what you were a child and the kind of books you liked. My husband and I both enjoyed books by Beverly Cleary, and it turns out our kids love them, too. <모의응용>

	(A)	(B)	(C)
①	interest	it	when
②	interests	it	what
③	interests	them	when
④	interests	them	what
⑤	interest	them	what

다음 글의 밑줄 친 부분 중, 어법상 틀린 것은?

2 The answer for ① <u>how</u> wildlife would have more opportunities to obtain food and shelter is an ecosystem being biodiverse. Different species react and respond to changes in their environment differently. For example, imagine a forest with only one type of plant in it, ② <u>where</u> it is the only source of food and habitat for the entire forest food web. Now, there is a sudden dry season and this plant dies. Animals that are plant-eating completely lose their food source and die out, and so ③ <u>are</u> the animals that prey upon them. But, when there is biodiversity, the effects of ④ <u>such</u> sudden changes are not so dramatic. Different species of plants respond to the drought differently, and many can survive a dry season. Our forest ecosystem depends on biodiversity to save it and ⑤ <u>keep</u> animals fed with a variety of food sources. <모의응용>

*biodiverse: 생물이 다양한 **biodiversity: (생물학적) 종 다양성

3 In one example of laughter's important role in social contexts, Devereux and Ginsburg examined frequency of laughter in matched pairs of strangers or friends who watched a humorous video together ① compared to those who watched it alone. The times individuals laughed were nearly twice as ② frequently in pairs as when alone. Frequency of laughing was only slightly shorter for friends than strangers. According to Devereux and Ginsburg, laughing with strangers served to create a social bond ③ that made people feel comfortable. This fact, that in their stranger condition, when one person laughed, the other was likely to laugh as well, ④ supported the explanation. Interestingly, the three social conditions did not differ in their ratings of funniness of the video or of feelings of happiness or anxiousness. This finding implies that we do not tend to find things funnier when we are with others but instead ⑤ use laughter to connect with others. <모의응용>

밑줄 친 ⓐ-ⓔ 중 틀린 것 2개를 찾아 바르게 고치시오.

4 Thomas Edison was a great inventor, and his most famous invention, the electric light bulb, is a familiar symbol for the inspired genius traditionally ⓐ associating with the inventive act. However, other reasons make Edison's electric light ⓑ very more worthy of study than for being the exemplar of the "bright idea." The introduction and spread of electric light and power was one of the key steps in the transformation of the world from an industrial age, ⓒ in which iron, coal, and steam were the main innovations, to a post-industrial one. In the following era, electricity was joined by petroleum, light metals and alloys, and internal combustion engines to give the twentieth century ⓓ its distinctive form and character. ⓔ Were it not for the electronic, computerized, and media wonders of the twenty-first century, perhaps we would see how much our own time would have been different. <모의응용>

*petroleum: 석유 **àlloy: 합금

실전 모의고사 04

(A), (B), (C)의 각 네모 안에서 어법에 맞는 표현으로 가장 적절한 것은?

1 One of the smartest IT executives I ever worked for strongly resisted measuring only what is visible in programmer productivity. He was fond of saying that the biggest problem with managing computer programmers is that you can never tell (A) | that / whether | they are working or doing something else by just looking at them. Picture two programmers working side by side. One is leaning back in his chair with his eyes (B) | closing / closed | and his feet on the desk, and the other is typing code. But the former could be thinking hard while the other is typing without much thought. Unfortunately, most of the productivity measurement schemes I have encountered (C) | measure / measuring | effort or apparent activity. They would reward the busy typist and punish his thoughtful neighbor. <모의응용>

	(A)	(B)	(C)
①	that	closing	measure
②	that	closed	measuring
③	whether	closed	measure
④	whether	closed	measuring
⑤	whether	closing	measuring

다음 글의 밑줄 친 부분 중, 어법상 틀린 것은?

2 Rejection is an everyday part of our lives, yet most people can't handle it well. For many, it's so painful to experience refusal ① that they'd rather not ask for something at all than ask and risk rejection. Yet, as the old saying goes, if you don't ask, the answer is always no. Avoiding rejection negatively affects many aspects of your life. All of that happens only because you have ② little courage to handle it. For this reason, ③ considering rejection therapy, which might include coming up with a request or an activity that usually results in rejection. Working in sales is one such example and also asking for discounts at the stores will work. By deliberately getting ④ yourself rejected, you'll grow a thicker skin that will allow you to take on much more in life. In this way, you will find your fears ⑤ minimized and be more successful at dealing with unfavorable circumstances. <모의응용>

*deliberately: 의도적으로

3 Despite abundant warnings that we shouldn't measure ourselves against others, most of us still do. We're not only meaning-seeking creatures with a single point of view, but social ① ones as well, constantly making interpersonal comparisons. But the problem with social comparison is that it often backfires. When comparing ourselves to someone who's doing better than we are, we often feel ② inadequate. This sometimes leads to what psychologists call *malignant envy*, the desire for someone ③ to meet with misfortune ("I wish she didn't have what she has"). Also, comparing ourselves with someone who's doing worse than we are ④ risk scorn, the feeling that others are people undeserving of our attention ("She's beneath my notice"). Then again, comparing ourselves to others can also lead to *benign envy*, the longing to reproduce someone else's accomplishments without wishing them ill ("I wish I had what she has"), ⑤ which has been shown in some circumstances to inspire and motivate us to increase our efforts. <모의응용>   *backfire: 역효과를 내다 **scorn: 경멸

밑줄 친 ⓐ-ⓔ 중 틀린 것 2개를 찾아 바르게 고치시오.

4 Journalists love to report that studies have discovered something — because there is newsworthiness in their novelty. But "first ever" discoveries are extremely vulnerable to becoming increasingly questionable and ⓐ misleading by subsequent research. When that happens, the news media often don't inform their audiences about the change. Kelly Crowe, a CBC News reporter, quotes one epidemiologist as saying, "There is increasing concern ⓑ which in modern research, false findings may be the majority of published research claims." In addition, the scientists whose studies journalists cite ⓒ are credited with undeserved achievements, too. She insists that the "conclusions" sections in the summaries of scientific research papers sometimes ⓓ be overstated to draw attention from prestigious academic journals and media who uncritically accept the claims. Crowe ends her piece by stressing that there ⓔ does still exist a disconnect between news and science. <모의응용>   *epidemiologist: 전염병학자

(A), (B), (C)의 각 네모 안에서 어법에 맞는 표현으로 가장 적절한 것은?

1 The majority of groups that visit most wilderness are small — usually between two and four people. But large groups do visit wilderness, and their potential to disturb campsites differs from (A) | that / those | of small groups. Although the effect of party size on campsites has never been formally studied, it makes sense that a large group (B) | causes / causing | impacts on an undisturbed site more rapidly than a small group. For example, along the New River in West Virginia, the area of vegetation loss on sites used by large commercial rafting companies (C) | was / were | more than four times larger than the area on sites used by small groups of fishermen. However, at well-established campsites, big groups aren't problems if they restrict their activities to the campground. <모의응용>

*potential: 잠재력

	(A)	(B)	(C)
①	those	causing	were
②	those	causing	were
③	that	causes	was
④	that	causing	was
⑤	that	causes	were

다음 글의 밑줄 친 부분 중, 어법상 틀린 것은?

2 People have been selectively ① <u>exposing</u> themselves to news content for a long time. However, it is even more important in this modern time ② <u>that</u> so many types of news are constantly available to a variety of audiences. In the past, there were few sources of news, so people either watched mainstream news and saw beliefs against their own or ③ <u>avoided</u> news altogether. Now with the internet and the ability to easily spread information, people can easily find a source of news ④ <u>which</u> they can consistently confirm their own personal set of beliefs. This can end up ⑤ <u>creating</u> lots of tension between different groups of people who think their views are absolutely right without question. <모의응용>

3 We don't know what ancient Greek music sounded like because there are no examples of it in written form, nor ① <u>has</u> this style survived in oral tradition. Much of it was probably improvised anyway, within certain rules and conventions. So we are forced largely to guess at its basis from the accounts of writers such as Plato and Aristotle, who were generally more concerned with writing about music as a philosophical exercise ② <u>as</u> with providing a technical overview of it. It seems Greek music was predominantly a vocal form, ③ <u>comprising</u> sung verse accompanied by instruments such as the lyre. In fact, Plato considered music in which the lyre and flute were played alone without dancing and singing ④ <u>to be</u> exceedingly tasteless. The melodies seem to have had a very limited pitch range, since the instruments ⑤ <u>generally</u> span only an octave. <모의응용>

*improvise: 즉흥 연주를 하다   **lyre: 수금(竪琴)

밑줄 친 ⓐ-ⓔ 중 틀린 것 2개를 찾아 바르게 고치시오.

4 Ecosystems differ in composition and extent. They can be defined as ranging from the communities and interactions of organisms in your mouth or ⓐ <u>those</u> in the canopy of a rainforest to all those in Earth's oceans. The processes ⓑ <u>governing</u> them differ in complexity and speed. There are systems with cycles that are over in minutes, and there are others ⓒ <u>which</u> cycle extends to hundreds of years. Some ecosystems cover large areas while others are confined to a small spot of land. Regardless, there is a sense of harmony. Divide an ecosystem into parts by creating barriers, and the sum of the productivity, all other things being ⓓ <u>equal</u>, will typically be found to be lower than the productivity of the whole. A reason is the mobility of biological populations, as is the case with migratory species. It is possible for them ⓔ <u>survive</u> because of the safe passages an ecosystem provides between barriers. <모의응용>

*canopy: 덮개, 지붕 모양으로 우거진 것

(A), (B), (C)의 각 네모 안에서 어법에 맞는 표현으로 가장 적절한 것은?

1 In some communities, music and performance have successfully transformed whole neighborhoods as (A) profound / profoundly as The Guggenheim Museum did for Bilbao. In Salvador, Brazil, musician Carlinhos Brown established several music centers in dangerous neighborhoods. Local kids were encouraged to sing and put on stage performances. With these activities, the kids began to turn away from dealing drugs. Being musicians and playing together in a group looked like more fun and was more (B) satisfying / satisfied . Little by little, the crime rate dropped in those neighborhoods; the hope returned. In another slum area, possibly inspired by Brown's example, a culture center began to encourage the local kids to stage musical events, some of (C) them / which dramatized the tragedy that they were still recovering from. <모의응용>

*slum: 빈민가

	(A)	(B)	(C)
①	profoundly	satisfying	which
②	profound	satisfying	which
③	profound	satisfied	them
④	profoundly	satisfied	them
⑤	profoundly	satisfying	them

다음 글의 밑줄 친 부분 중, 어법상 틀린 것은?

2 Common sense suggests that discussion with others ① <u>who</u> you know express different opinions should produce more moderate attitudes for everyone in the group. Surprisingly, this is not always the case. In group polarization, a period of discussion causes group members ② <u>to take</u> more extreme positions on issues than they normally would. Two pressures result in this. First, desire for affiliation contributes to group polarization. If the majority of a group is leaning in a particular direction, what could be a better way to show you want to fit in than agreeing with that majority and ③ <u>take</u> its argument one step farther? Second, exposure to discussion on a topic introduces a person to new arguments for their views, ④ <u>which</u> strengthens their attitude. If you are already opposed to gun control and you listen to ⑤ <u>any</u> additional arguments supporting your position, you might end up more opposed than you were originally. <모의응용>

*group polarization: 집단 극화, 집단양극화 **affiliation: 소속

3 The actual problems with monopolies are caused by statism, not capitalism. Under a statist social system, taxes and regulations often serve to protect existing large players in the marketplace. Those players often use ways to maintain or expand the protections: a tax making it harder for new players ① to compete with them, or a regulatory measure that only a large company can afford to follow. Under a capitalist social system, on the other hand, the government has no control over how ② dominantly a company may become in its industry. Furthermore, a capitalist society doesn't have rights-violating taxes or regulations ③ favoring anybody nor does it prohibit monopolies. Under capitalism, dominance can only be achieved by becoming really good at ④ what you're doing. And to maintain dominance, you have to continue to stay ahead of the competition, which sees your dominance and profits as a sign ⑤ that there are opportunities for others to make money as well. <모의응용>

*statism: 국가 통제주의

밑줄 친 ⓐ-ⓔ 중 틀린 것 2개를 찾아 바르게 고치시오.

4 While teaching stress management principles, a psychology professor pointed to a cup that ⓐ lay on her table. She picked it up and asked her students, "How heavy is this glass of water I'm holding?" Students shouted out various answers. The professor replied, "It doesn't matter ⓑ what this glass weighs a lot or a little. It depends on how long I hold it. If I hold it for a minute, it's quite light. But, if I hold it for a day straight, I will drop the glass to the floor, severe pain ⓒ running through my arm. Remember ⓓ trying to break a bad habit in the past. It might ⓔ be easy at first but got harder the longer you tried. The goal stayed the same, but the longer you tried to fight against your desires, the harder it was to stick to your objective." The class nodded their heads in agreement. <모의응용>

(A), (B), (C)의 각 네모 안에서 어법에 맞는 표현으로 가장 적절한 것은?

<모의응용>

1 Language is one of the key differences between humans and animals. Many animals communicate with one another through sounds, scents, and other chemicals, or movements. Furthermore, some nonhuman primates have been (A) teaching / taught to use sign language to communicate with humans. However, the complexity of human language, its ability to convey nuanced emotions and ideas, and its importance for our existence as social animals, (B) set / setting it apart from the communication systems used by other animals. In many ways, language is the essence of culture. It provides the single most common factor (C) which / by which different cultural groups are identified. Language facilitates the cultural diffusion of innovations, and it also helps shape the way we perceive and name our environment.

*diffusion: 확산

	(A)	(B)	(C)
①	taught	setting	by which
②	teaching	setting	which
③	teaching	setting	by which
④	taught	set	which
⑤	taught	set	by which

다음 글의 밑줄 친 부분 중, 어법상 틀린 것은?

2 Despite all the high-tech devices that seem to deny the need for paper, the amount of paper used in the United States ① has nearly doubled recently. Technology has always affected ② that we are using more of, and its advances usually come with the promise of using fewer materials. However, the reality is that they have historically caused more material use, not bringing us ③ close to our goal of becoming more independent of natural resources. The world now consumes far more "stuff" than it ever has. We use twenty-seven times more industrial minerals, such as gold, copper, and rare metals, than we did just over a century ago. The more innovations and the more ④ modern the lifestyle we have, the more resources we individually use. If the world ⑤ continues this cycle, it will cause permanent damage, furthering us from achieving sustainability. <모의응용>

*copper: 구리

3 Gordon Allport argued that history records many individuals who were not content with a life that offered them minimal challenge. Allport considers it normal for people to ① <u>be led</u> forward with a vision of the future that awakens their drive to alter the course of their lives. According to him, people possess a need in their mind ② <u>to invent</u> motives and purposes to consume their inner energies. Similarly, a desire, Erich Fromm proposed, to surpass the roles of passive creatures ③ <u>exist</u> on the part of humans. To him, humans are naturally ④ <u>driven</u> to go above the state of merely having been created; instead, humans seek to become the creators, the active shapers of their own destiny. Rising above the passive and accidental nature of existence, unique purposes are generated by humans, ⑤ <u>which</u> provides them with a true basis of freedom. <모의응용>

밑줄 친 ⓐ-ⓔ 중 틀린 것 2개를 찾아 바르게 고치시오.

4 Humans born without sight are not able to collect visual experiences, so the formation of their understanding of the world is ⓐ <u>entirely</u> through their other senses. As a result, blind people develop the ability to understand the world through experiences and memories that come from non-visual senses. The dreams of a person who has been without sight since birth can be just as vivid and imaginative as ⓑ <u>those</u> that someone with normal vision have. They are unique, however, because their dreams ⓒ <u>where</u> they create are constructed from the non-visual experiences and memories. A person with normal vision will imagine a familiar friend and have a dream ⓓ <u>using</u> visual memories of shape, lighting, and colour. But, a blind person will associate the same friend with experiences from their non-visual senses that represent that friend. ⓔ <u>What</u> people blind at birth have similar dreaming experiences is surprising even though they do not dream in pictures. <모의응용>

(A), (B), (C)의 각 네모 안에서 어법에 맞는 표현으로 가장 적절한 것은?

1 Suppose, on your wedding day, your best man delivers a heartwarming, moving toast that makes you cry. You later learn he didn't write it himself but bought it online. Then, would the toast mean less than it (A) | was / did | at first, before you knew it was written by a paid professional? Most people would agree the bought wedding toast has less value than an authentic one. Although a bought toast might "work" in the sense of achieving its desired effect, that effect might depend on deception. That is, if you purchased a moving masterpiece of a toast online, you would probably (B) | cover / have covered | it up by pretending that you didn't! If a bought toast depends for its effect on concealing its origin, that's a reason to suspect it's a corrupt version of the real thing. Wedding toasts are goods (C) | that / what | can, in a sense, be bought, but buying and selling them diminishes their value. <모의응용>   *toast: 축사

	(A)	(B)	(C)
①	was	have covered	what
②	was	cover	what
③	did	cover	what
④	did	cover	that
⑤	was	have covered	that

다음 글의 밑줄 친 부분 중, 어법상 틀린 것은?

2 Debating is as old as language itself and has taken many forms throughout human history. In ancient Rome, debate held in the Senate meetings ① was critical to the conduct of civil society and the justice system. In Greece, advocates for policy changes would have a discussion ② routinely before citizen juries composed of hundreds of Athenians. In India, debate that ③ was used to settle religious controversies was a very popular form of entertainment. Indian kings sponsored great debating contests ④ offering prizes for the winners. China has its own ancient and distinguished tradition of debate. Beginning in the 2nd Century A.D., Taoist and Confucian scholars engaged in a practice known as 'pure talk' ⑤ which they debated spiritual and philosophical issues before audiences in contests that might last for a day and a night.

<모의응용>

3 Even though institutions like the World Bank use wealth ① to differentiate between "developed" and "developing" countries, they also agree that development is more than economic growth. "Development" can also include the social and environmental changes that accompany economic growth, ② it can also cause harm to a country's population and resources. The question of how economic growth is affecting people and the planet ③ needs to be addressed. Countries are slowly learning that it is cheaper and causes ④ much less suffering to try to reduce the harmful effects of an economic activity or project at the beginning, when it is planned, than after the damage appears. To do this is not easy and is always imperfect. But realizing such an effort is needed indicates a growing moral concern more important than previous attitudes that only focused on industries ⑤ creating new products and services.

<모의응용>

밑줄 친 ⓐ-ⓔ 중 틀린 것 2개를 찾아 바르게 고치시오.

4 Around an important person in the office, you will always find ⓐ pleasing and delightful people coming across as friends, good subordinates, or even great sympathizers, but some do not truly belong. One day, an incident will blow their cover, and then you will know the position ⓑ where they truly belong. When it is all cosy and safe, they will be there, praising at every opportunity. But difficult times are the ultimate test of loyalty. So ⓒ unreliably are some of these individuals, indeed, that they are the first to be found missing as soon as difficulties arrive. Dr. Martin Luther King said that these situations reveal a person's true character. And so be careful of friends who are only sometimes nearby or ⓓ prepared to leave in an instant. The commitment of sailing with you through rough storms is far more valuable than ⓔ those of attitudes changing with the winds. <모의응용>

MEMO

MEMO

MEMO

....

....

....

....

....

....

....

....

....

....

....

....

....

....

....

....

....

....

실전에 강해지는 수능·내신 어법 훈련서

해커스
수능 어법
불변의
패턴 실력편

초판 3쇄 발행 2024년 4월 1일
초판 1쇄 발행 2023년 1월 3일

지은이	해커스 어학연구소
펴낸곳	㈜해커스 어학연구소
펴낸이	해커스 어학연구소 출판팀

주소	서울특별시 서초구 강남대로61길 23 ㈜해커스 어학연구소
고객센터	02-537-5000
교재 관련 문의	publishing@hackers.com
	해커스북 사이트(HackersBook.com) 고객센터 Q&A 게시판
동영상강의	star.Hackers.com

ISBN	978-89-6542-531-1 (53740)
Serial Number	01-03-01

중고등영어 1위,
해커스북 HackersBook.com

 중·고등

· 내신 시험을 완벽하게 대비할 수 있는 **서술형 대비 영작 워크시트**
· 효과적인 단어 암기를 돕는 **어휘 리스트 및 어휘 테스트**

한경비즈니스 선정 2020 한국품질만족도 교육(온·오프라인 중·고등영어) 부문 1위

해커스
수능 어법
불변의
패턴 실력편

정답 및 해설

실전에 강해지는 수능·내신 어법 훈련서

해커스
수능 어법
불변의
패턴 실력편

정답 및 해설

해커스 어학연구소

CHAPTER 01 동사 vs 준동사

불패 전략 01 절 안에 동사가 있는지 확인하라!

본책 p.12

1 정답 **caused**

해설 문장의 동사가 필요하므로 동사 caused가 와야 한다.

해석 많은 경우에, 유명한 가수가 그려진 티셔츠와 같은 눈에 띄는 옷들도 오직 적은 관찰자들이 그것들을 기억하게 했다.

어휘 noticeable 눈에 띄는, 현저한 observer 관찰자

2 정답 **sending**

해설 문장의 동사(uses)가 따로 있으므로 수식어 역할을 하는 분사 sending이 와야 한다.

해석 뇌에서 신호를 보내는 각각의 뉴런은 마라톤을 뛰는 다리 근육 세포만큼 많은 에너지를 사용한다.

어휘 neuron 뉴런

Check up!

1 정답 **requires**

해설 문장의 동사가 필요하므로 동사 requires가 와야 한다.

해석 도시 중앙에 가게를 차리는 것은 20만 달러 상당을 필요로 한다.

2 정답 **to inspire, was**

해설 문장의 동사(was)가 따로 있으므로 수식어 역할을 하는 to부정사 to inspire가 와야 한다.

해석 아마도 그의 가장 큰 힘은 사람들이 인종에 대한 사회의 인식에 혁명적인 변화를 이루기 위해 함께 일하도록 고무시키는 그의 능력이었다.

어휘 inspire 고무시키다, 격려하다 achieve 이루다, 달성하다 revolutionary 혁명적인 perception 인식

3 정답 **Watch**

해설 문장의 동사가 따로 없으므로 동사 Watch가 와야 한다. 명령문은 주어 you를 생략하고 동사원형으로 시작한다.

해석 그들의 성격을 파악하기 위해 누군가가 서비스 직원들이나 다른 낯선 사람들과 상호작용하는 것을 봐라.

어휘 treat 대하다, 다루다

4 정답 **developing, starts**

해설 문장의 동사(starts)가 따로 있으므로 전치사(of)의 목적어 역할을 하는 동명사 developing이 와야 한다.

해석 어떤 새로운 절차를 설계하는 것의 초기 단계는 문제의 인식으로부터 시작한다.

어휘 recognition 인식, 인정

5 정답 **assessing, must be based**

해설 문장의 동사(must be based)가 따로 있고, '동물의 감정 능력을 완전히 평가하는 것'이라는 의미의 주어 자리이므로 동명사 assessing이 와야 한다.

해석 돌고래와 같이 매우 지능이 높은 것으로 여겨지는 동물들의 감정 능력을 완전히 평가하는 것은 그들의 정신 기능에 기초해야 한다.

어휘 assess 평가하다 capacity 능력

6 정답 **occur**

해설 문장의 동사가 필요하므로 동사 occur가 와야 한다. discovered는 Low magnesium levels를 수식하는 분사로 쓰였다.

해석 토양에서 발견된 낮은 마그네슘 수치는 산성 토양에서 발생하는데, 지구상의 농경지의 약 70%를 산성으로 만든다.

어휘 magnesium 마그네슘 acidic 산성의

7 정답 **finding, is**

해설 문장의 동사(is)가 따로 있으므로 전치사(with)의 목적어 역할을 하는 동명사 finding이 와야 한다.

해석 그 연구원의 조사는 모두 우리의 일상적인 의사소통 문제에 대한 간단한 해결책들을 찾는 것과 관련이 있다.

어휘 investigation 조사

PRACTICE

본책 p.13

01 정답 **O**

해설 주어(Housecats)와 동사(are)가 있는 완전한 형태의 주절이 있으므로 분사구문을 이끄는 분사 having이 온 것은 적절하다.

해석 집고양이는 야생에서 사는 것들과 행동 면에서 거의 동일한데, 그들의 먹이를 사냥하고 묻는 동일한 본능을 가진다.

어휘 identical 동일한 instinct 본능, 직감

02 정답 **depending → depends**

해설 문장의 동사가 필요하므로 depending을 동사 depends로 고쳐야 한다.

해석 다른 곤충들과의 의사소통에서 곤충에 의한 진동의 사용은 그것의 몸 전체를 진동시키는 능력에 달려 있다.

어휘 vibration 진동

03 정답 **O**

해설 문장의 동사(migrated)가 따로 있으므로 수식어 역할을 하는 분사 spent가 온 것은 적절하다.

해석 많은 나라에서, 이전에 신문 광고에 쓰였던 자금 중 일부는 인터넷으로 옮겨갔다.

어휘 migrate 옮기다, 이동하다

04 정답 **to attempt → attempted**

해설 문장의 동사가 필요하므로 to attempt를 동사 attempted로 고쳐야 한다.

해석 1809년에, 가장 위대한 우주 사상가로 널리 알려져 있는 그 케임브리지 대학교의 물리학자는 다름 아닌 바로 '우주에 대한 완전한 이해'를 시도했다.

어휘 cosmic 우주의, 어마어마한

05 정답 **② keeping → keep**

해설 ① 문장의 동사(may be)가 따로 있으므로 수식어 역할을 하는 to부정사 to save가 온 것은 적절하다.
② 문장의 동사가 따로 없으므로 keeping을 동사 keep으로 고쳐야 한다. 명령문은 주어 you를 생략하고 동사원형으로 시작한다.

해석 개선된 소비자 물 인식은 가장 많은 물을 절약하는 가장 저렴한 방법일지도 모른다. 당신은 또한 가장 적은 노력으로 물 보존에 기여할 수 있다. 우리는 양치질을 하는 동안 종종 물을 낭비한다. 그 제한된 시간 동안, 수도꼭지를 잠근 채로 유지해라.

어휘 consciousness 인식 contribute to ~에 기여하다
conservation 보존 faucet 수도꼭지 turn off ~을 잠그다, 끄다

06 정답 ② have → having[to have]
해설 ① 문장의 동사가 필요하므로 동사 restricts가 온 것은 적절하다.
② 문장의 동사(is)가 따로 있으므로 have를 주어 역할을 하는 동명사 having이나 to부정사 to have로 고쳐야 한다.
해석 고도의 기술이나 색의 사용 없이, 바위에서 특정한 형태를 조각함으로써 감정을 표현하는 선택을 하는 것은 예술가를 상당히 제한한다. 궁극적으로, 이용 가능한 모든 공급품과 기술을 사용하는 선택권을 갖는 것은 예술가에게 부여된 선물이다.
어휘 carve 조각하다 restrict 제한하다, 방해하다
significantly 상당히 ultimately 궁극적으로
grant 부여하다, 주다

07 정답 (1) ⓐ evolved → to evolve
(2) bakers researched methods for producing handmade dough to restore
해설 (1) ⓐ 문장의 동사(made)가 따로 있고, 가목적어 it의 진짜 목적어 자리에는 명사 역할을 하는 to부정사가 오므로 evolved를 to부정사 to evolve로 고쳐야 한다.
ⓑ 주어(chefs)와 동사(began)가 있는 완전한 형태의 주절이 있으므로 분사구문을 이끄는 분사 relying이 온 것은 적절하다.
(2) 문장의 동사로 research를 쓰되, 과거의 일을 나타내고 있으므로 과거동사 researched를 쓴다. 전치사(for)의 목적어 자리에는 동명사가 와야 하므로 producing을 쓰고, '~하기 위해'라는 의미의 to부정사 to restore를 쓴다.
해석 20세기에, 냉동에서 정교한 오븐, 항공 운송에 이르기까지 기술의 발전은 제빵이 발달하는 것을 가능하게 했다. 그러나, 전적으로 이러한 혁신에 의존하면서, 요리사들은 편리함을 위해 맛을 희생하기 시작했다. 결과적으로, 제빵사들은 옛날식 빵의 맛을 복구하기 위해 수제 반죽을 만들기 위한 방법들을 연구했다.
어휘 refrigeration 냉동, 냉각 sophisticated 정교한
wholly 전적으로 rely on ~에 의존하다 innovation 혁신
sacrifice 희생하다 old-fashioned 옛날식의, 구식의

불패 전략 02 문장 안에 접속사/관계사가 있다면 동사가 하나 더 온다는 것에 주의하라!
본책 p.14

1 정답 means
해설 부사절 접속사(when)와 명사절 접속사(that)로 세 개의 절이 연결되어 있고, 부사절의 동사(were constructed), 명사절의 동사(created)만 있고 주절의 동사가 없으므로 동사 means가 와야 한다.
해석 물고기 우리가 건축되었을 때 기울여진 불충분한 주의는 물고기 배설물로 인한 오염이 거대한 수중 사막을 만들었다는 것을 의미한다.
어휘 insufficient 불충분한 construct 건축하다, 구성하다

Check up!

1 정답 leads, feel
해설 관계대명사(that)로 절과 절이 연결되어 있고, 문장에 주절의 동사(feel)만 있고 관계절의 동사가 없으므로 동사 leads가 와야 한다.
해석 때때로, 당신은 불편함에서 성공으로 이끄는 무언가를 피할 필요를 느낀다.
어휘 discomfort 불편함

2 정답 to sort, is, find
해설 가주어 it의 진짜 주어 자리에는 명사 역할을 하는 to부정사가 와야 하므로 to sort가 와야 한다. 선행사 the information과 관계절 they find 사이에 목적격 관계대명사가 생략되어 있다.
해석 하루에 수백 개의 광고를 보는 소비자들이 그들이 발견하는 정보를 자세히 살펴보는 것은 매우 힘들다.
어휘 overwhelming 매우 힘든, 압도적인

3 정답 to replace, eat, is
해설 부사절 접속사(if)로 절과 절이 연결되어 있고, 문장에 부사절의 동사(eat)와 주절의 동사(is)가 있으므로 수식어 역할을 하는 to부정사 to replace가 와야 한다.
해석 만약 당신이 행복하게 느끼기 위해 아이스크림을 먹는다면, 그것을 대체하기 위해 당근 주스를 마시는 것은 벽을 다시 페인트칠함으로써 새는 수도꼭지를 고치는 것과 같다.
어휘 leaky 새는, 구멍이 난

4 정답 took, knew, would save
해설 부사절 접속사(since)로 절과 절이 연결되어 있고, 동사 knew 뒤에 목적어 역할의 명사절 접속사 that이 생략되어 있다. 문장에 주절의 동사(knew), 명사절의 동사(would save)만 있고 부사절의 동사가 없으므로 동사 took이 와야 한다.
해석 대면 수업에 가는 것이 너무 오래 걸렸기 때문에, Natalie는 온라인 수업에 참석하는 것이 그녀에게 많은 시간을 절약해줄 것임을 알았다.
어휘 in-person 대면, 직접

5 정답 believing, is, are, works
해설 others 앞에 목적어 역할을 하는 명사절 접속사 that이 생략되어 있고, 명사절 접속사 how가 이끄는 절이 전치사(about)의 목적어 역할을 하고 있다. 문장에 주절의 동사(is), 생략된 that이 이끄는 명사절의 동사(are), how가 이끄는 명사절의 동사(works)가 있으므로 수식어 역할을 하는 분사 believing이 와야 한다.
해석 다른 사람들이 세상이 어떻게 돌아가는지에 대해 틀렸다고 강하게 믿는 사람들의 집단이 있다.

6 정답 realized, heard, began, could be
해설 관계대명사(who)와 명사절 접속사 how로 세 개의 절이 연결되어 있고, 문장에 관계절의 동사(heard, began), 명사절의 동사(could be)만 있고 주절의 동사가 없으므로 동사 realized가 와야 한다. 명사절 접속사 how가 이끄는 절은 동사 realized의 목적어 역할을 한다.
해석 네덜란드의 망원경에 대해 듣고 그의 것을 만들기 시작한 갈릴레오는 그 장치가 선원들에게 얼마나 유용할지 곧바로 깨달았다.
어휘 spyglass 망원경

7 정답 telling, have found, is, will not change
해설 주절의 동사 have found의 목적어 역할을 하는 명사절 안에서 부사절 접속사(if)로 절과 절이 연결되어 있고, 부사절의 동사(is)와 주절의 동사(will not change)가 있으므로 전치사(of)의 목적어 역할을 하는 동명사 telling이 와야 한다.
해석 나는 만약 사람이 민감한 질문들에 대해 완전히 진실을 말하는 것을 두려워하지 않는다면, 그 혹은 그녀의 태도는 크게 변하지 않을 것이라는 것을 발견했다.
어휘 sensitive 민감한, 세심한

01 정답 **O**

해설 관계대명사(that)로 절과 절이 연결되어 있고, 문장에 주절의 동사(focus, forget)와 관계절의 동사(would bring)가 있다. 전치사의 목적어 자리에는 동명사가 와야 하므로 동명사 doing이 온 것은 적절하다.

해석 아마추어들은 종종 결과에만 집중하고 거의 자동적으로 결과를 초래하는 모든 것을 하는 것들에 대해 잊어버린다.

어휘 amateur 아마추어   automatically 자동적으로

02 정답 **to come → came**

해설 a phrase와 I 사이에 목적격 관계대명사가 생략되어 있고, 문장에 관계절의 동사(read)만 있으므로 to come을 동사 came으로 고쳐야 한다.

해석 갑자기, 나의 연설을 하는 도중에 내가 한 번 읽었던 구절이 머릿속에 떠올랐다.

03 정답 **reviewing → review**

해설 부사절 접속사(Once)로 절과 절이 연결되어 있고, 문장에 부사절의 동사(makes)만 있으므로 reviewing을 동사 review로 고쳐야 한다.

해석 누군가가 발견을 하면, 다른 사람들은 그들의 연구에 그 정보를 사용하기 전에 그것을 주의 깊게 검토한다.

04 정답 **films → filming[to film]**

해설 부사절 접속사(Although)로 절과 절이 연결되어 있고, 명사절 접속사 what이 이끄는 절이 전치사(of)의 목적어 역할을 하고 있다. 문장에 부사절의 동사(were turned), 주절의 동사(did not encourage), 명사절의 동사(was)가 있으므로 films를 주어 역할을 하는 동명사 filming이나 to부정사 to film으로 고쳐야 한다.

해석 비록 연극이 자주 영화로 전환되었지만, 연극을 촬영하는 것은 영화에 있어 진정으로 특별한 것의 발전을 장려하지 않았다.

어휘 turn into ~으로 전환하다   distinctive 특별한

05 정답 **② demonstrating → demonstrate**

해설 ① 명사절 접속사(that)로 절과 절이 연결되어 있고, 주절의 동사(thinks)와 명사절의 동사(don't need to be)가 있으므로, 전치사(from)의 목적어 자리에는 동명사 watching이 온 것은 적절하다.
② 관계대명사(that)로 절과 절이 연결되어 있고, 문장에 주절의 동사(point)만 있고 관계절의 동사가 없으므로 demonstrating을 동사 demonstrate로 고쳐야 한다.

해석 한 교육자 집단은 아이들이 폭력적인 콘텐츠를 보는 것으로부터 금지될 필요가 없다고 생각한다. 그러나, 심리학자들은 미디어 폭력과 실제 공격성 사이의 연관성을 입증하는 천 개 이상의 연구들을 지적한다.

어휘 prohibit from ~을 금지하다   psychologist 심리학자
demonstrate 입증하다, 보여주다   aggression 공격성

06 정답 **① leave → leaving**

해설 ① 부사절 접속사(After)로 절과 절이 연결되어 있고, animals와 they 사이에 목적격 관계대명사가 생략되어 있다. 부사절 접속사 뒤에 「주어 + be동사」가 생략되었으므로 동사가 한 번 더 오지 않고, 문장에 주절의 동사(eat)와 관계절의 동사(kill)가 있으므로 leave를 분사구문을 이끄는 분사 leaving으로 고쳐야 한다.
② shows와 the apex predators, know와 eating 사이에 각각 명사절 접속사 that이 생략되었고, nutrients와 they 사이에 목적격 관계대명사가 생략되었다. 주절의 동사(shows)와 첫 번째 명사절의 동사(know)가 있으므로 두 번째 명사절에 동사 makes가 온 것은 적절하다. need는 관계절의 동사이다.

해석 그들의 먹이를 잡은 후에, 사자와 호랑이는 먼저 그들이 죽인 동물들의 심장, 간, 그리고 뇌를 먹고, 종종 독수리에게 근육 고기를 남긴다. 이것은 최상위 포식자들이 장기를 먹는 것이 그들이 필요로 하는 영양분을 섭취하는 것을 더 쉽게 한다는 것을 본능적으로 알고 있다는 것을 보여준다.

어휘 prey 먹이   liver 간   apex predator 최상위 포식자
instinctively 본능적으로   organ 장기   nutrient 영양분

07 정답 **(1) ⓐ providing → provides**
(2) We hope this shows our gratitude for longtime members who joined

해설 (1) ⓐ 관계대명사(that)로 절과 절이 연결되어 있고, 문장에 주절의 동사(am writing)만 있으므로 providing을 동사 provides로 고쳐야 한다.
ⓑ 부사절 접속사(As)로 절과 절이 연결되어 있고, 부사절 접속사 뒤에 「주어 + be동사」가 생략되었으므로 동사가 한 번 더 오지 않는다. 문장에 주절의 동사(will be offered)가 있으므로 수식어 역할을 하는 분사 including이 온 것은 적절하다.
(2) 주절의 동사로 hope를 쓰고 hope의 목적어 역할을 하는 명사절의 동사로 shows를 쓴다. 11단어로 써야 하므로 이때 명사절 접속사 that은 생략한다. members를 수식하는 관계절의 동사로는 joined를 쓴다.

해석 특별 할인을 제공하는 당신의 현재 멤버십과 관련된 새로운 정보에 대해 편지를 씁니다. 지난 소식지에 명시되었듯이, 우리의 창립 50주년을 기념하기 위해, 최대 10명까지 무료 가입을 포함한 추가 혜택들이 당신에게 제공될 것입니다. 우리는 이것이 우리가 개장한 직후에 가입한 장기 고객들에 대한 우리의 감사를 보여주기를 희망합니다.

어휘 current 현재의   admission 가입, 입장   offer 제공하다
gratitude 감사

불패전략 03 병렬 구조에서는 접속사 앞뒤 형태를 통일하라! 본책 p.16

1 정답 **making**

해설 '당신의 의사가 선택지들을 제시하는 것을 듣고 선택을 하는 것'이라는 의미로, 전치사 of의 목적어인 동명사 listening과 나열되어야 하므로 동명사 making이 와야 한다.

해석 의학적 치료를 받는 것은 단지 당신의 의사가 선택지들을 제시하는 것을 듣고 선택을 하는 것만의 문제가 아니다.

어휘 treatment 치료

Check up!

1 정답 **(to report a missing pet), make**

해설 '실종된 반려동물을 신고하거나 기부하고 싶은 사람들'이라는 의미로, want의 목적어인 to부정사 to report와 나열되어야 하므로 to부정사가 와야 하지만, 뒤에 나열되는 to부정사는 to를 생략하고 동사원형(make)만 쓸 수도 있다.

해석 실종된 반려동물을 신고하거나 기부하고 싶은 사람들은 동물 보호소의 본사로 전화해야 한다.

어휘 report 신고하다, 알리다   shelter 보호소

2 정답 **(scrub), (mop), dust**

해설 '엄마는 모든 것을 문질러 닦고, 걸레질하고, 먼지를 털곤 했다'라는 의미로, would 뒤의 동사원형 scrub, mop과 나열되어야 하므로 동사원형 dust가 와야 한다.

해석 나의 형과 나에게 아침을 먹인 후에, 엄마는 모든 것을 문질러 닦고, 걸레질하고, 먼지를 털곤 했다.

어휘 feed 먹이다, 먹이를 주다 scrub 문질러 닦다 mop 걸레질하다

3 정답 **(applying ice packs all over the body), fanning**

해설 '온몸에 아이스 팩을 올리거나 그 사람을 부채질함으로써'라는 의미로, 전치사 by의 목적어인 동명사 applying과 나열되어야 하므로 동명사 fanning이 와야 한다.

해석 고열은 꽤 위험하지만 온몸에 아이스 팩을 올리거나 그 사람을 부채질함으로써 조절될 수 있다.

어휘 regulate 조절하다 fan 부채질하다

4 정답 **(tough), rewarding**

해설 '힘들지만 전적으로 보람 있는 일이다'라는 의미로, 주격보어인 형용사 tough와 나열되어야 하며, 분사는 형용사의 역할을 하므로 분사 rewarding이 와야 한다.

해석 문제가 있는 십 대의 멘토가 되는 것은 당신이 경험해야 하는 일이다. 그것은 힘들지만 전적으로 보람 있는 일이다.

어휘 rewarding 보람 있는

5 정답 **(seek out information that supports their existing beliefs), avoid**

해설 '사람들은 ~ 정보를 찾아내고 ~ 정보를 피한다'라는 의미로, 동사 seek과 나열되어야 하므로 동사 avoid가 와야 한다.

해석 사람들은 그들의 기존의 믿음을 뒷받침하는 정보를 찾아내고 그 믿음에 이의를 제기하는 정보를 피한다.

어휘 belief 믿음 challenge 이의를 제기하다, 도전하다

6 정답 **(to influence the future with the present), arrange**

해설 '미래에 영향을 주고 ~ 처리하려고 노력한다'라는 의미로, tries의 목적어인 to부정사 to influence와 나열되어야 하므로 to부정사가 와야 하지만, 뒤에 나열되는 to부정사는 to를 생략하고 동사원형 (arrange)만 쓸 수도 있다.

해석 사람은 현재로 미래에 영향을 주고 그 또는 그녀가 통제할 수 없는 것들을 처리하려고 노력한다.

어휘 influence 영향을 주다 arrange 처리하다, 마련하다

7 정답 **(does not help to clean your pores), serves**

해설 '~ 청소하는 것을 돕지 않고 오히려 ~ 자극하는 수단으로 작용한다'라는 의미로, 동사 does not help와 나열되어야 하므로 동사 serves가 와야 한다.

해석 지나친 스크럽은 당신의 모공을 청소하는 것을 돕지 않고 오히려 당신의 피부를 자극하는 수단으로만 작용한다.

어휘 aggressive 지나친, 공격적인 pore 모공 irritate 자극하다

PRACTICE
본책 p.17

01 정답 **to document → documented**

해설 '그들을 인터뷰하고 기록했다'라는 의미로, 동사 interviewed와 나열되어야 하므로 to document를 동사 documented로 고쳐야 한다.

해석 불교 승려들이 어떻게 명상하는지 보고 싶어 한 하버드 대학교의 과학자들은 1980년대에 그들을 인터뷰하고 기록했다.

어휘 Buddhist 불교의, 부처의 monk 승려 meditate 명상하다

02 정답 **inspired → inspires**

해설 '성숙한 자신감을 길러줄 뿐만 아니라 공감을 불러일으킨다'라는 의미로, 동사 builds와 나열되어야 하므로 inspired를 단수동사 inspires로 고쳐야 한다.

해석 부모에 의해 보여진 다정하고 이해심 있는 태도는 어린 나이부터 아이들에게 성숙한 자신감을 길러줄 뿐만 아니라 공감을 불러일으킨다.

어휘 attitude 태도 mature 성숙한 confidence 자신감, 확신 inspire 불러일으키다, 고무하다 empathy 공감

03 정답 **taming → tame**

해설 '인간은 ~ 짓고, ~ 경작하고, 길들이는 것을 배웠다'라는 의미로, learned의 목적어인 to부정사 to build와 대등한 to부정사가 와야 하지만, 뒤에 나열되는 to부정사는 to를 생략하고 동사원형만 쓸 수도 있다. 두 번째로 나열된 cultivate가 to를 생략한 동사원형으로 쓰였으므로 taming을 동사원형 tame으로 고치는 것이 자연스럽다.

해석 약 10,000년 전에, 인간은 영구적인 주거지를 짓고, 식물을 경작하고, 동물들을 길들이는 것을 배웠다.

어휘 permanent 영구적인 dwelling 주거지 cultivate 경작하다 tame 길들이다

04 정답 **search → searching**

해설 'spend time v-ing(~하는 데 시간을 보내다)'의 v-ing는 동명사이다. '~ 탐색하는 것보다 ~ 평가하는 데 더 많은 시간을 보낸다'라는 의미로, 동명사 assessing과 나열되어야 하므로 search를 동명사 searching으로 고쳐야 한다.

해석 장거리 비행 구간 동안, 조종사들은 인근의 비행기들을 탐색하는 것보다 항공기 상태를 평가하는 데 더 많은 시간을 보낸다.

어휘 longhaul 장거리의 assess 평가하다 status 상태

05 정답 **② finding → (to) find**

해설 ① '질적으로 우수해야 하고 매일 연습되어야 한다'라는 의미로, 형용사 superior와 나열되어야 하므로 형용사가 와야 하며, 분사는 형용사의 역할을 하므로 분사 practiced가 온 것은 적절하다.
② '가장 적절한 음질을 찾고 가장 편안한 연주 자세를 찾으려는 욕구'라는 의미로, to부정사 to find와 나열되어야 하므로 to부정사가 와야 하지만, 뒤에 나열되는 to부정사는 to를 생략하고 동사원형만 쓸 수도 있으므로, finding을 (to) find로 고쳐야 한다.

해석 보통 악기를 연주하는 올바른 방법이 있는데, 몇몇 중요한 조건들은 그것들이 질적으로 우수해야 하고 매일 연습되어야 한다는 것이다. 올바른 연주는 가장 적절한 음질을 발견하고 가장 편안한 연주 자세를 찾으려는 욕구에서부터 온다.

어휘 superior 우수한, 우세한

06 정답 **① taken → takes**

해설 ① '정부가 제품 가격을 규제하고 시장의 속도의 책임을 질 때'라는 의미로, 동사 regulates와 나열되어야 하므로 taken을 단수동사 takes로 고쳐야 한다.
② '~ 지원하거나 대안을 찾기 위해'라는 의미로, to부정사 to support와 나열되어야 하므로 to부정사 to search가 온 것은 적절하다.

해석 혁신은 정부가 제품 가격을 규제하고 시장의 속도의 책임을 질 때 때때로 상당히 활성화될 수 있다. 세금을 통해 조성된 돈은 기존 기술을 현대화하는 것을 지원하거나 대안을 찾기 위해 정부에 의해 직

접적으로 사용될 수 있다.

어휘 innovation 혁신 stimulate 활성화하다, 자극하다
considerably 상당히 modernize 현대화하다

07 정답 **(1) ⓐ stay → staying**
(2) both change their state and sustain it to squeeze into

해설 (1) ⓐ 'use energy v-ing(~하는 데 에너지를 쓰다)'의 v-ing는 동명사이다. '~ 머무르는 것보다 ~ 노력하는 데 더 많은 에너지를 쓴다'라는 의미로, 동명사 trying과 나열되어야 하므로 stay를 동명사 staying으로 고쳐야 한다.

ⓑ '액체처럼 그 안을 채우고 여전히 고체 덩어리로 남아 있다'라는 의미로, 동사 fills와 나열되어야 하므로 단수동사 remains가 온 것은 적절하다.

(2) '그들의 상태를 바꿀 수 있고 그것을 유지할 수 있는'이라는 의미로, 조동사 can 뒤에 동사원형 change와 동사원형 sustain을 나열하여 쓴다. '이상한 장소들에 비집고 들어가기 위해'라는 의미를 만드는 것은 부사 역할을 하는 to부정사이므로 to squeeze를 쓴다.

해석 고양이는 이상한 장소들에 비집고 들어가기 위해 그들의 상태를 바꿀 수 있고 그것을 유지할 수 있는 독특한 생물이다. 그들은 편안한 어딘가에 머무르는 것보다 이상한 장소에 들어가려고 노력하는 데 더 많은 에너지를 쓴다. 예를 들어, 작은 상자 안에 들어가기 위해, 고양이는 액체처럼 그 안을 채우고 여전히 고체 덩어리로 남아 있다.

어휘 squeeze into ~에 비집고 들어가다 state 상태
awkward 이상한, 어색한 remain 남아 있다 mass 덩어리

어법 만점 TEST
본책 p.18

01	acted	02	achieve	03	(A) differentiates, (B) to know
04	①	05	②	06	②	07	④	08	⑤
09	②	10	⑤	11	③	12	⑤		

13	(1) ⓐ fighting → fought, ⓓ change → changing (2) she got the chance to meet Adolf Hitler but rejected the offer

01 정답 **acted**

해설 문장의 동사(make)가 따로 있으므로 수식어 역할을 하는 분사 acted가 와야 한다. (불패전략 01)

해석 분명히, 부모들은 그냥 TV에서 폭력을 보는 아이들과 아이들에 의해 플라스틱 총으로 행해지는 폭력을 구별한다.

어휘 make a distinction 구별하다 violence 폭력

02 정답 **achieve**

해설 관계대명사 who와 that으로 세 개의 절이 연결되어 있고, 문장에 관계절의 동사(take, surpass)만 있고 주절의 동사가 없으므로 동사 achieve가 와야 한다. (불패전략 02)

해석 진실을 위한 전폭적인 태도를 취하는 개인들은 종종 그들의 기대를 뛰어넘는 결과를 성취한다.

어휘 wholehearted 전폭적인 surpass 뛰어넘다, 능가하다

03 정답 **(A) differentiates, (B) to know**

해설 (A) '분열하는 것을 준비하거나 특수한 세포로 성장하고 분화한다'라는 의미로, 동사 prepares, matures와 나열되어야 하므로 단수동사 differentiates가 와야 한다. (불패전략 03)

(B) 부사절의 동사(has finished)와 주절의 동사(is)가 따로 있고, 가

주어 it의 진짜 주어 자리에는 명사 역할을 하는 to부정사가 오므로 to know가 와야 한다. (불패전략 02)

해석 세포가 적절한 크기로 성장한 이후에, 그것은 분열하는 것을 준비하거나 특수한 세포로 성장하고 분화한다. 그것이 이 과정을 끝낼 때까지, 그 세포가 어떤 특정한 기능을 가질지 아는 것은 불가능하다.

어휘 mature 성장하다, 발달하다 differentiate 분화하다, 구별하다
specialized 특수한

04 정답 **① having → had**

해설 ① 부사절 접속사(While)로 절과 절이 연결되어 있고, 문장에 부사절의 동사(were invaded)만 있으므로 having을 동사 had로 고쳐야 한다. (불패전략 02)

② 문장의 동사(kept)가 따로 있으므로, 전치사(on)의 목적어 자리에 올 수 있는 동명사 fighting이 온 것은 적절하다. (불패전략 01)

해석 인도와 중국은 때때로 다른 국가들에 의해 침략당했지만, 두 문명모두 그들 자신의 국경 내에서 또한 긴 전쟁 기간을 가졌다. 그들은 시민들과 정부 사이의 정치적 차이 때문에 전투를 벌이는 것을 계속했다.

어휘 on occasion 때때로, 가끔 civilization 문명 border 국경, 경계
political 정치적인

05 정답 **② analyzed → analyzing**

해설 ① '~ 읽고 ~ 요약하라는 말을 들었다'라는 의미로, to부정사 to read와 나열되어야 하므로 to부정사가 와야 하지만, 뒤에 나열되는 to부정사는 to를 생략하고 동사원형만 쓸 수도 있으므로 동사원형 summarize가 온 것은 적절하다. (불패전략 03)

② 문장의 동사(was able to examine)가 따로 있고, 전치사(by)의 목적어 자리에는 동명사가 와야 하므로 analyzed를 동명사 analyzing으로 고쳐야 한다. (불패전략 01)

해석 대학생들은 Tory Higgins에 의해 누군가의 성격 묘사를 읽고 다른 누군가를 위해 그것을 요약하라는 말을 들었다. Higgins는 그 학생들이 쓴 요약을 철저히 분석함으로써 선천적인 편견을 검사할 수 있었다.

어휘 description 묘사 innate 선천적인 bias 편견
thoroughly 철저히 analyze 분석하다

06 정답 **② knowing → knows**

해설 ① 관계대명사(who)로 절과 절이 연결되어 있고, 문장에 관계절의 동사(are learning)가 있고 주절의 동사가 필요하므로 동사 try가 온 것은 적절하다. (불패전략 02)

② 관계대명사(who)와 명사절 접속사(that)로 세 개의 절이 연결되어 있고, 문장에 관계절의 동사(has spent)와 명사절의 동사(can test)만 있고 주절의 동사가 없으므로 knowing을 동사 knows로 고쳐야 한다. (불패전략 02)

해석 일반적으로, 문장으로 말하는 것을 배우고 있는 아이들은 모든 것에 대한 설명을 얻으려고 노력한다. 결과적으로, 다섯 살짜리 아이와 시간을 보낸 적이 있는 사람은 이 나이대의 아이들이 당신의 인내심의 한계를 시험할 수 있다는 것을 안다.

어휘 explanation 설명 patience 인내심

07 정답 **④ requiring - to bring - performed**

해설 (A) '~ 미완성으로 여기고 ~ 노력을 요구함으로써'라는 의미로, 전치사(by)의 목적어인 동명사 considering과 나열되어야 하므로 동명사 requiring이 와야 한다. (불패전략 03)

(B) 관계대명사(who)로 절과 절이 연결되어 있고, 문장에 관계절의 동사(received)와 주절의 동사(needed)가 있으므로 수식어 역할을 하는 ~ '그들의 성과를 받아들일 수 있는 수준까지 올리기 위해'라는 의미로, '~하기 위해'라는 의미를 만들 수 있는 부사 역할을 하는 to부정사 to bring이 와야 한다. (불패전략 02)

(C) 명사절 접속사(that)로 절과 절이 연결되어 있고, 명사절 내에서 부사절 접속사(because)로 다시 절과 절이 연결되어 있다. 문장에 주절의 동사(was based)만 있고 명사절 내의 주절의 동사가 없으므로 동사 performed가 와야 한다. (불패전략 02)

해석 낮은 등급이나 점수로 학생들을 벌하려고 시도하는 것 대신, Beachwood 중학교의 교사들은 그들의 과제를 미완성으로 여기고 추가적인 노력을 요구함으로써 학생들에게 동기를 부여했다. 그들은 학생들의 등급을 A, B, C 또는 I(미완성)로 기록했다. I 등급을 받은 학생은 허용되는 수준까지 그들의 성과를 올리기 위해 추가적인 공부를 해야 했다. 이 정책은 주로 교사들이 그것을 용인했기 때문에 학생이 낙제 수준으로 수행했다는 믿음에 근거했다. Beachwood 교사들은 적절한 지원이 있으면, 학생들이 그들의 성과가 만족스러울 때까지 계속 노력할 것이라고 믿었다.

어휘 **motivate** 동기를 부여하다 **incomplete** 미완성의, 불완전한 **acceptable** 허용되는, 용인되는 **appropriate** 적절한 **satisfactory** 만족스러운

08 정답 ⑤ developed – establish – Carrying

해설 (A) maintain과 humans 사이에 명사절 접속사 that이 생략되어 있다. 문장에 주절의 동사(maintain)만 있고 명사절의 동사가 없으므로 동사 developed가 와야 한다. (불패전략 02)
(B) '교환하는 데 사용되었을 뿐만 아니라 규칙을 확립하는 데에도 사용되었다'라는 의미로, to부정사 to trade와 나열되어야 하고, 뒤에 나열되는 to부정사는 to를 생략하고 동사원형만 쓸 수도 있으므로 동사원형 establish가 와야 한다. (불패전략 03)
(C) 문장의 동사(creates)가 따로 있으므로 주어 역할을 하는 동명사 Carrying이 와야 한다. agreed는 terms를 수식하는 분사로 쓰였다. (불패전략 01)

해석 많은 진화생물학자들은 인간이 경제적인 이유로 언어를 발달시켰다고 주장한다. 우리는 거래를 해야 했고, 거래를 하기 위해서 신뢰를 쌓아야 했다. 당신이 누군가와 사업을 하려고 할 때 언어는 매우 편리하다. 초기 인류들 사이에서, 언어는 나무 그릇 세 개를 바나나 여섯 다발과 교환하는 데 사용되었을 뿐만 아니라 규칙을 확립하는 데에도 사용되었다. 어떤 나무가 그 그릇에 사용되었는가? 당신은 어디에서 바나나를 얻었는가? 그 사업 거래는 오직 손동작만 사용했다면 거의 불가능했을 것이다. 합의된 조건에 따라 그것을 수행하는 것은 신뢰 관계를 형성한다. 언어는 우리가 구체적이게 해주고, 이것이 대화가 핵심 역할을 하는 지점이다.

어휘 **evolutionary biologist** 진화생물학자 **economic** 경제적인 **trust** 신뢰 **handy** 편리한, 유용한 **conduct** (특정한 활동) 하다 **gesture** 손동작 **term** 조건 **bond** 관계, 유대

09 정답 ② coming → comes

해설 ② 관계대명사(that)로 절과 절이 연결되어 있고, 문장에 관계절의 동사(exceed)만 있고 주절의 동사가 없으므로 coming을 동사 comes로 고쳐야 한다. could consume은 exceed의 목적어 역할을 하는 명사절의 동사이다. (불패전략 02)

오답 분석 ① 명사절 접속사(how)로 절과 절이 연결되어 있고, 문장에 주절의 동사(can explain)가 있고 명사절의 동사가 필요하므로 동사 developed가 온 것은 적절하다. (불패전략 02)
③ 문장의 동사(is)가 따로 있고, 가주어 it의 진짜 주어 자리에는 명사 역할을 하는 to부정사가 오므로 to부정사 to succeed가 온 것은 적절하다. (불패전략 01)
④ 전치사의 목적어 자리에는 동명사가 와야 하므로 동명사 sharing이 온 것은 적절하다. meat과 he 사이에 목적격 관계대명사가 생략되어 있다. (불패전략 02)
⑤ 부사절 접속사(when)로 절과 절이 연결되어 있고, 문장에 주절의 동사(can be)와 부사절의 동사(return)가 있으므로 수식어 역할을 하는 분사 given이 온 것은 적절하다. (불패전략 02)

해석 사냥은 어떻게 인간이 상호 이타주의와 사회적 교류를 발전시켰는지 설명할 수 있다. 인간은 수년, 수십 년, 또는 평생 지속될 수 있는 광범위한 상호 관계를 보여준다는 점에서 영장류 중에서 독특해 보인다. 예를 들어, 큰 사냥감의 고기는 한 명의 사냥꾼과 그의 직계 가족이 소비할 수 있는 것을 초과하는 양으로 나온다. 게다가, 사냥에 성공하는 것은 매우 변동이 심하다. 한 주에 성공적인 사냥꾼은 다음 주에 실패할 수도 있다. 이러한 조건들은 사냥으로부터 음식 공유를 장려한다. 그가 혼자서 모든 고기를 소비할 수 없고 남은 음식들은 곧 상할 것이기 때문에 즉시 먹을 수 없는 고기를 나누는 것의 비용은 사냥꾼에게 낮다. 그러나, 나중에 그의 음식을 받은 사람들이 그 후한 호의에 보답할 때, 그 혜택은 클 수 있다. 본질적으로, 사냥꾼들은 그들의 친구들과 이웃들의 몸에 여분의 고기를 저장할 수 있다.

어휘 **reciprocal altruism** 상호 이타주의 **primates** 영장류 **extensive** 광범위한 **quantity** 양 **exceed** 초과하다, 넘어서다 **variable** 변동이 심한 **spoil** 상하다, 망치다

10 정답 ⑤ spend → spending[to spend]

해설 ⑤ 부사절 접속사(When)로 절과 절이 연결되어 있고, 문장에 부사절의 동사(was)와 주절의 동사(decreased)가 있으므로 spend를 주어 역할을 하는 동명사 spending이나 to부정사 to spend로 고쳐야 한다. (불패전략 02)

오답 분석 ① 명사절 접속사(how)로 절과 절이 연결되어 있고, 문장에 주절의 동사(recruited)와 명사절의 동사(shaped)가 있으므로 수식어 역할을 하는 분사 devoted가 온 것은 적절하다. (불패전략 02)
② 부사절 접속사(While)로 절과 절이 연결되어 있다. 부사절 접속사 뒤에 「주어 + be동사」가 생략되었으므로 동사가 한 번 더 오지 않고, 문장에 주절의 동사가 필요하므로 동사 assessed가 온 것은 적절하다. were는 명사절 접속사 how가 이끄는 명사절의 동사이다. (불패전략 02)
③ '참가자들은 ~ 기록했고, ~ 평가했고, ~ 보고했다'라는 의미로, 동사 recorded, evaluated와 나열되어야 하므로 동사 reported가 온 것은 적절하다. (불패전략 03)
④ 명사절 접속사(that)가 이끄는 명사절 안에서 부사절 접속사(when)로 절과 절이 연결되어 있고, 부사절의 동사(spent)와 주절의 동사(increased)가 있으므로 수식어 역할을 하는 to부정사 to perform이 온 것은 적절하다. (불패전략 02)

해석 셰필드 대학교의 몇몇 연구원들은 취미에 할애되는 시간이 어떻게 그들의 직장 생활을 형성하는지 알아보기 위해 129명의 취미 생활자들을 모집했다. 각 참가자의 취미생활의 진지한 정도를 측정하면서, 그 팀은 그들의 직업과 취미의 부담이 얼마나 유사한지를 평가했다. 그리고 나서, 7개월 동안 매달, 참가자들은 그들의 취미를 하면서 얼마나 많은 시간을 보냈는지 기록했고, 그들의 업무 능력을 평가했고, 팀에 그 결과를 보고했다. 연구원들은 참가자들이 그들의 여가 활동을 하는 데 평소보다 더 오랜 시간을 보낼 때, 그들의 일을 수행할 능력에 대한 그들의 믿음이 증가한다는 것을 발견했다. 하지만 이것은 그들이 직업과 다른 진지한 취미를 가졌을 때만 해당되었다. 그들의 취미가 진지하고 그들의 직업과 비슷할 때, 그것에 더 많은 시간을 보내는 것은 실제로 그들의 자기효능감을 감소시켰다.

어휘 **hobbyist** 취미 생활자 **devote to** ~에 할애하다, ~에 전념하다 **seriousness** 진지함 **assess** 평가하다 **competency** 능력 **dissimilar to** ~와 다른 **self-efficacy** 자기효능감

11 정답 ③ disappearing → disappear

해설 ③ 접속사 while 이하 절에서 prestige와 you've 사이에 목적격 관계대명사가 생략되어 있다. 문장에 관계절의 동사('ve enjoyed)만 있고 주절의 동사가 없으므로 disappearing을 동사 disappear로 고쳐야 한다. (불패전략 02)

weighted 무게를 준, 무거워진   pendulum 흔들리는 추
orderly 질서정연한, 정돈된

13 정답 **(1) ⓐ fighting → fought, ⓓ change → changing**

(2) she got the chance to meet Adolf Hitler but rejected the offer

해설 (1) ⓐ 문장의 동사가 필요하므로 fighting을 동사 fought로 고쳐야 한다. (불패전략 01)

ⓓ 'be committed to(~하는 데 헌신하다/전념하다)'의 to는 전치사이다. 따라서 전치사의 목적어 자리에 올 수 있는 동명사가 와야 하므로 change를 동명사 changing으로 고쳐야 한다. (불패전략 01)

오답 분석 ⓑ 문장의 동사(tried)가 따로 있으므로 수식어 역할을 하는 분사 buried가 온 것은 적절하다. (불패전략 01)

ⓒ 접속사 and 이하 절에 동사(let)가 따로 있으므로 주어 역할을 하는 동명사 preserving이 온 것은 적절하다. (불패전략 02)

ⓔ 주어(Cambel)와 동사(went)가 있는 완전한 형태의 주절이 있으므로 분사구문을 이끄는 분사 becoming이 온 것은 적절하다. (불패전략 01)

해설 (2) 과거의 일을 나타내고 있으므로 주어 she의 동사로 got을 쓴다. but을 포함한 병렬 구조로 써야 하며 12단어로 써야 하므로, but 뒤에 주어를 생략하고 동사 got과 나열되는 동사 rejected를 쓴다. the chance 뒤에 와서 '만날 기회'라는 의미를 만드는 것은 형용사 역할을 하는 to부정사이므로 to meet을 쓴다. (불패전략 02, 03)

해석 Halet Cambel은 1940년에 이스탄불 대학교에서 그녀의 학위를 받은 후에, 고고학의 발전을 위해 끊임없이 싸웠다. 그녀는 제이한강 근처에 묻힌 터키의 가장 중요한 고고학적 유적들 중 몇몇을 보존하려고 노력했다. 그곳에서, 그녀는 페니키아 문자판을 발견함으로써 인류의 가장 오래된 것으로 알려진 문명들 중 하나를 발굴했고, 터키의 문화유산을 보존한 것은 그녀가 프린스 클라우스 상을 수상하게 했다. 그러나 과거의 비밀을 밝히는 것뿐만 아니라, 그녀는 또한 정치적 분위기를 바꾸는데 확고히 전념했다. 단지 20세의 고고학 학생으로서, Cambel은 1936년 베를린 올림픽에 나가 올림픽에 참가한 최초의 무슬림 여성이 되었다. 후에, 그녀는 아돌프 히틀러를 만날 기회를 얻었지만 그녀의 정치적인 신념 때문에 그 제안을 거절했다.

어휘 tirelessly 끊임없이   archaeology 고고학
unearth 발굴하다, 발견하다   humanity 인류   civilization 문명
heritage 유산   firmly 확고히   commit to ~에 전념하다
political 정치적인   reject 거절하다

CHAPTER 02 동명사·to부정사·분사

불패 전략 04 **목적어 자리의 준동사는 동사를 보고 판단하라!** 본책 p.24

1 정답 **living, to ensure**

해설 enjoy는 동명사를 목적어로 취하는 동사이므로 동명사 living이 와야 하고, want는 to부정사를 목적어로 취하는 동사이므로 to부정사 to ensure가 와야 한다.

해석 당신이 당신의 반려동물과 함께 사는 것을 즐기는 동안, 우리는 당신이 당신의 이웃들을 희생하면서 그렇게 하지 않도록 확실히 하고 싶다.

어휘 at the expense of ~을 희생하면서

왼쪽 열:

오답 분석 ① 부사절 접속사(When)로 절과 절이 연결되어 있고, 문장에 부사절의 동사(takes)가 있고 주절의 동사가 필요하므로 동사 observe가 온 것은 적절하다. 명령문은 주어 you를 생략하고 동사원형으로 시작한다. (불패전략 02)

② '포기할 뿐만 아니라 ~ 잃을지도 모른다'라는 의미로, 조동사 (might) 뒤의 동사원형 give와 나열되어야 하므로 동사원형 lose가 온 것은 적절하다. (불패전략 03)

④ 'get accustomed to ~(~하는 데 익숙해지다)'의 to는 전치사이므로 전치사의 목적어 자리에 올 수 있는 동명사 accepting이 온 것은 적절하다. (불패전략 01)

⑤ '과거에 매달리지 않고 강의 흐름을 허용하는 것이다'라는 의미로, to부정사 to cling과 나열되어야 하고, 뒤에 나열되는 to부정사는 to를 생략하고 동사원형만 쓸 수도 있으므로 동사원형 allow가 온 것은 적절하다. (불패전략 03)

해석 당신의 삶에서 중요한 변화가 일어날 때, 그것의 결과에 대한 당신의 반응을 관찰해라. 만약 당신이 그 변화를 받아들이는 것을 거부한다면, 그것은 당신이 무언가를 잃는 것을 두려워하기 때문이다. 아마도 당신은 시간이 지남에 따라 축적된 소유물을 포기할 뿐만 아니라 어렵게 얻은 삶에서의 높은 지위를 잃을지도 모른다. 아마도 그 변화와 함께 당신은 사람이나 장소의 친밀함을 잃으며, 당신이 즐겨왔던 위신이나 특권이 바람처럼 사라진다. 삶에서, 끊임없이 움직이는 강물처럼 이 모든 것들은 잠깐 있다가 없어지고, 다른 것들이 나타나고 또 간다. 그러므로, 우리는 물이 오르든 내려가든 일어나는 대로 삶을 받아들이는 것에 익숙해져야 한다. 저항 없이 보내는 것을 배우는 것은 과거에 매달리지 않고 강의 흐름을 허용하는 것이다. 개선을 만들고 지평을 넓히는 변화들을 허용하는 것이다.

어휘 outcome 결과   possession 소유물   accumulate 축적하다
closeness 친밀함   prestige 위신   privilege 특권
accustom to ~에 익숙해지다   cling to ~에 매달리다
improvement 개선   horizon 지평

12 정답 **⑤ go → going**

해설 ⑤ '식사 시간에 먹고, ~ 시간이 되었을 때 잠자리에 드는 것에 적응했다'라는 의미로, 전치사(to)의 목적어인 동명사 eating에 나열되어야 하므로 go를 동명사 going으로 고쳐야 한다. (불패전략 03)

오답 분석 ① 두 개의 관계대명사 who와 that으로 세 개의 절이 연결되어 있고, 문장에 관계절의 동사(lived, were)만 있고 주절의 동사가 필요하므로 동사 influenced가 온 것은 적절하다. (불패전략 02)

② 부사절 접속사(so that)로 절과 절이 연결되어 있고, 문장에 주절의 동사(had to keep)와 부사절의 동사(could be rung)가 있다. 문맥상 '하루의 7시간을 알리기 위해'라는 의미가 되는 것이 자연스러우므로 부사 역할을 하는 to부정사 to announce가 온 것은 적절하다. (불패전략 02)

③ 문장의 동사(were)가 따로 있으므로 수식어 역할을 하는 분사 wrapped가 온 것은 적절하다. (불패전략 01)

④ 문장의 동사가 필요하므로 동사 led가 온 것은 적절하다. (불패전략 01)

해석 질서와 일상의 전형이었던 수도원에 살았던 수도승들은 기계식 시계의 발명에 영향을 미쳤다. 그들은 기도를 위해 예정된 하루의 7시간을 알리기 위해 일정한 간격으로 수도원의 종이 울릴 수 있도록 정확한 시간을 지켜야 했다. 초기의 시계는 회전하는 북에 감긴 밧줄에 묶인 무거운 물체에 불과했다. 시간은 무게를 준 밧줄의 길이를 관찰함으로써 결정되었다. 17세기에 흔들리는 추의 발견은 시계와 거대한 공공 시계의 광범위한 사용을 이끌었다. 결국, 사람들은 그들의 자연적인 신체 시간보다 시계의 기계적인 시간을 따르기 시작했다. 그들은 배가 고플 때보다는 식사 시간에 먹고, 졸릴 때보다는 시간이 되었을 때 잠자리에 드는 것에 적응했다. 세상이 질서정연해졌다.

어휘 monk 수도승   monastery 수도원   interval 간격

Check up!

1 정답 **to use**

해설 promise는 to부정사를 목적어로 취하는 동사이므로 to부정사 to use가 와야 한다.

해석 그 학생 춤 동아리의 주장은 운동장을 예의 바르게 사용하기로 약속했다.

어휘 respectfully 예의 바르게, 정중하게

2 정답 **lending**

해설 mind는 동명사를 목적어로 취하는 동사이므로 동명사 lending이 와야 한다.

해석 Iris는 비록 그것들을 결코 돌려받지 못하더라도 그녀의 동료들에게 비품들을 빌려주는 것을 개의치 않는다.

3 정답 **to follow**

해설 hope는 to부정사를 목적어로 취하는 동사이므로 to부정사 to follow가 와야 한다.

해석 그 새로운 게임 회사는 더 큰 회사들의 성공을 따라가기를 바란다.

4 정답 **provide**

해설 help는 to부정사 또는 동사원형을 목적어로 취하는 동사이므로 동사원형 provide가 와야 한다.

해석 우리는 이 기부가 우리의 학생들에게 최고의 교육을 제공하도록 돕기를 바란다.

어휘 donation 기부

5 정답 **coming**

해설 '(과거에) 온 것을 후회하다'라는 의미이므로 동사 regretted 뒤에 동명사 목적어 coming이 와야 한다.

해석 한 연구는 이민자들의 3분의 1이 미국에 온 것을 후회한다고 밝혔다.

어휘 reveal 밝히다 immigrant 이민자

6 정답 **taking**

해설 deny는 동명사를 목적어로 취하는 동사이므로 동명사 taking이 와야 한다.

해석 보안 카메라의 증거에도 불구하고, 그 직원은 돈을 가져간 것을 부인했다.

어휘 deny 부인하다

7 정답 **to waste**

해설 afford는 to부정사를 목적어로 취하는 동사이므로 to부정사 to waste가 와야 한다.

해석 기후학자들은 우리가 지금 큰 변화가 필요한지를 논쟁하는데 시간을 낭비할 여유가 없다고 걱정했다.

어휘 climatologist 기후학자

PRACTICE

본책 p.25

01 정답 **to justify → justifying**

해설 avoid는 동명사를 목적어로 취하는 동사이므로 to justify를 동명사 justifying으로 고쳐야 한다.

해석 공부하려는 당신 자신의 의지가 아닌 다른 요인들에 책임을 돌림으로써 과거 또는 미래의 좋지 못한 시험 성적을 정당화하는 것을 피해라.

어휘 performance 성적, 성과 willingness 의지

02 정답 **to spin → spinning**

해설 stop은 동명사를 목적어로 취하는 동사이므로 to spin을 동명사 spinning으로 고쳐야 한다. stop 뒤에 to부정사가 올 때는 '~하기 위해 (하던 일을) 멈추다'라는 의미이다.

해석 지구가 9999년에 자전하는 것을 멈출 것이라는 믿음과 같은 몇몇 종류의 믿음들은 진위에 대해 시험될 수 없다.

어휘 spin on one's axis 자전하다

03 정답 **pointing → to point**

해설 decide는 to부정사를 목적어로 취하는 동사이므로 pointing을 to부정사 to point로 고쳐야 한다.

해석 갈릴레오는 나중에 망원경으로 명명된 점점 더 나은 소형 망원경을 만들면서, 그것을 달에 가리키기로 결심했다.

어휘 spyglasses (휴대용) 소형 망원경

04 정답 **to practice → practicing**

해설 keep은 동명사를 목적어로 취하는 동사이므로 to practice를 동명사 practicing으로 고쳐야 한다.

해석 그 높이뛰기 선수는 열심히 연습하는 것을 계속했고 그녀의 대학 시절 동안 여러 대회들에서의 그녀의 성과로 주목받았다.

어휘 high jumper 높이뛰기 선수 achievement 성과

05 정답 **② questioning → to question**

해설 ① '제한하려고 노력하다'라는 의미로 try 뒤에 to부정사 목적어 to limit이 온 것은 적절하다.

② '질문하기 위해 잠시 멈추다'라는 의미인 것이 자연스러우므로 stop 뒤에 questioning을 to부정사 to question으로 고쳐야 한다. 이때 to question은 목적어가 아니라 부사 역할을 한다.

해석 우리는 우리의 편견을 완전히 없앨 수 없다는 것을 알기 때문에, 그것들이 우리의 결정과 판단에 미칠 수 있는 해로운 영향을 제한하려고 노력해야 한다. 만약 당신이 편견이 있다고 느낀다면, 당신은 왜 당신이 이런 방식으로 행동하고 있는지에 대해 질문하기 위해 잠시 멈춰야 한다.

어휘 eliminate 없애다 bias 편견 prejudiced 편견이 있는

06 정답 **② to serve → serving**

해설 ① choose는 to부정사를 목적어로 취하는 동사이므로 to부정사 to concentrate가 온 것은 적절하다.

② finish는 동명사를 목적어로 취하는 동사이므로 to serve를 동명사 serving으로 고쳐야 한다.

해석 Patricia Bath은 안과학에 집중하기로 선택했는데, 이는 눈의 질병과 장애를 대상으로 하는 의학의 분야이다. 그녀는 1973년에 뉴욕 대학교에서 레지던트로 근무하는 것을 마쳤으며, 그렇게 한 최초의 아프리카계 미국인이었다.

어휘 ophthalmology 안과학 disorder 장애

07 정답 **(1) ⓐ recognizing → to recognize**

(2) fail to realize the impact of a bias and quit seeing things

해설 (1) ⓐ '(미래에) 인식할 것을 기억한다'라는 의미이므로 remember 뒤에 to부정사 목적어가 와야 한다. 따라서 recognizing을 to부정사 to recognize로 고쳐야 한다.

ⓑ '편견에 굴복하는 것을 멈추다'라는 의미이므로 stop 뒤에 동명사 giving이 온 것은 적절하다.

(2) fail은 to부정사를 목적어로 취하는 동사이므로 to부정사 to realize를 쓴다. quit는 동명사를 목적어로 취하는 동사이므로 동명사 seeing을 쓴다.

해석 우리는 항상 우리의 인지 편향을 인식할 것을 기억하고 그것들을 극복할 의식적인 선택을 해야 한다. 우리는 때때로 편향의 영향을 깨닫는 것에 실패하고 대상들을 객관적으로 보는 것을 그만둔다. 그러나, 우리는 우리가 가지고 있는 편견에 굴복하는 것을 멈출 힘을 정말 가지고 있다.

어휘 cognitive bias 인지 편향   conscious 의식적인, 인식하는   overcome 극복하다   objectivity 객관성

불패전략 05 목적격보어 자리의 준동사는 동사와 목적어를 보고 판단하라!

본책 p.26

1 정답 **to repeat**

해설 목적어 the possessor가 '남에게 말하는' 행위의 주체이고 tempt가 to부정사를 목적격보어로 취하는 동사이므로 to부정사 to repeat이 와야 한다.

해석 다른 사람의 개인적인 일에 대한 정보는 이 정보의 소유자가 그것을 소문거리로 남에게 말하도록 유혹할 수 있다.

어휘 tempt 유혹하다   repeat 남에게 말하다

Check up!

1 정답 **to look**

해설 목적어 the salaries가 '보이는' 행위의 주체이고 cause가 to부정사를 목적격보어로 취하는 동사이므로 to부정사 to look이 와야 한다.

해석 대학 스포츠 코치들의 엄청난 임금은 대학 총장들의 급여를 적어 보이게 할 수 있다.

어휘 enormous 엄청난   wage 임금

2 정답 **motivated**

해설 목적어 me가 '동기를 부여하는' 행위의 대상이므로 과거분사 motivated가 와야 한다.

해석 나의 최종 목표에 대해 지속적으로 생각하는 것은 내가 나의 일에 동기가 부여되는 것을 유지하는 것이다.

어휘 continuously 지속적으로   motivate 동기를 부여하다

3 정답 **know**

해설 목적어 you가 '아는' 행위의 주체이고 let이 동사원형을 목적격보어로 취하는 동사이므로 동사원형 know가 와야 한다.

해석 당신은 수요일에만 당신의 재활용 쓰레기를 버릴 수 있다는 것을 알려드립니다.

어휘 put out 버리다, 내다 놓다

4 정답 **stick**

해설 목적어 stubborn individuals가 '고수하는' 행위의 주체이고 help가 to부정사 또는 동사원형을 목적격보어로 취하는 동사이므로 동사원형 stick이 와야 한다.

해석 고집스러운 개인이 새로운 관행을 고수하도록 돕는 것은 매우 어려운 일이다.

어휘 stubborn 고집스러운   practice 관행

5 정답 **wondering**

해설 목적어 employees가 '궁금해하는' 행위의 주체이고 leave가 현재분사를 목적격보어로 취하는 동사이므로 현재분사 wondering이 와야 한다.

해석 그 발표가 불분명했기 때문에, 매니저는 직원들이 정책 변경에 대해 궁금해하게 했다.

어휘 announcement 발표   policy 정책

6 정답 **to locate**

해설 목적어 it(each animal species)이 '찾는' 행위의 주체이고 enable이 to부정사를 목적격보어로 취하는 동사이므로 to부정사 to locate가 와야 한다.

해석 각 동물 종의 특정한 유전적 특징은 그것이 냄새의 근원을 찾을 수 있도록 할 것이다.

어휘 genetics 유전적 특징, 유전학

7 정답 **wear**

해설 목적어 college students가 '입는' 행위의 주체이고 have가 동사원형을 목적격보어로 취하는 동사이므로 동사원형 wear가 와야 한다.

해석 Timothy Lawson은 대학생들이 친구 집단을 만나기 전에 인기 있는 큰 로고가 앞면에 있는 셔츠를 입도록 함으로써 스포트라이트 효과를 탐구했다.

PRACTICE

본책 p.27

01 정답 **make → to make**

해설 목적어 us가 '결정을 하는' 행위의 주체이고 lead가 to부정사를 목적격보어로 취하는 동사이므로 make를 to부정사 to make로 고쳐야 한다.

해석 현재의 시장 동향에만 의존하는 것은 우리가 국가 경제 정책, 우리 자신의 경력, 그리고 훨씬 더 많은 것들에 대한 모든 종류의 잘못된 결정을 하게 한다.

어휘 rely on ~에 의존하다   national 국가의

02 정답 **O**

해설 목적어 your spirit이 '기운을 돋우는' 행위의 대상이므로 과거분사 lifted가 온 것은 적절하다.

해석 마음을 따뜻하게 하는 이야기를 당신의 냉장고나 직장과 같이 당신이 그것을 가장 필요로 하는 곳에 붙여서, 당신이 그것을 볼 때마다 기운이 돋아지는 것을 느껴라.

어휘 heartwarming 마음을 따뜻하게 하는   spirit 기운   lift (기운을) 돋우다

03 정답 **understood → understand**

해설 목적어 global leaders가 '이해하는' 행위의 주체이고 make가 동사원형을 목적격보어로 취하는 동사이므로 understood를 동사원형 understand로 고쳐야 한다.

해석 그 분석가들로부터의 경고는 세계 지도자들이 변화에 대한 긴급성을 이해하게 했다.

어휘 analyst 분석가   urgency 긴급성

04 정답 **to fire → fired**

해설 목적어 an airline worker가 '해고하는' 행위의 대상이므로 to fire를 과거분사 fired로 고쳐야 한다.

해석 공항에서 일하는 동안 안전 규정을 따르는 데 실패하는 것은 항공사 직원이 해고되게 할 수도 있다.

어휘 protocol 규정

05 정답 ① **to separate → separated**

해설 ① 목적어 airspace가 '분리하는' 행위의 대상이므로 to separate를 과거분사 separated로 고쳐야 한다.

② 목적어 some flights가 '통과하는' 행위의 주체이고 allow가 to부정사를 목적격보어로 취하는 동사이므로 to부정사 to pass가 온 것은 적절하다.

해석 비행기는 공항 터미널 통제 구역에 들어갈 때 교통 관제사에 의해 영공이 수직으로 분리되도록 할 것이다. 항공기의 위아래 분리는 다른 과정들이 아래에서 발생하는 동안 몇몇 항공편들이 공항 위로 통과하도록 한다.

어휘 airspace 영공 vertically 수직으로 separation 분리 process 과정

06 정답 ① crossed → cross

해설 ① 목적어 them(children)이 '지우는' 행위의 주체이고 let이 동사원형을 목적격보어로 취하는 동사이므로 crossed를 동사원형 cross로 고쳐야 한다.
② 목적어 it(아이들에게 달력을 주고 하루하루 지남에 따라 그들이 날짜들을 지우도록 하는 것)이 '보여주는' 행위의 주체이고 find가 현재분사를 목적격보어로 취하는 동사이므로 현재분사 showing이 온 것은 적절하다.

해석 아이들에게 달력을 주고 하루하루 지남에 따라 그들이 날짜들을 지우도록 해라. 당신은 그것이 아이들에게 시간이 일정에 따라 흘러가는 방식을 보여주는 것을 발견할 것이다.

어휘 cross off ~을 지우다

07 정답 (1) ⓑ turn → turned
(2) get Melanie to take professional lessons to help her polish her skills

해설 (1) ⓐ 목적어 her daughter가 '춤추는' 행위의 주체이고 see는 동사원형 또는 현재분사를 목적격보어로 취하는 동사이므로 현재분사 dancing이 온 것은 적절하다.
ⓑ 목적어 the basement가 '바꾸는' 행위의 대상이므로 turn을 과거분사 turned로 고쳐야 한다.
(2) 목적어 Melanie가 '수업을 듣는' 행위의 주체이고 get은 to부정사를 목적격보어로 취하는 동사이므로 to부정사 to take를 쓴다. 목적어 her(Melanie)가 '기술을 다듬는' 행위의 주체이고 help는 to부정사 또는 동사원형을 목적격보어로 취하는 동사이지만, 12단어로 써야 하므로 to를 생략하고 동사원형 polish를 쓴다.

해석 Melanie의 어머니는 그녀의 딸이 결점 없는 스텝과 발레리나의 열정을 갖고 춤추는 것을 보았다. 그녀는 지하실을 연습실로 바꾸게 해서 Melanie가 연습할 수 있도록 했다. 그녀는 마음속으로 "나는 그녀가 그녀의 기술을 다듬도록 돕기 위해 Melanie가 전문 수업을 듣게 해야 해."라고 생각했다.

어휘 flawless 결점 없는 enthusiasm 열정, 열광 basement 지하실 polish 다듬다

불패 전략 06 동명사/to부정사의 능·수동은 주어를 보고 판단하라!

본책 p.28

1 정답 being regarded

해설 주어 planting trees가 '간주하는' 행위의 대상이므로 동명사의 수동형인 being regarded가 와야 한다.

해석 영국 귀족들에게, 나무를 심는 것은 애국적인 행동으로 간주되는 이점이 있었다.

어휘 aristocrat 귀족 patriotic 애국적인

2 정답 take

해설 to부정사의 의미상 주어 for genetic variants의 genetic variants

가 '장악하는' 행위의 주체이므로 to 뒤에 to부정사의 능동형을 만드는 동사원형 take가 와야 한다.

해석 어떤 경우에는, 굶주림은 유전적 변종들이 종의 개체군을 장악하도록 상황을 조성한다.

어휘 starvation 굶주림 genetic 유전적인 variant 변종, 변형

Check up!

1 정답 be repaired

해설 주어 a lot of the parts of the machinery가 '수리하는' 행위의 대상이므로 to 뒤에 to부정사의 수동형을 만드는 be repaired가 와야 한다.

해석 관리자는 기계의 많은 부품들이 상당히 마모되었고 수리되어야 한다는 것을 깨달았다.

어휘 realize 깨닫다 machinery 기계 significantly 상당히

2 정답 teleworkers, being left

해설 동명사의 의미상 주어 teleworkers가 '배제하는' 행위의 대상이므로 동명사의 수동형인 being left가 와야 한다.

해석 재택근무자들이 배제되는 것의 우려는 기업들이 그들과 더 자주 소통하도록 이끌 것이다.

어휘 teleworker 재택근무자

3 정답 of him, send

해설 to부정사의 의미상 주어 of him의 him이 '보내는' 행위의 주체이므로 to 뒤에 to부정사의 능동형을 만드는 동사원형 send가 와야 한다.

해석 그가 그의 모든 동료들에게 명절 인사를 보낸 것은 사려 깊었다.

어휘 considerate 사려 깊은

4 정답 have contained

해설 '산소를 포함하는 것'이 동사 seems보다 앞서 일어난 일을 나타내므로 to 뒤에 to부정사의 완료형을 만드는 have contained가 와야 한다.

해석 가장 오래된 것으로 알려진 식물 세포들이 진화했을 때, 대기는 산소를 거의 포함하지 않았던 것으로 보인다.

어휘 oxygen 산소

5 정답 more and more young adults, eating

해설 동명사의 의미상 주어 more and more young adults가 '먹는' 행위의 주체이므로 동명사의 능동형인 eating이 와야 한다.

해석 연구들은 집에서든 집 밖 식당에서든 점점 더 많은 청년들이 혼자 먹는다고 보고한다.

6 정답 make

해설 주어 old ones가 '만드는' 행위의 주체이므로 to 뒤에 to부정사의 능동형을 만드는 동사원형 make가 와야 한다.

해석 우리가 성장함에 따라, 우리는 새로운 사실들을 끊임없이 배우고 있고, 오래된 것들은 그것들을 위해 길을 만들어주기 위해 우리의 기억에서 떨어져 나가야 한다.

어휘 constantly 끊임없이 drop out 떨어져 나가다

7 정답 his, being awarded

해설 동명사의 의미상 주어 his가 '수여하는' 행위의 대상이므로 동명사의 수동형 being awarded가 와야 한다.

해석 심판들은 그가 대회의 메달을 수여받는 것에 반대했고, 그 뒤에 그것을 빼앗았다.

어휘 competition 대회 subsequently 그 뒤에

01 정답 **forcing → being forced**

해설 주어 People이 '강요하는' 행위의 대상이므로 forcing을 동명사의 수동형인 being forced로 고쳐야 한다.

해설 사람들은 다른 개인이 하는 개인적인 선택 때문에 식당에서 담배 연기를 들이마시도록 강요되는 것을 싫어한다.

어휘 tobacco 담배

02 정답 **be taken → take**

해설 주어 they(professional athletes)가 '취하는' 행위의 주체이므로 to 뒤에 be taken을 to부정사의 능동형을 만드는 동사원형 take로 고쳐야 한다.

해석 프로 운동선수들이 과정에 집중하는 것이 의미하는 바는 그들이 그들의 원하는 결과를 성취하기 위해 그들이 취해야 할 행동에 집중한다는 것이다.

어휘 athlete 운동선수 desired 원하는, 바랐던

03 정답 **O**

해설 동명사의 의미상 주어 her(Paula)가 '두려워하는' 행위의 주체이므로 동명사의 능동형인 being이 온 것은 적절하다.

해석 Paula가 뱀을 무서워한다는 사실은 그녀가 높은 곳, 물, 개, 혹은 숫자 13을 두려워한다는 것과는 아무 상관이 없다.

어휘 height 높은 곳

04 정답 **approve → be approved**

해설 to부정사의 의미상 주어 for a new drug의 a new drug가 '승인하는' 행위의 대상이므로 to 뒤에 approve를 to부정사의 수동형을 만드는 be approved로 고쳐야 한다.

해석 제약회사들은 대중에게 그것을 팔 수 있기 전에 신약이 FDA에 의해 승인되는 것을 기다려야 한다.

어휘 pharmaceutical 제약의

05 정답 **② raise → be raised**

해설 ① 동명사의 의미상 주어 potassium이 '역할을 하는' 행위의 주체이므로 동명사의 능동형인 playing이 온 것은 적절하다.
② to부정사의 의미상 주어 for nutrients의 nutrients가 '끌어올리는' 행위의 대상이므로 to 뒤에 raise를 to부정사의 수동형을 만드는 be raised로 고쳐야 한다.

해석 밀의 마그네슘 함량의 감소는 부분적으로 칼륨이 흡수에 대한 차단제 역할을 하는 것 때문이다. 따라서, 몇몇 농부들은 영양소가 허용 가능한 수준까지 끌어올려지도록 토양에 마그네슘 비료를 사용하고 있다.

어휘 magnesium 마그네슘 potassium 칼륨 blocker 차단제 absorption 흡수 acceptable 허용 가능한

06 정답 **② enlightening → being enlightened**

해설 ① '편견을 가지고 행동한 것'이 동사 is reported보다 앞서 일어난 일을 나타내므로 to 뒤에 to부정사의 완료형을 만드는 have acted가 온 것은 적절하다.
② 주어 his actions가 '계몽하는' 행위의 대상이므로 enlightening을 동명사의 수동형인 being enlightened로 고쳐야 한다.

해석 그 남자는 편견을 가지고 행동했었다고 보도되지만, 아무도 그를 비난할 권리를 가지고 있지 않다. 모든 사람은 무의식적으로 항상 자동적으로 분류하고 일반화하므로, 그의 행동은 계몽되는 것의 문제가 아니다.

어휘 prejudice 편견 blame 비난하다 automatically 자동적으로

unconsciously 무의식적으로 enlighten 계몽하다, 교화하다

07 정답 **(1) ⓐ use → be used**
(2) through the repeated process of organisms eating and being eaten

해설 (1) ⓐ 주어 grass가 '사용하는' 행위의 대상이므로 to 뒤에 use를 to부정사의 수동형을 만드는 be used로 고쳐야 한다.
ⓑ to부정사의 의미상 주어 for animals의 animals가 '얻는' 행위의 주체이므로 to 뒤에 to부정사의 능동형을 만드는 get이 온 것은 적절하다.
(2) 동명사의 의미상 주어 organisms는 '먹는' 행위의 주체인 동시에 대상이므로, 동명사의 능동형인 eating과 동명사의 수동형인 being eaten을 써서 '먹고 먹히는'이라는 맥락을 만든다.

해석 야생에서, 풀은 토끼에 의해 먹히고 토끼는 차례로 여우에 의해 먹힌다. 그러므로, 풀은 궁극적으로 여우가 사냥할 때 에너지로 사용될 것이다. 이것은 먹이사슬이라고 불리는데, 이는 생물들이 먹고 먹히는 반복되는 과정을 통해 에너지가 이동하는 방법을 의미한다. 만약 먹이사슬이 더 짧으면 동물들이 더 큰 에너지를 얻는 것이 가능하다.

어휘 ultimately 궁극적으로 food chain 먹이사슬 transfer 이동하다 organism 생물

불패 07 수식받는 대상과의 관계를 보고 현재분사와 과거분사를 구별하라!
본책 p.30

1 정답 **associated**

해설 수식받는 명사 the restrictions가 '연관 짓는' 행위의 대상이므로 과거분사 associated가 와야 한다.

해석 그들 자신에게 실험을 하는 과학자들은 다른 사람들에게 실험하는 것과 연관된 제약을 피할 수 있다.

어휘 experiment 실험 restriction 제약 associate 연관 짓다

Check up!

1 정답 **the time, spent**

해설 수식받는 명사 the time이 '보내는' 행위의 대상이므로 과거분사 spent가 와야 한다.

해석 그들의 환자들과 함께 보내지는 시간이 꽤 중요하기 때문에, 병원 의사들은 모든 환자를 매일 최소한 10분 동안 보려고 노력한다.

2 정답 **most, used**

해설 수식받는 대명사 most가 '사용하는' 행위의 대상이므로 과거분사 used가 와야 한다.

해석 대부분이 대도시와 교외 지역에서 사용되는 채로, 결제 앱들은 현금과 신용카드를 꾸준히 대체하고 있다.

어휘 payment 결제 steadily 꾸준히 suburban 교외의

3 정답 **waves, moving**

해설 수식받는 명사 waves가 '다가오는' 행위의 주체이므로 현재분사 moving이 와야 한다.

해석 쓰나미 동안 개인들은 그들에게 다가오는 파도를 감지할 수 없기 때문에, 갑자기 몰려드는 물에 의해 갑자기 압도될 수 있다.

어휘 tsunami 쓰나미 overwhelmed 압도된

4 정답 **patients, neglected**

해설 수식받는 명사 patients가 '등한시하는' 행위의 대상이므로 과거분

사 neglected가 와야 한다.

해석 반려동물은 등한시되거나 만성적으로 아픈 환자들의 치료에서 중요하다.

어휘 treatment 치료 neglect 등한시하다, 방치하다
chronically 만성적으로

5 정답 **a generous man, dealing**

해설 수식받는 명사 a generous man이 '다루는' 행위의 주체이므로 현재분사 dealing이 와야 한다.

해석 나의 아빠는 그들에게 주어진 무조건적인 사랑에 감사하지 않는 무책임한 아이들을 다루는 관대한 사람이었다.

어휘 deal with ~을 다루다 irresponsible 무책임한
unconditional 무조건적인

6 정답 **something, approaching**

해설 수식받는 대명사 something이 '근접하는' 행위의 주체이므로 현재분사 approaching이 와야 한다.

해석 찬가들은 종종 충성심과 정체성의 표현이며 지역 예술 형식에 근접하는 무언가의 수준에 도달했다.

어휘 anthem 찬가, 송가 loyalty 충성심 identity 정체성

7 정답 **the nonhuman creatures, inhabiting**

해설 수식받는 명사 the nonhuman creatures가 '서식하는' 행위의 주체이므로 현재분사 inhabiting이 와야 한다.

해석 그들의 세계에 서식하는 인간 이외의 생명체에 대한 초기 인류의 시각적 집착은 대단히 의미 있다.

어휘 preoccupation 집착 inhabit 서식하다 profoundly 대단히
meaningful 의미 있는

PRACTICE

본책 p.31

01 정답 **specializing → specialized**

해설 수식받는 명사 brain cells가 '전문화하는' 행위의 대상이므로 specializing을 과거분사 specialized로 고쳐야 한다.

해석 우리의 에너지의 약 3/4은 우리의 생각을 생성하기 위해 광대한 네트워크에서 소통하는 전문화된 뇌세포에 쓰인다.

어휘 expend 쓰다, 들이다 generate 생성하다

02 정답 **doing → done**

해설 수식받는 대명사 something(Being born)이 '행하는' 행위의 대상이므로 doing을 과거분사 done으로 고쳐야 한다.

해석 태어나는 것은 나에게 행해진 무언가이지만, 나 자신의 삶은 내가 문장의 의미를 처음 이해했을 때 시작되었다.

03 정답 **O**

해설 문맥상 '득점 기회(득점을 위한 기회)'라는 의미로 「동명사 + 명사」 형태의 복합명사가 와야 하므로 동명사 scoring이 온 것은 적절하다.

해석 팀들이 경기장 위에서 다른 수의 선수들을 보유하는 이 시기는, 더 수가 많은 팀에게 훌륭한 득점 기회를 제공한다.

04 정답 **unsuspected → unsuspecting**

해설 수식받는 명사 "normal" host bee가 '의심하지 않는' 행위의 주체이므로 unsuspected를 현재분사 unsuspecting으로 고쳐야 한다.

해석 도둑질하는 벌들은 의심하지 않는 평범한 숙주벌의 둥지에 몰래 들어가고 숙주벌에 의해 모아진 화분괴 근처에 알을 낳는다.

어휘 sneak into 몰래 들어가다 unsuspecting 의심하지 않는
lay 알을 낳다 pollen mass 화분괴

05 정답 **① educating → educated**

해설 ① 수식받는 명사 artists가 '교육하는' 행위의 대상이므로 educating을 과거분사 educated로 고쳐야 한다.
② 문맥상 '포장 상자(포장하는 용도의 상자)'라는 의미로 「동명사 + 명사」 형태의 복합명사가 와야 하므로 동명사 packaging이 온 것은 적절하다.

해석 우리는 제품 디자인 분야에서 고등 교육을 받은 세계 진출 준비가 된 아티스트들을 찾고 있습니다. 대회에서 우리의 새로운 녹차 제품의 포장 상자를 디자인할 기회를 잡으세요!

어휘 look for ~을 찾다

06 정답 **② battled → battling**

해설 ① 수식받는 명사 emotions가 '계속되는' 행위의 주체이므로 현재분사 Persisting이 온 것은 적절하다.
② 수식받는 명사 these counter-forces가 '싸우는' 행위의 주체이므로 battled를 현재분사 battling으로 고쳐야 한다.

해석 계속되는 감정들은 우리가 그것들을 드러내고 감추려고 동시에 노력하기 때문에 딜레마이다. 이러한 대항 세력들이 우리 내부에서 싸우고 있는 채로, 우리는 우리가 소통하는 것을 완전히 통제할 수 없다.

어휘 simultaneously 동시에 reveal 드러내다 conceal 감추다
counter-force 대항 세력

07 정답 **(1) ⓑ abandoning → abandoned**
(2) With her heart pounding like a hammer, she started swimming

해설 (1) ⓐ 수식받는 명사 the dog가 '첨벙거리는' 행위의 주체이므로 현재분사 splashing이 온 것은 적절하다.
ⓑ 수식받는 명사 puppy가 '버리는' 행위의 대상이므로 abandoning을 과거분사 abandoned로 고쳐야 한다.
(2) with로 시작해야 하므로 「with + 명사 + 분사」 구조로 쓴다. 수식받는 명사 her heart가 '쿵쿵거리는' 행위의 주체이므로 현재분사 pounding을 쓴다. start는 목적어로 동명사와 to부정사를 모두 취할 수 있지만 10단어로 써야 하므로 동명사 swimming을 쓴다.

해석 밖에서 산책하던 중에, Megan은 호수 한가운데에서 첨벙거리는 개를 발견했다. 처음에, 그녀는 그가 놀고 있다고 생각했다. 그리고 나서, 그녀는 주인이 없으며 그 버려진 강아지는 심각한 곤경에 처해 있다는 것을 깨달았다. 그녀의 심장이 망치처럼 쿵쿵거리는 채로, 그녀는 그 개를 향해 헤엄치기 시작했다.

어휘 splash 첨벙거리다 abandoned 버려진 pound 쿵쿵거리다

불패
전략 **08** 분사구문의 현재분사·과거분사는 분사구문의 주어를 보고 판단하라!

본책 p.32

1 정답 **causing**

해설 분사구문의 의미상 주어 a severe disease가 '발생시키는' 행위의 주체이므로 현재분사 causing이 와야 한다.

해석 최근에, 심각한 질병이 아시아 국가들을 강타하여, 수백 명의 사망자를 발생시켰다.

어휘 severe 심각한

2 정답 **set**

해설 분사구문의 주어 its symbols가 '놓는' 행위의 대상이므로 과거분사 set이 와야 한다.

해석 수메르의 쐐기 문자는 선형적 쓰기 체계로, 그것의 기호들은 보통 세로 행으로 놓인다.

어휘 cuneiform 쐐기 문자 linear 선형의 column 세로 행

Check up!

1 정답 **law enforcement officers, criticized**

해설 분사구문의 의미상 주어 law enforcement officers가 '비판하는' 행위의 대상이므로 과거분사 criticized가 와야 한다.

해석 적대적인 항의자들에 의해 비판받을 때, 법 집행관들은 침착하게 유지해야 한다.

어휘 hostile 적대적인 protestor 항의자 law enforcement 법 집행

2 정답 **its mother cell, producing**

해설 분사구문의 의미상 주어 its mother cell이 '생성하는' 행위의 주체이므로 현재분사 producing이 와야 한다.

해석 세포는 그것의 모세포가 분열하며 두 개의 딸 세포를 생성할 때 쌍둥이로 태어난다.

어휘 mother cell 모세포 divide 분열하다, 나누다

3 정답 **the teachers, Hired**

해설 분사구문의 의미상 주어 the teachers가 '고용하는' 행위의 대상이므로 과거분사 Hired가 와야 한다.

해석 특별한 도움이 필요한 아이들을 위해 고용되었기 때문에, 그 교사들은 독특한 수업 계획을 세워야 할 뿐만 아니라 참을성 있고 온화해야 한다.

어휘 unique 독특한 gentle 온화한

4 정답 **The village, situated**

해설 분사구문의 주어 The village가 '위치하는' 행위의 대상이므로 과거분사 situated가 와야 한다.

해석 그 마을은 문명과 멀리 떨어진 산꼭대기에 위치되어 있는데, 그곳의 사람들은 여전히 아무런 기술 없이 번영한다.

어휘 civilization 문명 thrive 번영하다

5 정답 **Advanced musicians, practicing**

해설 분사구문의 의미상 주어 Advanced musicians가 '연습하는' 행위의 주체이므로 현재분사 practicing이 와야 한다.

해석 숙련된 음악가들은 새로운 곡을 연습할 때 음악의 음조와 분위기에 대한 분명한 생각을 갖는다.

어휘 tone 음조

6 정답 **a number of efficiency experts, Advertising**

해설 분사구문의 의미상 주어 a number of efficiency experts가 '광고하는' 행위의 주체이므로 현재분사 Advertising이 와야 한다.

해석 모든 종류의 새로운 사업에 대해 아는 것이 많다고 그들 자신을 광고하면서, 많은 효율성 전문가들이 런던에 사무소를 차렸다.

어휘 efficiency 효율성

7 정답 **its modern variation, rejected**

해설 분사구문의 주어 its modern variation이 '거부하는' 행위의 대상이므로 과거분사 rejected가 와야 한다.

해석 거의 모든 문화권에서 오랫동안 행해져 온 게임인 줄다리기는, 그것을 둘러싼 많은 논란들 때문에 그것의 현대 변형이 1920년에 올림픽에서 거부되었는데, 미래에 다시 돌아올지도 모른다.

어휘 tug of war 줄다리기 variation 변형 controversy 논란

PRACTICE
본책 p.33

01 정답 **accepted → accepting**

해설 분사구문의 의미상 주어 you가 '받아들이는' 행위의 주체이므로 accepted를 현재분사 accepting으로 고쳐야 한다.

해석 출생 순서는 가족 내에서 당신의 역할을 규정할 수 있지만, 당신은 다른 사회적 역할들을 받아들이면서, 성인기로 성숙한다.

어휘 birth order 출생 순서

02 정답 **asking → asked**

해설 분사구문의 의미상 주어 people이 '요청하는' 행위의 대상이므로 asking을 과거분사 asked로 고쳐야 한다.

해석 그들이 읽었던 것을 기억해 내라고 요청받았을 때, 사람들은 등장인물에 대한 묘사를 그것이 실제로 그랬던 것보다 더 긍정적으로 기억했다.

어휘 description 묘사

03 정답 **O**

해설 분사구문의 주어 some(Organisms living in the deep sea)이 '구성되는' 행위의 주체이므로 현재분사 consisting이 온 것은 적절하다.

해석 심해에서 사는 생물들은 그들의 몸에 물을 저장함으로써 높은 압력에 적응해왔는데, 몇몇은 거의 전부 물로 구성된다.

어휘 adapt to ~에 적응하다

04 정답 **Delivered → Delivering**

해설 분사구문의 의미상 주어 the media가 '전달하는' 행위의 주체이므로 Delivered를 현재분사 Delivering으로 고쳐야 한다.

해석 대중들에게 모호한 답변을 주기 때문에, 언론은 건강에 관해서 확실성에 대한 대중의 요구를 충족시키지 못한다.

어휘 vague 모호한 demand 욕구

05 정답 **② made → making**

해설 ① 분사구문의 의미상 주어 modern washers가 '비교하는' 행위의 대상이므로 과거분사 Compared가 온 것은 적절하다.
② 분사구문의 의미상 주어 The machines가 '만드는' 행위의 주체이므로 made를 현재분사 making으로 고쳐야 한다.

해석 굴림대를 통해 옷을 넣음으로써 여분의 물을 짜낸 옛날의 세탁기와 비교되면, 현대의 세탁기는 역시 전기적, 기계적인 경이이다. 그 기계는 전기에 의해 움직이는 벨트와 모터의 도입과 함께 변혁되어, 빨래하는 날을 훨씬 덜 힘든 일로 만들었다.

어휘 squeeze out ~을 짜내다 excess 여분의, 초과한
phenomenon 경이, 현상 chore 힘든[하기 싫은] 일

06 정답 **② building → built**

해설 ① 분사구문의 의미상 주어 oxygen free radicals가 '방어하는' 행위의 주체이므로 현재분사 defending이 온 것은 적절하다.
② 분사구문의 의미상 주어 These fierce radicals가 '구축하는' 행위의 대상이므로 building을 과거분사 built로 고쳐야 한다.

해석 몸에 들어오는 해로운 유기체에 맞서 방어하는 동안, 활성 산소는 또한 세포를 파괴하는 능력을 가진다. 이 맹렬한 과격파들은, 보호자와 복수자 둘 다로서 삶에 구축되어 있으며, 노화의 강력한 요인이다.

어휘 defend 방어하다 oxygen free radical 활성 산소
capability 능력 fierce 맹렬한 radical 과격파, 급진파의

potent 강력한

07 정답 **(1) ⓐ Provided → Providing**
(2) a scholarship fund set up for those with special financial needs

해설 (1) ⓐ 분사구문의 의미상 주어 the journalist program이 '제공하는' 행위의 주체이므로 Provided를 현재분사 Providing으로 고쳐야 한다.
ⓑ 분사구문의 의미상 주어 you가 '아는' 행위의 주체이므로 현재분사 knowing이 온 것은 적절하다.
(2) 분사구문의 의미상 주어가 주절의 주어(Students' tuition)와 다르므로 분사구문 앞에 의미상 주어 a scholarship fund를 쓴다. 분사구문의 주어가 '조성하는' 행위의 대상이므로 과거분사 set을 쓴다.

해석 젊은 작가들에게 중요한 경험을 제공하기 때문에, 우리 학교에 의해 운영되는 저널리즘 프로그램은 훌륭하다. 장학 기금이 특별한 재정적 필요성을 가진 사람들을 위해 조성되었기 때문에, 이 프로그램을 위해 학생들의 수업료가 지원된다. 만약 당신이 우리 기금에 기여한다면, 당신은 이 업계의 미래의 리더 형성을 지원한다는 것을 알며 좋은 기분이 들 것이다.

어휘 tuition 수업료 scholarship 장학 기금
contribute to ~에 기여하다 formation 형성 profession 업계

불패 전략 09 감정을 일으키면 현재분사, 감정을 느끼면 과거분사를 쓴다! 본책 p.34

1 정답 **humiliating**
해설 주어 it(The data)이 '굴욕감을 주는' 행위의 주체이므로 현재분사 humiliating이 와야 한다.
해석 우리가 인터넷에서 찾는 우리 자신에 대한 데이터는 종종 거짓일 수 있다. 또는, 그것은 사실이지만 매우 굴욕감을 줄 수도 있다.
어휘 deeply 매우 humiliate 굴욕감을 주다

Check up!

1 정답 **relaxed**
해설 주어 We가 '느긋하게 하는' 행위의 대상이므로 과거분사 relaxed가 와야 한다.
해석 우리는 조금 더 느긋해져야 하고 우리의 일이 우리의 삶을 장악하도록 하지 않아야 한다.

2 정답 **fascinated**
해설 분사구문의 의미상 주어 Nikola Tesla가 '매료하는' 행위의 대상이므로 과거분사 fascinated가 와야 한다.
해석 전선 없이 전류를 전송하는 것에 매료되어, Nikola Tesla는 현대 전기 공급 시스템의 원형을 설계했다.
어휘 prototype 원형 transmit 전송하다

3 정답 **boring**
해설 수식받는 명사 sister가 '지루하게 하는' 행위의 주체이므로 현재분사 boring이 와야 한다.
해석 매우 모험심이 강하고 외향적이었던 그녀의 언니와 비교하여, Olivia는 항상 지루하게 하는 여동생으로 알려져 있었다.
어휘 adventurous 모험심이 강한 outgoing 외향적인

4 정답 **pleased**
해설 주어 Anthony가 '기쁘게 하는' 행위의 대상이므로 과거분사 pleased가 와야 한다.
해석 Anthony는 그가 그의 연구 논문에 온전히 집중할 수 있도록 가족 모두가 집을 나가게 해 기뻤다.
어휘 concentrate 집중하다

5 정답 **frightening**
해설 목적어 the most angelic faces가 '무섭게 하는' 행위의 주체이므로 현재분사 frightening이 와야 한다.
해석 영화 산업의 숙련된 메이크업 아티스트들은 공포 영화를 위해 심지어 가장 천사 같은 얼굴들도 무섭게 보이게 할 수 있다.
어휘 skilled 숙련된 frighten 무섭게 하다

6 정답 **satisfied**
해설 주어 They가 '만족하게 하는' 행위의 대상이므로 과거분사 satisfied가 와야 한다.
해석 그들은 이용 가능한 정보에 만족하게 느끼지 않고 그들의 결정을 완벽하게 하기 위해 여전히 더 많은 논의가 필요하다고 생각한다.
어휘 available 이용 가능한

7 정답 **confusing**
해설 목적어 their various functions가 '혼란스럽게 하는' 행위의 주체이므로 현재분사 confusing이 와야 한다.
해석 스마트폰은 기술의 어디에나 있는 형태이지만, 구세대 중 몇몇 사람들은 여전히 그것들의 다양한 기능을 혼란스럽다고 생각한다.
어휘 ubiquitous 어디에나 있는

PRACTICE 본책 p.35

01 정답 **interesting → interested**
해설 주어 The playful and curious boy가 '흥미롭게 하는' 행위의 대상이므로 interesting을 과거분사 interested로 고쳐야 한다.
해석 그 장난기 많고 호기심 많은 소년은 그가 어디에 있든 공부에 전념하는 그의 형 Felix에 대해 흥미롭게 느꼈다.
어휘 playful 장난기 많은 curious 호기심 많은
commit to ~에 전념하다

02 정답 **surprising → surprised**
해설 분사구문의 의미상 주어 Anna and Jane이 '놀라게 하는' 행위의 대상이므로 surprising을 과거분사 surprised로 고쳐야 한다.
해석 대단히 놀라서, Anna와 Jane은 그저 그들의 눈을 크게 뜬 채로 그 소녀를 바라보았다.
어휘 thoroughly 대단히

03 정답 **terrifying → terrified**
해설 분사구문의 주어 its young soldiers가 '겁나게 하는' 행위의 대상이므로 terrifying을 과거분사 terrified로 고쳐야 한다.
해석 그것의 젊은 병사들은 그 지역의 적군 때문에 겁이 났기 때문에, 그 군대는 그 자신을 방어할 가능성이 없었다.
어휘 chance 가능성 troop 군대

04 정답 **O**

해설 목적어 all the guests가 '놀라게 하는' 행위의 대상이므로 과거분사 amazed가 온 것은 적절하다.

해석 그 유명한 요리사들은 모든 손님들을 놀라게 만든 특별한 조리법을 선보이고 독특한 요리 기술을 보여주고 있었다.

05 정답 ② **humiliating → humiliated**

해설 ① 수식받는 명사 situations와 incidents가 '당황하게 하는' 행위의 주체이므로 현재분사 embarrassing이 온 것은 적절하다.
② 주어 children이 '굴욕감을 주는' 행위의 대상이므로 humiliating을 과거분사 humiliated로 고쳐야 한다.

해석 그들의 아이들이 터무니없는 환상을 떠올릴 때 부모들은 때때로 당황하게 하는 상황과 사건들을 경험할지도 모른다. 그러나, 상상 속의 친구나 세계를 창조하는 아이들은 어떤 식으로든 굴욕감을 느끼거나 수치심을 느껴서는 안 된다.

어휘 embarrass 당황스럽게 만들다 incident 사건 fantasy 환상 imaginary 상상 속의 shame 수치심

06 정답 ① **Overwhelming → Overwhelmed**

해설 ① 분사구문의 의미상 주어 you가 '압도하는' 행위의 대상이므로 Overwhelming을 과거분사 Overwhelmed로 고쳐야 한다.
② 목적어 boring lecturers가 '흥미롭게 하는' 행위의 주체이므로 현재분사 interesting이 온 것은 적절하다.

해석 대학에서 지루한 수업의 연속에 압도되어, 당신은 강의를 듣는 것을 멈출지도 모른다. 하지만 당신이 흥미는 강사가 제공하는 것보다 당신이 만들어 내는 것에서 온다는 것을 깨달을 때 심지어 지루한 강사들조차 더 흥미로워진다는 것을 알게 될 것이다.

어휘 overwhelm 압도하다, 제압하다 tedious 지루한

07 정답 **(1) ⓑ satisfied → satisfying**
(2) feel sympathy for depressed characters who suffer hardship

해설 (1) ⓐ 문장의 진짜 주어 that ~ year가 '충격을 주는' 행위의 주체이므로 현재분사 shocking이 온 것은 적절하다.
ⓑ 목적어 stories가 '만족하게 하는' 행위의 주체이므로 satisfied를 현재분사 satisfying으로 고쳐야 한다.
(2) 수식받는 명사 characters가 '우울하게 하는' 행위의 대상이므로 과거분사 depressed를 쓴다.

해석 어떤 사람들은 세계 영화 산업이 거의 매년 1,000억 달러 이상의 수익을 낸다는 것이 충격을 준다고 생각할지도 모른다. 하지만 사실은, 영화는 2시간짜리 구경거리를 제공하는 것 이상을 한다. 그것들은 또한 우리가 만족스럽다고 여기는 이야기도 들려준다. 우리는 고난을 겪는 우울해하는 등장인물들에게 연민을 느끼거나 악에 맞서 싸우는 용감한 영웅들을 응원할 수도 있다.

어휘 revenue 수익 spectacle 구경거리 sympathy 연민, 동정 hardship 고난 cheer 응원하다

불패 표현 준동사 관련 표현   본책 p.36

1 해석 포식자들이 사라지면서 먹이 개체수가 계속 증가한다.
어휘 prey 먹이 predator 포식자

2 해석 그는 금을 묻기로 결심했고, 그의 마음을 바꾸려고 노력해도 소용없었다.
어휘 bury 묻다

3 해석 Alice Coachman은 젊은 운동선수들을 교육하는 데 그녀의 삶을 헌신했다.

4 해석 시민들은 자원 사용에 대한 규칙을 바꾸려는 결정에 참여할 권리를 가진다.

5 해석 Vera는 종종 주말에 외출하지만, 자정까지 집에 오는 것을 규칙으로 한다.

PRACTICE   본책 p.37

01 정답 **O**

해설 '(A가) ~하는 것을 막다'라는 의미로 prevent (A) from v-ing를 쓰므로 동명사 digging이 온 것은 적절하다.

해석 그 지역 주변의 울타리는 동물들이 들어가기 위해 그 아래로 파고드는 것을 막기 위해 2피트 이상 깊게 묻혀 있었다.

어휘 fencing 울타리

02 정답 **making → to make**

해설 '막 ~하려는 참이다'라는 의미로 be about to-v를 쓰므로 making을 to부정사 to make로 고쳐야 한다.

해석 때때로, 꿈을 좇는 것은 견디기 어렵지만, 버텨라, 그렇지 않으면 당신은 막 성공하려는 참에 포기하는 것일지도 모른다.

어휘 endure 견디다

03 정답 **commit → committing**

해설 '~한 것을 고백하다'라는 의미로 confess to v-ing를 쓰므로 commit을 동명사 committing으로 고쳐야 한다. 이때 to는 전치사이므로 뒤에 전치사의 목적어 역할을 하는 동명사가 온다.

해석 범행을 저지른 것을 고백한 그 남자가 진실을 말하고 있다고 믿을 이유가 거의 없었다.

04 정답 **to promote → promoting**

해설 '~하는 데 시간을 쓰다'라는 의미로 「spend + 시간 + (in) + v-ing」를 쓰므로 to promote를 동명사 promoting으로 고쳐야 한다.

해석 의료기기에 대한 특허를 받은 최초의 아프리카계 미국인 여성 의사인 Patricia Bath는, 눈 건강을 장려하는 데 그녀의 인생을 썼다.

어휘 patent 특허 promote 장려하다, 고취하다

05 정답 **please → pleasing**

해설 '(A)하는 것에서 (B)하는 것까지'라는 의미로 from A to B를 쓰므로 please를 동명사 pleasing으로 고쳐야 한다. 이때 to는 전치사이므로 뒤에 전치사의 목적어 역할을 하는 동명사가 온다.

해석 당신이 당신의 딸을 그녀가 성취한 것들에 대해서만 칭찬할 때마다, 그녀의 관심은 배우는 것 자체를 즐기는 것에서 당신을 기쁘게 하는 것으로 옮겨간다.

어휘 achieve 성취하다 shift 옮기다

06 정답 ① **participate → participating**

해설 ① '~하는 것에 반대하다'라는 의미로 be opposed to v-ing를 쓰므로 participate를 동명사 participating으로 고쳐야 한다. 이때 to는 전치사이므로 뒤에 전치사의 목적어 역할을 하는 동명사가 온다.
② '~처럼 보이다'라는 의미로 appear to-v를 쓰므로 to부정사 to be가 온 것은 적절하다.

해석 연구는 대부분의 운동선수들이 거짓말, 부정행위, 그리고 규칙 위반과 같은 용납할 수 없는 행동에 참여하는 것에 반대한다는 것을

확인했다. 이는 단기적으로 승리할 수 있는 능력을 높이기 위해 바람직하지 않은 성격 특성을 계발하는 이들과 상충하는 것처럼 보인다.

어휘 unacceptable 용납할 수 없는 trait 특성 enhance 향상시키다

07 **정답** **(1) ⓑ to measure → measuring**
(2) have no choice but to see the world in this way

해설 (1) ⓐ '~하는 것에 관한 한'이라는 의미로 when it comes to v-ing를 쓰므로 동명사 describing이 온 것은 적절하다.
ⓑ '결국 ~하게 되다'라는 의미로 end up v-ing를 쓰므로 to measure를 동명사 measuring으로 고쳐야 한다.
(2) '~할 수밖에 없다'라는 의미로 have no choice but to-v를 쓰므로 to부정사 to see를 쓴다.

해석 아마존 부족과 시간을 보낸 후에, 언어학 교수인 Pierre Pica는 세상을 묘사하는 것에 관한 한 숫자를 사용하지 않는 방법을 배웠다. 그 부족은 숫자에 대한 개념이 없었기 때문에, 그는 그들이 그랬던 것처럼 결국 생물학이나 환경을 통해 세상을 측정하게 되었다. 사실, 숫자를 사용하지 않는 인간은 이런 식으로 세상을 볼 수밖에 없다.

어휘 tribe 부족 linguistics 언어학 biology 생물학

어법 만점 TEST

01	caused	02	leaving	03	(A) to think, (B) feel				
04	①	05	②	06	①	07	⑤	08	②
09	③	10	①	11	②	12	④		
13	(1) ⓒ naming → named, ⓔ disappeared → disappear[disappearing] (2) Alice returned to Maria with her face filled with resolve								

01 **정답** **caused**

해설 수식받는 명사 thin white layers가 '야기하는' 행위의 대상이므로 과거분사 caused가 와야 한다. (불패전략 07)

해석 온도가 화씨 75도 넘게 올라가면, 초콜릿은 코코아 버터의 분리에 의해 야기된 얇은 하얀 층을 빠르게 형성한다.

어휘 separation 분리

02 **정답** **leaving**

해설 분사구문의 의미상 주어 many people이 '~하게 하는' 행위의 주체이므로 현재분사 leaving이 와야 한다. (불패전략 08)

해석 그 실험에서, 많은 사람들은 그들의 파트너에게 동등한 몫을 제안하여, 두 명의 개인 모두 행복하고 미래에 서로를 기꺼이 신뢰하게 했다.

어휘 willing 기꺼이 ~하는

03 **정답** **(A) to think, (B) feel**

해설 (A) 문맥상 '생각하기 위해 멈추다'라는 의미로, stopped 뒤에 to부정사 to think가 와야 한다. (불패전략 04)
(B) 목적어 people이 '느끼는' 행위의 주체이고 let이 동사원형을 목적격보어로 취하는 동사이므로 동사원형 feel이 와야 한다. (불패전략 05)

해석 많은 경우에, 기부금은 10달러 혹은 그 이하로 너무 적어서 만약 그들이 생각하기 위해 멈추면, 그들은 기부금을 처리하는 것이 그것이 가져오는 어떤 이익도 초과한다는 것을 깨달을 것이다. 그러나 많은 단체들은 어떤 금액의 기부금이라도 허용함으로써 여전히 사람들이 그들이 돕고 있다고 느끼게 한다.

어휘 donation 기부금

04 **정답** **① to feel → feeling**

해설 ① '~하는 것으로 끝을 맺다'라는 의미로 wind up v-ing를 쓰므로 to feel을 동명사 feeling으로 고쳐야 한다. (CH 02 불패표현)
② to부정사의 의미상 주어 for the desired outcome의 the desired outcome이 '성취하는' 행위의 대상이므로 to 뒤에 to부정사의 수동형을 만드는 be achieved가 온 것은 적절하다. (불패전략 06)

해석 때때로, 우리가 어떤 것을 시도하고 빨리 보상받지 못할 때, 우리는 실제로 우리가 시작하기 전에 그랬던 것보다 더 나쁘게 느끼는 것으로 끝을 맺는다. 문제는 변화는 가능하지만, 원하는 결과가 성취될 때까지 수년이 걸린다는 점이다.

어휘 desired 원하는, 희망했던

05 **정답** **② made → making**

해설 ① 분사구문의 의미상 주어 fossil fuels가 '만들어내는' 행위의 주체이므로 현재분사 creating이 온 것은 적절하다. (불패전략 08)
② 수식받는 명사 technology and machines가 '이루는' 행위의 주체이므로 made를 현재분사 making으로 고쳐야 한다. (불패전략 07)

해석 약 250년 전에, 화석 연료는 기계에 동력을 공급하는 데 대규모로 사용되기 시작했고, 그래서 오늘날 우리가 아는 복잡한 인공적인 세계를 만들어냈다. 기술과 기계가 우리의 삶의 매우 큰 부분을 이루는 채로, 우리가 더 단순한 시대로 돌아갈 수 있을지는 불확실하다.

어휘 artificial 인공적인

06 **정답** **① interested → interesting**

해설 ① 목적어 them(3-D art or motion pictures)이 '흥미롭게 하는' 행위의 주체이므로 interested를 현재분사 interesting으로 고쳐야 한다. (불패전략 09)
② 수식받는 명사 images가 '보는' 행위의 대상이므로 과거분사 seen이 쓰인 것은 적절하다. (불패전략 07)

해석 3-D 아트나 영화가 신기한 방식으로 우리의 신경 회로를 사용하기 때문에, 우리는 그것들이 특히 흥미롭다고 여긴다. 게다가, 연구원들은 3차원에서 보여지는 이미지들이 우리가 얼마나 빨리 반응하는지를 향상시키고 정신적 작용을 증가시킴으로써 우리의 뇌에 영향을 미친다는 것을 발견했다.

어휘 neural 신경의 circuit 회로

07 **정답** **⑤ to memorize - Knowing - figuring**

해설 (A) 수동태 동사 were asked의 주어 Students가 '외우는' 행위의 주체이고 ask가 to부정사를 목적격보어로 취하는 동사이므로 to부정사 to memorize가 와야 한다. (불패전략 05)
(B) 분사구문의 의미상 주어 our brain이 '아는' 행위의 주체이므로 현재분사 Knowing이 와야 한다. (불패전략 08)
(C) '~하느라 바쁘다'라는 의미로 be busy v-ing를 쓰므로 동명사 figuring이 와야 한다. (CH 02 불패표현)

해석 실험에 참가한 학생들은 아이오와 대학교의 연구원들에 의해 몇몇 숫자를 외우도록 요청받았다. 그리고 나서 그들은 샐러드나 케이크 둘 중 하나를 제공받았다. 학생들이 외운 숫자가 7자리 길이였을 때, 그들 중 63%가 케이크를 선택했다. 그러나, 숫자가 오직 두 자리였을 때, 59%가 샐러드를 선택했다. 샐러드가 우리의 건강에 더 좋다는 것을 알기 때문에, 우리의 뇌는 그 부드럽고, 살찌게 하는 케이크를 포기한다. 만약 숙고하는 뇌가 7자리 숫자를 기억하는 것과 같이 다른 것을 계산해내느라 바쁘다면, 충동은 쉽게 이길 수 있다. 반면에, 만약 우리가 다른 것에 대해 너무 열심히 생각하고 있지 않다면, 숙고하는 체계는 반사적인 측면의 충동을 억제할 수 있다.

어휘 take part in ~에 참가하다 opt for ~을 선택하다 forgo 포기하다
fattening 살이 찌게 하는 reflective 숙고하는
reflexive 반사적인 impulse 충동

08 정답 ② seeing - satisfied - nourished

해설 (A) '과거에 본 것을 기억한다'라는 의미이므로 동사 remembered
뒤에 동명사 목적어 seeing이 와야 한다. (불패전략 04)
(B) 주어 the entire group이 '만족하게 하는' 행위의 대상이므로 과
거분사 satisfied가 와야 한다. (불패전략 09)
(C) 수식받는 명사 both the minds and bodies of New Yorkers
가 '영양을 공급하는' 행위의 대상이므로 과거분사 nourished
가 와야 한다. (불패전략 07)

해석 세계 무역 센터 뒤에 있는 Battery Park City는 거대한 쓰레기 매립
지였다. 1982년에, 예술가 Agnes Denes는 그 쓰레기 매립지를 그
것의 근원으로 되돌리기로 결정했다. Denes는 과거에 그곳에서 아
름다운 밀밭을 본 것을 기억해서, 빛나는 쌍둥이 빌딩의 그늘에 그
것을 두었다. Denes와 자원봉사자들이 쓰레기를 치운 후에 마침내
그 지역 꼭대기에 곡식을 심었을 때, 그 집단 전체는 그들이 성취한
것에 만족감을 느꼈다. 몇 달간의 농사와 관개 후에, 밀밭은 무성해
졌다. 뉴욕 시민들의 마음과 몸 둘 다 영양이 공급되게 하면서, 그
예술가와 그녀의 자원봉사자들은 그들이 수확한 수천 파운드의 밀
을 도시의 푸드 뱅크에 주었다.

어휘 landfill 쓰레기 매립지 gleaming 빛나는 irrigation 관개
thrive 무성하다, 잘 자라다 nourish 영양을 공급하다

09 정답 ③ programming → programmed

해설 ③ 분사구문의 의미상 주어 A computer가 '프로그램을 만드는' 행
위의 대상이므로 programming을 과거분사 programmed로 고
쳐야 한다. (불패전략 08)

오답 ① 문장의 동사(creates)가 따로 있으므로 주어 역할을 하는 동명사
분석 combining이 온 것은 적절하다. (불패전략 01)
② 수식받는 명사 the same resources가 '사용하는' 행위의 대상이
므로 과거분사 employed가 온 것은 적절하다. (불패전략 07)
④ 목적어 the computer가 '배우는' 행위의 주체이고 have가 동사
원형을 목적어로 취하는 동사이므로 동사원형 learn이 온 것은
적절하다. (불패전략 05)
⑤ 동명사의 의미상 주어 a human-computer combination이 '처
리하는' 행위의 주체이므로 동명사의 능동형인 processing이 온
것은 적절하다. processing은 앞의 동명사 translating과 나열되
어 있다. (불패전략 06)

해석 컴퓨터는 인간이 그들에게 주는 지시만 수행할 수 있다. 컴퓨터는
빠른 속도로 정확하게 데이터를 처리할 수 있지만, 상식의 부족과
같은 많은 측면에서 제한적이다. 그러나, 이러한 기계의 강점과 인
간의 강점을 결합하는 것은 시너지를 만든다. 시너지는 결합된 자
원이 각기 사용된 동일한 자원의 산출물의 합계를 초과하는 산출
물을 생산할 때 발생한다. 컴퓨터는 빠르고 정확하게 작동하고, 인
간은 상대적으로 느리게 일하고 실수를 한다. 컴퓨터는 인간에 의
해 그렇게 하도록 프로그램이 만들어지지 않는 한 독립적인 결정을
할 수 없다. 컴퓨터가 학습하고 그다음 그것이 학습한 것을 시행하
게 하는 정교한 인공지능을 사용하더라도, 초기 프로그래밍은 인간
에 의해 행해져야 한다. 이것은 인간과 컴퓨터의 조합이 인간의 생
각을 번역하고 많은 양의 데이터를 처리하는 것을 의미한다.

어휘 accurately 정확하게 synergy 시너지 output 산출물
exceed 초과하다 separately 각기, 별도로
independent 독립적인 sophisticated 정교한
artificial intelligence 인공지능 initial 초기의
combination 조합

10 정답 ① dealing → (to) deal

해설 ① 목적어 you가 '다루는' 행위의 주체이고 help가 to부정사 또는
동사원형을 목적어로 취하는 동사이므로 dealing을 to부정사
to deal 또는 동사원형 deal로 고쳐야 한다. (불패전략 05)

오답 ② 관계대명사(that)로 절과 절이 연결되어 있고, 문장의 주절의 동
분석 사(fuels)가 있고 관계절의 동사가 필요하므로 동사 produce가
온 것은 적절하다. results와 you 사이에 목적격 관계대명사가
생략되어 있으며, can see and touch는 목적격 관계대명사절의
동사이다. (불패전략 02)
③ 수식받는 명사 Americans가 '우울하게 하는' 행위의 대상이므로
과거분사 depressed가 온 것은 적절하다. (불패전략 09)
④ 수식받는 명사 dopamine and serotonin이 '발생시키는' 행위의
주체이므로 현재분사 generating이 온 것은 적절하다.
(불패전략 07)
⑤ '~하는 데 기여하다'라는 의미로 'contribute to'를 쓰므로 동명
사 reducing이 온 것은 적절하다. 이때 to는 전치사이므로 뒤
에 전치사의 목적어 역할을 하는 동명사가 온다. (CH 02 불패표현)

해석 심리학 교수인 Kelly Lambert 박사의 연구는 손을 바쁘게 유지하는
것이 당신 주변의 환경이나 당신의 감정적인 생활에서의 역경에 더
효과적이고 효율적으로 대처하도록 돕는다는 것을 보여준다. 목도
리를 뜨개질하거나, 직접 요리하거나, 정원을 가꾸는 것과 같이 당
신이 보고 만질 수 있는 결과를 만들어 내는 체험 활동을 하는 것은
보상 회로에 연료를 공급하여 그것이 최적으로 기능하도록 한다. 그
녀는 우울하게 느끼는 미국인들의 수의 증가는 목적 있는 신체 활
동의 감소와 직접적으로 관련되어 있을지도 모른다고 주장한다. 우
리가 손으로 일할 때, 그것은 긍정적인 감정을 발생시키는 도파민
과 세로토닌의 방출을 증가시킨다. 그녀는 또한 손으로 일하는 것이
우리에게 우리의 환경에 대한 더 큰 통제감과 우리 주변의 세상과
의 더 많은 연결을 준다고 설명한다. 이러한 것들은 많은 스트레스
와 불안을 줄이는 데 기여하고 우울증의 발병에 대한 회복력을 길
러준다.

어휘 hands-on 직접 해 보는 from scratch 직접, 맨 처음부터
circuit 회로 optimally 최적으로 correlate with ~과 관련 있다
purposeful 목적 있는 dopamine 도파민 serotonin 세로토닌
resilience 회복력 onset 발병, 시작

11 정답 ② using → used

해설 ② 수식받는 명사 the weapons가 '사용하는' 행위의 대상이므로
using을 과거분사 used로 고쳐야 한다. (불패전략 07)

오답 ① 문맥상 '살펴보기 위해 멈추면'이라는 의미로, 동사 stop 뒤에
분석 to부정사 to examine이 온 것은 적절하다. (불패전략 04)
③ '~할 것 같다'라는 의미로 be likely to-v를 쓰므로 to부정사
to hear가 온 것은 적절하다. (CH 02 불패표현)
④ 분사구문의 의미상 주어 I가 '듣는' 행위의 주체이므로 현재분사
listening이 온 것은 적절하다. (불패전략 08)
⑤ '지배의 근원을 드러냈고 포식성의 힘을 표현했다'라는 의미로,
동사 revealed와 나열되어야 하므로 동사의 과거형 expressed
가 온 것은 적절하다. (불패전략 03)

해석 심지어 모든 음악 기관들 중 가장 훌륭한 교향악단도, 그것의 DNA
안에 사냥의 유산을 지니고 있다. 당신이 오케스트라의 다양한 악
기들을 살펴보기 위해 멈추면, 그들의 원시적인 기원을 엿볼 수 있
을 것이다. 그들의 초기 형태는 동물로부터(뿔, 가죽, 내장, 뼈) 혹은
동물을 통제 아래에 두기 위해 사용된 무기(봉, 활)로부터 만들어졌
다. 세계 주요 오케스트라들의 핵심 레퍼토리의 강력한 공격성과
경외심을 불러일으키는 힘 속에서, 우리는 이 역사를 더 듣게 될 것
이다. 베토벤, 브람스, 말러, 브루크너, 베를리오즈, 차이콥스키, 쇼
스타코비치, 그리고 다른 위대한 작곡가들을 들으면서, 나는 동물
들을 쫓기 시작하는 인간 무리의 이미지를 쉽게 불러일으킬 수 있

다. 그들에 의해 작곡된 소리는 지배의 근원을 드러냈고 포식성의 힘을 표현했다.

어휘 institution 기관 legacy 유산 glimpse 언뜻 봄, 엿보다 primitive 원시적인 hide 가죽 gut 내장 formidable 강력한 aggression 공격성 awe-inspiring 경외심을 불러일으키는 summon up ~을 불러일으키다 dominance 지배, 우세 predatory 포식성의

12 정답 ④ relieve → be relieved

해설 ④ '제조사의 재무적 위험이 완화된다'라는 의미로 주어 the financial risk가 '감소하는' 행위의 대상이므로 to 뒤에 relieve를 to부정사의 수동형을 만드는 be relieved로 고쳐야 한다. (불패전략 06)

오답 분석 ① 분사구문의 의미상 주어 risks가 '유래하는' 행위의 주체이므로 현재분사 originating이 온 것은 적절하다. (불패전략 08)
② '~에 익숙하다'라는 의미로 be used to v-ing를 쓰므로 동명사 dealing이 온 것은 적절하다. (CH 02 불패표현)
③ 수식받는 명사 the financial risk가 '연관 짓는' 행위의 대상이므로 과거분사 associated가 온 것은 적절하다. (불패전략 07)
⑤ 전치사의 목적어 자리에는 동명사가 와야 하므로 동명사 relying이 쓰인 것은 적절하다. (불패전략 01)

해석 종종 불확실성으로 인해 발생하며, 위험은 우리가 접근할 방법을 모르는 문제나 상황으로부터 발생할 수도 있다. 그러한 위험을 피하는 한 가지 방법은 그것을 다루는 데 익숙한 누군가를 고용하는 것이다. 예를 들어, 크고 복잡한 시스템의 생산을 위한 장비의 자본 비용과 연관되는 재무적 위험을 최소화하기 위해, 제조사는 시스템의 주요 구성요소들의 생산을 그러한 구성요소들에 익숙한 공급업체에 하청을 줄 수도 있다. 이런 방법으로, 제조사의 재무적 위험은 어느 정도 완화되는 경향이 있다. 그러나, 한 종류의 위험의 이전은 종종 다른 종류를 이어받는 것을 의미한다. 예를 들어, 부품에 대한 하청 작업은 제조사를 외부인에게 의존해야 하는 위치에 놓이게 하며, 이는 품질 관리 및 일정 관리와 관련된 위험을 증가시킨다. 그러나 이러한 위험은 보통 공급업체의 세심한 관리를 통해 감소될 수 있다.

어휘 uncertainty 불확실성 capital 자본 manufacturer 제조사 subcontract 하청을 주다(일감을 다른 사람에게 맡기다) component 구성요소 degree 정도 inherit 이어받다, 물려받다 quality control 품질 관리

13 정답 (1) ⓒ naming → named
ⓔ disappeared → disappear[disappearing]
(2) Alice returned to Maria with her face filled with resolve

해설 (1) ⓒ 수식받는 명사 a 25-year-old mother가 '이름을 짓는' 행위의 대상이므로 naming을 과거분사 named로 고쳐야 한다. (불패전략 07)
ⓔ 목적어 the cheer가 '사라지는' 행위의 주체이고 see는 동사원형 또는 현재분사를 목적격보어로 취하는 동사이므로 disappeared를 동사원형 disappear 또는 현재분사 disappearing으로 고쳐야 한다. (불패전략 05)

오답 분석 ⓐ 분사구문의 주어 The coal industry가 '붕괴하는' 행위의 주체이므로 현재분사 collapsing이 온 것은 적절하다. (불패전략 08)
ⓑ 주어 Alice가 '흥미롭게 하는' 행위의 대상이므로 과거분사 interested가 온 것은 적절하다. (불패전략 09)
ⓓ '무언가 잘못된 것'이 동사 appeared보다 앞서 일어난 일을 나타내므로 to부정사의 완료형인 to have gone이 온 것은 적절하다. (불패전략 06)

해설 (2) 「with + 명사 + 분사」 구조를 사용하라고 했으므로 with her face를 쓰고, 수식받는 명사 her face가 '가득 차는' 행위의 대상

이므로 과거분사 filled를 쓴다. (불패전략 07)

해석 Maria Sutton은 평균 소득이 매우 낮은 지역의 사회복지사였다. 인근 마을의 석탄 산업이 최근에 붕괴하면서, 많은 Maria의 고객들이 그들의 일자리를 잃었다. 매년 크리스마스 시즌에, Maria는 한 가족을 위해 산타클로스의 특별한 방문을 준비하려고 노력했다. Maria의 일곱 살 난 딸인 Alice는 그녀의 어머니의 크리스마스 행사를 돕는 것에 매우 흥미로워했다. 올해의 행운의 가족은 Karen이라는 이름의 25세의 어머니와 그녀의 세 살 난 아들이었다. 그러나, Maria가 지역 단체에 전화했을 때, 그 축일 깜짝 행사에 무언가 잘못됐던 것처럼 보였다. Karen에 대한 도움이 거절되었다. 산타클로스는 없었다. 선물도 없었다. Maria는 Alice의 얼굴에서 환호가 사라지는 것을 보았고, Alice는 그녀의 방으로 달려갔다. 잠시 후에, Alice는 결의로 가득 찬 얼굴을 한 채 Maria에게 돌아왔다. 그녀는 그녀의 돼지 저금통에서 동전을 꺼내 세었다. 4.3 달러였다. "엄마," 그녀가 Maria에게 말했다, "나는 이게 많지 않은 것은 알아요. 하지만 어쩌면 이것으로 그 아이를 위한 선물을 살지도 몰라요."

어휘 social worker 사회복지사 coal 석탄 arrange 준비하다 aid 도움 reject 거절하다 cheer 환호 resolve 결의, 결심

CHAPTER 03 주어-동사 수일치

불패 전략 10 주어로 혼동되는 수식어에 동사의 수를 일치시키지 마라! 본책 p.44

1 정답 is

해설 The main purpose of food labels is to inform you ~.
단수주어 / 수식어(전치사 + 명사구) / 단수동사

해석 식품 라벨의 주요 목적은 당신이 구매하고 있는 식품 안에 무엇이 들어 있는지 알려주는 것이다.

어휘 purchase 구매하다

Check up!

1 정답 The fact, amazes

해설 The fact that a doctor goes into war-torn nations without
단수주어 / 수식어(동격 that절)
protection to save lives amazes citizens.
단수동사

해석 의사가 생명을 구하기 위해 보호 없이 전쟁으로 피폐진 나라들로 간다는 사실은 시민들을 놀라게 한다.

어휘 war-torn 전쟁으로 피폐진

2 정답 the ways, are

해설 Normally, the ways to learn a new language are talking to
복수주어 / 수식어(to부정사구) / 복수동사
native speakers and ~.

해석 보통, 새로운 언어를 배우는 방법들은 원어민과 대화하는 것과 어휘를 공부하는 것이다.

어휘 native speaker 원어민

3 정답 **the average life, is**

해설 Even with good care, the average life of a street tree
단수주어　　　　수식어(전치사 + 명사구)
surrounded by concrete and asphalt is seven to fifteen
　　수식어(분사구)　　　　　단수동사
years.

해석 심지어 관리가 잘 되어도, 콘크리트와 아스팔트로 둘러싸인 가로수의 평균 수명은 7년에서 15년이다.

어휘 surround 둘러싸다　asphalt 아스팔트

4 정답 **Common weaknesses, exist**

해설 Common weaknesses in reasoning exist across people
복수주어　　　수식어(전치사 + 명사)　복수동사
of all ages and educational backgrounds.

해석 추론에 있어 일반적인 약점들은 모든 연령과 학력의 사람들에 걸쳐 존재한다.

어휘 weakness 약점　reasoning 추론

5 정답 **the interdependent relationships, are**

해설 Psychologists noticed that the interdependent
　　　　　　　　　　　　　복수주어
relationships within groups that humans depend on are
　　수식어(전치사 + 명사)　수식어(관계절)　복수동사
not possible ~.

해석 심리학자들은 인간이 의존하는 집단 내의 상호의존적 관계들은 공유된 도덕성 없이는 가능하지 않다는 것을 알아챘다.

어휘 psychologist 심리학자　interdependent 상호의존적인
morality 도덕성, 도덕

6 정답 **The idea, gets**

해설 The idea of medical tests gets scarier as people age, ~.
단수주어　수식어(전치사 + 명사구) 단수동사

해석 후년에 더 많은 건강상의 문제들이 발생하는 채로, 사람들이 나이가 듦에 따라 건강 검진에 대한 생각은 더 무서워진다.

7 정답 **highly intelligent marine mammals, become**

해설 Dr. Marla Hayes warns that highly intelligent marine
　　　　　　　　　　　　　　　복수주어
mammals at entertainment parks or zoos kept in small
　　수식어(전치사 + 명사구)　　　수식어(분사구)
enclosures become depressed.
　　　　복수동사

해석 Marla Hayes 박사는 울타리를 친 작은 장소에 갇힌 놀이공원이나 동물원의 매우 지능적인 해양 포유동물이 우울해진다고 경고한다.

어휘 enclosure 울타리를 친 장소

PRACTICE
본책 p.45

01 정답 **has → have**

해설 His studies that deal with the history of big business have
복수주어　　　수식어(관계절)　　　　　복수동사
been carried out ~.

해석 대기업의 역사를 다루는 그의 연구들은 Sloan 재단을 포함한 많은 출처로부터 온 보조금으로 진행되어 왔다.

어휘 deal with ~을 다루다　grant 보조금

02 정답 **O**

해설 In the end, speculations about the meaning and purpose
복수주어　　　수식어(전치사 + 명사구)
of prehistoric art rely heavily on analogies ~.
　　　　복수동사

해석 결국, 선사시대 예술의 의미와 목적에 대한 고찰은 수렵 채집 사회로부터 도출된 유사점에 크게 의존한다.

어휘 speculation 고찰　prehistoric 선사시대의　analogy 유사점
hunter-gatherer 수렵 채집

03 정답 **remain → remains**

해설 Play, the language of communication among young
단수주어　　　　동격 명사구
children, remains invaluable for them ~.
　　　단수동사

해석 어린아이들 사이에서 의사소통의 언어인 놀이는 어렸을 때 우정을 쌓고 관계를 만들기 위해 그들에게 여전히 매우 귀중하다.

어휘 invaluable 매우 귀중한

04 정답 **possesses → possess**

해설 Like cave animals, some predators hunting in parts of
　　　　　　　복수주어　　수식어(분사구)
the ocean where there is little sunlight possess excellent
　　수식어(관계절)　　　　복수동사
visual capabilities.

해석 동굴동물들처럼, 햇빛이 거의 없는 바다의 지역들에서 사냥하는 몇몇 포식자들은 훌륭한 시각적 능력을 갖추고 있다.

어휘 capability 능력

05 정답 **② further → furthers**

해설 ① The provision of timely, constructive feedback to
단수주어　　수식어(전치사 + 명사구)
participants on their performances is an asset ~.
　수식어(전치사 + 명사구)　단수동사
② The fact that players receive a degree of critical
단수주어　　　수식어(동격 that절)
assessment furthers their skills.
　　　단수동사
주어 The fact는 단수명사이므로 further를 단수동사 furthers로 고쳐야 한다. that ~ assessment는 수일치에 영향을 미치지 않는 수식어(동격 that절)이다.

해석 참가자들에게의 그들의 성과에 대한 시기적절하고 건설적인 피드백의 제공은 몇몇 시합과 대회가 제공하는 자산이다. 선수들이 어느 정도 비판적인 평가를 받는다는 사실은 그들의 능력을 발전시킨다.

어휘 provision 제공　timely 시기적절한　constructive 건설적인
asset 자산　competition 시합　assessment 평가

06 정답 **① come → comes**

해설 ① the outside reward that matters most to them comes
단수주어　　수식어(관계절)　　　　단수동사
from the recognition of their peers.
주어 the outside reward는 단수명사이므로 come을 단수동사 comes로 고쳐야 한다. that ~ them은 수일치에 영향을 미치지 않는 수식어(관계절)이다.
② All innovative thinkers who, it can be seen, continue to
복수주어　　　수식어(관계절)
seek the truth know satisfaction comes from discovery.
　　　복수동사

해석 위대한 과학자들은 사물의 본질을 이해하려는 내적 탐구에 이끌린다. 그들에게 가장 중요한 외부적 보상은 그들의 동료들의 인정으로부터 온다. 진리를 추구하기를 계속하는 모든 혁신적인 사상가들은 만족감은 발견으로부터 온다는 것을 안다.

어휘 inner quest 내적 탐구　recognition 인정　innovative 혁신적인

satisfaction 만족감

07 정답 **(1) ⓑ reaches → reach**
(2) the skin between the eyebrow and upper eyelid goes down

해설 (1) ⓐ The muscles and wrinkles around the eyes that
　　　　복수주어　　　　　　수식어(전치사 + 명사구)
appear with a smile look noticeably different ~.
수식어(관계절)　　　 복수동사

ⓑ On the other hand, fake smiles, it seems, never quite
　　　　　　　　　　복수주어　　 삽입절
reach the eyes enough ~.
복수동사
주어 fake smiles는 복수명사이므로 reaches를 복수동사 reach
로 고쳐야 한다. it seems는 수일치에 영향을 미치지 않는 수식
어(삽입절)이다.
(2) 주어 the skin은 단수명사이므로 단수동사 goes를 쓴다.

해석 미소와 함께 나타나는 눈 주변의 근육들과 주름들은 당신이 진심
으로 행복할 때 현저히 달라 보인다. 그리고 덜 현저히, 당신이 진짜
미소를 지을 때 눈썹과 위쪽 눈꺼풀 사이의 피부는 내려간다. 반면
에, 가짜 미소는, 대부분의 사람들에게 진짜처럼 보일 만큼 충분히
눈에 잘 닿지 않는 것처럼 보인다.

어휘 wrinkle 주름　noticeably 현저히　genuine 진짜의

불패 전략 11　항상 단수동사나 복수동사가 오는 주어 형태를 익혀둬라!
　　　　　　　　　　　　　　　　　　　　　　　本책 p.46

1 정답 **means**

해설 Accepting your role in your problems means that you
　　　단수주어(동명사구)　　　　　　단수동사
understand the solution lies within you.

해석 당신의 문제에서 당신의 역할을 받아들이는 것은 당신이 해결책이
당신 안에 있다는 것을 이해하는 것을 의미한다.

어휘 solution 해결책

2 정답 **were**

해설 Companion animals have no memories about what the
　　　　　　　　　　　　　　　　　　　복수주어(the + 분사)
aged once were and greet them like children.
　　　　　복수동사

해석 반려동물들은 나이가 든 사람들이 한때 무엇이었는지에 대한 기억
이 없으며 그들을 마치 아이들처럼 반긴다.

어휘 companion animal 반려동물

Check up!

1 정답 **Understanding how to develop respect for other cultures, begins**

해설 Understanding how to develop respect for other cultures
　　　　　　　　　　단수주어(동명사구)
begins with realizing we are all equal.
단수동사

해석 다른 문화들에 대한 존중을 발전시킬 방법을 이해하는 것은 우리가
모두 평등하다는 것을 깨닫는 것에서부터 시작된다.

어휘 realize 깨닫다　equal 평등한, 동등한

---

2 정답 **The homeless, look**

해설 The homeless who are prevented from sleeping in the
　　　복수주어(the + 형용사)　　　　　수식어(관계절)
park look for other places to rest.
　　　복수동사

해석 공원에서 잠을 자는 것이 금지된 집이 없는 사람들은 쉴 다른 장소
들을 찾는다.

3 정답 **rocks, strike**

해설 rocks를 수식하는 현재분사
Rolling rocks coming down from the top of the cliff strike
　복수주어　　　　　수식어(분사구)　　　　　　복수동사
some of the cars ~.

해석 절벽 꼭대기에서 내려오는 구르는 바위들은 산길을 지나 달리고 있
는 자동차들 중 몇몇을 친다.

어휘 cliff 절벽　strike 치다

4 정답 **what takes place in one sector, has**

해설 In economic systems, what takes place in one sector has
　　　　　　　　　　단수주어(명사절)　　　 단수동사
impacts on another; ~.

해석 경제 시스템에서, 한 부문에서 일어나는 것은 다른 것에 영향을 미
친다. 한 부문에서 재화에 대한 수요는 다른 것으로부터 얻어진다.

어휘 derive from ~에서 -을 얻다

5 정답 **college graduate, ends**

해설 In the film, the unemployed college graduate with multiple
college graduate를 수식하는 과거분사　　단수주어　　수식어(전치사 + 명사구)
degrees ends up in a minimum paying job ~.
　　　단수동사

해석 그 영화에서, 복수 학위를 가진 무직의 대학 졸업자는 결국 학비로
인한 그의 빚과 함께 최저 임금을 받는 직업을 갖게 된다.

어휘 unemployed 무직의　tuition 학비

6 정답 **Navigating the world within virtual realities, requires**

해설 Navigating the world within virtual realities requires
　　　　　　　단수주어(동명사구)　　　　　　　단수동사
moving around ~.

해석 가상 현실 내에서 세계를 항해하는 것은 여기저기 이동하는 것과
많은 지적 능력을 사용하는 것을 필요로 한다.

어휘 navigate 항해하다　virtual reality 가상 현실
brainpower 지적 능력

7 정답 **what you think is best, fails**

해설 ~ even what you think is best fails to make a difference.
　　　　　　단수주어(명사절)　　단수동사

해석 만약 모든 증거와 신뢰할 수 있는 사람들이 당신에게 반대한다면,
심지어 당신이 가장 좋다고 생각하는 것도 차이를 만드는 데 실패
한다.

어휘 trustworthy 신뢰할 수 있는

PRACTICE　　　　　　　　　　　　　　　　　　本책 p.47

01 정답 **are → is**

해설 Indeed, what most people really want in their lives, I'm
　　　　　　단수주어(명사절)　　　　　　　수식어(삽입절)
sure, is to stop wanting.
단수동사

해석 물론, 대부분의 사람들이 그들의 삶에서 진짜 원하는 것은, 내가 확
신하건대, 바라는 것을 멈추는 것이다.

02 정답 breaks → break

해설 <u>Hoping to steal elephant tusks, criminals armed with a</u>
　　　분사구문　　　　　　　　　복수주어　　수식어(분사구)
knife or saw frequently <u>break</u> into national reserves ~.
　　　　　　　　　　　　복수동사

해석 코끼리 상아를 훔치기를 희망하면서, 칼이나 톱으로 무장한 범죄자
들은 보호받는 동물들을 찾으러 밤에 국립 보호구역에 자주 침입
한다.

어휘 tusk 상아　arm with ~으로 무장시키다　frequently 자주
reserve 보호구역

03 정답 have → has

해설 <u>Fertilizing crops with nitrogen and potassium</u> <u>has</u> led to
　　　　단수주어(동명사구)　　　　　　　　단수동사
declines in magnesium, zinc, iron and iodine.

해석 질소와 칼륨으로 농작물에 비료를 주는 것은 마그네슘, 아연, 철, 그
리고 아이오딘의 감소로 이끌었다.

어휘 fertilize 비료를 주다　nitrogen 질소　potassium 칼륨, 포타슘
magnesium 마그네슘　zinc 아연　iron 철　iodine 아이오딘

04 정답 O

해설 The analysis shows that <u>the elderly</u> <u>experience</u> poorer
　　　　　　　　　　　　복수주어(the + 형용사)　복수동사
sleep, ~.

해석 그 분석은 나이가 든 사람들이 더 나쁜 수면을 경험하여, 더 낮은 질
의 삶에 크게 원인이 된다는 것을 보여준다.

어휘 analysis 분석　significantly 크게, 상당히
contribute ~의 원인이 되다

05 정답 ① cause → causes

해설 ① <u>That laws are restrictive for medical tests</u> <u>causes</u>
　　　　　단수주어(명사절)　　　　　　단수동사
human trials to become harder to get approved, ~.
주어 That laws are restrictive for medical tests는 단수 취급
하는 명사절이므로 cause를 단수동사 causes로 고쳐야 한다.

② ~ <u>knowing that it exists</u> <u>does</u> nothing to reduce it.
　　　단수주어(동명사구)　단수동사

해석 의료 검사에 대한 법이 제한적인 것은 임상 시험이 승인받는 것이
더 어려워지게 하는데, 이는 많은 과학자들이 그들 자신에게 실험
하는 것을 선택하는 이유이다. 그러나, 한 가지 분명한 단점은 이와
관련된 위험이다. 그것이 존재한다는 것을 아는 것은 그것을 감소시
키는 데 아무것도 하지 않는다.

어휘 restrictive 제한적인　human trial 임상 실험　approve 승인하다
drawback 단점

06 정답 ② uses → use

해설 ① <u>How people convey what they mean</u> <u>depends</u> on
　　　　단수주어(명사절)　　　　　　단수동사
which senses they rely on the most.

② <u>The blind who do not use sight</u>, for instance, <u>use</u> touch
　　복수주어(the + 형용사)　수식어(관계절)　　　　　복수동사
and subtle differences in tone of voice ~.
주어 The blind는 복수 취급하는 「the + 형용사」이므로 uses를
복수동사 use로 고쳐야 한다. who ~ sight는 수일치에 영향을
미치지 않는 수식어(관계절)이다.

해석 사람들이 그들이 의미하는 것을 어떻게 전달하는지는 어떤 감각에
그들이 가장 많이 의존하는지에 달려 있다. 예를 들어, 시각을 사용
하지 않는 맹인들은 다른 사람들과 의사소통하기 위해 촉각과 목소
리 톤의 미묘한 차이를 사용한다.

어휘 convey 전달하다　depend on ~에 달려있다　subtle 미묘한

07 정답 (1) ⓐ shuts → shut

**(2) overcoming your instinct to avoid uncomfortable
things increases opportunities**

해설 (1) ⓐ Rising leaders say that, <u>avoiding uncomfortable</u>
　　　　　　　　　　　　　　　　분사구문
<u>things</u>, <u>the young</u> today actively <u>shut</u> out success.
　　　　　복수주어(the + 형용사)　　　복수동사
주어 the young은 복수 취급하는 「the + 형용사」이므로
shuts를 복수동사 shut으로 고쳐야 한다.

ⓑ However, <u>what the wise entrepreneur knows</u> <u>is</u> that
　　　　　　단수주어(명사절)　　　　　단수동사
challenges are the best stepping stones to success.

(2) '극복하는 것'이라는 의미로 주어 자리에 올 수 있는 것은 동명사
와 to부정사이지만, 9단어로 써야 하므로 동명사 overcoming을
쓴다. 주어 overcoming your instinct to avoid uncomfortable
things는 단수 취급하는 동명사구이므로 단수동사 increases를
쓴다.

해석 떠오르는 지도자들은 오늘날의 젊은 사람들이 불편한 것들을 피하
면서 적극적으로 성공을 차단한다고 말한다. 그러나, 현명한 기업가
가 아는 것은 역경이 성공을 향한 최고의 디딤돌이라는 것이다. 그
러므로, 불편한 것들을 피하려는 당신의 본능을 극복하는 것은 기
회를 늘린다.

어휘 actively 적극적으로　entrepreneur 기업가
stepping stone 디딤돌　instinct 본능

불패 전략 12　혼동되는 부분/수량 표현을 익혀둬라!　본책 p.48

1 정답 pay

해설 In general, <u>most of the students</u> <u>in the classroom</u> often
　　　　　　　주어(most of + 복수명사)　수식어(전치사 + 명사구)
closely <u>pay</u> attention to their teacher's body language.
　　　복수동사

해석 일반적으로, 교실에 있는 대부분의 학생들은 종종 그들의 선생님의
몸짓 언어에 자세히 주의를 기울인다.

어휘 body language 몸짓 언어

2 정답 have

해설 <u>A number of 'youth friendly' mental health websites</u> <u>have</u>
　　　주어(a number of + 명사)　　　　　　　　　　복수동사
been developed.

해석 많은 '청소년 친화적인' 정신건강 웹사이트들이 개발되어왔다.

어휘 friendly 친화적인, 친절한

Check up!

1 정답 are

해설 In reality, <u>the majority of health supplements</u> <u>are</u> artificial
　　　　　　주어(the majority of + 복수명사)　복수동사
~.

해석 현실에서, 대부분의 건강 보충제들은 인공적이고 심지어 당신의 몸
에 의해 완전히 흡수되지 않을지도 모른다.

어휘 supplement 보충제, 보충물　artificial 인공적인
completely 완전히　absorb 흡수하다

2 정답 **was**

해설 In 1996, <u>the amount of venture capital funding for smaller</u>
　　　주어(the amount of + 명사)　　　　　　　　　　
start-up companies <u>was</u> expected to fall ~.
수식어(전치사 + 명사구)　　단수동사

해석 1996년에, 더 작은 스타트업 기업들에 대한 벤처캐피털 자금의 규모는 전년 대비 53% 감소할 것으로 예상되었다.

3 정답 **are**

해설 <u>The rest of the sci-fi movies</u> <u>shown at the Cannes Films</u>
　　　주어(the rest of + 복수명사)　　　　수식어(분사구)
<u>Festival</u> are created by people ~.
복수동사

해석 칸 영화제에서 상영된 나머지의 공상과학 영화들은 과학이 아니라 인문학 교육을 받은 사람들에 의해 만들어졌다.

어휘 humanities 인류학

4 정답 **demands**

해설 According to a report, <u>the number of passengers</u> <u>using</u>
　　　　　　　　　　　　주어(the number of + 명사)
<u>New York's airports</u> <u>demands</u> the addition of two new
수식어(분사구)　　단수동사
terminals.

해석 한 보고서에 따르면, 뉴욕의 공항들을 이용하는 승객들의 수는 두 개의 새로운 터미널의 추가를 필요로 한다.

5 정답 **disagrees**

해설 ~ as roughly <u>half of the population</u> <u>disagrees</u> with it.
　　　　　　　주어(half of + 불가산명사)　복수동사

해석 인구의 약 절반이 그것에 동의하지 않기 때문에 더 느슨한 이민법은 통과되지 않을 것이다.

어휘 immigration law 이민법　population 인구

6 정답 **were**

해설 <u>Plenty of the plants</u> <u>foraged in the past</u> <u>were</u> root crops,
　　　주어(plenty of + 복수명사)　수식어(분사구)　복수동사
weeds, and shrubs.

해석 과거에 찾아진 많은 식물들은 뿌리 작물, 잡초, 그리고 관목이었다.

어휘 forge (식량·먹이 등을) 찾다　root crop 뿌리 작물　shrub 관목

7 정답 **take**

해설 ~ <u>a number of deep earthquakes</u> <u>recorded by the US</u>
　　주어(a number of + 명사)　　　수식어(분사구)
<u>Geological Survey</u> <u>take</u> place in the Pacific Ocean.
복수동사

해석 한 포괄적 연구는 미국 지질조사국에 의해 기록된 많은 심층 지진들이 태평양에서 발생한다고 보고한다.

어휘 comprehensive 포괄적인

PRACTICE
본책 p.49

01 정답 **have → has**

해설 ~ but <u>a lot of beer</u> <u>has</u> been consumed since then, and
　　　주어(a lot of + 불가산명사) 단수동사
now he is very fat.

해석 나의 아버지는 더 젊었을 때 좋은 체격이시곤 했는데, 그 이후로 많은 맥주가 소비되었고, 지금 그는 매우 뚱뚱하시다.

어휘 build 체격, 체구

02 정답 **O**

해설 Unfortunately, <u>most of the research</u> <u>from the science</u>
　　　　　　　　주어(most of + 불가산명사)　수식어(전치사 + 명사구)
<u>websites</u> lacks proper sources or evidence so far.
단수동사

해석 안타깝게도, 그 과학 웹사이트의 대부분의 연구는 지금까지 적절한 출처나 증거가 부족하다.

어휘 proper 적절한　source 출처

03 정답 **are → is**

해설 ~ we realize that <u>one of the unique characteristics</u> <u>needed</u>
　　　　　　　　　주어(one of + 명사)　　　　수식어(분사)
<u>is</u> inclusivity.
단수동사

해석 오늘날 조직, 지도자, 그리고 가족을 되돌아보면서, 우리는 필요한 고유한 특성들 중 하나가 포용성이라는 것을 깨닫는다.

어휘 unique 고유한　characteristic 특성　inclusivity 포용성

04 정답 **says → say**

해설 Only <u>15 percent of teens</u> <u>say</u> they trust the
　　　주어(퍼센트 of + 복수명사)　복수동사
recommendations provided by influencers, ~.

해석 십대들 중 15퍼센트만이 인플루언서들에 의해 제공된 추천들을 신뢰한다고 말하는 반면, 그 수의 세 배 이상이 그것들을 신뢰하지 않는다.

어휘 recommendation 추천　distrust 신뢰하지 않다

05 정답 ② **emerge → emerges**

해설 ① Surprisingly, <u>one-fifth of adults</u> <u>participating in the</u>
　　　　　　　　주어(분수 of + 복수명사)　수식어(분사구)
<u>survey</u> say they believe ~.
복수동사

② <u>All of the trust</u> <u>in commercials</u> <u>emerges</u> from having
주어(all of + 불가산명사) 수식어(전치사 + 명사)　단수동사
faith in big corporations.

주어 All of the trust에서 All of는 of 뒤의 명사에 수일치하는 부분/수량 표현이므로 단수명사 the trust에 수일치하도록 emerge를 단수동사 emerges로 고쳐야 한다. in commercials는 수일치에 영향을 미치지 않는 수식어(전치사 + 명사)이다.

해석 놀랍게도, 조사에 참여한 성인들의 5분의 1은 텔레비전 광고의 정보를 믿는다고 말한다. 광고에 대한 모든 신뢰는 대기업에 대한 믿음을 갖는 것에서 생긴다.

어휘 commercial 광고　big corporation 대기업

06 정답 ① **are → is**

해설 ① Some experts estimate that <u>half of what we</u>
　　　　　　　　　　　　　　　주어(half of + 명사절)
<u>communicate</u> <u>is</u> done through the way we move our
단수동사
bodies.

주어 half of what we communicate에서 half of는 of 뒤의 명사에 수일치하는 부분/수량 표현이므로 단수 취급하는 명사절 what we communicate에 수일치하도록 are를 단수동사 is로 고쳐야 한다.

② <u>Some of the physical methods</u> <u>we use in a conversation</u>
주어(some of + 복수명사)　　　수식어(관계절)
<u>help</u> us ~.
복수동사

해석 몇몇 전문가들은 우리가 의사소통하는 것의 절반은 우리가 몸을 움직이는 방식을 통해 행해진다고 추정한다. 우리가 대화에서 사용하는 물리적인 방법들 중 몇몇은 우리가 언어 이상을 통해 상대방과

연결되도록 돕는다.

어휘 estimate 추정하다

07 정답 **(1) ⓐ arises → arise**
(2) Some of the best evidence for such mental experiences comes

해설 (1) ⓐ A number of the meaningful experiences we go
　　　　　주어(a number of + 복수명사)　　　수식어(관계절)
through arise from an internal and not physical
　　　　　복수동사
place.
주어 A number of the meaningful experiences에서 A number of는 동사가 뒤의 명사에 수일치하는 부분/수량 표현이므로 복수명사 the meaningful experiences에 수일치하도록 arises를 복수동사 arise로 고쳐야 한다. we go through는 수일치에 영향을 미치지 않는 수식어(관계절)이며 목적격 관계대명사가 생략되어 있다.
　　ⓑ In particular, almost three-fourths of our mental
　　　　　　　　　　　주어(분수 of + 불가산명사)
imagery is generated by feeling and introspection.
　　　　 단수동사
(2) 주어 Some of the best evidence에서 Some of는 동사가 뒤의 명사에 수일치하는 부분/수량 표현이므로 단수 취급하는 불가산명사 the best evidence에 수일치하는 단수동사 comes를 쓴다. for such mental experiences는 수일치에 영향을 미치지 않는 수식어(전치사 + 명사구)이다.

해석 우리가 겪는 많은 의미 있는 경험들은 신체적인 곳이 아니라 내적인 곳에서 발생한다. 특히, 우리의 정신적 이미지의 거의 4분의 3은 감정과 자기 성찰에 의해 생성된다. 그러한 정신적인 경험들에 대한 가장 좋은 증거 중 일부는 음악 공연 분야에서 나온다.

어휘 meaningful 의미 있는　internal 내적인　imagery 이미지　introspection 자기 성찰

불패 전략 13 주격 관계대명사절 동사의 수일치는 선행사를 보고 판단하라!

본책 p.50

1 정답 **extends**

해설 The patients are presenting with aching jaw pain that
　　　　　　　　　　　　　　　　　　선행사(불가산명사)　주격 관계대명사
occasionally extends down to their chest.
　　　　　　　단수동사

해석 그 환자들은 가끔 그들의 가슴까지 이어지는 저리는 턱 통증을 보이고 있다.

어휘 aching 저리는, 아픈　occasionally 가끔

Check up!

1 정답 **many activities, increase**

해설 We have planned many activities that increase the writing
　　　　　　　　　　　　선행사(복수명사)　주격 관계대명사　복수동사
skills of our club members.

해석 우리는 우리의 동아리 구성원들의 작문 실력을 높이는 많은 활동들을 계획해왔다.

2 정답 **the utopian aspect, accounts**

해설 No doubt it is the utopian aspect of movies that accounts
　　　　　　　　　　강조 대상(단수명사)　　　　　　　단수동사
for why we enjoy them so much.

해석 의심할 여지 없이 우리가 영화를 왜 그렇게 즐기는지에 대한 이유는 영화의 유토피아적인 측면이다.

어휘 account for ~의 이유가 되다

3 정답 **someone, does**

해설 It would be odd to label as creative someone who never
　　　　　　　　　　　　　　　선행사(단수명사)　주격 관계대명사
does anything.
단수동사

해석 결코 아무것도 하지 않는 누군가를 창의적이라고 부르는 것은 이상할 것이다.

어휘 label ~라고 부르다　creative 창의적인

4 정답 **high prices, drive**

해설 According to the market response model, it is high prices
　　　　　　　　　　　　　　　　　　　강조 대상(복수명사)
that on the whole drive consumers to conserve.
　　　　　　　　　복수동사

해석 시장 반응 모델에 따르면, 전반적으로 소비자들이 절약하도록 유도하는 것은 높은 가격이다.

어휘 conserve 절약하다, 아끼다

5 정답 **Going to the bathroom leads to washing and drying your hands, reminds**

해설 Going to the bathroom leads to washing and drying your
hands, which reminds you ~.
관계대명사(= Going ~ hands)　단수동사

해석 화장실에 가는 것은 손을 씻고 말리는 것으로 이어지는데, 이는 당신에게 당신이 더러운 수건을 세탁물에 넣어야 한다는 것을 상기시킨다.

어휘 remind 상기시키다

6 정답 **valuable customer information, ends**

해설 ~ companies collect valuable customer information that,
　　　　　　　　　　　　선행사(불가산명사)　　주격 관계대명사
most people believe, ends up buried and never used.
　　　삽입절　　　　　단수동사

해석 너무 자주, 기업들은, 대부분의 사람들이 믿기에, 결국 묻혀서 결코 사용되지 않는 귀중한 소비자 정보를 수집한다.

어휘 valuable 귀중한

7 정답 **our biological senses, are**

해설 ~ and visual illusions leverage our biological senses that
　　　　　　　　　　　　　　　선행사(복수명사)　　주격 관계대명사
are normally used to accomplish other things.
복수동사

해석 영화, 3-D 게임, 그리고 시각적 환상은 보통 다른 것들을 성취하기 위해 사용되는 우리의 생물학적 감각들을 이용한다.

어휘 leverage 이용하다　biological 생물학적인　accomplish 성취하다

PRACTICE

본책 p.51

01 정답 **goes → go**

해설 ~ find yourself purchasing all of the accessories that
　　　　　　　　　　　　　선행사(all of + 복수명사)　주격 관계대명사
accordingly go with it.
　　　　　복수동사

해석 당신은 당신의 아이를 위한 장난감을 사고, 곧 그에 맞춰 그것과 어울리는 모든 액세서리들을 구입하는 당신 자신을 발견한다.

어휘 accordingly 그에 맞춰   go with ~와 어울리다

02 정답 believes → believe

해설 There are <u>some people</u> on the Internet <u>who</u> <u>believe</u> the
　　　선행사(복수명사)　　　　　　　주격 관계대명사　복수동사
Earth is flat, ~.

해석 비록 우리가 지구가 구체라는 객관적인 증거를 가지고 있지만, 인터
넷에는 지구가 평평하다고 믿는 몇몇 사람들이 있다.

어휘 objective 객관적인   sphere 구체

03 정답 turn → turns

해설 Smithson describes studying animals at night as <u>an</u>

<u>initially difficult schedule adjustment</u> <u>which</u> soon <u>turns</u>
　　　　　　선행사(단수명사)　　　　　주격 관계대명사　　단수동사
into a natural routine.

해석 Smithson은 밤에 동물들을 연구하는 것을 곧 자연스러운 과정이
되는 초기에는 어려운 스케줄 조정이라고 묘사한다.

어휘 initially 초기에   adjustment 조정

04 정답 O

　　　　　　　　　　　　　　　　　주격 관계대명사
해설 <u>Problems</u> unexpectedly coming up <u>that</u> <u>need</u> solutions
　　선행사(복수명사)　　수식어(분사구)　　　　복수동사
force us to use our brains ~.

해석 해결책을 필요로 하는 예기치 않게 생기는 문제들은 우리가 창의적
인 답을 진전시키기 위해 우리의 뇌를 사용하도록 한다.

어휘 unexpectedly 예기치 않게   come up 생기다

05 정답 ① feel → feels

해설 ① ~ she may become <u>a praise lover</u> <u>who</u> eventually <u>feels</u>
　　　　　　　　　선행사(단수명사)　주격 관계대명사　단수동사
less interested in learning the alphabet ~.
관계대명사 who 뒤에 주어 없이 동사가 바로 왔으므로 who는
주격 관계대명사이고, 동사는 선행사인 a praise lover에 수일
치해야 한다. a praise lover가 단수명사이므로 feel을 단수동사
feels로 고쳐야 한다.

② It is <u>cheap compliments</u> that consequently <u>create</u> a
　　　　강조 대상(복수명사)　　　　　　　　복수명사
spoiled child, ~.

해석 만약 당신이 당신의 아이가 글자를 알아볼 때마다 박수를 치면, 그
녀는 결국 당신이 박수를 치는 소리를 듣는 것보다 알파벳을 배우
는 것에 덜 흥미를 느끼는 칭찬 애호가가 될 수도 있다. 결과적으로
버릇없는 아이를 만드는 것은 값싼 칭찬인데, 이 아이는 심지어 가
장 작은 것에도 칭찬을 받는 것에 실패하는 순간에 불안해한다.

어휘 applaud 박수를 치다   compliment 칭찬
consequently 결과적으로   spoiled 버릇없는
anxious 불안해하는

06 정답 ② avoids → avoid

해설 ① Writing with powerful words stirs strong emotions in
people, <u>which</u> effectively <u>encourages</u> real change.
　관계대명사(= Writing ~ people)　　단수동사 주격 관계대명사
② You will have written <u>a lot of essays</u> <u>that</u> not only <u>avoid</u>
　　　　　　　　　　선행사(a lot of + 복수명사)　　　복수동사
passivity in the reader, ~.
관계대명사 that 뒤에 주어 없이 동사가 바로 왔으므로 that은
주격 관계대명사이고, 동사는 선행사인 a lot of essays에 수일
치해야 한다. a lot of essays가 복수명사이므로 avoids를 복수
동사 avoid로 고쳐야 한다.

해석 강력한 단어로 글을 쓰는 것은 사람들에게 강한 감정을 자극하고,
이는 진정한 변화를 효과적으로 장려한다. 당신은 독자의 수동성을

피할 뿐만 아니라 사람들이 생각하게 하는 많은 에세이를 썼을 것
이다.

어휘 stir 불러일으키다   passivity 수동성

07 정답 (1) ⓑ surprise → surprises
(2) use transportation that burns fossil fuels and
emits environmentally harmful gasses

해설 (1) ⓐ ~ it is <u>the overuse</u> that in many cases <u>contributes</u> to
　　　　　강조 대상(불가산명사)　　　　　　　　단수동사
the warming planet.
ⓑ The high pollution from large jet planes accounts
for 3% of CO₂ emissions in the atmosphere, <u>which</u>
<u>surprises</u> most people.　　관계대명사(= The high ~ atmosphere)
　단수동사
앞의 절 전체 내용을 대신하는 관계대명사 뒤에는 항상 단
수동사가 오므로, surprise를 단수동사 surprises로 고쳐야
한다.
(2) 선행사인 transportation이 단수 취급하는 불가산명사이므로
주격 관계대명사 that 뒤에 단수동사 burns와 emits를 쓴다.

해석 여행을 할 때, 우리는 보통 화석 연료를 태우고 환경적으로 해로운
가스를 배출하는 교통수단을 사용한다. 여행하는 것은 필요하지만,
많은 경우에 뜨거워지는 지구에 기여하는 것은 과도한 사용이다. 대
형 제트기로 인한 높은 오염은 대기 중의 이산화탄소 배출의 3%를
차지하는데, 이는 대부분의 사람들을 놀라게 한다.

어휘 fossil fuel 화석 연료   emit 배출하다   emission 배출
account for 차지하다

불패 전략 14 도치 구문은 동사 뒤에 있는 주어에 동사의 수를 일치시켜라!
本책 p.52

1 정답 do

해설 Contrary to popular belief, <u>rarely</u> <u>do</u> <u>professional athletes</u>
　　　　　　　　　　　　　　　부정　복수동사　　복수주어
and coaches talk about ~.

해석 일반적인 믿음과 반대로, 프로 운동선수들과 코치들은 골을 넣거
나, 홈런을 치거나, 좋은 슛을 성공시키는 것에 대해 거의 이야기하
지 않는다.

Check up!

1 정답 only one decision, does

해설 War is never an isolated act, <u>nor</u> <u>does</u> <u>only one decision</u>
determine its outcome.　　　　　부정　단수동사　　단수주어

해석 전쟁은 결코 분리된 행위가 아니며, 오직 하나의 결정 역시 그것의
결과를 결정하지 않는다.

어휘 isolated 분리된, 고립된   outcome 결과

2 정답 their visual presentation, is

해설 ~ but <u>more pleasing</u> <u>is</u> <u>their visual presentation</u>.
　　　　　주격보어　　단수동사　　　단수주어

해석 프랑스 파티시에들의 디저트의 맛은 놀랍지만, 그들의 시각적 표현
은 더 즐겁다.

어휘 presentation 표현

3 정답 **a traditional teahouse, sits**

해설 <u>Inside the downtown area</u> <u>filled with modern buildings</u>
　　　　장소　　　　　　　　　수식어(분사구)
<u>sits</u> <u>a traditional teahouse</u> from centuries ago.
단수동사　단수주어

해석 현대식 건물들로 가득 찬 도심 지역 안에 수 세기 전의 전통적인 찻
집이 있다.

어휘 downtown 도심의, 시내의

4 정답 **knowing something, does**

해설 Only if you actually use the information <u>does</u> <u>knowing</u>
　　　제한　　　　　　　　　　　　　　　　　단수동사
<u>something</u> become worthwhile.
단수주어(동명사구)

해석 오직 당신이 정보를 실제로 사용할 때만 무언가를 아는 것이 가치
있다.

어휘 worthwhile 가치 있는

5 정답 **other adventurers, do**

해설 ~ but I have to make it — <u>as</u> <u>do</u> <u>other adventurers</u>.
　　　　　　　　　　　　　　　　복수동사　복수주어

해석 절벽에서 내딛는 그 첫발이 가장 힘든 순간이지만, 다른 모험가들
역시 그렇듯이 나도 그것을 해내야만 한다.

어휘 adventurer 모험가

6 정답 **anyone, has**

해설 ~ but they have not been able to interpret it and <u>neither</u>
　　　　　　　　　　　　　　　　　　　　　　　　　　　　부정
<u>has</u> <u>anyone</u> else.
단수동사　단수주어

해석 전문적인 암호 해독자들은 그 비밀 메시지를 연구해왔지만, 그들은
그것을 해석할 수 없었고 다른 누구 역시 그럴 수 없었다.

어휘 code breaker 암호 해독자　interpret 해석하다

7 정답 **strong indications, are**

해설 ~ there <u>are</u> now <u>strong indications</u> of a sleep-like state in
　　　　　복수동사　　　복수주어
some invertebrates ~.

해석 파충류와 비슷하게, 이제 꿀벌과 같은 몇몇 무척추동물에서도 수면
유사 상태의 강한 조짐들이 있다.

어휘 reptiles 파충류　indication 조짐
sleep-like state 수면 유사 상태　invertebrate 무척추동물

PRACTICE
본책 p.53

01 정답 **does → do**

해설 ~ <u>rarely</u> <u>do</u> <u>ordinary citizens</u> consider the critical role of
　　　부정　복수동사　복수주어
vertical transportation ~.

해석 도시의 발전에 대해 생각할 때, 일반 시민들은 에스컬레이터와 엘
리베이터 같은 수직 운송 수단의 중요한 역할을 거의 고려하지 않
는다.

어휘 critical 중요한　vertical 수직의　transportation 운송 수단

02 정답 **O**

해설 So unexpected <u>was</u> <u>the discovery</u> of the 10,000-year-old
　　　　주격보어　단수동사　단수주어
artifacts ~.

해석 그 1만 년 된 유물들의 발견은 매우 뜻밖이어서 많은 사람들은 그것
들이 잘 만들어진 가짜인지 궁금해했다.

어휘 artifact 유물　well-made 잘 만들어진

03 정답 **have → has**

해설 Not only <u>has</u> <u>memory</u> governed our ability to think, ~.
　　　부정　단수동사　단수주어

해석 기억은 우리의 생각하는 능력을 지배해왔을 뿐만 아니라, 우리의
경험들의 내용을 규정해왔다.

어휘 govern 지배하다　content 내용

04 정답 **were → was**

해설 A number of demonstrators on the road were holding
flags <u>on which</u> <u>was</u> <u>a shield</u> with a sword ~.
　　　　　장소　단수동사　단수주어

해석 길에 있는 많은 시위자들이 자유를 위한 그들의 강한 의지를 나타
내는 검이 달린 방패가 있는 깃발을 들고 있었다.

어휘 demonstrator 시위자

05 정답 **② is → are**

해설 ① In sports, <u>there</u> <u>exists</u> <u>an opinion</u> that job advancement
　　　　　　　　단수동사　단수주어
is like a pyramid.
② ~ while <u>at the narrow tip</u> <u>are</u> <u>the few, highly desired</u>
　　　　　　장소　　　　　복수동사　　　복수주어
<u>jobs</u> with professional organizations.
장소를 나타내는 어구인 at the narrow tip이 문장의 앞쪽에 와
서 도치되었으므로 동사는 뒤에 있는 복수주어 the few, highly
desired jobs에 수일치해야 한다. 따라서 is를 복수동사 are로 고
쳐야 한다.

해석 스포츠에서는, 승진이 피라미드와 같다는 의견이 존재한다. 만약
당신이 피라미드를 살펴보면, 넓은 저변에는 고등학교 운동부들에
있는 많은 일자리들이 있는 반면, 좁은 끝부분에는 전문적인 단체
들에 있는 소수의, 매우 희망되는 일자리들이 있다.

어휘 job advancement 승진　athletic 운동의　tip 끝
professional 전문적인

06 정답 **① does → do**

해설 ① Job seekers do not simply browse for work, <u>nor</u> <u>do</u>
　　　　　　　　　　　　　　　　　　　　　부정　복수동사
<u>employers</u> "just look" at the resume of applicants.
복수주어
부정을 나타내는 어구인 nor가 문장의 앞쪽에 와서 도치되었으
므로 동사는 뒤에 있는 복수주어 employers에 수일치해야 한
다. 따라서 does를 복수동사 do로 고쳐야 한다.
② Even more motivated <u>is</u> <u>the applicant</u> looking for a
　　　주격보어　　　　단수동사　단수주어
dream job, ~.

해석 일자리를 채우는 것은 구직자에게나 구인자에게나 수동적인 작업
이 아니다. 구직자들은 일자리를 위해 단순히 둘러보는 것이 아니
며, 고용주들 역시 지원자들의 이력서를 '그냥 보기'만 하는 것이 아
니다. 꿈의 직업을 찾는 지원자는 훨씬 더 동기부여 되어있고, 가장
열심히 보는 고용주는 결국 더 나은 직원을 얻게 된다.

어휘 passive 수동적인　resume 이력서　applicant 지원자

07 정답 **(1) ⓑ does → do**
(2) are purposes that bring about a greater impact
than others

해설 (1) ⓐ ~ but <u>there</u> <u>comes</u> <u>a time</u> when it's wiser to stop
　　　　　　　　단수동사　단수주어
fighting for your view.
ⓑ Only when citizens learn what is worth fighting for
　　　제한

and what to let go do actions make a true difference.
<small>복수동사 복수주어</small>

제한을 나타내는 어구인 Only when이 문장의 앞쪽에 와서 도치되었으므로 동사는 뒤에 있는 복수주어 actions에 수일치해야 한다. 따라서 does를 복수동사 do로 고쳐야 한다.
(2) 장소를 나타내는 어구인 Within the wider community가 문장의 앞쪽에 와서 도치되었으므로 동사는 뒤에 있는 복수주어 purposes와 수일치하는 복수동사 are를 쓴다. 또한 선행사인 purposes가 복수명사이므로 주격 관계대명사 that 뒤에 복수동사 bring을 쓴다.

해석 당신이 믿는 것을 위해 싸우는 것은 중요하지만, 당신의 관점을 위해 싸우는 것을 멈추는 것이 더 현명한 때가 온다. 더 넓은 지역사회 내에는 다른 것들보다 더 큰 영향을 가져오는 목표들이 있다. 오직 시민들이 무엇이 싸울 가치가 있고 무엇을 포기할지를 배울 때만이 행동들이 진정한 변화를 만들어낸다.

어휘 believe in ~을 믿다 let go ~을 포기하다

어법 만점 TEST

01	answer	02	get	03	(A) have, (B) relieves		
04	②	05	①	06	①	07	④	08	①
09	⑤	10	④	11	①	12	⑤		
13	(1) ⓐ occurs → occur, ⓑ proves → prove (2) it is cute aggression that allows us to take care of something						

01 정답 **answer**

해설 In political surveys, <u>half of US citizens</u> <u>answer</u> questions
<small>주어(half of + 복수명사)　복수동사</small>
without revealing ~. (불패전략 12)

해석 정치 조사에서, 미국 시민들 중 절반은 그들의 이름이나 그들이 어디에 사는지를 밝히지 않은 채 질문에 답한다.

어휘 reveal 밝히다, 드러내다

02 정답 **get**

해설 Small indicator lights are placed along the trail to help
<u>rookie hikers</u> at night, <u>who</u>, <u>it is supposed</u>, <u>get</u> lost
<small>선행사(복수명사)　주격 관계대명사　수식어(삽입절)　복수동사</small>
frequently. (불패전략 13)

해석 길을 자주 잃어버릴 것으로 예상되는 초보 등산객들을 밤에 돕기 위해 산길을 따라 작은 표시등들이 설치되어 있다.

어휘 indicator 표시, 지표 trail 산길 rookie 초보자

03 정답 **(A) have, (B) relieves**

해설 (A) <u>Stricter regulations</u> <u>in addition to other methods</u> <u>that</u>
<small>복수주어　수식어(전치사 + 명사구)</small>
<u>decrease the amount of uneaten food</u> <u>have helped</u>
<small>수식어(관계절)　복수동사</small>
aquaculture to clean up its act. (불패전략 10)
(B) ~ as <u>employing aquaculture on a larger scale</u> <u>relieves</u>
<small>단수주어(동명사구)　단수동사</small>
food insecurity ~. (불패전략 11)

해석 먹지 않은 음식의 양을 줄이는 다른 방법들에 더하여 더 엄격한 규제들은 양식업이 그것의 행위를 청소하는 것을 도왔다. 이것들은 필요한 단계인데, 더 큰 규모로 양식업을 활용하는 것은 바다를 지속 가능하게 하면서 식량 불안정을 완화하기 때문이다.

어휘 regulation 규제 aquaculture 양식업, 수경 재배
insecurity 불안정 sustainable 지속 가능한

04 정답 ② **does → do**

해설 ① <u>The competition</u> <u>to sell manuscripts to publishers</u> <u>is</u>
<small>단수주어　수식어(to부정사구)　단수동사</small>
fierce. (불패전략 10)
② ~ but <u>rarely</u> <u>do</u> <u>their works</u> make it to the desk of a
<small>부정　복수동사　복수주어</small>
publisher ~.
부정을 나타내는 어구 rarely가 문장의 앞쪽에 와서 도치되었으므로 동사는 뒤에 있는 복수주어 their works에 수일치해야 한다. 따라서 does를 복수동사 do로 고쳐야 한다. (불패전략 14)

해석 출판사에 원고를 팔기 위한 경쟁은 치열하다. 무명 작가들은 세상의 모든 재능을 가지고 있을지도 모르지만, 그들의 작품은 이전의 출판물들이나 아주 훌륭한 에이전트 없이는 출판사의 책상에 거의 오르지 않는다.

어휘 manuscript 원고 fierce 치열한 publisher 출판사
prior 이전의 publication 출판물

05 정답 ① **gives → give**

해설 ① <u>Many of the teens</u> <u>faced with the fact</u> <u>that the majority</u>
<small>주어(many of + 복수명사)　수식어(분사구)　수식어(동격 that절)</small>
<u>of animals raised as food live in confinement</u> <u>give</u> up
<small>복수동사</small>
meat ~.
주어 Many of the teens에서 Many of는 of 뒤의 명사에 수일치하는 부분/수량 표현이므로 복수명사 the teens에 수일치하도록 gives를 복수동사 give로 고쳐야 한다. faced with the fact와 that ~ confinement는 수일치에 영향을 미치지 않는 수식어이며, 각각 분사구와 동격 that절이다. (불패전략 12)
② It may be <u>their youthful determination</u> that fully <u>allows</u>
<small>강조 대상(불가산명사)　단수동사</small>
them to support the cause for animal rights. (불패전략 13)

해석 음식으로 사육되는 대부분의 동물들이 가둬져서 산다는 사실을 직면한 많은 십대들은 그러한 조건들에 항의하기 위해 육류를 포기한다. 그들이 동물의 권리에 대한 대의를 지지하도록 하는 것은 전적으로 그들의 젊은이다운 결단일지도 모른다.

어휘 in confinement 가둬져서, 감금되어 determination 결단
cause 대의

06 정답 ① **emerge → emerges**

해설 ① <u>The preference</u> <u>of ratios over exact numbers</u>, <u>Pica</u>
<small>단수주어　수식어(전치사 + 명사구)　수식어(삽입절)</small>
<u>suggests</u>, emerges because ratios are ~.
<small>단수동사</small>
주어 The preference는 단수명사이므로 emerge를 단수동사 emerges로 고쳐야 한다. of ~ numbers와 Pica suggests는 수일치에 영향을 미치지 않는 수식어이며, 각각 「전치사 + 명사구」와 삽입절이다. (불패전략 10)
② <u>What is critical when, for example, faced with enemies</u>
<small>단수주어(명사절)</small>
<u>is</u> not that we know ~. (불패전략 11)
<small>단수동사</small>

해석 정확한 숫자보다 비율에 대한 선호는, Pica가 주장하기를, 비율이 세는 능력보다 야생에서의 생존에 훨씬 더 중요하기 때문에 생긴다. 예를 들어, 적과 직면했을 때 중요한 것은 우리가 적들이 얼마나 많이 있는지 정확히 아는 것이 아니라 단순히 그들이 우리보다 수가 더 많은지 아는 것이다.

어휘 ratio 비율 outnumber ~보다 수가 더 많다

Chapter 03 주어-동사 수일치 27

07 정답 ④ analyzes - are - involves

해설 (A) Mary Douglas who studied the euro-centric
　　　　　단수주어　　　　　　　　　수식어(관계절)
misconceptions surrounding rites and rituals, analyzes
　　　　　　　수식어(분사구)　　　　　　　단수동사
the common saying ~.

주어 Mary Douglas는 단수명사이므로 단수동사 analyzes가
와야 한다. who ~ misconceptions와 surrounding ~ rituals는
수일치에 영향을 미치지 않는 수식어이며, 각각 관계절과 분사
구이다. (불패전략 10)

(B) Similarly, outdoor things which mistakenly are placed
　　　　　　　　　선행사(복수명사)　주격 관계대명사　　복수동사
indoors can be regarded as dirt.

관계대명사 which 뒤에 주어 없이 동사가 바로 왔으므로 which
는 주격 관계대명사이고, 동사는 선행사인 outdoor things에
수일치해야 한다. outdoor things가 복수명사이므로 복수동사
are가 와야 한다. (불패전략 13)

(C) Sorting the dirty from the clean, such as removing the
　　　단수주어(동명사구)　　　　　　수식어(전치사 + 명사구)
shoes from the table, involves systematic ordering
　　　　　　　　　　단수동사
and classifying.

주어 Sorting the dirty from the clean은 단수 취급하는 동
명사구이므로 단수동사 involves가 와야 한다. such ~ table
은 수일치에 영향을 미치지 않는 수식어(전치사 + 명사구)이다.
(불패전략 11)

해석 선천적으로 쓰레기인 것은 없다. 의식과 의례를 둘러싼 유럽 중심
의 오해들을 연구한 Mary Douglas는 더러운 것은 '위치에 맞지 않
는 물질'이라는 흔히 하는 말을 분석한다. 그녀는 더러운 것은 상대
적이라고 강조한다. 신발은 그 자체로는 더럽지 않지만, 그것들을 식
탁 위에 놓는 것은 더럽다. 음식은 그 자체로는 더럽지 않지만, 솥과
냄비를 침실에 두는 것이나, 옷 위에 잔뜩 묻은 음식은 더럽다. 마찬
가지로, 실수로 실내에 배치된 야외의 것들은 더러운 것으로 여겨질
수도 있다. 테이블에서 신발을 치우는 것과 같이, 깨끗한 것에서 더
러운 것을 분류하는 것은 체계적인 정리와 분류를 포함한다.

어휘 by nature 선천적으로 euro-centric 유럽 중심의
misconception 오해 rite 의식 ritual 의례 relative 상대적인
sort 분류하다 systematic 체계적인

08 정답 ① poses - is - appear

해설 (A) Social mobility has increased among younger
generations, which poses a challenge to traditional
　　　　　　　　관계대명사(= Social ~ generations) 단수동사
roles in society.

앞의 절 전체 내용을 대신하는 관계대명사 뒤에는 항상 단수동
사가 오므로, 단수동사 poses가 와야 한다. (불패전략 13)

(B) Not only is control over one's life choices possible, but
　　　　부정　단수동사　단수주어
it is also desired.

부정을 나타내는 어구 Not only가 문장의 앞쪽에 와서 도치되
었으므로 동사는 뒤에 있는 단수주어 control에 수일치해야 한
다. 따라서 단수동사 is가 와야 한다. (불패전략 14)

(C) Most of the traditional role identities prescribed by
　　　　　　주어(most of + 복수명사)　　　　　수식어(분사구)
society appear as masks ~.
　　　　　복수동사

주어 Most of the traditional role identities에서 Most of는 동
사가 뒤의 명사에 수일치하는 부분/수량 표현이므로 복수
명사 the traditional role identities에 수일치하도록 복수동사
appear가 와야 한다. prescribed by society는 수일치에 영향
을 미치지 않는 수식어(분사구)이다. (불패전략 12)

해석 현대에, 사회는 더 역동적이다. 사회적 이동성은 젊은 세대들 사이
에서 증가했는데, 이는 사회에서의 전통적인 역할에 대한 도전을
제기한다. 사람들은 예컨대 그들의 직업, 결혼, 또는 종교에 관해 더
높은 수준의 선택을 행한다. 대안들이 실현될 수 있을 때 사람이 그
가 태어날 때 부여받은 역할에 전념해야 한다는 것은 덜 명백하다.
한 사람의 인생 선택에 대한 통제가 가능할 뿐만 아니라, 그것은 또
한 바람직하다. 정체성이 이제 문제가 된다. 그것은 더 이상 태어날
때 거의 이미 만들어진 것이 아니라 계발되어야 할 무언가이다. 사
회에 의해 규정되는 전통적인 역할 정체성들 중 대부분은 그 밑 어
딘가에서 진짜 자신이 발견될 사람들에게 부여되는 가면으로 나타
난다.

어휘 dynamic 역동적인 traditional 전통적인 profession 직업
commit to ~에 전념하다 alternative 대안 prescribe 규정하다
impose 부여하다 underneath ~의 밑에

09 정답 ⑤ completes → complete

해설 ⑤ The athletes who have prepared successfully and are
　　　복수주어　　　　　　수식어(관계절)
in optimal condition complete a predetermined course
　　　　　　　　　　복수동사
and length, ~.

주어 The athletes는 복수명사이므로 completes를 복수동사
complete으로 고쳐야 한다. who ~ condition은 수일치에 영향
을 미치지 않는 수식어(관계절)이다. (불패전략 10)

오답 ① 주어 The known fact는 단수명사이므로 단수동사 shows가 온
분석　 것은 적절하다. of contingencies는 수일치에 영향을 미치지 않
　　　는 수식어(전치사 + 명사)이다. (불패전략 10)
② 주어 one of those practice situations에서 one of는 항상 앞
　을 단수 취급하는 표현이므로 단수동사 does가 온 것은 적절하
　다. (불패전략 12)
③ 주어 Preparing for disasters of all types는 단수 취급하는 동
　명사구 주어이므로 단수동사 is가 온 것은 적절하다. (불패전략 11)
④ 목적어 their endurance가 '발달하는' 행위의 주체이고 let이 동
　사원형을 목적격보어로 취하는 동사이므로 동사원형 grow가
　온 것은 적절하다. (불패전략 05)

해석 비상사태에 대한 알려진 사실은, 그러한 비상사태가 정확히 어떤 것
이 될지 아는 것 없이는, 재난 대비가 재난 예행연습과 같은 것이 아
니라는 것을 보여준다. 아무리 많은 모의의 재난들이 사전 계획에
따라 실행되는지, 그러한 연습 상황들 중 하나도 실제 재난을 완벽
하게 반영하지 못한다. 모든 종류의 재난에 대비하는 것은 단거리
달리기를 위해 훈련하는 것보다는 마라톤을 위해 훈련하는 것에 더
가깝다. 마라톤 선수들은 26마일의 풀 코스를 달림으로써 연습하
지 않는다. 오히려, 그들은 더 짧은 거리를 달림으로써 건강을 유지
하고 여러 가지 운동을 조합하여 행하는 훈련법으로 그들의 지구력
이 발달하게 한다. 성공적으로 준비하고 최적의 컨디션을 갖춘 운
동선수들은 다양한 날씨 조건을 가정하여 미리 정해진 코스와 거
리를 완주한다. 이것이 일반적인 마라톤 준비이다.

어휘 contingency 비상사태 precisely 정확히 preparation 대비
mock 모의의 stage 시행하다 mirror 반영하다
sprint 단거리 경기 endurance 지구력
cross-training 여러 가지 운동을 조합하여 행하는 훈련법
optimal 최적의 predetermined 미리 정해진

10 정답 ④ gain → gains

해설 ④ ~ the argument that firing workers makes up for the
　　　　　단수주어　　　　　수식어(동격 that절)
lack of profits always gains significant support.
　　　　　　　　　　단수동사

주어 the argument는 단수명사이므로 gain을 단수동사 gains
로 고쳐야 한다. that ~ profits는 수일치에 영향을 미치지 않는

수식어(동격 that절)이다. (불패전략 10)

오답 분석 ① 관계대명사 which 뒤에 주어 없이 동사가 바로 왔으므로 which는 주격 관계대명사이고, 선행사 premature decisions는 복수명사이므로 주격 관계대명사 뒤에 복수동사 lead가 온 것은 적절하다. (불패전략 13)

② '피상적인 문제에 대응하는 데 익숙하다'라는 의미이므로 「be used to + v-ing」(~하는 데 익숙하다)의 동명사 responding이 온 것은 적절하다. (CH 02 불패표현)

③ 주어 Bob Carlson은 단수명사이므로 단수동사 is가 온 것은 적절하다. the ~ parts는 Bob Carlson을 수식하는 삽입구이다. (불패전략 10)

⑤ '결정을 추진하거나 표결을 요청하는 것'이라는 의미로, to부정사 to push와 나열되어야 한다. 따라서 to부정사가 와야 하지만, 뒤에 나열되는 to부정사는 to를 생략하고 동사원형만 쓸 수도 있으므로 동사원형 call이 온 것은 적절하다. (불패전략 03)

해석 빨리 결정해야 한다는 엄청난 압박에 직면하면서, 지도자들은 종종 불가피한 실패로 이끄는 성급한 결정을 내린다. 이것은 주로 대부분의 지도자들이 근본적인 문제를 탐구하는 데 시간을 들이는 것보다는 결정의 피상적인 문제에 대응하는 데 익숙하기 때문이다. 자동차 부품을 만드는 회사의 공동 CEO인 Bob Carlson은 지도자가 인내심을 발휘하는 좋은 예이다. 경제 침체기 동안, 그의 제조 공장은 총수입의 30퍼센트 감소에 직면했다. 이러한 상황이 발생할 때, 직원들을 해고하는 것이 이윤의 부족을 만회한다는 주장은 항상 상당한 지지를 얻는다. 비록 경제적 압박의 긴장을 완화하기 위해 결정을 추진하거나 표결을 요청하는 것이 쉬웠을 것이지만, 그는 팀이 함께 일하고 모든 문제를 검토하도록 도왔다. 그 팀은 모든 결정들의 영향을 철저히 검토한 후에 마침내 감봉에 동의했다.

어휘 enormous 엄청난 pressure 압박 premature 성급한
inevitable 불가피한 superficial 피상적인 underlying 근본적인
downturn 침체기 plant 공장 revenue 총수입
circumstance 상황 significant 상당한 thoroughly 철저히
implication 영향

11 정답 ① creates → create

해설 ① ~ products or brands that similarly create the same
선행사(복수명사) 주격 관계대명사 복수동사
type of response is rare.
관계대명사 that 뒤에 주어 없이 동사가 바로 왔으므로 that은 주격 관계대명사이고, 선행사 products or brands는 복수명사이므로 주격 관계대명사 뒤에 creates를 복수동사 create로 고쳐야 한다. (불패전략 13)

오답 분석 ② 수식받는 명사 consumers가 '타투를 하는' 행위의 주체이므로 현재분사 getting이 온 것은 적절하다. (불패전략 07)

③ 주어 some of these sports followers에서 some of는 of 뒤의 명사에 수일치하는 부분/수량 표현이므로 복수명사 these sports followers에 수일치하는 복수동사 feel이 온 것은 적절하다. (불패전략 12)

④ 주어 This addiction은 단수명사이므로 단수동사 provides가 온 것은 적절하다. it ~ cases는 수일치에 영향을 미치지 않는 수식어(삽입절)이다. (불패전략 10)

⑤ 주어 the emotion은 단수명사이므로 단수동사 has가 온 것은 적절하다. triggered by sports는 수일치에 영향을 미치지 않는 수식어(분사구)이다. (불패전략 10)

해석 스포츠가 그것의 소비자들에게 강한 감정적 반응을 일으킬 수 있는 반면, 비슷하게 같은 유형의 반응을 만들어내는 제품이나 브랜드는 드물다. 은행 기념품을 사는 소비자들이나 그들의 충성도를 보여주기 위해 그들의 자동차 보험 회사의 로고로 타투를 하는 소비자들을 만나는 것은 거의 불가능하다. 반면에, 스포츠 팬들은 매우 열정적이고 이러한 스포츠 추종자들 중 몇몇은 선수, 팀, 그리고 스포츠 그 자체에 대해 너무 강하게 느껴서 그들의 관심은 집착을 넘어선다. 이 중독은, 많은 경우에, 팬들을 팀으로 묶고 심지어 실패에 직면함에도 불구하고 충성심을 유지하는 감정적인 접착제를 제공하는 것처럼 보인다. 대부분의 관리자들은 스포츠 팬과 같은 그런 열정적인 고객들을 갖는 것을 꿈만 꿀 수 있지만, 그들이 스포츠에 의해 촉발된 감정 또한 부정적인 영향이 있다는 것을 아는 것은 중요하다. 예를 들어, 팀의 공식 색상을 변경하는 것은 전통을 깨트리기 때문에 거부될지도 모른다.

어휘 trigger 일으키다 memorabilia 기념품 loyalty 충성도
passionate 열정적인 follower 추종자 obsession 집착
bind 묶다 turn down 거부하다

12 정답 ⑤ result → results

해설 ⑤ But what you can get from disappointing a few people
단수주어(명사절)
over small things results in much more than an empty
단수동사
inbox.
주어 what ~ things는 단수 취급하는 명사절이므로 result를 단수동사 results로 고쳐야 한다. (불패전략 11)

오답 분석 ① 주어 The single most important change는 단수명사이므로 단수동사 is가 온 것은 적절하다. you can make와 in your working habits는 수일치에 영향을 미치지 않는 수식어이며, 각각 관계절과 「전치사 + 명사구」이다. (불패전략 10)

② 수식받는 명사 the phone and e-mail이 '끄는' 행위의 대상이므로 과거분사 turned가 온 것은 적절하다. (불패전략 07)

③ there가 문장의 앞쪽에 와서 도치되었으므로 동사는 뒤에 있는 복수주어 a lot of people에 수일치해야 한다. 주어 a lot of people에서 a lot of는 of 뒤의 명사에 수일치하는 부분/수량 표현이므로 복수동사 were가 온 것은 적절하다. (불패전략 12, 14)

④ the pressures와 the expectation 사이에 목적격 관계대명사가 생략되어 절과 절이 연결되어 있고, 관계절의 동사가 필요하므로 동사 puts가 온 것은 적절하다. (불패전략 02)

해석 당신의 업무 습관에서 당신이 만들 수 있는 단 하나의 가장 중요한 변화는 창의적인 작업을 첫 번째로 하고 두 번째로 필요한 작업을 하는 것으로 바꾸는 것이다. 이것은 전화와 이메일을 꺼둔 채로 창의적인 작업을 위해 매일 많은 단위의 시간을 차단하는 것을 의미한다. 나는 좌절한 작가이곤 했다. 이 전환을 만드는 것은 나를 생산적인 작가로 만들었다. 하지만 내가 기사, 블로그 게시글, 또는 책의 장을 쓰기 위해 앉을 때마다, 내가 그들에게로 돌아가기를 기다리는 많은 사람들이 있었다. 특히 "내가 두 시간 전에 당신에게 이메일을 보냈는데…!"라고 시작하는 전화 메시지를 받았을 때, 이것은 쉽지 않았다. 이러한 접근은 다른 사람들의 기대와 그 기대가 당신에게 가하는 압박에 어긋난다. 그것은 불편하게 느껴지고, 때로로 사람들은 화가 난다. 그러나 작은 일들로 적은 사람들을 실망시키는 것으로부터 당신이 얻을 수 있는 것은 빈 받은편지함 훨씬 이상의 결과를 낳는다.

어휘 productive 생산적인 expectation 기대 inbox 받은편지함

13 정답 (1) ⓐ occurs → occur, ⓑ proves → prove
(2) it is cute aggression that allows us to take care of something

해설 (1) ⓐ ~ overwhelming urges to squeeze, pinch, or maybe
복수주어 수식어(to부정사구)
even bite it occur.
복수동사
주어 overwhelming urges는 복수명사이므로 occurs를 복수동사 occur로 고쳐야 한다. to squeeze ~ it은 수일치에 영향을 미치지 않는 수식어(to부정사구)이다. (불패전략 10)

ⓑ In fact, <u>a number of scientific experiments</u> <u>prove</u> this
　　　　 주어(a number of + 복수명사)　　　 복수동사
compulsion actually makes us more caring.

주어에 a number of가 있으므로 proves를 복수동사 prove
로 고쳐야 한다. (불패전략 12)

오답 ⓒ 주어 The first studies는 복수명사이므로 복수동사 have가 온
분석 　것은 적절하다. to look ~ brain은 수일치에 영향을 미치지 않는
　　　수식어(to부정사구)이다. (불패전략 10)

　　　ⓓ 제한을 나타내는 어구 Only when이 문장의 앞쪽에 와서 도치되
　　　었으므로 동사는 뒤에 있는 단수주어 the ability에 수일치해야
　　　한다. 따라서 단수동사 is가 온 것은 적절하다. (불패전략 14)

　　　ⓔ 관계대명사 that 뒤에 주어 없이 동사가 바로 왔으므로 that은
　　　주격 관계대명사이고, 선행사 things가 복수명사이므로 주격 관
　　　계대명사 that 뒤에 복수동사 are가 온 것은 적절하다. (불패전략 13)

해설 (2) 강조 대상인 cute aggression이 단수명사이므로 that 뒤에 단
　　　수동사 allows를 쓴다. allow의 목적어 us가 '돌보는' 행위의 주
　　　체이고 allow가 to부정사를 목적격보어로 취하는 동사이므로
　　　to부정사 to take를 쓴다. (불패전략 13, 05)

해석 우리가 사랑스러운 생명체를 볼 때, 그것을 꽉 쥐거나, 꼬집거나, 심
　　　지어 물고 싶은 압도적인 충동이 일어난다. 이것은 지극히 정상적인
　　　심리적 반응이며, '귀여운 공격성'이라고 불리는 모순 어법이다. 사
　　　실, 많은 과학 실험들이 이 충동이 실제로 우리가 더 돌보게끔 만든
　　　다는 것을 증명한다. 인간의 뇌에서 귀여운 공격성을 관찰한 첫 번
　　　째 연구는 이것이 뇌의 몇몇 부분을 포함하는 복잡한 신경학적 반
　　　응이라는 것을 밝혀냈다. 오직 귀여운 공격성이 우리가 너무 감정적
　　　으로 과부하가 되는 것을 막을 때만 우리가 귀여운 것들을 돌보는
　　　능력이 가능해진다. 그것이 없으면, 우리는 너무 산만해져서 매우
　　　귀여운 것들을 돌볼 수 없게 된다. 그러므로, 우리가 극도로 귀엽다
　　　고 인식하는 어떤 것을 돌볼 수 있도록 허락하는 것은 귀여운 공격
　　　성이다.

어휘 adorable 사랑스러운　overwhelming 압도적인　urge 충동
　　　squeeze 꽉 쥐다　pinch 꼬집다　psychological 심리적인
　　　oxymoron 모순 어법　compulsion 충동　aggression 공격성
　　　neurological 신경학적인　emotionally 감정적으로
　　　overload 과부화하다

CHAPTER 04　동사의 능동태·수동태

불패
전략 15　주어가 동사 행위의 주체인지 대상인지 구별하라! 본책 p.60

1 정답 **following**

해설 주어 Advertising expenses가 '따라가는' 행위의 주체이므로 have
　　　been 뒤에 능동태 동사를 만드는 following이 와야 한다.

해석 광고 비용은 오프라인으로부터 온라인 미디어로의 뉴스의 이동을
　　　따라가고 있다.

어휘 advertising 광고　expense 비용　migration 이동

Check up!

1 정답 **the event, be delayed**

해설 주어 the event가 '지연시키는' 행위의 대상이므로 수동태 be
　　　delayed가 와야 한다.

해석 만약 참석하고 싶은 사람들이 다섯 명보다 적으면, 현지 작가들을
　　　위한 행사는 지연될 것이다.

2 정답 **animal shelters, have**

해설 주어 animal shelters가 '제공하는' 행위의 주체이므로 provided 앞
　　　에 능동태 동사를 만드는 have가 와야 한다.

해석 지난 20년 동안, 동물 보호소들은 길 잃은 동물들에게 보호와 때로
　　　는 새로운 집을 지속적으로 제공해왔다.

어휘 shelter 보호소　consistently 지속적으로

3 정답 **The check, included**

해설 주어 The check가 '포함하는' 행위의 주체이므로 능동태 included
　　　가 와야 한다.

해석 그에게 돌려보내진 수표는 '불충분한 자금'이라고 찍힌 각인을 포함
　　　했다.

어휘 check 수표　imprint 각인　insufficient 불충분한

4 정답 **Our recycling program, being introduced**

해설 주어 Our recycling program이 '소개하는' 행위의 대상이므로 is 뒤
　　　에 수동태 동사를 만드는 being introduced가 와야 한다.

해석 5년 전에 시작한 우리의 재활용 프로그램은 신문 기사에 소개되고
　　　있다.

어휘 recycling 재활용

5 정답 **the security system, checking**

해설 주어 the security system이 '확인하는' 행위의 주체이므로 has
　　　been 뒤에 능동태 동사를 만드는 checking이 와야 한다.

해석 최근의 사이버 공격 때문에, 우리 회사가 사용하는 보안 시스템은
　　　우리의 모든 기록을 꼼꼼히 확인하고 있다.

6 정답 **Alfred Chandler's book *The Visible Hand*,**
been recognized

해설 주어 Alfred Chandler's book *The Visible Hand*가 '인정하는' 행위
　　　의 대상이므로 has 뒤에 수동태 동사를 만드는 been recognized
　　　가 와야 한다.

해석 Alfred Chandler의 책 'The Visible Hand'는 퓰리처상 역사 부문을
　　　수상하며 국제적으로 인정받았다.

어휘 internationally 국제적으로

7 정답 **music, is**

해설 주어 music이 '경험하는' 행위의 대상이므로 experienced 앞에 수
　　　동태 동사를 만드는 is가 와야 한다.

해석 기술의 혁신 때문에, 음악은 지금 그 어느 때보다도 더 많은 지역에
　　　서 그리고 더 많은 시간 동안 경험된다.

어휘 innovation 혁신　region 지역

PRACTICE
본책 p.61

01 정답 **established → been established**

해설 주어 The interaction이 '수립하는' 행위의 대상이므로 has 뒤에
　　　established를 수동태 동사를 만드는 been established로 고쳐야
　　　한다. between ~ products는 수식어(전치사 + 명사구)이다.

해석 소셜 미디어 인플루언서들과 유명 상표의 제품들 간의 상호 작용은
　　　지속적으로 변화하는 청년 문화의 배경에 기대어 갈수록 더 수립되
　　　어왔다.

어휘 increasingly 갈수록 더, 점점 더　establish 수립하다
　　　continually 지속적으로

02 정답 **done → doing**

해설 주어 they가 '하는' 행위의 주체이므로 are 뒤에 done을 능동태 동

사를 만드는 doing으로 고쳐야 한다.

해석 연간 자선 모금 행사를 조직하는 사람들은 그들이 하고 있는 것이 다른 사람들을 돕기를 희망한다.

어휘 charity 자선, 자선단체

03 정답 **damaged → damaging**

해설 주어 the effects가 '해치는' 행위의 주체이므로 have been 뒤에 damaged를 능동태 동사를 만드는 damaging으로 고쳐야 한다.

해석 그들 자신만의 방식으로 놀고 탐험할 아이들의 기회들은 줄어들고 있으며, 그 결과들은 특히 공감을 해치고 있다고, 그는 주장한다.

어휘 empathy 공감, 감정 이입

04 정답 **release → are released**

해설 주어 young adults가 '해방하는' 행위의 대상이므로 release를 수동태 are released로 고쳐야 한다.

해석 만약, 잠시 동안만, 젊은이들이 그들의 걱정과 의무로부터 해방된다면, 그들은 그들에게 중요한 것을 선별할 기회를 얻을 것이다.

어휘 release 해방하다, 풀어주다   sort out 선별하다, 분류하다

05 정답 **② paid → paying**

해설 ① 주어 an attendant가 '둘러싸는' 행위의 대상이므로 수동태 is enclosed가 온 것은 적절하다.
② 주어 Drivers가 '지불하는' 행위의 주체이므로 have been 뒤에 paid를 능동태 동사를 만드는 paying으로 고쳐야 한다.

해석 오늘날, 운전자들은 직원이 금전 등록기가 있는 유리 부스로 둘러싸여진 주유소에 차를 세운다. 운전자들은 그것을 종업원에게 직접 건네는 대신 작은 창문을 통해 그들의 기름값을 지불해왔다.

어휘 pull up 차를 세우다   attendant 종업원
enclose (담·울타리 등으로) 둘러싸다

06 정답 **② achieving → achieved**

해설 ① 주어 Accepting what others are communicating이 '효과가 나는' 행위의 주체이므로 능동태 works가 온 것은 적절하다.
② 주어 having the same interests가 '성취하는' 행위의 대상이므로 is 뒤에 achieving을 수동태 동사를 만드는 achieved로 고쳐야 한다.

해석 다른 사람들이 소통하는 것을 받아들이는 것은 그들의 관심사가 우리의 것과 일치할 때만 효과가 난다. 그러나, 의사소통 동안, 같은 관심사를 갖는 것은 거의 성취되지 않는다. 대부분의 사람들은 다른 사람에게 말하기 위한 그들만의 특정한 목표를 가지고 있다.

어휘 work 효과가 나다   correspond to ~과 일치하다

07 정답 **(1) ⓑ organized → been organized**
(2) The three winners of the contest will be announced on the website

해설 (1) ⓐ 주어 Environmental organizations가 '찾는' 행위의 주체이므로 have been 뒤에 능동태 동사를 만드는 searching이 온 것은 적절하다.
ⓑ 주어 a competition이 '개최하는' 행위의 대상이므로 has 뒤에 organized를 been organized로 고쳐야 한다.
(2) 주어 The three winners가 '발표하는' 행위의 대상이므로 수동태 be announced를 쓴다.

해석 환경단체들은 지구에 일어나고 있는 것들과 싸우는 것을 도울 수 있는 새로운 해결책들을 적극적으로 찾고 있다. 따라서, Go Green에 의해 환경 변화를 위한 최고의 새로운 아이디어를 찾기 위해 경연대회가 개최되었다. 대회의 세 명의 수상자는 5월 31일에 웹사이트에 발표될 것이다.

어휘 organize 개최하다, 조직하다   announce 발표하다

불패 전략 16 의미상 수동태로 헷갈릴 수 있는 자동사를 익혀둬라!

본책 p.62

1 정답 **emerges**

해설 동사 emerge는 뒤에 목적어가 오지 않아 수동태로 쓸 수 없는 자동사이므로 능동태 emerges가 와야 한다.

해석 우리가 같은 곡을 다시 들을 때, 우리가 전에 놓쳤던 특별한 조화가 드러난다.

어휘 emerge 드러나다, 나타나다

Check up!

1 정답 **becoming**

해설 동사 become은 뒤에 목적어가 오지 않아 수동태로 쓸 수 없는 자동사이므로 have been 뒤에 능동태 동사를 만드는 becoming이 와야 한다.

해석 최소한의 기능을 갖춘 자전거는 가볍고 덜 비싸기 때문에 인기 있어지고 있다.

2 정답 **is defined**

해설 주어 the exchange가 '정의하는' 행위의 대상이므로 수동태 is defined가 와야 한다.

해석 비록 자본가와 노동자 사이의 교환은 항상 평등하다고 정의되지만, 실제로는, 때로는 그렇지 않다.

어휘 capitalist 자본가   laborer 노동자

3 정답 **aroused**

해설 주어 The curiosity가 '자극하는' 행위의 대상이므로 was 뒤에 수동태 동사를 만드는 aroused가 와야 한다. aroused는 동사 arouse의 p.p. 형태이며, arouse는 수동태로 쓸 수 있는 타동사인 것에 주의한다. arisen은 자동사 arise의 p.p. 형태이다.

해석 그들이 그 특이한 광고가 더 인기 있어지고 있다는 것을 발견했을 때 마케팅팀의 호기심이 자극되었다.

어휘 curiosity 호기심   arouse 자극하다, 불러일으키다

4 정답 **lies**

해설 동사 lie는 뒤에 목적어가 오지 않아 수동태로 쓸 수 없는 자동사이므로 능동태 lies가 와야 한다. 동사 lay는 뒤에 목적어가 오는 타동사인 것에 주의한다.

해석 재능은 분명히 최고의 음악가들과 그보다 덜한 음악가들을 구분하지만, 다른 주요한 차이점들 중 하나는 그들의 상상력의 깊이에 있다.

어휘 imagination 상상력

5 정답 **has**

해설 동사 remain은 뒤에 목적어가 오지 않아 수동태로 쓸 수 없는 자동사이므로 remained 앞에 능동태 동사를 만드는 has가 와야 한다.

해석 야생동물 단체들의 지칠 줄 모르는 노력 덕분에, 서해안의 바닷새들의 수는 지난 5년 동안 안정적으로 유지되어왔다.

어휘 tireless 지칠 줄 모르는   stable 안정적인

6 정답 **happens**

해설 동사 happen은 뒤에 목적어가 오지 않아 수동태로 쓸 수 없는 자동사이므로 능동태 happens가 와야 한다.

해석 만약 예상치 못한 무언가가 일어난다면, 당신은 그 사건을 헤쳐 나가도록 도울 수 있는 힘의 증대를 얻기 위해 간식을 먹을 수 있다.

어휘 boost 증대   incident 사건

7 정답 **arisen**

해설 동사 arise는 뒤에 목적어가 오지 않아 수동태로 쓸 수 없는 자동사이므로 has 뒤에 능동태 동사를 만드는 arisen이 와야 한다. 동사 arouse는 수동태로 쓸 수 있는 타동사인 것에 주의한다.

해석 사회적 증거의 개념을 드러내는 흥미로운 현상이 소셜 미디어에서 나타났다.

어휘 phenomenon 현상   reveal 드러내다

PRACTICE

본책 p.63

01 정답 **are occurred → occur**

해설 동사 occur는 뒤에 목적어가 오지 않아 수동태로 쓸 수 없는 자동사이므로 are occurred를 능동태 occur로 고쳐야 한다.

해석 유기체의 구조에 대한 변화는 많은 세대에 걸쳐 발생한다.

어휘 organism 유기체

02 정답 **encouraged → encouraging**

해설 주어 The simplicity가 '장려하는' 행위의 주체이므로 has been 뒤에 encouraged를 능동태 동사를 만드는 encouraging으로 고쳐야 한다.

해석 애플리케이션을 통해 암호화폐를 사고파는 것의 간단함은 거래자들이 그것을 시도해보도록 장려하고 있다.

어휘 simplicity 간단함   cryptocurrency 암호화폐, 가상화폐

03 정답 **was appeared → appeared**

해설 동사 appear는 뒤에 목적어가 오지 않아 수동태로 쓸 수 없는 자동사이므로 was appeared를 능동태 appeared로 고쳐야 한다.

해석 은행으로부터의 메모는 "우리는 심각한 실수를 저질렀지만, 그것을 바로잡기 위해 모든 것을 할 것입니다"라고 쓰여 있는 것처럼 보였다.

어휘 notation 메모, 기록

04 정답 **O**

해설 동사 belong은 뒤에 목적어가 오지 않아 수동태로 쓸 수 없는 자동사이므로 능동태 belonged가 온 것은 적절하다.

해석 John D. Rockefeller의 첫 번째 자녀인 Elizabeth Rockefeller는 미국 역사상 가장 자리를 확실히 잡고 가장 부유한 가문들 중 하나에 속했다.

어휘 belong to ~에 속하다   well-established 자리를 확실히 잡은

05 정답 **② was seemed → seemed**

해설 ① 동사 consist는 뒤에 목적어가 오지 않아 수동태로 쓸 수 없는 자동사이므로 능동태 consists가 온 것은 적절하다.
② 동사 seem은 뒤에 목적어가 오지 않아 수동태로 쓸 수 없는 자동사이므로 was seemed를 능동태 seemed로 고쳐야 한다.

해석 자연에 대한 유럽인들의 생각은 그들이 매일 보는 친숙한 지루한 풍경으로 이루어져 있다. 그러나 신대륙에서는, 토지의 변화는 유럽의 정착민들과 방문객들뿐만 아니라 그들의 후손들에게도 훨씬 더 뚜렷하게 보였다.

어휘 variation 변화   descendant 후손

06 정답 **① was → has**

해설 ① 동사 remain은 뒤에 목적어가 오지 않아 수동태로 쓸 수 없는 자동사이므로 remained 앞에 was를 능동태 동사를 만드는 has로 고쳐야 한다.
② 주어 Nina가 '제외하는' 행위의 대상이므로 has been 뒤에 수동태 동사를 만드는 removed가 온 것은 적절하다.

해석 붉고 금빛인 나무들이 있는 가을은 Nina가 가장 좋아하는 계절이지만, 그녀는 그녀와 Marie가 차를 타고 출발한 이후로 몇 시간 동안 계속 침묵한 채로 있어왔다. Nina는 팀 동료와 싸운 후에 레슬링 팀에서 제외되었고 이제 선수권 대회에 참가할 수 없다.

어휘 championship 선수권 대회

07 정답 **(1) ⓑ is → has**
(2) athletes progress to higher competitive levels, good sporting behavior seems to decline

해설 (1) ⓐ 동사 result는 뒤에 목적어가 오지 않아 수동태로 쓸 수 없는 자동사이므로 능동태 result가 온 것은 적절하다.
ⓑ 동사 rise는 뒤에 목적어가 오지 않아 수동태로 쓸 수 없는 자동사이므로 risen 앞에 is를 능동태 동사를 만드는 has로 고쳐야 한다.
(2) 부사절의 주어 athletes가 '나아가는' 행위의 주체이므로 능동태 progress를 쓴다. 동사 seem은 뒤에 목적어가 오지 않아 수동태로 쓸 수 없는 자동사이므로 능동태 seems를 쓴다.

해석 무자비한 태도와 행동은 오로지 이기는 데만 집중하고 그 외 어떤 것에도 집중하지 않은 수년에서 비롯된다. 기술 수준은 올라가는 한편, 윤리 의식은 떨어져서 그런 사람들이 동료 운동선수들의 존경을 잃게 한다. 운동선수들이 더 높은 경쟁 수준까지 나아감에 따라, 좋은 스포츠 행동은 감소하는 것처럼 보인다.

어휘 ruthless 무자비한   solely 오로지   ethics 윤리
slip 떨어지다, 전략하다   progress 나아가다

뽐빠 전략 17 관계대명사절 동사의 능·수동 구분에 주의하라!

본책 p.64

1 정답 **was eaten**

해설 주격 관계대명사 that 앞의 선행사 the food가 '섭취하는' 행위의 대상이므로 수동태 was eaten이 와야 한다.

해석 가능하다면, 섭취된 음식의 남은 것을 보관하고 식별 목적을 위해 의사가 그것을 보게 해라.

어휘 identification 식별

Check up!

1 정답 **a logo, represents**

해설 주격 관계대명사 that 앞의 선행사 a logo가 '나타내는' 행위의 주체이므로 능동태 represents가 와야 한다.

해석 우리는 당신이 우리 회사의 핵심 비전을 가장 잘 나타내는 로고를 제작하기를 요청한다.

어휘 represent 나타내다, 대표하다

2 정답 **85% of which, were bought**

해설 85% of which가 주어 역할을 하고, which가 가리키는 cheap tickets가 '구매하는' 행위의 대상이므로 수동태 were bought가 와야 한다.

해석 그 항공사는 저렴한 표를 판매함으로써 결국 돈을 잃었는데, 그 중 거의 85%가 평균 가격 아래에서 구매되었다.

어휘 ultimately 결국   average 평균의

3 정답 **computer graphics, used**

해설 주어 computer graphics가 '사용하는' 행위의 대상이므로 are 뒤에 수동태 동사를 만드는 used가 와야 한다.

해석 컴퓨터 그래픽이 사용되는 정도는 영화의 겉보기를 바꾼다.

4 정답 **whose pumpkin, lands**

해설 whose pumpkin이 주어 역할을 하고 '착지하는' 행위의 주체이므로 능동태 lands가 와야 한다. 이때 whose는 the person을 가리킨다.

해석 우리는 호박 던지기 대회 동안 호박이 Lucky Spot에 떨어지는 사람에게 1,000달러를 수여할 것이다.

5 정답 **Employees, been dismissed**

해설 주격 관계대명사 who 앞의 선행사 Employees가 '해고하는' 행위의 대상이므로 have 뒤에 수동태 동사를 만드는 been dismissed가 와야 한다.

해석 근무 중에 부당하게 해고된 직원들은 도움을 요청하기 위해 비영리 로펌에 전화할 수 있다.

어휘 dismiss 해고하다 nonprofit 비영리적인

6 정답 **those parts, been neglected**

해설 주격 관계대명사 that 앞의 선행사 those parts가 '방치하는' 행위의 대상이므로 have 뒤에 수동태 동사를 만드는 been neglected가 와야 한다.

해석 가을 학기가 끝나면, 우리는 지난 10년 동안 방치되어왔던 우리 캠퍼스의 그 부분들을 보수하는 것을 시작할 수 있을 것이다.

어휘 renovate 보수하다 neglect 방치하다

7 정답 **his true passion, was discovered**

해설 「전치사 + 관계대명사」 through which 뒤에 주어와 동사가 도치되어 있고, 주어 his true passion이 '발견하는' 행위의 대상이므로 수동태 was discovered가 와야 한다.

해석 직장을 그만둔 후에, 그는 다른 나라들을 방문하기 시작했는데, 이를 통해 여행에 대한 그의 진정한 열정이 발견되었다.

PRACTICE

본책 p.65

01 정답 **including → included**

해설 주격 관계대명사 which 앞의 선행사 Australia가 '포함하는' 행위의 대상이므로 was 뒤에 including을 수동태 동사를 만드는 included로 고쳐야 한다.

해석 2014년에는 천연가스 생산 상위 7개국에 포함되지 않았던 호주는, 2018년에 7위를 기록했다.

02 정답 **funding → funded**

해설 a large number of which가 주어 역할을 하고, which가 가리키는 Some discoveries가 '자금을 공급하는' 행위의 대상이므로 have been 뒤에 funding을 수동태 동사를 만드는 funded로 고쳐야 한다.

해석 어떤 발견들은 수많은 단계들과 발견자들을 수반하는데, 그 중 많은 수가 관대한 기부자들 덕분에 자금이 공급되었다.

어휘 entail 수반하다 fund 자금을 공급하다 generous 관대한

03 정답 **be used → use**

해설 주어 the contractor가 '사용하는' 행위의 주체이므로 be used를 능동태 use로 고쳐야 한다. a scheme과 the contractor 사이에 목적격 관계대명사가 생략되어 있다.

해석 계획 과정의 목표는 계약자가 허용되는 시간 내에 효율적으로 사용할 계획을 생산하는 것이다.

어휘 scheme 계획 efficiently 효율적으로 allowable 허용되는

04 정답 **planted → were planted**

해설 장소를 나타내는 「전치사 + 관계대명사」 in which 뒤에 주어와 동사가 도치되어 있고, 주어 a variety of vegetables and leafy greens가 '심는' 행위의 대상이므로 planted를 수동태 were planted로 고쳐야 한다.

해석 도시 설계자들은 그 지역 전역에 다양한 채소와 잎이 무성한 녹색 식물들이 심어진 도시 정원을 만드는 데 수개월을 보냈다.

어휘 leafy 잎이 무성한

05 정답 **① print → be printed**

해설 ① whose thesis가 주어 역할을 하고 '출간하는' 행위의 대상이므로 print를 수동태 be printed로 고쳐야 한다. 이때 whose는 Martin Goodwin을 가리킨다.
② 주격 관계대명사 who 앞의 선행사 a curious student가 '탐험하는' 행위의 주체이므로 was 뒤에 능동태 동사를 만드는 exploring이 온 것은 적절하다.

해석 올해의 장학금 수상자는 Martin Goodwin으로, 그의 논문이 'Science Academia'의 다음 호에 출간될 것이다. 그 60쪽의 상세한 기록은 끊임없이 그의 주변의 세계를 탐험하던 호기심 많은 학생의 뚜렷한 흔적을 보여주었다.

어휘 thesis 논문 constantly 끊임없이

06 정답 **② was detected → detected**

해설 ① 주격 관계대명사 which 앞의 선행사 London's pioneering sewer system이 '이용하는' 행위의 대상이므로 is 뒤에 수동태 동사를 만드는 utilized가 온 것은 적절하다.
② 주어 Dr. John Snow가 '발견하는' 행위의 주체이므로 was detected를 능동태 detected로 고쳐야 한다. water와 Dr. John Snow 사이에 목적격 관계대명사가 생략되어 있다.

해석 19세기 중반에, 오늘날에도 여전히 이용되는 런던의 선구적인 하수 처리 시스템은, 콜레라 확산을 막는 데 있어 깨끗한 물의 중요성을 이해한 결과로 구축되었다. John Snow 박사가 1849년에 발견한 매우 오염된 물은 관리자들이 그들이 조치를 취해야 한다는 것을 깨닫도록 도왔다.

어휘 pioneering 선구적인 sewer system 하수 처리 시스템 utilize 이용하다 contaminated 오염된

07 정답 **(1) ⓑ saves → is saved**
(2) many small mammals whose heat is lost sleep

해설 (1) ⓐ 주어 animals가 '보존하는' 행위의 주체이므로 능동태 conserve가 온 것은 적절하다.
ⓑ 주격 관계대명사 that 앞의 선행사 the energy가 '저장하는' 행위의 대상이므로 saves를 수동태 is saved로 고쳐야 한다.
(2) 소유격 관계대명사 whose를 사용해야 하므로 whose로 many small mammals를 가리키고, whose heat가 주어 역할을 하며 '손실하는' 행위의 대상이므로 수동태 is lost를 쓴다.

해석 추운 기후에서, 그들의 열이 손실된 많은 작은 포유류들은 하루의 대부분 동안 잔다. 이것은 동물들이 특히 혹독한 기온에서 살아남을 수 있도록 에너지를 보존하는 기간이다. 흥미롭게도, 동물들이 자는 것이 아니라 단지 휴식하는 동안 저장되는 에너지는 같은데, 동물들이 두 활동 모두 가만히 있기 때문이다.

어휘 conserve 보존하다 harsh 혹독한

1   정답   **were given**

해설   주어 they(People)가 '주는' 행위의 대상이므로 수동태 were given 이 와야 한다. white wine은 4형식 동사 give의 직접목적어이다.

해석   사람들은 빨간 염료로 물들인 화이트 와인이 주어졌을 때, 초콜릿 과 같이 레드 와인을 위한 식품들을 선택했다.

어휘   dye 염료

2   정답   **called**

해설   주어 World War I이 '부르는' 행위의 대상이므로 was 뒤에 수동태 동사를 만드는 called가 와야 한다. "The Great War"는 5형식 동사 call의 목적격보어이다.

해석   1940년대의 그 끔찍한 시기 전에, 1차 세계대전은 단순히 '대전쟁' 이라고 불렸다.

Check up!

1   정답   **be allowed**

해설   주어 No dog가 '허락하는' 행위의 대상이므로 수동태 be allowed 가 와야 한다. to enter는 5형식 동사 allow의 목적격보어이다.

해석   어떤 개도 그것의 주인에 의해 동행되지 않는 한 건물에 들어가도록 허락되지 않을 것이다.

어휘   accompany 동행하다

2   정답   **brought**

해설   주어 a poor man이 '가져오는' 행위의 주체이므로 능동태 brought 이 와야 한다.

해석   어느 날, 길거리에 사는 가난한 남자가 왕자에게 선물로 포도 한 송 이를 가져왔다.

3   정답   **awarded**

해설   주어 Ms. Zoe Perry가 '수여하는' 행위의 대상이므로 has been 뒤에 수동태 동사를 만드는 awarded가 와야 한다. the General Excellence trophy는 4형식 동사 award의 직접목적어이다.

해석   "Zoe Perry 씨는 자선단체들과의 그녀의 업적으로 General Excellence 트로피를 수여받았습니다."라고 사회자가 발표했다.

4   정답   **named**

해설   주격 관계대명사 that 앞의 선행사 some countries가 '명명하는' 행 위의 주체이므로 have 뒤에 능동태 동사를 만드는 named가 와야 한다.

해석   바람직하지 않은 활동들을 막기 위해 담배와 술에 대한 세금을 '죄 악세'라고 명명한 몇몇 나라들이 있다.

어휘   tobacco 담배   sin tax 죄악세   discourage 막다
undesirable 바람직하지 않은

5   정답   **is known**

해설   주어 a "hands-on" scientist가 '아는' 행위의 대상이므로 수동태 is known이 와야 한다. to be는 5형식 동사 know의 목적격보어이다.

해석   과학을 배우는 것에 대해 말하자면, 때때로 '직접 해 보는' 과학자는 위험하다고 알려져 있다.

어휘   hands-on (말만 하지 않고) 직접 해 보는

6   정답   **send**

해설   주어 James Arkady가 '보내는' 행위의 주체이므로 능동태 send가

와야 한다.

해석   KHJ Corporation의 홍보 이사인 James Arkady는 그것을 완료하 면 우리의 제품 디자인 제안을 보낼 예정이다.

어휘   proposal 제안, 안

7   정답   **are expected**

해설   주어 "Combative sports"가 '예상하는' 행위의 대상이므로 수동태 are expected가 와야 한다. to be는 5형식 동사 expect의 목적격 보어이다.

해석   상대 간의 실제 신체 접촉을 포함하는 '전투 스포츠'는 이론적으로 폭력의 대안이 될 것으로 예상된다.

어휘   combative 전투적인   opponent 상대
theoretically 이론적으로   alternative 대안   violence 폭력

PRACTICE

01   정답   **elected → been elected**

해설   주어 The Democratic candidate가 '선출하는' 행위의 대상이므로 has 뒤에 elected를 수동태 동사를 만드는 been elected로 고쳐야 한다. president는 5형식 동사 elect의 목적격보어이다.

해석   그 민주당의 후보는 그의 공화당의 경쟁자에 맞선 격전을 벌이는 선거 운동 후에 대통령으로 선출되었다.

어휘   Democratic 민주당의   candidate 후보   Republican 공화당의

02   정답   **are offered → offer**

해설   주격 관계대명사 that 앞의 선행사 habits가 '제공하는' 행위의 주체 이므로 are offered를 능동태 offer로 고쳐야 한다.

해석   더 작은 목표를 지향하는 것은 이상주의자들이 그들의 결정을 고 수하고 그들에게 장기적인 결과를 제공하는 습관들을 만들도록 돕 는다.

어휘   idealist 이상주의자   stick to ~을 고수하다

03   정답   **O**

해설   주어 Some war refugees가 '모는' 행위의 대상이므로 be 뒤에 수 동태 동사를 만드는 driven이 온 것은 적절하다. to steal은 5형식 동사 drive의 목적격보어이다.

해석   몇몇 전쟁 난민들은 만약 주변의 도움 없이 절망적인 상황에 처한 다면 음식이나 의약품을 훔치도록 몰릴지도 모른다.

어휘   refugee 난민   desperate 절망적인

04   정답   **O**

해설   주어 the general public이 '여기는' 행위의 주체이므로 능동태 finds가 온 것은 적절하다.

해석   행동을 도덕적이거나 비도덕적이게 하는 것에 대해서는 종종 많은 불확실성이 있는데, 이것은 일반 대중이 답답하다고 여긴다.

어휘   uncertainty 불확실성   moral 도덕적인   immoral 비도덕적인

05   정답   **① giving → given**

해설   ① 주어 human bodies가 '주는' 행위의 대상이므로 are 뒤에 giving 을 수동태 동사를 만드는 given으로 고쳐야 한다. nutrients는 4형식 동사 give의 직접목적어이다.
② 주어 supplements가 '제공하는' 행위의 주체이므로 능동태 offer가 온 것은 적절하다.

해석   최고 전문가들에 따르면, 인간의 몸은 보충제 대신 자연식품으로부 터의 영양소가 대부분 주어지는 것이 더 낫다. 그럼에도 불구하고, 우리는 보충제가 우리의 몸에 더 많은 에너지를 제공하거나, 우리가 겨울에 감기에 걸리는 것을 막거나, 우리의 피부와 머리카락을 더

좋게 하기를 바란다.

어휘 nutrient 영양소 supplement 보충제

06 정답 ① teach → are taught

해설 ① 주어 news reporters가 '가르치는' 행위의 대상이므로 teach를 수동태 are taught로 고쳐야 한다. to start는 4형식 동사 teach의 직접목적어이다.
② 주격 관계대명사 which 앞의 선행사 The first sentence가 '부르는' 행위의 대상이므로 수동태 is called가 온 것은 적절하다. the lead는 5형식 동사 call의 목적격보어이다.

해석 뉴스 기자들은 처음 시작할 때 가장 중요한 정보로 그들의 이야기를 시작하도록 가르쳐진다. 뉴스 산업에서 리드라고 불리는 그 첫 번째 문장은 이야기의 가장 본질적인 요소를 담고 있어야 한다.

어휘 essential 본질적인 element 요소

07 정답 (1) ⓐ tell → are told
(2) are granted new meaning and value by an outside perspective

해설 (1) ⓐ 주어 we가 '말하는' 행위의 대상이므로 tell을 수동태 are told로 고쳐야 한다. to respect and listen은 5형식 동사 tell의 목적격보어이다.
ⓑ 주어 we가 '만드는' 행위의 대상이므로 수동태 are made가 온 것은 적절하다. a spectator는 5형식 동사 make의 목적격보어이다.
(2) 밑줄 친 문장의 간접목적어 our acts and thoughts가 주어가 된 수동태 문장을 써야 하므로, 수동태 동사 are granted를 쓰고, 그 뒤에 직접목적어 new meaning and value를 쓴다. 밑줄 친 문장의 주어 An outside perspective를 by와 함께 써서 행위 주체를 나타낸다.

해석 외부의 시각은 우리의 행동과 생각에 새로운 의미와 가치를 부여한다. 그것이 우리가 다른 사람들의 의견과 견해를 존중하고 경청하라는 말을 듣는 이유이다. 일단 우리가 우리 자신의 행동의 관찰자로 만들어지면, 우리는 배우고, 성장하고, 더 나은 사람으로 발전할 수 있다.

어휘 perspective 시각 grant 부여하다 spectator 관찰자, 관객

빈출표현 자주 쓰이는 수동태 표현
본책 p.68

1 해석 안정적인 음조는 모든 음악의 기본적이고 필수적인 조건으로 간주된다.

2 해석 그 학생들은 재생 가능한 에너지에 관한 그들의 과학 프로젝트를 하느라 바빴다.

어휘 renewable 재생 가능한

3 해석 우리에게 명백해 보이는 것은 상황에 대한 우리의 현재의 요구와 관련될 것이다.

어휘 apparent 명백한

4 해석 메소포타미아 사람들은 자연 현상을 기록했기 때문에 일식과 월식을 예측하는 데 익숙했다.

해석 몇몇 사람들은 스톤헨지가 일식과 월식을 예측하기 위해 사용되었다고 추측한다.

어휘 assume 추측하다 eclipse 일식, 월식

5 해석 오늘날의 청년들은 위축되는 고용 시장과 상승하는 주택 가격을 직면한다.

6 해석 그의 머릿속은 그가 과거에 저지른 실수들에 대한 생각으로 여념 없었다.

7 해석 그 대회는 발표하는 것뿐만 아니라 에세이를 쓰는 것으로 구성된다.

PRACTICE
본책 p.69

01 정답 regard → are regarded, as

해설 주어 modern tents and other camping equipment가 '간주하는' 행위의 대상이므로 regard를 수동태 are regarded로 고쳐야 한다. regard는 전치사 as와 함께 be regarded as(~으로 간주되다) 형태의 관용표현으로 자주 쓰인다.

해석 과거와 달리, 지금은 현대식 텐트와 다른 캠핑 장비가 고급 물품으로 간주된다.

어휘 high-end 고급의

02 정답 O, in

해설 involve는 전치사 in과 함께 be involved in(~에 관여하다) 형태의 관용표현으로 자주 쓰이므로 수동태 are involved가 온 것은 적절하다.

해석 봉사활동에 관여하는 사람들은 더 큰 만족감과 행복감을 느낄 가능성이 높다.

어휘 satisfaction 만족, 만족감

03 정답 associating → associated, with

해설 주어 regional styles of speech가 '관련짓는' 행위의 대상이므로 have been 뒤에 associating을 수동태 동사를 만드는 associated로 고쳐야 한다. associate는 전치사 with와 함께 be associated with(~와 관련되다) 형태의 관용표현으로 자주 쓰인다.

해석 미국에서, 화법의 지역적 방식은 항상 건축의 지역적 방식과 관련되어왔다.

어휘 regional 지역적인

04 정답 O, after

해설 주어 The family가 '이름 짓는' 행위의 주체이므로 능동태 named가 온 것은 적절하다. name A after B는 'B의 이름을 따서 A의 이름을 짓다'라는 의미이다.

해석 그 가족은 명예 훈장을 받았던 참전 용사인 그의 큰 삼촌의 이름을 따서 그들의 아들의 이름을 지었다.

어휘 name after ~의 이름을 따서 짓다 veteran 참전 용사

05 정답 referred → were referred, to as

해설 주어 pictures가 '부르는' 행위의 대상이므로 referred를 수동태 were referred로 고쳐야 한다. refer는 전치사 to as와 함께 be referred to as(~으로 불리다) 형태의 관용표현으로 자주 쓰인다.

해석 사진이 색으로 되어있지 않았을 때, 사진은 오늘날 우리가 그것들을 부르듯 '흑백 사진'이라기보다는 '사진'이라고 불렸다.

06 정답 ① compose of → are composed of

해설 ① '세포로 구성되다'라는 의미인 것이 자연스러우며, compose는 전치사 of와 함께 be composed of(~으로 구성되다) 형태의 관용표현으로 자주 쓰이므로 composed of를 수동태 are composed of로 고쳐야 한다.
② equip은 전치사 with와 함께 be equipped with(~을 갖추고 있다) 형태의 관용표현으로 자주 쓰이므로 수동태 is equipped가 온 것은 적절하다.

해석 가장 작은 박테리아에서 가장 큰 고래에 이르기까지 모든 살아있는 생물들은, 한 개이든 수십억 개이든 상관없이, 세포로 구성된다. 게다가, 각 세포는 그것의 DNA를 정확하게 복제할 도구들을 갖추고 있다.

어휘 replicate 복제하다   precisely 정확히

07 정답 (1) ⓑ credit with → are credited with
(2) your decision on the future will be based on what you finished

해설 (1) ⓐ 주어 I가 '생각하곤 하는' 행위의 주체이며, 「used to + 동사원형」은 '(예전에는) ~하곤 했다'라는 의미이므로 동사원형 think가 온 것은 적절하다.
ⓑ 주어 routine activities가 '공을 인정하는' 행위의 대상이므로 credit with를 수동태 are credited with로 고쳐야 한다. credit은 전치사 with와 함께 be credited with(~에 대한 공을 인정받다) 형태의 관용표현으로 자주 쓰인다.
(2) base는 전치사 on과 함께 be based on(~에 근거하다) 형태의 관용표현으로 자주 쓰이므로 수동태 동사 be based와 전치사 on을 쓴다.

해석 나는 내가 내린 결정들은 오직 관련된 정보에 의해서만 영향을 받아 그 순간에 일어났다고 생각하곤 했다. 그러나 연구는 미래에 대한 당신의 결정은 당신이 그것 직전에 마쳤던 것에 근거할 것이라는 것을 보여준다. 고등학교 졸업 후 해외여행을 할 것인가, 아니면 바로 대학에 갈 것인가? 그것은 당신이 그 선택을 하기 전에 설거지를 했는지 빨래를 했는지에 달려 있을지도 모른다. 사실, 비록 우리가 그것을 깨닫지 못할지라도, 일상적인 활동들은 심지어 우리가 삶에서 내리는 더 큰 선택들 중 몇몇에 영향을 미치는 것에 대한 공을 인정받는다.

어휘 relevant 관련된   routine 일상적인

어법 만점 TEST
본책 p.70

01	was achieved	02	is stored	03	(A) offered, (B) placed		
04	①	05	①	06	②	07	②	08	④
09	③	10	④	11	⑤	12	④		

13	(1) ⓑ knew → was known, ⓓ was shown → showed
	(2) were expected to memorize specific orders and requests

01 정답 was achieved
해설 주어 An unusual balance가 '이루는' 행위의 대상이므로 수동태 was achieved가 와야 한다. (불패전략 15)
해석 화가가 뛰어난 기술로 묘사한 질서와 혼돈 사이의 특이한 균형이 그림 속에서 이뤄졌다.
어휘 chaos 혼돈   depict 묘사하다

02 정답 is stored
해설 주격 관계대명사 which 앞의 선행사 the energy가 '저장하는' 행위의 대상이므로 수동태 is stored가 와야 한다. (불패전략 17)
해석 일반적으로, 운동 에너지는 움직임에 관련된 에너지인 데 비해, 위치 에너지는 물체에 저장된 에너지를 나타낸다.
어휘 kinetic energy 운동 에너지
potential energy 위치[잠재] 에너지

03 정답 (A) offered, (B) placed
해설 (A) 주어 The man이 '제안하는' 행위의 대상이므로 was 뒤에 수동태 동사를 만드는 offered가 와야 한다. (불패전략 15)

(B) 주어 he가 '압력을 가하는' 행위의 주체이므로 능동태 placed가 와야 한다. (불패전략 15)
해석 그 남자는 주인으로부터 꽤 조심스럽게 포크 대신 젓가락을 제안받았는데, 그는 자신감의 미소를 지으며 그것을 받아들였다. 그러나 그다음에, 불운한 사고로, 그가 그의 입술로 미끄러운 두부 조각을 올렸을 때, 그는 그의 젓가락에 약간의 지나친 압력을 가해서, 그 두부가 미끄러져 나오게 했다.
어휘 cautiously 조심스럽게   confidence 자신감   excess 지나친
slip out 미끄러져 나오다

04 정답 ① is lied → lies
해설 ① 동사 lie는 뒤에 목적어가 오지 않아 수동태로 쓸 수 없는 자동사이므로 is lied를 능동태 lies로 고쳐야 한다. (불패전략 16)
② dedicate는 전치사 to와 함께 be dedicated to(~에 전념하다) 형태의 관용표현으로 자주 쓰이므로 수동태 is dedicated가 온 것은 적절하다. (CH 04 불패표현)
해석 이득이 빨리 올 때, 우리는 궁극적으로 진정한 성공 안에 있는 열심히 일하는 것의 기본적인 지혜를 망각하는 경향이 있다. 가장 생산적인 개인은 이것을 결코 잊지 않고 그들이 성취할 수 있는 것이 아니라 그들이 하는 것에 전념한다.
어휘 ultimately 궁극적으로   fruitful 생산적인

05 정답 ① are cheered → cheer
해설 ① 주어 fans가 '환호하는' 행위의 주체이므로 are cheered를 능동태 cheer로 고쳐야 한다. chants와 fans 사이에 목적격 관계대명사가 생략되어 있다. (불패전략 17)
② 주어 This form이 '말하는' 행위의 대상이므로 be 뒤에 수동태 동사를 만드는 said가 온 것은 적절하다. 동사 say의 수동태 뒤에 온 to부정사를 목적어로 착각하지 않도록 주의한다. (불패전략 18)
해석 팬들이 경기 동안 환호하는 많은 축구 응원법은 관중들과 선수들 모두에게 흥분의 분위기를 만든다. 이러한 형태의 대중문화는 일상의 통제되고 조용한 방식과 대조적으로 즐거움과 감정적인 과잉을 보여준다고 말해질 수 있다.
어휘 chant 응원법, 구호   spectator 관중   excess 과잉

06 정답 ② associates → is associated
해설 ① 주어 Practicing curiosity in the workplace가 '증명하는' 행위의 대상이므로 has 뒤에 수동태 동사를 만드는 been proven이 온 것은 적절하다. (불패전략 15)
② 주어 curiosity가 '관련짓는' 행위의 대상이므로 associate를 수동태 동사를 만드는 is associated로 고쳐야 한다. associate는 전치사 with와 함께 be associated with(~와 관련되다) 형태의 관용표현으로 자주 쓰인다. (CH 04 불패표현)
해석 직장에서 호기심을 실천하는 것은 더 나은 팀워크를 촉진하고 방어적인 태도를 없애는 것으로 증명되었다. 사실, 호기심은 스트레스에 대한 더 낮은 방어적인 반응과 관련되고, 결과적으로, 우리가 자극에 반응할 때 더 낮은 공격성과 관련된다.
어휘 practice 실천하다, 실행하다   curiosity 호기심
defensiveness 방어적인 태도, 방어적임   aggression 공격성
irritation 자극

07 정답 ② teaching - was absorbed - was
해설 (A) 주격 관계대명사 who 앞의 선행사 Raymond Woodard Brink가 '가르치는' 행위의 주체이므로 was 뒤에 능동태 동사를 만드는 teaching이 와야 한다. (불패전략 17)
(B) 맥락상 '그녀 자신의 작품에 열중했다'라는 의미가 되어야 하며, absorb는 전치사 in과 함께 be absorbed in(~에 열중하다) 형태의 관용표현으로 자주 쓰이므로 수동태 was absorbed가 와야 한다. (CH 04 불패표현)

(C) 주어 she가 '수여하는' 행위의 대상이므로 awarded 앞에 수동 태 동사를 만드는 was가 와야 한다. the Newbery Award는 4형식 동사 award의 직접목적어이다. (불패전략 18)

해석 1895년에 태어난 Carol Ryrie Brink는 8살 때 고아가 되었고 그녀의 할머니에 의해 길러졌다. 그녀는 모스크바에서 대학생들에게 열심히 수학을 가르치고 있던 Raymond Woodard Brink와 결혼했다. 그들의 아들과 딸이 태어난 후에, 그녀의 경력 초기에, 그녀는 어린이 소설을 쓰기 시작했고 단편 소설들의 연간 모음집을 편집했다. 그녀와 그녀의 남편이 프랑스에서 살며 몇 년을 보내는 동안, 그녀는 그녀 자신의 작품에 열중했고, 마침내 그녀의 첫 번째 소설인 'Anything Can Happen on the River'가 1934년에 출판되었다. 그 후에, 그녀는 1936년에 뉴베리상을 수여받게 한 'Caddie Woodlawn'을 포함하여 30권 이상의 소설과 비소설들을 썼다.

어휘 orphan 고아로 만들다   diligently 열심히   yearly 연간의   collection 모음집

08 **정답** ④ linked - emerged - were made

해설 (A) 주어 Health and the spread of disease가 '연결하는' 행위의 대상이므로 are 뒤에 수동태 동사를 만드는 linked가 와야 한다. (불패전략 15)

(B) 동사 emerge는 뒤에 목적어가 오지 않아 수동태로 쓸 수 없는 자동사이므로 능동태 emerged가 와야 한다. (불패전략 16)

(C) 주어 waterways가 '만드는' 행위의 대상이므로 수동태 were made가 와야 한다. sewage systems는 5형식 동사 make의 목적격보어이다. (불패전략 18)

해석 건강과 질병의 확산은 우리가 어떻게 살고 우리의 도시가 어떻게 움직이는지와 매우 밀접하게 연결되어 있다. 좋은 소식은 도시들이 믿을 수 없을 만큼 회복력이 있다는 것이다. 많은 도시들이 과거에 전염병을 경험했고 살아남았을 뿐만 아니라 발전했다. 19세기와 20세기 초반 동안, 콜레라, 장티푸스, 독감의 파괴적인 발생이 유럽의 도시들에서 나타났다. 영국의 John Snow와 독일의 Rudolf Virchow와 같은 의사들은 특히 열악한 수질 위생과 질병 사이의 연관성을 보여주었다. 그 결과, 전염병의 확산을 막기 위해 도시 전체에 걸쳐 수로들이 하수처리시설로 만들어졌다.

어휘 incredibly 믿을 수 없을 만큼   resilient 회복력이 있는   epidemic 전염병   destructive 파괴적인   outbreak 발생   typhoid 장티푸스   influenza 독감   sanitation 위생   waterway 수로   sewage system 하수처리시설

09 **정답** ③ concealed → concealing

해설 ③ 주격 관계대명사 that 앞의 선행사 many direct statements가 '숨기는' 행위의 주체이므로 are 뒤에 concealed를 능동태 동사를 만드는 concealing으로 고쳐야 한다. (불패전략 17)

오답 분석 ① to부정사의 의미상 주어 for their claims의 their claims가 '암시하는' 행위의 대상이므로 to 뒤에 to부정사의 수동형을 만드는 be implied가 온 것은 적절하다. (불패전략 06)

② 주어 large amounts of direct telling이 '담는' 행위의 대상이므로 수동태 be contained가 온 것은 적절하다. (불패전략 15)

④ 주어 our work가 단수명사이고 '시험하는' 행위의 주체이므로, 단수동사이자 능동태인 tests가 온 것은 적절하다. of ~ implications는 수일치에 영향을 미치지 않는 수식어(동격 명사구)이다. (불패전략 10, 15)

⑤ 주어 readers가 '주는' 행위의 대상이므로 수동태 are given이 온 것은 적절하다. a chance는 4형식 동사 give의 직접목적어이다. (불패전략 18)

해석 문학작품들은, 본질적으로, 설명하기보다는 암시한다. 그것들의 주장이 직접적으로 명시되기보다는 암시되는 것이 더 일반적이다. 그것들이 언제 그리고 누구에 의해 쓰였는지에 따라, 많은 직접적인 이야기가 문학 작품들에 담길 수 있다. 그럼에도, 독자들이 해석할

무언가를 숨기고 있는 직접적인 서술들이 많다. 따라서, 우리는 글의 암시에 대해 생각하는 것을 시작하는 방법으로서 "글이 무엇을 암시하는가?"라는 질문을 한다. 글이 암시하는 것은 종종 우리에게 큰 흥미의 대상이다. 그리고 글의 암시를 알아내는 우리의 작업은 우리의 분석력을 시험한다. 글이 무엇을 암시하는지를 고려하면서, 독자들은 글을 이해하는 연습을 할 기회가 주어진다.

어휘 conceal 숨기다   implication 암시   analytical 분석적인

10 **정답** ④ talks → is talked

해설 ④ whose failure가 주어 역할을 하고 '이야기하는' 행위의 대상이므로 talks를 수동태 is talked로 고쳐야 한다. 이때 whose는 The child를 가리킨다. (불패전략 17)

오답 분석 ① 주어 one of the common dangers에서 one of는 항상 앞을 단수 취급하는 표현이므로 단수동사 is가 온 것은 적절하다. (불패전략 12)

② 주어 anyone이 '탐색하는' 행위의 대상이므로 is 뒤에 수동태 동사를 만드는 searched가 온 것은 적절하다. (불패전략 15)

③ 동사 become은 뒤에 목적어가 오지 않아 수동태로 쓸 수 없는 자동사이므로 능동태 becomes가 온 것은 적절하다. (불패전략 16)

⑤ 주격 관계대명사 that 앞의 선행사 comparative comments가 복수명사이고 '칭찬하는' 행위의 주체이므로 복수동사이자 능동태인 praise가 온 것은 적절하다. (불패전략 13, 17)

해석 형제간의 경쟁은 자연스러운 것인데, 특히 의지가 강한 아이들 사이에서 그러하다. 부모로서, 흔한 위험들 중 하나는 아이들을 서로 비판적으로 비교하는 것인데, 그들은 항상 경쟁우위를 찾고 있기 때문이다. 문제는 아이가 얼마나 빨리 달릴 수 있는지가 아니라, 누가 먼저 결승선을 통과하는지이다. 소년은 자신이 얼마나 키가 큰지는 신경 쓰지 않는다. 가장 키가 크거나, 최소한 그보다 키가 큰 누군가가 필사적으로 탐색된다. 그는 스케이트보드를 타는 능력에서부터 누가 가장 많은 친구들을 가지고 있는지까지 모든 것에 대해 그의 또래들과 그 자신을 비교하는 데 체계적으로 관심을 갖게 된다. 그의 실패가 그의 가족 내에서 공공연하게 이야기되는 아이는 특히 부끄럽게 느낀다. 따라서, 집에서 약간의 평화를 원하는 부모들은 일상적으로 한 아이를 다른 아이보다 칭찬하는 비교적인 언급들을 경계해야 한다. 이 원칙을 위반하는 것은 그들 사이에 훨씬 더 큰 경쟁을 세우는 것이다.

어휘 sibling rivalry 형제간의 경쟁   strong-willed 의지가 강한   unfavorably 비판적으로   competitive advantage 경쟁우위   desperately 필사적으로   systematically 체계적으로   comparative 비교적인   violate 위반하다   principle 원칙

11 **정답** ⑤ was depended → depended

해설 ⑤ 주어 the Royal Navy가 '의존하는' 행위의 주체이므로 was depended를 능동태 depended로 고쳐야 한다. (불패전략 15)

오답 분석 ① 주어 The idea가 '받아들이는' 행위의 대상이므로 has 뒤에 수동태 동사를 만드는 been accepted가 온 것은 적절하다. (불패전략 15)

② 동사 appear는 뒤에 목적어가 오지 않아 수동태로 쓸 수 없는 자동사이므로 능동태 appears가 온 것은 적절하다. (불패전략 16)

③ 주어 Seventeenth and eighteenth century aristocrats가 '아는' 행위의 대상이므로 수동태 were known이 온 것은 적절하다. 동사 know의 수동태 뒤에 온 to부정사를 목적어로 착각하지 않도록 주의한다. (불패전략 18)

④ 주어 the trees가 '부르는' 행위의 대상이므로 수동태 were called가 온 것은 적절하다. 'living witnesses'는 5형식 동사 call의 목적격보어이다. (불패전략 18)

해석 나무를 심는 것이 사회적 또는 정치적 중요성을 가질 수 있다는 생각은 1600년대 초 이래로 널리 받아들여져 왔다. 사실, 이 생각은 영국인들에 의해 창안된 것으로 보인다. 17, 18세기 귀족들은 그들

의 소유지가 얼마나 넓은지를 보여주기 위해 보통 줄지어 활엽수를 심는 것으로 알려져 있었다. 신사들을 위한 한 잡지의 편집자에 의해 말해졌듯이, 긴 줄로 심어진 나무들은 대대로 보존되고 이어진 소유지의 '살아있는 목격자'라고 불렸다. 나무를 심는 것은 또한 애국적인 행위로 간주되는 추가적인 이점이 있었는데, 군주가 영국 해군이 의존하는 경목의 심각한 부족을 선언했었기 때문이다.

어휘 significance 중요성 aristocrat 귀족 hardwood tree 활엽수 property 소유지, 재산 patriotic 애국적인 shortage 부족

12 정답 ④ spray → are sprayed

해설 ④ over 60% of which가 주어 역할을 하고, which가 가리키는 most crop species가 '살포하는' 행위의 대상이므로 spray를 수동태 are sprayed로 고쳐야 한다. (불패전략 17)

오답 분석 ① 주어 Groups가 '제안하는' 행위의 주체이므로 suggested 앞에 능동태 동사를 만드는 have가 온 것은 적절하다. (불패전략 15)
② 문맥상 '생각하기 위해 멈추다'라는 의미로, 동사 stop 뒤에 to부정사 to think가 온 것은 적절하다. (불패전략 04)
③ which가 이끄는 관계절이 앞 문장 전체를 가리키고, 앞 문장의 내용('유기농' 농법의 대규모 채택이 수확량을 감소시키는 것)이 '증가시키는' 행위의 주체이므로 능동태 raises가 온 것은 적절하다. 동사 raise는 수동태로 쓸 수 있는 타동사인 것에 주의한다. (불패전략 15)
⑤ 주어 much hand labor가 '요구하는' 행위의 대상이므로 수동태 is required가 온 것은 적절하다. (불패전략 15)

해석 농업에서, 유기농법은 화학물질을 사용하지 않는 모든 기술을 포함한다. 환경을 돕는 것에 헌신하는 단체들은 그러한 방법들이 생물권에 덜 해로울 것이라고 제안해왔다. 그러나, 농부들이 이것이 무엇을 수반하는지에 대해 생각하기 위해 멈출 때, 그들은 '유기농' 방법들을 채택하는 것이 그렇게 쉽지 않다는 것을 깨닫는다. 특히 농업에서, '유기농' 농법의 대규모 채택은 수확량을 감소시킬 것이고, 이는 궁극적으로 많은 주요 작물의 생산 비용을 증가시킨다. 한편, 무기질소 비료는 대부분의 작물 종에 필수적이며, 그중 60% 이상에 이 비료가 살포된다. 이것은 질소 물질의 유기농 물품들은 보통 더 비싸기 때문이다. 게다가, 만약 화학물질이 사용될 수 없다면, 많은 수작업이 요구되고, 사회가 더 부유해짐에 따라 더 적은 사람들이 기꺼이 이 일을 하려 한다.

어휘 biosphere 생물권 entail 수반하다 adoption 채택 yield 수확량 nitrogen fertilizer 질소 비료 nitrogenous 질소의

**13 정답 (1) ⓑ knew → was known, ⓓ was shown → showed
(2) were expected to memorize specific orders and requests**

해설 (1) ⓑ 주격 관계대명사 who 앞의 선행사 a Lithuanian psychologist가 '아는' 행위의 대상이므로 knew를 수동태 was known으로 고쳐야 한다. know는 전치사 as/for와 함께 be known as/for (~로 유명하다/알려져 있다) 형태의 관용표현으로 자주 쓰인다. (CH 04 불패표현)
ⓓ 주어 This phenomenon이 '보여주는' 행위의 주체이므로 was shown을 능동태 showed로 고쳐야 한다. (불패전략 15)

오답 분석 ⓐ 주어 The Zeigarnik effect가 '부르는' 행위의 대상이므로 is 뒤에 수동태 동사를 만드는 referred가 온 것은 적절하다. refer는 전치사 to as와 함께 be referred to as(~로 불리다) 형태의 관용표현으로 자주 쓰인다. (CH 04 불패표현)
ⓒ 동사 occur는 뒤에 목적어가 오지 않아 수동태로 쓸 수 없는 자동사이므로 능동태 occurred가 온 것은 적절하다. (불패전략 16)
ⓔ 주격 관계대명사 that 앞의 선행사 the tasks가 '완료하는' 행위의 대상이므로 hadn't 뒤에 수동태 동사를 만드는 completed가 온 것은 적절하다. (불패전략 17)

해설 (2) 밑줄 친 문장의 목적어인 the waiters를 주어로 하는 수동태 문

장을 써야 하므로, 수동태 동사 were expected를 쓰고, 그 뒤에 목적격보어 to memorize specific orders and requests를 쓴다. (불패전략 18)

해석 자이가닉 효과는 일반적으로 당신에게 완료되지 않은 과제를 그 과제가 완료될 때까지 상기시키는 잠재의식의 경향이라고 불린다. Bluma Zeigarnik은 과제를 불완전하게 두는 것의 효과에 대한 그녀의 이론으로 알려져 있는 리투아니아의 심리학자였다. 그녀는 식당에서 사람들을 관찰하는 동안, 그 효과가 어디에서나 일어난다는 생각이 떠올랐다. 손님들은 서비스가 제공되면서, 웨이터들이 특정한 주문들과 요청들을 기억하기를 기대했다. 웨이터들은 그들의 일이 완료될 때까지 아무리 복잡할지라도 그것들 모두를 기억했지만, 나중에는 그것들을 기억해 내기 어렵다는 것을 알게 되었다. 이 현상은 사람들이 완료된 것들보다 완료되지 않은 과제들을 더 잘 기억한다는 것을 보여주었다.

어휘 tendency 경향 subconscious 잠재의식의 specific 특정한 recall 기억해 내다 phenomenon 현상

CHAPTER 05 시제·가정법·조동사

불패전략 **19** 단순과거와 현재완료의 쓰임을 구별하라! 본책 p.76

1 정답 gained

해설 과거의 한 시점인 in the early 1940s를 포함하고 있으므로 단순과거 gained가 와야 한다.

해석 영화의 여주인공으로 많은 역할을 연기하며, Ingrid Bergman은 1940년대 초에 할리우드에서 스타의 지위를 얻었다.

어휘 heroine 여주인공 status 지위

2 정답 have seen

해설 '1800년대 이래로 (지금까지)'라는 의미의 since를 포함하고 있으므로 현재완료 have seen이 와야 한다.

해석 엘리베이터의 발전은 아마도 우리가 1800년대 이래로 높은 건물에서 봐온 가장 큰 혁신일 것이다.

어휘 advance 발전 innovation 혁신

Check up!

1 정답 has played

해설 '그가 12살이었을 때 이래로 (지금까지)'라는 의미의 since를 포함하고 있으므로 현재완료 has played가 와야 한다.

해석 Gary Clark Jr는 12살이었을 때 이래로 기타를 연주해 온 유명한 음악가이다.

2 정답 discovered

해설 과거의 한 시점인 last month를 포함하고 있으므로 단순과거 discovered가 와야 한다.

해석 NASA의 과학자들이 지난달에 우주에서 음식을 기를 새로운 방법을 발견했다는 것이 최근에 보도되었다.

3 정답 had hidden

해설 '내가 책장을 넘겨본' 과거 시점보다 더 앞선 시점에 일어난 일을 나타내므로 대과거 had hidden이 와야 한다.

해석 나는 책장을 넘겨본 후에, 그녀가 나를 위한 메시지를 숨겼었다는 것을 알았다.

4 정답 **has provided**

해설 '(지금까지) 얼마나 오래 제공해왔는지'라는 의미로 how long을 포함하고 있으므로 현재완료 has provided가 와야 한다.

해설 기자들은 Future Music School이 어제와 오늘날의 재능 있는 아이들을 위해 얼마나 오래 음악 교육을 제공해 왔는지에 대해 놀란다.

어휘 talented 재능 있는

5 정답 **relied**

해설 '원자력 발전소가 지어지기 전에 30년 동안'이라는 의미로 for가 과거에 이미 끝난 기간을 나타내므로 단순과거 relied가 와야 한다.

해설 원자력 발전소가 지어지기 전에 그 도시는 30년 동안 석탄 에너지에 의존했다.

어휘 rely on ~에 의존하다   nuclear power 원자력   plant 발전소

6 정답 **added**

해설 과거의 한 시점인 last quarter를 포함하고 있으므로 단순과거 added가 와야 한다.

해설 비록 시민들은 그들이 일자리를 구할 수 없다고 불평했지만, 기업들은 지난 분기에 100만 개 이상의 일자리를 늘렸다.

어휘 quarter 분기

7 정답 **has been**

해설 '1980년대 초 이래로 (지금까지)'라는 의미의 since를 포함하고 있으므로 현재완료 has been이 와야 한다.

해설 Black Friday는 1980년대 초 이래로 휴가철의 시작을 알리는 미국의 비공식적인 공휴일이어왔다.

PRACTICE

본책 p.77

01 정답 **has recorded → recorded**

해설 과거의 한 시점인 in 2019를 포함하고 있으므로 has recorded를 단순과거 recorded로 고쳐야 한다.

해설 2016년 이래의 전기자동차의 지속적인 판매 증가에도 불구하고, 프랑스는 2019년에 이 유럽 5개국 중 가장 낮은 판매량을 기록했다.

어휘 continual 지속적인   volume 양, 용량

02 정답 **reached → have reached**

해설 '1980년대 이래로 (지금까지)'라는 의미의 since를 포함하고 있으므로 reached를 현재완료 have reached로 고쳐야 한다.

해설 개인용 컴퓨터는 그것들이 거의 모든 사람들이 살 수 있게 된 1980년대 이래로 TV와 비슷한 친숙함의 수준에 도달해 왔다.

어휘 affordable 살 수 있는, 알맞은

03 정답 **O**

해설 '고고학자들이 믿은' 과거 시점보다 더 앞선 시점에 일어난 일을 나타내므로 대과거 had found가 온 것은 적절하다.

해설 고고학자들은 그들이 기원전 9,000년 전으로 거슬러 올라가는 항아리들을 발견했던 현대 이란 주변에서 이 도기가 처음 발명되었다고 믿었다.

어휘 pottery 도기, 도자기   archeologist 고고학자

04 정답 **has shown → showed**

해설 과거의 특정 시점인 「when + 과거시제」 절의 동사이므로 has shown을 단순과거 showed로 고쳐야 한다.

해설 그 학생들은 선생님이 역사 수업 동안 홀로코스트에 대한 유명한 다큐멘터리를 보여주었을 때 눈에 띄는 반응을 보였다.

어휘 noticeable 눈에 띄는   Holocaust 홀로코스트 (1930~40년대 나치에 의한 유대인 대학살)

05 정답 **① has been → was**

해설 ① 과거의 특정 시점인 「when + 과거시제」 절을 포함하고 있으므로 has been을 단순과거 was로 고쳐야 한다.

② '강물이 잠잠해진' 과거 시점보다 더 앞선 시점에 일어난 일을 나타내므로 대과거 had got이 온 것은 적절하다.

해설 그 그룹은 그들의 삶에서 가장 긴 10분 동안 보트가 파도를 헤치며 요동쳤을 때 물의 사나움에 의해 내던져졌다. 갑자기, 거의 물이 더 거칠어졌던 것만큼 빠르게, 강물이 잠잠해지는 것처럼 보였고, 그들은 마침내 긴장이 풀렸다.

어휘 wildness 사나움, 난폭   tumble 요동치다   rough 거친

06 정답 **② believed → have believed**

해설 ① 과거의 한 시점인 centuries ago를 포함하고 있으므로 단순과거 influenced가 온 것은 적절하다.

② '사회생물학의 대두 이래로 (지금까지)'라는 의미의 since를 포함하고 있으므로 believed를 현재완료 have believed로 고쳐야 한다.

해설 과학자들은 매우 다양한 요인들이 수세기 전에 유전적인 특징에 영향을 미쳤다고 추정했다. 그러나, 20세기의 사회생물학의 대두 이래로, 우리는 진단의 유전적 원인, 즉 유전자 결정론이라고 불리는 이론을 믿어왔다.

어휘 presume 추정하다   hereditary 유전적인   trait 특징
sociobiology 사회생물학   diagnose 진단하다
genetic determinism 유전자 결정론

07 정답 **(1) ⓑ have come → came**
(2) was introduced in the 1950s, it has changed the way business is conducted

해설 (1) ⓐ 과거 시점보다 더 앞선 시점(Before then)에 일어난 일을 나타내므로 대과거 had handled가 온 것은 적절하다.
ⓑ 과거의 특정 시점인 「when + 과거시제」 절을 포함하고 있으므로 have come을 단순과거 came으로 고쳐야 한다.

(2) '디지털화된 정보 체계가 도입된 이래로 (지금까지)'라는 의미의 since를 포함하고 있으므로 주절의 동사는 현재완료 has changed를 쓴다. 과거의 특정 시점인 in the 1950s를 포함하고 있으므로 since절의 동사는 단순과거 was introduced를 쓴다.

해설 디지털화된 정보 체계가 1950년대에 도입된 이래로, 그것은 사업이 수행되는 방식을 바꾸어왔다. 그 이전에는, 기업들은 비효율적으로 데이터를 처리했지만, 새로운 기술의 발명은 더 큰 규모로 정보를 기록하고 처리하는 것을 허용했다. 디지털화된 정보 체계의 장점들은 1970년대와 80년대에 개인용 컴퓨터가 증가했을 때 소규모 기업들과 개인에게 왔다.

어휘 conduct 수행하다   inefficiently 비효율적으로   invention 발명

1 정답 predicts

해설 If가 이끄는 절이 조건의 부사절이므로, 미래에 일어날 일이더라도 현재시제 predicts가 와야 한다.

해석 만약 뇌가 실제로 그것을 경험하지 않고 하나의 사건을 예측한다면, 그 특이함은 특히 흥미로울 것이다.

어휘 unusualness 특이함

Check up!

1 정답 recognize

해설 Once가 이끄는 절이 조건의 부사절이므로, 미래에 일어날 일이더라도 현재시제 recognize가 와야 한다.

해석 우리가 추론에서의 실수가 잘못된 결론으로 이어질 수 있다는 것을 인식하면, 우리는 어디에서나 그것을 볼 것이다.

어휘 reasoning 추론, 추리   conclusion 결론

2 정답 resist

해설 when이 이끄는 절이 시간의 부사절이므로, 미래에 일어날 일이더라도 현재시제 resist가 와야 한다.

해석 운동선수들은 정직하지 못한 방법으로 이길 유혹에 저항할 때 평생 지속되는 좋은 스포츠맨십을 성장시킬 수 있을 것이다.

어휘 temptation 유혹   dishonest 정직하지 못한

3 정답 will stop

해설 when이 이끄는 절이 준동사 to decide의 목적어 역할을 하는 명사절이므로, 미래의 일은 미래시제 will stop이 와야 한다.

해석 금융 기관들은 그들이 앞으로 지폐를 다루는 것을 언제 완전히 중단할 것인지 결정해야 할 것이다.

어휘 financial 금융의   institution 기관

4 정답 recommends

해설 If가 이끄는 절이 조건의 부사절이므로, 미래에 일어날 일이더라도 현재시제 recommends가 와야 한다.

해석 만약 가까운 친구가 당신에게 뉴스 기사를 추천한다면, 많은 경우에, 그것이 제시하는 아이디어의 신뢰도는 크게 올라갈 것이다.

어휘 credibility 신뢰도

5 정답 come

해설 till이 이끄는 절이 시간의 부사절이므로, 미래에 일어날 일이더라도 현재시제 come이 와야 한다.

해석 Felix는 그의 시끄러운 형제들이 밖에서 놀고 있어서 기쁘고, 이제 그는 적어도 그들이 돌아올 때까지 수업에 집중할 것이다.

6 정답 will compete

해설 if가 이끄는 절이 동사 doesn't know의 목적어 역할을 하는 명사절이므로, 미래의 일은 미래시제 will compete가 와야 한다.

해석 David은 그가 부상을 당했던 날을 생각할 때 얼어버리고 이제 다가오는 주말에 선수권 대회에서 경쟁할지 모른다.

어휘 freeze 얼어붙다, 굳어지다   upcoming 다가오는

7 정답 understands

해설 until이 이끄는 절이 시간의 부사절이므로, 미래에 일어날 일이더라도 현재시제 understands가 와야 한다.

해석 나는 모든 사람이 그것을 이해할 때까지 나의 계획을 설명하기 위해 끊임없는 노력을 할 것이다.

어휘 constant 끊임없는

PRACTICE

본책 p.79

01 정답 will implement → implements

해설 After가 이끄는 절이 시간의 부사절이므로, 미래에 일어날 일이더라도 현재시제가 와야 한다. 따라서 will implement를 현재시제 implements로 고쳐야 한다.

해석 그 마케팅 부장은 새로운 전략을 실행한 후에, 그것이 그녀가 바라는 방식으로 작용하고 있는지 다시 확인할 것이다.

어휘 implement 실행하다

02 정답 O

해설 if가 이끄는 절이 동사 will ask의 목적어 역할을 하는 명사절이므로, 미래의 일은 미래시제가 와야 한다. 따라서 미래시제 will allow가 온 것은 적절하다.

해석 캘리포니아 동네를 조사하는 연구원은 주민들이 그들의 앞마당에 "조심히 운전하세요"라고 적힌 큰 표지판을 허용할 것인지 물을 것이다.

03 정답 will be → is

해설 unless가 이끄는 절이 조건의 부사절이므로, 미래에 일어날 일이더라도 현재시제가 와야 한다. 따라서 will be를 현재시제 is로 고쳐야 한다.

해석 낮은 등록률 때문에 수업이 취소되거나 강사가 참석할 수 없지 않는 한 우리는 환불을 제공하지 않을 것이다.

어휘 registration 등록률, 등록

04 정답 will finish → finishes

해설 As soon as가 이끄는 절이 시간의 부사절이므로, 미래에 일어날 일이더라도 현재시제가 와야 한다. 따라서 will finish를 현재시제 finishes로 고쳐야 한다.

해석 개발업자가 그 계획들을 끝내자마자, 그 도시는 두 지역을 연결하는 새로운 다리 건설을 시작할 것이다.

어휘 developer 개발업자   construction 건설   district 지역

05 정답 ① will get → get

해설 ① when이 이끄는 절이 시간의 부사절이므로, 미래에 일어날 일이더라도 현재시제가 와야 한다. 따라서 will get을 현재시제 get으로 고쳐야 한다.
② as long as가 이끄는 절이 조건의 부사절이므로, 미래에 일어날 일이더라도 현재시제가 와야 한다. 따라서 현재시제 remain이 온 것은 적절하다.

해석 나는 내가 기다려오던 이식수술을 받을 때 새 심장과 간을 갖게 될 것이다. 그러나, 나의 생각과 기억들이 그대로 남아 있는 한, 내 몸의 어느 부분이 교체되더라도, 나는 계속 같은 사람일 것이다.

어휘 transplant 이식수술

06 정답 ② will be → are

해설 ① when이 이끄는 절이 동사 will inform의 목적어 역할을 하는 명사절이므로, 미래의 일은 미래시제가 와야 한다. 따라서 미래시제 will close가 온 것은 적절하다.
② as soon as가 이끄는 절이 시간의 부사절이므로, 미래에 일어날 일이더라도 현재시제가 와야 한다. 따라서 will be를 현재시제 are로 고쳐야 한다.

해석 수리에 대한 추후 공지까지 학교 사무실이 당신에게 강당이 언제 문을 닫을 것인지 알려줄 것이다. 수리가 완료되는 대로 학생들은 강당을 이용할 수 있을 것이다.

어휘 auditorium 강당

07 정답 **(1) ⓐ will see → sees**
(2) products become more popular, more competitors will enter the marketplace

해설 (1) ⓐ if가 이끄는 절이 조건의 부사절이므로, 미래에 일어날 일이더라도 현재시제가 와야 한다. 따라서 will see를 현재시제 sees로 고쳐야 한다.
ⓑ when이 이끄는 절이 전치사 about의 목적어 역할을 하는 명사절이므로, 미래의 일은 미래시제가 와야 한다. 따라서 미래시제 will enter가 온 것은 적절하다.
(2) when이 이끄는 절이 시간의 부사절이므로, 현재시제 become을 쓴다. 주절의 동사는 미래의 일을 나타내는 미래시제 will enter를 쓴다.

해석 만약 사업가가 갑자기 인기 있어지는 물건을 본다면 가장 먼저 무엇을 할 것인가? 성급한 결정은 위험할 수도 있지만, 제품들이 더 인기 있게 될 때, 더 많은 경쟁자들이 시장에 진입할 것이다. 따라서 그 사업가는 그가 미래에 언제 그 사업에 진입할 것인가에 대해 가장 관심 있을 것이다.

어휘 businessman 사업가　hasty 성급한　competitor 경쟁자

불패 전략 21　가정법 문장의 동사 형태를 기억하라!　본책 p.80

1 정답 **knew**

해설 주절의 동사가 would not be called이며 맥락상 현재의 사실을 반대로 말하는 가정법 과거이므로, if절에는 과거형 knew가 와야 한다.

해석 아인슈타인에 따르면, 만약 우리가 우주의 모든 것에 대해 안다면, 그것은 연구라고 불리지 않을 것이다.

Check up!

1 정답 **have said**

해설 if절의 동사가 hadn't been이며 문맥상 과거의 사실을 반대로 말하는 가정법 과거완료이므로, 주절에는 have said(would + have p.p.)가 와야 한다.

해석 만약 내가 너무 겁먹지 않았다면 나는 그 연설에서 무엇을 말했을까?

2 정답 **meet**

해설 If가 이끄는 절이 실제로 일어날 가능성이 있는 일을 조건으로 말하는 부사절이므로, 현재시제 meet이 와야 한다.

해석 만약 두 국가가 단지 전쟁을 시작하기 위해 만난다면, 둘 다 장기적으로는 패배할 것이다.

3 정답 **take**

해설 if가 생략되어 동사가 주어 앞으로 도치된 가정법 과거 문장이므로, 주절에는 take(would + 동사원형)가 와야 한다.

해석 공룡들이 멸종되지 않았다면, 인간이 아니라 그들이 지배적인 종으로서 지구를 점령할 것이다.

어휘 dominant 지배적인

---

4 정답 **had installed**

해설 주절의 동사가 would have prevented이며 맥락상 과거의 사실을 반대로 말하는 가정법 과거완료이므로, if절에는 had installed(had p.p.)가 와야 한다.

해석 만약 기술자들이 물 여과 장치를 올바르게 설치했다면, 그것은 물이 오염되는 것을 막았을 것이다.

어휘 filtration 여과　contaminate 오염시키다

5 정답 **were**

해설 주절의 동사가 would be이며 맥락상 현재의 사실을 반대로 말하는 가정법 과거이므로, if절에는 과거형 were가 와야 한다.

해석 만약 당신과 내가 누가 가장 강한지를 결정하려고 하는 세렝게티의 한 쌍의 사자라면 우리가 싸움을 시작하는 것은 어리석을 것이다.

어휘 conflict 싸움, 갈등

6 정답 **be**

해설 If절의 동사가 과거형 refused이며 맥락상 현재의 사실을 반대로 말하는 가정법 과거이므로, 주절에는 be(would + 동사원형)가 와야 한다.

해석 만약 대부분의 시민들이 그들의 주차 위반 딱지를 지불하는 것을 거부한다면, 그러한 범법자들의 사면에 대한 강한 압력이 있을 것이다.

어휘 pressure 압력　amnesty 사면　offender 범법자, 범죄자

7 정답 **have avoided**

해설 if절의 동사가 had abandoned이며 맥락상 과거의 사실을 반대로 말하는 가정법 과거완료이므로, 주절에는 have avoided(could + have p.p.)가 와야 한다.

해석 만약 그가 모든 행성들이 태양 주위를 돈다는 그의 결론을 버렸다면, 갈릴레오는 그의 인생의 마지막 8년 동안 가택 연금을 피할 수 있었을 것이다.

어휘 house arrest 가택 연금　abandon 버리다　conclusion 결론　revolve 돌다

PRACTICE　본책 p.81

01 정답 **have had → have**

해설 If절의 동사가 과거형 had이며 맥락상 현재의 사실을 반대로 말하는 가정법 과거이므로, 주절의 have had를 have(would + 동사원형)로 고쳐야 한다.

해석 만약 우리가 모든 것 하나하나마다 특별한 이름을 가진다면, 우리는 서로 의사소통을 할 수 있는 유용한 언어를 갖지 못할 것이다.

어휘 usable 유용한

02 정답 **learned → had learned**

해설 주절의 동사가 could have been이며 맥락상 과거의 사실을 반대로 말하는 가정법 과거완료이므로, if절의 learned를 had learned(had p.p.)로 고쳐야 한다.

해석 비록 당신은 불충분한 교육을 받았지만, 제국을 건설하는 데 성공했다. 만약 당신이 더 많은 기술을 배웠다면 당신은 무엇이 될 수 있었을까?

어휘 empire 제국

03 정답 **O**

해설 if가 생략되어 Had가 주어 앞으로 도치된 가정법 과거완료 문장이
므로, 주절에 have produced(would + have p.p.)가 온 것은 적절
하다.

해석 우리 회사가 더 젊은 디자인 전문가를 고용했다면, 우리는 젊은 세
대를 위한 더 좋은 제품을 만들었을 것이다.

어휘 youthful 젊은, 앳되어 보이는

04 정답 **experienced → experience**

해설 If가 이끄는 절이 실제로 일어날 가능성이 있는 일을 조건으로 말하
는 부사절이므로, experienced를 현재시제 experience로 고쳐야
한다.

해석 만약 학생들이 그들의 선생님들의 예상치 못한 열정을 통해 새로운
무언가를 경험한다면, 그들은 그들이 배운 정보를 기억할 가능성이
더 높아질 것이다.

어휘 enthusiasm 열정

05 정답 ② **have seemed → seem**

해설 ① If가 이끄는 절이 실제로 일어날 가능성이 있는 일을 조건으로 말
하는 부사절이므로, 현재시제 observe가 온 것은 적절하다.
② if절의 동사가 과거형 didn't know이며 맥락상 현재의 사실을
반대로 말하는 가정법 과거이므로, 주절의 have seemed를
seem(would + 동사원형)으로 고쳐야 한다.

해석 만약 당신이 아직 언어를 모르는 유아를 자세히 관찰하면, 당신은
그 아이에게 세상은 혼란스러운 난장판이라는 것을 깨달을 것이다.
비슷하게, 만약 당신이 읽는 방법을 모른다면, 온 세상은 정돈되지
않은 슈퍼마켓처럼 보일 것이다.

어휘 infant 유아   chaotic 혼란스러운

06 정답 ② **invent → have invented**

해설 ① if가 생략되어 Had가 주어 앞으로 도치된 가정법 과거완료 문장
이므로, 주절에 have been(would + have p.p.)이 온 것은 적절
하다.
② if절의 동사가 had focused이며 맥락상 과거의 사실을 반대
로 말하는 가정법 과거완료이므로, 주절의 invent를 have
invented(could + have p.p.)로 고쳐야 한다.

해석 그 사서가 영리하게 생각하고 있지 않았다면, 그녀는 둘 중 어느 쪽
도 만족시키지 못하면서, 그 두 남자와 말다툼하며 꼼짝도 하지 못
했을 것이다. 만약 그녀가 한 명은 창문을 열기를 원하고 다른 한 명
은 그것을 닫기를 원한다는 사실에만 초점을 맞추었다면, 그 사서
는 그녀가 했던 해결책을 고안할 수 없었을 것이다.

어휘 invent 고안하다, 발명하다

07 정답 **(1) ⓑ have found → find**
**(2) were written like mysteries with a dramatic
ending, readers in the middle of a story would
miss the point**

해설 (1) ⓐ if가 이끄는 절이 실제로 일어날 가능성이 있는 일을 조건으
로 말하는 부사절이므로, 현재시제 read가 온 것은 적절하다.
ⓑ if가 생략되어 동사가 주어 앞으로 도치된 가정법 과거 문장
이므로, 주절의 have found를 find(would + 동사원형)로 고
쳐야 한다.
(2) 맥락상 현재의 사실을 반대로 말하는 가정법 과거 문장을 써야
하므로, 밑줄 친 문장의 are not written을 if절에 과거형 were
written으로 바꿔 쓰고, will not miss를 주절에 「would + 동사
원형」 would miss로 바꿔 쓴다.

해석 만약 당신이 뉴스 기사의 처음 몇 줄을 읽는다면 당신은 이야기가
무엇에 관한 것인지 이해할 것이다. 당신이 그 기사를 계속 읽는다

면, 당신은 당신이 틈을 메우도록 돕는 더 작은 세부 사항들을 대개
발견할 것이다. 뉴스 기사들은 극적인 결말이 있는 추리물처럼 쓰
여지지 않아서, 이야기 중간에 있는 독자들도 요점을 놓치지 않을
것이다.

어휘 dramatic 극적인

**불패
전략 22** 과거에 대해 말할 때는 조동사 뒤에 have p.p.를 써라!

본책 p.82

1 정답 **have happened**

해설 '(과거에) 무슨 일이 일어났을지도 모른다'라는 의미이므로 조동사
might 뒤에 have happened(have p.p.)가 와야 한다.

해석 Cora가 몇몇 수업들에 빠졌기 때문에, Anna는 그녀에게 무슨 일이
일어났을지도 모른다고 걱정했다.

Check up!

1 정답 **have been**

해설 '그 남자는 (과거에) Alex였을 리가 없다'라는 의미이므로 조동사
cannot 뒤에 have been(have p.p.)이 와야 한다.

해석 내가 어제 만났던 남자는 오른손에 상처가 없었기 때문에 나의 어
린 시절 친구 Alex였을 리가 없다.

어휘 scar 상처

2 정답 **lead**

해설 '(미래에) 잘못된 결정으로 이끌지도 모르는'이라는 의미이므로 조
동사 might 뒤에 동사원형 lead가 와야 한다.

해석 비록 사람들은 해결책을 찾기 위해 좋은 의도로 시작하지만, 잘못
된 결정으로 이끌지도 모르는 중요하지 않은 요소들을 너무 많이
생각한다.

어휘 intention 의도   element 요소

3 정답 **have stopped**

해설 '오랜 시간 전(과거)에 멈췄어야 했는데 안 멈췄다'라는 의미이므로
조동사 should 뒤에 have stopped(have p.p.)가 와야 한다.

해석 우리는 오랜 시간 전에 플라스틱을 사용하는 것을 멈췄어야 했고,
지금 그것은 우리의 환경과 우리의 건강을 해치고 있다.

4 정답 **be**

해설 '(현재) UFO임이 틀림없다'라는 의미이므로 조동사 must 뒤에 동
사원형 be가 와야 한다.

해석 그것이 매우 빠르게 움직이고 있기 때문에 몇몇 주민들은 그들이 하
늘에서 보는 깜박거리는 불빛이 UFO임이 틀림없다고 말한다.

어휘 flickering 깜박거리는

5 정답 **have changed**

해설 '(과거에) 그녀의 삶을 변화시켰을지도 모른다'라는 의미이므로 조
동사 may 뒤에 have changed(have p.p.)가 와야 한다.

해석 당신의 친구가 핫 요가를 시작한 후에, 그것은 그녀의 삶을 변화시
켰을지도 모르지만, 그것이 당신에게도 올바른 실천이었는가?

어휘 practice 실천, 실행

6 정답 **evaluate**

해설 '(현재 또는 미래에) 그들을 평가한다'라는 의미이므로 조동사 can
뒤에 동사원형 evaluate가 와야 한다.

해석 관리자들은 보통 그들의 직원들과 떨어져 일하는데, 그러면 그들의

업무 수행을 볼 수 없는 관리자들이 어떻게 그들을 평가할 수 있겠는가?

어휘 supervisor 관리자 performance 수행, 성과, 실적
evaluate 평가하다

7 정답 **have attempted**

해설 '애초에(과거) 시도하지 말았어야 했는데 시도했다'라는 의미이므로 조동사 shouldn't 뒤에 have attempted(have p.p.)가 와야 한다.

해석 그 광고 캠페인이 완전한 실패작으로 끝난 후에, 나는 애초에 나 혼자서 전체 행사를 운영하는 것을 시도하지 말았어야 했다는 것을 깨달았다.

어휘 attempt 시도하다

PRACTICE

본책 p.83

01 정답 **trust → have trusted**

해설 '과거의 법원은 ~ 오직 증인만을 믿지 말았어야 했는데 믿었다'라는 의미이므로 조동사 shouldn't 뒤에 trust를 have trusted(have p.p.)로 고쳐야 한다.

해석 그것이 무고한 사람들을 감옥에 가게 했기 때문에 과거의 법원은 평결을 내리기 위해 오직 증인만을 믿지 말았어야 했다.

어휘 court 법원 verdict 평결 innocent 무고한, 결백한

02 정답 **survive → have survived**

해설 '수십만 년 동안(과거) 우리의 조상들은 ~ 살아남았음이 틀림없다'라는 의미이므로 조동사 must 뒤에 survive를 have survived(have p.p.)로 고쳐야 한다.

해석 수십만 년 동안, 우리의 조상들은 비언어적인 신호들을 통해 서로 의사소통하는 것만으로 살아남았음이 틀림없다.

어휘 ancestor 조상 nonverbal 비언어적인

03 정답 **have caused → cause**

해설 '(현재나 미래에) 판매자가 개선되게 할 수 있다'라는 의미이므로 조동사 can 뒤에 have caused를 동사원형 cause로 고쳐야 한다. 부정어 Not only가 문장 앞으로 나와 조동사와 주어가 도치된 구조이다.

해석 고객으로부터의 불평은 판매자가 개선되게 할 수 있을 뿐만 아니라 회사의 약점들을 드러낸다.

어휘 complaint 불평 weakness 약점

04 정답 **O**

해설 '(과거에) 국가 봉쇄를 시행할 수 있었는데 안 했다'라는 의미이므로 조동사 could 뒤에 have implemented(have p.p.)가 온 것은 적절하다.

해석 스웨덴은 전염병 기간 동안 국가 봉쇄를 시행할 수 있었지만 결국 그들의 경제를 개방되게 유지하기로 결정했다.

어휘 implement 시행하다 lockdown 봉쇄
pandemic 전염병, 유행병 ultimately 결국

05 정답 **② stare → have stared**

해설 ① '(현재 또는 미래에) '심리적' 공간을 만들려고 노력할 수 있다'라는 의미이므로 조동사 can 뒤에 동사원형 try가 온 것은 적절하다.
② '누군가가 엘리베이터에서 당신에게 너무 가까이 서 있었을 때 (과거) ~ 엘리베이터 버튼을 빤히 쳐다봤을지도 모른다'라는 의미이므로 조동사 might 뒤에 stare를 have stared(have p.p.)로 고쳐야 한다.

해석 당신의 물리적 공간이 침해될 때, 당신은 시선을 마주치는 것을 피함으로써 '심리적' 공간을 만들려고 노력할 수 있다. 예를 들어, 누군가가 엘리베이터에서 당신에게 너무 가까이 서 있었을 때, 당신은 당신 자신에게 다른 사람으로부터의 심리적 거리를 주기 위해 엘리베이터 버튼을 빤히 쳐다봤을지도 모른다.

어휘 violate 침해하다 psychological 심리적인 stare 빤히 쳐다보다

06 정답 **① have died → die**

해설 ① '과거에 (과거 시점에서의 현재나 미래에) 탐험가들은 ~ 죽을 수도 있다는 것을 알았다'라는 의미이므로 조동사 could 뒤에 have died를 동사원형 die로 고쳐야 한다.
② '(과거에) 그러한 모험들이 일어났음이 틀림없다'라는 의미이므로 조동사 must 뒤에 have taken(have p.p.)이 온 것은 적절하다.

해석 과거에, 탐험가들은 아마존에서 탐험하면 죽을 수도 있다는 것을 알았지만, 이것에도 불구하고 잃어버린 도시 Z의 전설적인 부를 찾아 나섰다. 오늘날의 많은 역사학자들이 그러한 모험들이 일어났음이 틀림없다고 결론짓게 한 것은 금에 대한 이러한 강한 갈망이었다.

어휘 legendary 전설적인 riches 부, 재물 desire 갈망

07 정답 **(1) ⓑ store → have stored**
(2) should have made more effort to keep me as a loyal guest

해설 (1) ⓐ '(현재나 미래에) 어느 곳에서든 지낼 수 있다'라는 의미이므로 조동사 can 뒤에 동사원형 stay가 온 것은 적절하다.
ⓑ '나의 이전 방문들로부터 (과거에) 기록을 저장했음이 틀림없다'라는 의미이므로 조동사 must 뒤에 store를 have stored(have p.p.)로 고쳐야 한다.
(2) '(과거에) 더 많은 노력을 했어야 했는데 안 했다'라는 의미이므로 조동사 should 뒤에 have made(have p.p.)를 쓴다.

해석 나의 빈번한 인도로의 출장에서, 나는 어느 곳에서든 지낼 수 있지만, 내가 특별히 이용했던 한 특정한 호텔이 있다. 그 호텔은 나의 이전 방문들로부터 기록을 저장했음이 틀림없지만, 그들은 항상 나를 새로운 고객처럼 체크인했다. 그들은 나를 충성 고객으로 유지하기 위해 더 많은 노력을 했어야 했다.

어휘 frequent 빈번한 particular 특정한 previous 이전의, 먼젓번의

불패 전략 23 당위성을 나타내는 that절에는 동사원형을 쓴다! 본책 p.84

1 정답 **strive**

해설 준동사 urging의 목적어인 that절이 '파괴를 최소화하기 위해 노력해야 한다'라는 의미이므로 should가 생략된 동사원형 strive가 와야 한다.

해석 생태계를 파괴하는 것에 대한 두려움은 우리는 우리가 초래한 파괴를 최소화하기 위해 노력해야 한다고 권고하는 자연보호주의의 원칙에 기반했다.

어휘 ecosystem 생태계 conservationist 자연보호주의의
principle 원칙 disruption 파괴, 지장

1 정답 **should, be**

해설 advises와 companies 사이에 명사절 접속사 that이 생략되어 있고, 동사 advises의 목적어인 that절이 '더 많은 기능을 추가하는 것을 조심해야 한다'라는 의미이므로 빈칸에는 should를 쓰고 동사 자리에는 동사원형 be가 와야 한다.

해석 그 금융 프로그램은 기업들이 그들의 제품에 더 많은 기능을 추가하는 것을 조심해야 한다고 조언하는데, 이것이 비용을 증가시킬 것이기 때문이다.

2 정답 **should, expose**

해설 문장의 진짜 주어인 that절이 '가능한 한 자주 다른 문화에 아이들을 노출시켜야 한다'라는 의미이므로 빈칸에는 should를 쓰고 동사 자리에는 동사원형 expose가 와야 한다.

해석 부모가 그 혹은 그녀의 아이들을 가능한 한 자주 다른 문화에 노출시켜야 한다는 것은 매우 권장된다.

어휘 expose 노출시키다

3 정답 **wrote**

해설 동사 insisted의 목적어인 that절이 '그가 다른 사람들의 도움을 받아 그의 극을 썼다'라는 의미이므로 should는 쓸 수 없고, 과거시제 wrote가 와야 한다.

해석 프로이트와 다른 저명한 인물들에 의해 셰익스피어에 대해 쓰여진 글들은 그가 다른 사람들의 도움을 받아 그의 극을 썼다고 주장했다.

어휘 notable 저명한　figure 인물

4 정답 **should, give**

해설 동사 ordered의 목적어인 that절이 '민간인들이 그들의 개성을 포기해야 한다'라는 의미이므로 빈칸에는 should를 쓰고 동사 자리에는 동사원형 give가 와야 한다.

해석 통일된 국가의 사회 통치는 민간인들이 공공의 이익을 위해 그들의 개성을 포기해야 한다고 명령했다.

어휘 rule 통치, 지배　civilian 민간인　individuality 개성

5 정답 **possesses**

해설 동사 suggest의 목적어인 that절이 '식물이 ~ 다른 감각 능력들도 가지고 있다'라는 의미이므로 should는 쓸 수 없고, 3인칭 단수형 possesses가 와야 한다.

해석 다양한 물리적 반응은 식물이 시각, 촉각, 그리고 청각뿐만 아니라 십여 개의 다른 감각 능력들도 가지고 있다는 것을 시사한다.

어휘 possess 가지다, 소유하다　sensory 감각의　capacity 능력

6 정답 **increased**

해설 suggested와 displacement 사이에 명사절 접속사 that이 생략되어 있고, 동사 suggested의 목적어인 that절이 '해고가 예상한 것보다 더 증가했다'라는 의미이므로 should는 쓸 수 없고, 과거시제 increased가 와야 한다.

해석 고용률의 하락 추세는 영국에서의 인공지능으로 인한 해고가 예상한 것보다 더 증가했다는 것을 시사했다.

어휘 downward 하락하는, 하향의　displacement 해고
Artificial Intelligence 인공지능

7 정답 **should, take**

해설 동사 advises의 목적어인 that절이 '환자가 매일 아침 식사 전에 약을 복용해야 한다'라는 의미이므로 빈칸에는 should를 쓰고, 동사 자리에는 동사원형 take가 와야 한다.

해석 그 질병에 대한 이 의료 처방 계획은 환자가 매일 아침 식사 전에 약을 복용해야 한다고 조언한다.

어휘 regimen 처방[투약] 계획

PRACTICE

본책 p.85

01 정답 **O**

해설 동사 suggest의 목적어인 that절이 '젊은 세대의 출생률이 감소한다'라는 의미이므로 현재시제 decreases가 온 것은 적절하다.

해석 최근의 추세는 젊은 세대의 출생률이 일자리 부족으로 매년 감소한다는 것을 시사한다.

어휘 shortage 부족

02 정답 **conserves → (should) conserve**

해설 동사 demand의 목적어인 that절이 '음악가가 호흡과 에너지를 아껴야 한다'라는 의미이므로 conserves를 (should) conserve로 고쳐야 한다.

해석 일반적으로, 음악적 구성에서의 긴 악절은 음악가가 그것들을 통과하기 위해 호흡과 에너지를 아껴야 한다는 것을 요구한다.

어휘 composition 구성　conserve 아끼다

03 정답 **receives → (should) receive**

해설 문장의 진짜 주어인 that절이 '~ 직원은 더 낮은 주택 대출 금리를 받아야 한다'라는 의미이므로 receives를 (should) receive로 고쳐야 한다.

해석 한 달에 3,000달러보다 더 적게 버는 직원은 더 낮은 주택 대출 금리를 받아야 한다는 것이 몇몇 후보자들에 의해 제안되었다.

어휘 candidate 후보자　loan 대출

04 정답 **prefer → preferred**

해설 동사 suggests의 목적어인 that절이 '초기 인류가 동물의 지방과 내장육을 선호했다'라는 의미이므로 prefer를 과거시제 preferred로 고쳐야 한다.

해석 그 증거는 초기 인류가 근육 고기보다 동물의 지방과 내장육을 선호했다는 것을 시사한다.

05 정답 **① are → (should) be**

해설 ① 동사 urged의 목적어인 that절이 '동물 공연을 이용하는 서커스들이 폐쇄되어야 한다'라는 의미이므로 are를 (should) be로 고쳐야 한다.
② 동사 propose의 목적어인 that절이 '동물원들 또한 영구히 문을 닫아야 한다'라는 의미이므로 should를 생략한 동사원형 close가 온 것은 적절하다.

해석 우리가 함께 일하는 동물 복지 단체들은 동물 공연을 이용하는 서커스들이 폐쇄되어야 한다고 촉구했다. 우리 조직을 대표해서, 우리는 동물원들 또한 영구히 문을 닫아야 한다고 제안한다.

어휘 welfare 복지　for good 영원히

06 정답 **① be → is**

해설 ① 동사 insists의 목적어인 that절이 '교실에서의 놀라운 일이 ~ 가장 효과적인 방법들 중 하나이다'라는 의미이므로 be를 3인칭 단수형 is로 고쳐야 한다.
② 동사 recommends의 목적어인 that절이 '교실에서 적극적인 발견을 장려해야 한다'라는 의미이므로 should를 생략한 동사원형 encourage가 온 것은 적절하다.

해석 신경학자이자 학급 교사인 Judith Willis는 교실에서의 놀라운 일이 머릿속에서의 두뇌 자극으로 가르치는 가장 효과적인 방법들 중 하

나라고 주장한다. 그녀는 그러므로 교사는 학생들이 새로운 정보와 상호 작용할 수 있도록 하면서, 교실에서 적극적인 발견을 장려해야 한다고 권고한다.

어휘 **neurologist** 신경학자 **effective** 효과적인 **stimulation** 자극 **encourage** 장려하다

07 정답 **(1) ⓑ exchanged → (should) exchange**
(2) officials insisted that records be written down to manage

해설 (1) ⓐ 동사 suggests의 목적어인 that절이 '기록이 중앙집권화된 경제 통치의 도구로써 발전했다'라는 의미이므로 과거시제 evolved가 온 것은 적절하다.
ⓑ 동사 commanded의 목적어인 that절이 '시민들이 공정한 방식으로 재화와 지원을 교환해야 한다'라는 의미이므로 exchanged를 (should) exchange로 고쳐야 한다.
(2) 동사 insisted의 목적어인 that절이 '기록들이 쓰여야 한다'라는 의미가 되어야 하며, 9단어로 써야 하므로 should를 생략하고 be written(수동태)을 써야 한다.

해석 고대 우루크에 있는 사원 건물들에서의 수메르의 쐐기 문자판의 발견은 기록이 중앙집권화된 경제 통치의 도구로써 발전했다는 것을 시사한다. 수메르의 문화는 매우 정교했고 시민들이 공정한 방식으로 재화와 자원을 교환해야 한다고 명령했다. 그러나, 사회가 더 복잡해짐에 따라, 기억에 의존하는 것이 불가능해졌다. 따라서, 관리들은 모든 것을 관리하기 위해 기록들이 쓰여야 한다고 주장했다.

어휘 **Sumerian tablet** 수메르의 쐐기 문자판 **complex** 건물 **centralize** 중앙집권화하다 **governance** 통치, 관리 **sophisticated** 정교한

불패 전략 24 do/be/have동사가 어떤 동사를 대신하는지 확인하라!
본책 p.86

1 정답 **do**

해설 as 뒤의 생략 전 내용은 'we make pigments from minerals now' 이며, 반복되는 동사 make가 일반동사의 현재형이므로 do가 와야 한다. as 앞의 절의 동사는 made이지만, as 뒤에서는 부사 now와 함께 현재의 일을 나타내므로 현재시제 do가 와야 한다.

해석 몇몇 연구자들은 초기 인류가 지금 우리가 그렇게 하는 것처럼 광물로 안료를 만들었다고 추측한다.

어휘 **assume** 추측하다 **pigment** 안료, 색소

Check up!

1 정답 **do**

해설 as 뒤의 생략 전 내용은 'you really have many items to pack'이며, 반복되는 동사 have가 일반동사의 현재형이므로 do가 와야 한다.

해석 당신은 새로운 집으로 이사하기 전에, 당신이 실제로 그런 것만큼 많은 짐을 가지고 있지 않다고 잘못 생각할지도 모른다.

2 정답 **did**

해설 but also 뒤의 생략 전 내용은 'for those who had a fulltime job'이며, 반복되는 동사 had가 일반동사의 과거형이므로 did가 와야 한다.

해석 정부는 전시간 근무의 일자리를 가지고 있지 않은 직원들뿐만 아니라 그런 사람들에게도 재난 지원금을 제공했다.

어휘 **stimulus check** 재난 지원금
fulltime job 전시간 근무의 일자리, 상근직

3 정답 **has**

해설 as 뒤의 생략 전 내용은 'the difficulty of getting funding for it has become a major subject of concern'이며, 반복되는 동사 has become이 have동사의 3인칭 단수형으로 시작하므로 has가 와야 한다. as 뒤에서 has와 주어가 도치된 구조이다.

해석 최근에, 병원들에 의해 실시되는 질병 연구가 우려의 주요 대상이 되어왔고, 그것을 위한 자금을 얻는 것의 어려움도 그래왔다.

어휘 **funding** 자금

4 정답 **have**

해설 than 뒤의 생략 전 내용은 'we have practiced since they hired a new coach'이며, 반복되는 동사 have practiced가 have동사로 시작하므로 have가 와야 한다.

해석 상대 팀은 새 코치를 고용한 이래로 우리가 그래온 것보다 더 많은 시간을 연습해왔다.

5 정답 **does**

해설 it 뒤의 생략 전 내용은 '(it) moves so unnoticeably'이며, 반복되는 동사 moves가 일반동사의 3인칭 단수형이므로 does가 와야 한다.

해석 만약 촬영 중에 조명이 움직이도록 요구된다면, 그것은 눈에 띄지 않게 그렇게 해서, 가능한 한 그것 자신에게 적은 이목을 끈다.

어휘 **unnoticeably** 눈에 띄지 않게

6 정답 **does**

해설 but 뒤의 생략 전 내용은 'creativity that is shared with others has outcomes in the world'이며, 반복되는 동사 has가 일반동사의 3인칭 단수형이므로 does가 와야 한다.

해석 개인적인 상상은 세상에서는 전혀 성과가 없을 수도 있지만, 다른 사람들과 공유되는 창의성은 그렇다.

어휘 **creativity** 창의성

7 정답 **was**

해설 as 뒤의 생략 전 내용은 'their mother was poisonous'이며, 반복되는 동사가 be동사 was이므로 was가 와야 한다.

해석 흑색과부거미의 새끼들은 작고 무력해 보였지만 실제로는 그것 각각은 그들의 어미가 그랬던 것만큼 독성이 있었다.

어휘 **helpless** 무력한 **poisonous** 독성이 있는

PRACTICE
본책 p.87

01 정답 **does → is**

해설 than 뒤의 생략 전 내용은 'social media is harmful to their self-image'이며, 반복되는 동사가 be동사 is이므로 does를 is로 고쳐야 한다.

해석 한 생리학자는 아이들에게 있어 폭력적인 비디오 게임의 부정적인 영향들이 소셜 미디어가 그들의 자아상에 그런 것보다 더 해롭지 않다고 주장했다.

어휘 **physiologist** 생리학자 **self-image** 자아상

02 정답 **have → do**

해설 so 뒤의 생략 전 내용은 'the animals that prey upon them lose their food source and die out'이며, 반복되는 동사 lose와 die가 일반동사의 현재형이므로 have를 do로 고쳐야 한다. so 뒤에서 do와 주어가 도치된 구조이다.

해석 만약 초식동물들이 그들의 먹잇감을 완전히 잃고 죽는다면, 그들을 잡아먹는 동물들도 역시 그렇다.

어휘 **plant-eating animal** 초식동물 **prey upon** ~을 잡아먹다

03 정답 **O**

해설 일반동사의 동사원형 prescribe 앞에 왔으며, 과거의 특정 시점 (Before ~ penicillin)의 일을 나타내므로 강조동사 did가 온 것은 적절하다.

해석 페니실린의 발견 전에, 의사들은 신체에서 '유독한' 물질을 제거하기 위한 유효한 방법으로 거머리를 사용하는 것을 정말 처방했다.

어휘 penicillin 페니실린   prescribe 처방하다   leech 거머리
valid 유효한

04 정답 **did → was**

해설 as 뒤의 생략 전 내용은 'it was achieved during the Industrial Revolution'이며, 반복되는 동사 was achieved가 be동사 was로 시작하므로 did를 was로 고쳐야 한다. as 앞의 절의 동사는 has been achieved이지만, as 뒤에는 과거의 특정 시점인 during the Industrial Revolution이 있으므로 과거시제 was achieved가 와야 한다.

해석 산업혁명 동안 그랬던 것만큼 인류의 독창성이 놀랄 만하게 이루어진 적은 없었다.

어휘 ingenuity 독창성   remarkably 놀랄 만하게

05 정답 **① did → have**

해설 ① as 뒤의 생략 전 내용은 'they have watched fellow humans closely to learn and judge their character'이며, 반복되는 동사 have watched가 have동사로 시작하므로 did를 have로 고쳐야 한다. as 앞의 절의 동사는 watch이지만, as 뒤에는 '홍적세 이래로 (지금까지)'라는 의미의 since를 포함하고 있으므로 현재완료 have watched가 와야 한다.
② 일반동사의 동사원형 allow 앞에 왔으며, 현재시제를 쓰는 일반적 사실을 나타내므로 강조동사 does가 온 것은 적절하다.

해석 인간은 홍적세 이래로 그래왔듯이, 그들의 기질을 배우고 판단하기 위해 항상 동료 인간들을 자세히 관찰한다. 이러한 유형의 관습은 당신을 해로부터 항상 보호할 수는 없지만, 전반적으로 당신이 누가 친구이고 누가 적인지에 대한 더 나은 생각을 정말 가질 수 있게 한다.

어휘 fellow 동료의   the Pleistocene 홍적세 (인류가 발생하여 진화한 시기)   observance 관습, 의식

06 정답 **② are → do**

해설 ① than 뒤의 생략 전 내용은 'the distance from the house to the landmark seems long'이며, 반복되는 동사 seems가 일반동사의 3인칭 단수형이므로 does가 온 것은 적절하다.
② but 뒤의 생략 전 내용은 'landmarks, like black holes, seem to pull other locations toward themselves'이며, 반복되는 동사 seem이 일반동사의 현재형이므로 are를 do로 고쳐야 한다.

해석 랜드마크는 랜드마크에서부터 일반적인 주택까지의 거리가 그 주택에서부터 랜드마크까지의 거리가 그런 것보다 더 길어 보인다는 점에서 놀랍다. 보통의 장소들은 다른 장소들을 그들 자신에게로 끌어당기는 것처럼 보이지 않지만, 랜드마크들은, 마치 블랙홀과 같이, 그렇다.

07 정답 **(1) ⓑ experiences → experience**
(2) neither does the flow of time

해설 (1) ⓐ as long as 뒤의 생략 전 내용은 'we exist in the moment of it occurring'이며, 반복되는 동사 exist가 일반동사의 현재형이므로 do가 온 것은 적절하다.
ⓑ apparently 앞에 강조동사 does가 있으므로 experiences를 동사원형 experience로 고쳐야 한다.

(2) '시간의 흐름도 역시 그렇지 않다'라는 의미가 되어야 하므로 「neither + do/be/have + 주어」(〈주어〉도 역시 그렇지 않다)의 neither를 쓴다. neither 뒤에 생략된 내용은 'the flow of time exists'이며, 반복되는 동사 exists가 일반동사의 3인칭 단수형 이므로 does를 쓴다.

해석 현재 순간은 실제로 존재하지 않으며, 따라서 시간의 흐름도 역시 그렇지 않다. '지금' 일어나는 사건은 그것이 일어나는 순간에 우리가 그렇게 하는 한에서만 존재한다. 따라서, 한 사람이 현재 순간을 분명히 경험하는 동안, 그것은 동시에 그들의 과거가 되어서 그것이 마치 그것이 애초에 일어난 적이 없었던 것처럼 된다.

어휘 apparently 분명히   simultaneously 동시에

불패 표현 가정법 & 조동사 관련 표현   본책 p.88

1 해석 만약 우리가 모든 것을 진심으로 사랑할 수 있다면 어떨까?

2 해석 그 프로젝트는 자금이 부족했다. 그렇지 않았으면, 우리는 그것에 착수하는 것을 계속했을 텐데.

3 해석 청년들은 일찍 은퇴를 위해 저축하는 것을 시작하는 것이 더 낫다.
어휘 retirement 은퇴

4 해석 당신은 해외에서 일하는 것을 일련의 모험으로 보아야 한다.

5 해석 인간은 삶의 의미에 대해 궁금해하지 않을 수 없다.

6 해석 나는 내가 전에 그랬던 것처럼 비정한 상인이 되느니 차라리 가난한 구두장이가 되고 싶다.
어휘 heartless 비정한

PRACTICE   본책 p.89

01 정답 **heard → had heard**

해설 '(사실은 들었지만) 마치 아무것도 듣지 않았던 것처럼'이라는 의미로 과거 사실의 반대를 나타내므로 heard를 had heard(had p.p.)로 고쳐야 한다.

해석 그는 누군가가 그의 이름을 부르는 것을 들었지만 뒤돌아보지 않았고 마치 아무것도 듣지 않았던 것처럼 성큼성큼 걸었다.

어휘 stride 성큼성큼 걷다

02 정답 **describing → describe**

해설 '(과거에) 두 가지 매우 다른 방식을 묘사하곤 했다'라는 의미로, 「used to + 동사원형」(~하곤 했다)의 동사원형이 와야 하므로 describing을 동사원형 describe로 고쳐야 한다.

해석 고대 그리스인들은 사고의 두 가지 매우 다른 방식을 묘사하곤 했는데, 이성과 신화였다.

어휘 logos 이성   mythos 신화, 신화 체계

03 정답 **O**

해설 '(과거에 있었지만) ~이 없었다면'이라는 의미의 had it not been for가 과거 사실의 반대를 말하는 가정법 과거완료이므로, 주절에 have closed(would + have p.p.)가 온 것은 적절하다.

해석 수많은 투자자들의 후한 기부가 없었다면, 그 병원은 수년 전에 문을 닫았을 것이다.

어휘 donation 기부

04 정답 **O**

해설 '감히 물었다'라는 의미로, 「dare to + 동사원형」(감히 ~하다)의 동사원형이 와야 하므로 동사원형 ask가 온 것은 적절하다.

해설 다른 사람들이 그의 경쟁자에 의해 생산된 자동차들의 수에 감탄한 반면에, 헨리 포드는 "우리가 훨씬 더 잘 할 수 있는가?"라고 감히 물었다.

어휘 competitor 경쟁자

05 정답 **change → changed**

해설 '(지금 하고 있지 않지만) 우리가 우리의 생각을 바꿔야 할 때이다'라는 의미로, 「It's (about[high]) time + 주어 + 과거시제」((지금 하고 있지 않지만) ~해야 할 때이다)의 과거시제가 와야 하므로 change를 과거시제 changed로 고쳐야 한다.

해설 인간의 권리와 환경의 권리 사이에 차이가 없도록 우리가 우리의 생각을 바꿔야 할 때이다.

06 정답 **② learning → learn**

해설 ① '그들의 과거의 실수나 후회를 생각하지 않을 수 없다'라는 의미로, 「cannot help + v-ing」(~하지 않을 수 없다)의 v-ing가 와야 하므로 thinking이 온 것은 적절하다.
② '미래로 향하는 법을 배우는 것이 더 낫다'라는 의미로, 「had better + 동사원형」(~하는 것이 더 낫다)의 동사원형이 와야 하므로 learning을 동사원형 learn으로 고쳐야 한다.

해설 몇몇 사람들은 그들의 과거의 실수나 후회를 생각하지 않을 수 없다. 하지만 만약 당신이 인간으로서 성장하기를 원한다면, 당신은 과거에서 벗어나 미래로 향하는 법을 배우는 것이 더 낫다.

07 정답 **(1) ⓑ told → had told**
(2) Sean interferes in our business as if[though] he were our boss

해설 (1) ⓐ '그의 의견을 말하지 않을 수 없다'라는 의미로, 「cannot but + 동사원형」(~하지 않을 수 없다)의 동사원형이 와야 하므로 동사원형 give가 온 것은 적절하다.
ⓑ '(사실은 말하지 않았지만) 그에게 떠나라고 말했다면 좋을 텐데'라는 의미로 과거 사실에 대한 후회를 나타내고 있으므로, 「I wish + 주어 + had p.p.」((사실은 아니지만) ~였다면 좋을 텐데)의 had p.p.가 와야 한다. 따라서 told를 had told(had p.p.)로 고쳐야 한다.
(2) '(사실 우리의 상관은 아니지만) 마치 우리의 상관인 것처럼'이라는 의미가 되어야 하므로 현재 사실의 반대를 말하는 「as if[though] + 주어 + 과거시제」((사실은 아니지만) 마치 ~인 것처럼)의 'as if[though] he were'를 쓴다.

해설 가족 전체를 살펴보면서, Sean은 마치 그가 우리의 상관인 것처럼 우리의 일에 간섭한다. 비록 우리가 그에게 결코 물어보지 않지만, 그는 특정 문제들에 대해 그의 의견을 말하지 않을 수 없다. 비록 조금 못되게 들릴지도 모르지만, 그가 분위기를 망쳤었기 때문에, 내가 지난주의 가족 모임에서 그에게 떠나라고 말했다면 좋을 텐데.

어휘 interfere 간섭하다 gathering 모임

<table>
<tr><td colspan="2" align="center">어법 만점 TEST</td><td colspan="3" align="right">본책 p.90</td></tr>
</table>

01	had suffered	02	did	03	(A) kept, (B) have seen		
04	②	05	①	06	①	07	⑤	08	②
09	④	10	①	11	③	12	④		

13	(1) ⓐ have become, ⓑ have given, ⓒ begins, ⓓ considered (2) Experts advised that every airport all around the world fix these problems

01 정답 **had suffered**

해설 주절의 동사가 would have been이며 맥락상 과거의 사실을 반대로 말하는 가정법 과거완료이므로, if절에는 had suffered(had p.p.)가 와야 한다. (불패전략 21)

해설 만약 내가 심부전을 앓고 인공심장에 의존했다면, 나는 나의 선수 생활을 이어갈 수 없었을 것이다.

어휘 suffer (병을) 앓다 heart failure 심부전
athletic career 선수 생활

02 정답 **did**

해설 as 뒤의 생략 전 내용은 'the younger group received vitamin C supplement'이며, 반복되는 동사 received가 일반동사의 과거형이므로 did가 와야 한다. (불패전략 24)

해설 비타민의 효능을 조사하는 연구에서, 더 나이 많은 성인으로 구성된 집단은 더 젊은 집단이 그랬던 것만큼 많은 비타민 C 보충을 받았다.

어휘 examine 조사하다 effectiveness 효능
be comprised of ~으로 구성되다 supplement 보충(물)

03 정답 **(A) kept, (B) have seen**

해설 (A) 과거의 한 시점인 in 2001을 포함하고 있으므로 단순과거 kept가 와야 한다. (불패전략 19)
(B) '(과거에) 봤어야 했는데 안 봤다'라는 의미이므로 조동사 should 뒤에 have seen(have p.p.)이 와야 한다. (불패전략 22)

해설 내가 2001년에 일했던 소프트웨어 회사에서, 영업부장은 그의 사무실 밖에 경적을 놓아두고, 영업 사원이 거래를 성사시킬 때 그것을 불었다. 당신은 영업팀의 나머지가 그 경적이 그들을 위해 불어지기를 원하는 모습을 보았어야 했다.

어휘 air horn (압축 공기로 작동하는) 경적 sales person 영업 사원
settle 성사시키다, 해결하다

04 정답 **② will occur → occurs**

해설 ① '인간이 비판적으로 생각하기 시작한 이래로 (지금까지)'라는 의미의 Since를 포함하고 있으므로 현재완료 have evolved가 온 것은 적절하다. (불패전략 19)
② if가 이끄는 절이 조건의 부사절이므로, 미래에 일어날 일이더라도 현재시제가 와야 한다. 따라서 will occur를 현재시제 occurs로 고쳐야 한다. (불패전략 20)

해설 인간이 비판적으로 생각하기 시작한 이래로, 우리의 뇌는 예상치 못한 사건들을 기억하도록 진화해 왔는데, 이는 기본적인 생존이 원인을 인식하고 결과를 예측하는 능력에 달려 있기 때문이다. 특히, 만약 위험의 근원인 무언가가 발생한다면, 우리는 나중에 참고하기 위해 그것을 우리의 기억 속에 저장해 둘 것이다.

어휘 critically 비판적으로 predict 예측하다 effect 결과, 영향
reference 참고

05 정답 ① aimed → (should) aim

해설 ① 동사 insisted의 목적어인 that절이 '시선을 사로잡는 것을 목표로 삼아야 한다'라는 의미이므로 aimed를 (should) aim으로 고쳐야 한다. (불패전략 23)
② '(사실 같은 현실에서 일어나고 있지만) 마치 다른 현실에서 일어나고 있는 것처럼'이라는 의미로, 현재 사실의 반대를 말하는 「as if[though] + 주어 + 과거시제」((사실은 아니지만) 마치 ~인 것처럼)의 과거시제 were가 온 것은 적절하다. (CH 05 불패표현)

해석 '카메라의 철학'에서 설명했듯이, John Ford는 당신이 사진을 찍을 때 시선을 사로잡는 것을 목표로 삼아야 한다고 주장했다. 게다가, 관찰자인 우리는 마치 그것들이 다른 현실에서 일어나고 있는 것처럼 동작들을 지켜보도록 요구받고, 우리는 참여하도록 요구받지 않는다.

어휘 illustrate 설명하다   aim to ~을 목표로 삼다   capture 사로잡다

06 정답 ① have appeared → appear

해설 ① if절의 동사가 과거형 knew이며 맥락상 현재의 사실을 반대로 말하는 가정법 과거이므로, 주절의 have appeared를 appear(could + 동사원형)로 고쳐야 한다. (불패전략 21)
② 일반동사의 동사원형 give 앞에 왔으며, 주어가 복수명사 such tips이므로 강조동사 do가 온 것은 적절하다. (불패전략 24)

해석 많은 경우에, 만약 누군가가 새로운 기술을 사용하는 방법에 대한 오직 몇 가지 요령만을 안다면, 그 혹은 그녀는 잘못 매우 유식해 보일 수도 있다. 사실, 비록 그들이 그 정도로 똑똑하지 않더라도, 그러한 요령들은 직장에서 종종 사람들에게 이점을 정말 부여한다.

어휘 knowledgeable 유식한

07 정답 ⑤ has studied - try - do

해설 (A) '10년 전에 그의 첫 잔을 마신 이래로 (지금까지)'라는 의미의 since를 포함하고 있으므로 현재완료 has studied가 와야 한다. (불패전략 19)
(B) if절의 동사가 과거형 weren't이며 맥락상 현재의 사실을 반대로 말하는 가정법 과거이므로, 주절에는 try(might + 동사원형)가 와야 한다. (불패전략 21)
(C) than 뒤의 생략 전 내용은 'you remember the information'이며, 반복되는 동사 remember가 일반동사의 현재형이므로 do가 와야 한다. (불패전략 24)

해석 당신이 친구와 함께 특별한 저녁을 요리하고 있다고 상상해 보아라. 당신은 훌륭한 요리사이지만, 당신의 친구는 10년 전에 그의 첫 잔을 마신 이래로 와인의 맛과 페어링을 공부해 온 아마추어 소믈리에이다. 한 이웃이 들러서 두 사람에게 길 바로 아래의 주류 판매점에서 판매되고 있는 멋진 새 와인들에 대해 말하기 시작한다. 새로운 와인이 많아서, 기억해야 할 많은 것이 있다. 만약 당신의 친구가 곁에 없다면, 당신은 들으려고 더 노력할지도 모른다. 하지만 그 정보는 당신의 옆에 앉아 있는 그 와인 전문가에 의해 더 잘 기억될 수 있는데 뭐 하러 그러겠는가? 와인 전문가인 당신의 친구는 노력 없이도 당신이 그렇게 하는 것보다 훨씬 더 잘 정보를 기억한다.

어휘 drop by (잠깐) 들르다   liquor 주류, 술   retain 기억하다, 보존하다

08 정답 ② be - asks - have thought

해설 (A) 동사 suggest의 목적어인 that절이 '정답을 모르는 것에 대해 부끄러워할지도 모르는 질문들을 해야 한다'라는 의미이므로 should가 생략된 동사원형 be가 와야 한다. (불패전략 23)
(B) when이 이끄는 절이 시간의 부사절이므로, 미래에 일어날 일이 더라도 현재시제 asks가 와야 한다. (불패전략 20)
(C) '과거에는 똑똑한 척하는 것이 더 낫다고 생각했을지도 모른다'라는 의미이므로 조동사 might 뒤에 have thought(have p.p.)가 와야 한다. (불패전략 22)

해석 당신이 무언가를 모를 때, 그것을 인정하고 즉시 행동을 취하라. 질문을 하라. 거의 모든 자신감 있는 리더들은 당신이 기꺼이 기본적인 질문들, 즉 당신이 정답을 모르는 것에 대해 부끄러워할지도 모르는 질문들을 해야 한다고 제안한다. 만약 당신이 주지사가 누구인지 잊었다면, 조용히 친구에게 물어봐라. 숨는 것을 그만둬라. 역설적으로, 누군가가 기본적인 질문을 할 때, 그 사람은 다른 사람들에 의해 더 똑똑하다고 인식될 가능성이 더 높다. 더 중요하게, 비록 과거에는, 당신은 똑똑한 척하는 것이 더 낫다고 생각했을지도 모르지만, 이 접근은 당신이 더 성공적이게 되도록 할 것이다. 좋은 지도자를 만들기 위해, 유능한 교사들은 학생들이 간단한 질문들을 하도록 격려한다.

어휘 immediately 즉시   confident 자신감 있는   willing 기꺼이 하는   embarrassed 부끄러워하는, 당황스러워하는   governor 주지사   paradoxically 역설적으로

09 정답 ④ reduces → reduce

해설 ④ really 앞에 강조동사 does가 있으므로 reduces를 동사원형 reduce로 고쳐야 한다. (불패전략 24)

오답분석 ① as 뒤의 생략 전 내용은 'walking across an empty country road is easy'이며, 반복되는 동사 is가 be동사이므로 is가 온 것은 적절하다. (불패전략 24)
② '(사실 영향을 갖지 않지만) 마치 신호등에 대한 영향을 갖는 것처럼'이라는 의미로, 현재 사실의 반대를 말하는 「as if[though] + 주어 + 과거시제」((사실은 아니지만) 마치 ~인 것처럼)의 과거시제 had가 온 것은 적절하다. (CH 05 불패표현)
③ when이 이끄는 절이 동사 will not know의 목적어 역할을 하는 명사절이므로, 미래의 일은 미래시제가 와야 한다. 따라서 미래시제 will change가 온 것은 적절하다. (불패전략 20)
⑤ 주어 Such tricks가 '부르는' 행위의 대상이므로 are 뒤에 수동태 동사를 만드는 called가 온 것은 적절하다. "placebo buttons"는 5형식 동사 call의 목적격보어이다. (불패전략 18)

해석 로스앤젤레스의 번잡한 거리를 건너는 것은 까다로운 일이지만, 운 좋게도, 버튼을 누르는 것으로, 우리는 교통을 멈출 수 있고, 그것은 텅 빈 시골길을 걷는 것이 그런 것만큼 쉬워진다. 그러나, 이것이 사실일까? 사실, 그 버튼의 진짜 목적은 단지 우리가 마치 신호등에 대한 영향을 갖는 것처럼 느끼게 하는 것이다. 그 버튼을 누름으로써, 비록 우리는 신호가 언제 바뀔지는 모를 것이지만, 더 많은 인내심을 가지고 기다림을 더 잘 견딜 수 있다. 이 속임수는 사무실에서도 사용되는데, 이곳은 몇몇 사람들에게는 항상 너무 덥고, 다른 사람들에게는 너무 춥다. 영리한 기술자들은 가짜 온도 다이얼을 설치함으로써 통제의 환상을 만들어 내고, 이것은 에너지 요금과 불평을 정말로 감소시킨다. 그러한 속임수들은 '플라시보 버튼'이라고 불리며 그것들은 모든 종류의 환경에서 눌러지고 있다.

어휘 tricky 까다로운   influence on ~에 대한 영향   endure 견디다   patience 인내심   illusion 환상

10 정답 ① has found → found

해설 ① 과거의 특정 시점인 'when + 과거시제' 절을 포함하고 있으므로 has found를 단순과거 found로 고쳐야 한다. (불패전략 19)

오답분석 ② 수식받는 명사 the young men of Athens가 '훈련하는' 행위의 주체이므로 현재분사 training이 온 것은 적절하다. (불패전략 07)
③ 주절의 동사가 would never have uncovered이며 맥락상 과거의 사실을 반대로 말하는 가정법 과거완료이므로, if절에 had built(had p.p.)가 온 것은 적절하다. (불패전략 21)
④ 동사 insisted의 목적어인 that절이 '그 지역이 단순히 체력 향상의 중심지 이상의 역할을 했다'라는 의미이므로 과거시제 played가 온 것은 적절하다. (불패전략 23)
⑤ '그들이 깨달은' 과거 시점보다 더 앞선 시점에 일어난 일을 나타내므로 대과거 had discovered가 온 것은 적절하다. (불패전략 19)

해석 건설 인부들은 새로운 현대 미술관의 건립을 위해 1996년에 아테네 시내의 한 부지를 개간했을 때, 기암반 위에 자리하고 있는 커다란 건축물의 흔적들을 발견했다. 약 2천 5백 년 전에 한 건물이 같은 장소를 차지했었다. 이곳은 군인과 시민이 되기 위한 훈련하는 아테네의 젊은이들을 위한 장소였다. 만약 그 도시가 다른 곳에 박물관을 지었다면, 그 발굴은 체육관, 레슬링 경기장, 탈의실, 그리고 목욕탕의 잔해를 발견하지 않았을 것이다. 그러나, 고고학자들은 그 지역이 단순히 체력 향상의 중심지 이상의 역할을 했다고 주장했다. 그들은 그들이 서유럽 전역의 가장 중요한 장소들 중 하나인 아리스토텔레스의 리케이온을 발견했다는 것을 깨달았다. 그것은 세계 최초의 대학이었다.

어휘 construction 건설   bedrock 기반암   excavation 발굴
archaeologist 고고학자   physical 체력의, 육체의

11 정답 ③ will get → gets

해설 ③ if가 이끄는 절이 조건의 부사절이므로, 미래에 일어날 일이더라도 현재시제가 와야 한다. 따라서 will get을 현재시제 gets로 고쳐야 한다. (불패전략 20)

**오답
분석** ① so 뒤의 생략 전 내용은 'honeybees share their opinions to reach the best conclusion'이며, 반복되는 동사 share가 일반동사의 현재형이므로 do가 온 것은 적절하다. so 뒤에서 do와 주어가 도치된 구조이다. (불패전략 24)
② 수식받는 명사 up to 50,000 workers가 '모이는' 행위의 주체이므로 현재분사 coming이 온 것은 적절하다. (불패전략 07)
④ 주어 Each scout이 단수명사이므로 단수동사 performs가 온 것은 적절하다. that ~ areas는 수일치에 영향을 미치지 않는 수식어(관계절)이다. (불패전략 10)
⑤ '(현재나 미래에) 그 벌떼는 그들의 새로운 집으로 집단적으로 이주할 수 있다'라는 의미이므로 조동사 can 뒤에 동사원형 move가 온 것은 적절하다. 제한을 나타내는 어구 Only when이 문장 앞으로 나와 조동사와 주어가 도치된 구조이다. (불패전략 22)

해석 인간은 최선의 결론에 도달하기 위해 그들의 의견을 나누고, 꿀벌도 역시 그렇다. 꿀벌은 한 집단에서 5만 마리에 이르는 일꾼들이 민주적인 결정을 내리기 위해 함께 모이며, 우리가 '군집지능'이라고 부르는 것을 진화시켜 왔다. 예를 들어, 만약 벌집이 봄에 너무 붐비게 되면, 집단은 더 나은 장소를 찾기 위해 정찰병들을 보낼 것이다. 만약 정찰병들이 다음 벌집의 위치에 대해 의견이 맞지 않으면, 그들은 춤을 춤으로써 주장을 편다. 인근 지역에서 잠재력 있는 장소를 발견한 각각의 정찰병은 그 장소의 장점을 나머지 벌들에게 설득하기 위해 '8자의 춤'을 춘다. 춤이 더 열정적일수록, 그 정찰병은 그 장소에 대해 더 만족한 것이다. 집단의 나머지는 그들의 몸으로 투표한다. 하나의 잠재력 있는 벌집이 다른 모든 춤 '선택들'을 이길 때에만 그 벌떼는 그들의 새로운 집으로 집단적으로 이주할 수 있다.

어휘 swarm intelligence 군집지능   colony (개미, 벌 등의) 집단, 군집
democratic 민주적인   hive 벌집   scout 정찰병
waggle dance 8자의 춤 (꿀벌이 꽃 등의 방향과 거리를 동료에게 알리는 동작)   merit 장점   collectively 집단적으로

12 정답 ④ was → did

해설 ④ but 뒤의 생략 전 내용은 'even for someone who knew how to get on the roof'이며, 반복되는 동사 knew가 일반동사의 과거형이므로 was를 did로 고쳐야 한다. (불패전략 24)

**오답
분석** ① '(과거에) 그의 모든 학창 시절 동안'이라는 의미로 for가 과거에 이미 끝난 기간을 나타내므로 단순과거 enjoyed가 온 것은 적절하다. (불패전략 19)
② 동사 occur는 뒤에 목적어가 오지 않아 수동태로 쓸 수 없는 자동사이므로 능동태 occurred가 온 것은 적절하다. (불패전략 16)
③ 주절의 동사가 would be이며 맥락상 현재의 사실을 반대로 말하는 가정법 과거이므로, if절에 과거형 were가 온 것은 적절

하다. (불패전략 21)
⑤ 동명사의 의미상 주어 his가 '옷을 입히는' 행위의 주체이며 동명사의 행위가 문장의 동사(were)보다 앞서 일어난 일을 나타내므로 동명사의 완료형 having clothed가 온 것은 적절하다. (불패전략 06)

해석 영국의 저명한 통계학자인 F. Yates에 대한 이야기가 있다. 케임브리지에 있는 세인트존스 칼리지에서의 그의 모든 학창 시절 동안, Yates는 밤에 대학 건물들의 지붕과 탑을 오르는 것으로 구성된 형태의 스포츠를 즐겼다. 특히, 세인트존스 칼리지의 예배당에는 성인들의 동상으로 장식된 거대한 신고딕 양식의 탑이 있는데, 그는 그것들을 개선시킬 수 있다는 생각이 들었다. Yates는 '만약 이 성인들이 흰 가운으로 제대로 옷이 입혀지면 더 적절할 것이다.'라고 생각했다. 어느 날 밤에 그는 기어올랐고 그 일을 했다. 이것은 지붕에 오르는 방법을 모르는 사람뿐만 아니라 그런 사람에게조차 쉬운 일이 아니었다. 다음 날 아침에, 그 결과물은 일반적으로 많이 칭찬 받았다. 그러나 대학 당국은 그가 조각상들에게 옷을 입혔던 것을 달가워하지 않았고 성인들에게서 그들의 새롭게 획득된 의복들을 벗기는 방법들을 고려하기 시작했다. 그러나, 그들은 이것에 실패했다. 결국 Yates는 앞으로 나섰고 대낮에 기어올라 그것들을 가지고 내려오는 것에 자원했다.

어휘 prominent 저명한   statistician 통계학자   chapel 예배당
massive 거대한   adorn with ~으로 장식하다   saint 성인
surplice 흰 가운   admire 칭찬하다, 존경하다   divest 벗기다
garment 의복

13 정답 (1) ⓐ have become, ⓑ have given, ⓒ begins,
ⓓ considered
(2) Experts advised that every airport all around the world fix these problems

해설 (1) ⓐ '항공 교통 시스템이 디지털로 전환된 이래로 (지금까지)'라는 의미의 since를 포함하고 있으므로 현재완료 have become이 와야 한다. (불패전략 19)
ⓑ '이전에(과거) 침입자들에게 손쉬운 접근을 주었을 수도 있다'라는 의미이므로 조동사 could 뒤에 have given(have p.p.)이 와야 한다. (불패전략 22)
ⓒ Once가 이끄는 절이 조건의 부사절이므로, 미래에 일어날 일이더라도 현재시제 begins가 와야 한다. (불패전략 20)
ⓓ '(지금 하고 있지 않지만) 항공사의 컴퓨터 보안을 강화하는 것을 훨씬 더 중요하게 여길 때이다'라는 의미로, 「It's (about[high]) time + 주어 + 과거시제」((지금 하고 있지 않지만) ~해야 할 때이다)의 과거시제 considered가 와야 한다. (CH 05 불패표현)
(2) 동사 advised의 목적어인 that절이 '세계에 있는 모든 공항이 즉시 이러한 문제들을 해결해야 한다'라는 의미가 되어야 하며, 11단어로 써야 하므로 should를 생략하고 동사원형 fix를 쓴다. (불패전략 23)

해석 항공 교통 시스템이 디지털로 전환된 이래로 항공 교통 관제 시스템에 대한 사이버 공격은 주요 보안 문제가 되었다. 연방정부는 국가의 항공 교통 관제 시스템이 사이버 공격에 취약하다고 진술하는 보고서를 발표했다. 게다가, 그 보고서는 쉽게 풀 수 있는 암호들과 암호화되지 않은 파일 폴더들을 포함하여, 이전에 침입자들에게 그것에 대한 손쉬운 접근을 주었을 수도 있는 수많은 보안 문제들을 발견했다. 전문가들은 전 세계에 있는 모든 공항이 즉시 이러한 문제들을 해결해야 한다고 조언했다. 일단 항공 교통에 대한 사이버 공격이 시작되면, 그것은 잠재적으로 많은 사람들을 죽이고 그 나라의 항공 산업 전체를 무력하게 만들 수도 있다. 우리가 승객에 대한 보안 검사를 실시하는 것보다 항공 컴퓨터 보안을 강화하는 것을 훨씬 더 중요하게 여길 때이다.

어휘 security 보안   federal government 연방정부

easy-to-crack 쉽게 풀 수 있는   unencrypted 암호화되지 않은
cripple 무력하게 만들다   tighten 강화하다, 엄격하게 하다

CHAPTER 06   전치사·접속사·관계사

불패전략 25   전치사는 명사 앞에, 접속사는 절 앞에 온다!   본책 p.96

1   정답   because

해설   뒤에 주어(the chemicals)와 동사(kept)가 포함된 절이 왔으므로 접속사 because가 와야 한다.

해석   많은 과학자들은 유칼립투스 잎에 있는 화학물질이 그 귀여운 동물들을 졸린 상태로 유지시키기 때문에 코알라가 매우 무기력하다고 추측했다.

어휘   lethargic 무기력한   chemical 화학물질

Check up!

1   정답   while

해설   뒤에 주어(some of the sound machines)와 동사(were being checked)가 포함된 절이 왔으므로 접속사 while이 와야 한다.

해석   재즈 페스티벌에서, 음향기계들 중 몇몇이 엔지니어들에 의해 점검되고 있는 동안 자원봉사자들이 관객들에게 물을 나눠주었다.

어휘   hand out ~을 나눠주다

2   정답   in spite of

해설   뒤에 명사(criticisms)가 왔으므로 전치사 in spite of가 와야 한다. he ~ critics는 수식어(관계절)이다.

해석   예술가 Jackson Pollock은 그가 많은 비평가들에게 받은 비평에도 불구하고 그의 물감을 떨어뜨리는 독특한 기법으로 계속 그림을 그렸다.

어휘   drip style 물감을 떨어뜨리는 기법   critic 비평가

3   정답   during

해설   뒤에 명사구(their childhood)가 왔으므로 전치사 during이 와야 한다.

해석   그들의 어린 시절 동안 삶이 얼마나 예기치 않고 놀라울 수 있는지 깨닫는 사람은 거의 없고, 얼마나 어렵고 슬플 수 있는지도 깨닫지 않는다.

어휘   unexpected 예기치 않은

4   정답   because

해설   뒤에 주어(several obstacles)와 동사(stand)가 포함된 절이 왔으므로 접속사 because가 와야 한다.

해석   몇몇 장애물들이 자발적으로 혼자 일하는 사람들에게 방해가 되기 때문에 협동을 고취시키는 것은 리더들이 해야 하는 무언가이다.

어휘   inspire 고취시키다   collaboration 협동   voluntarily 자발적으로

5   정답   although

해설   뒤에 주어(none of them)와 동사(are used)가 포함된 절이 왔으므로 접속사 although가 와야 한다.

해석   비록 그것들 중 아무것도 전투에는 사용되지 않고 수송에만 사용될지라도, 캐나다는 군용 비행기들을 만든다.

어휘   transportation 수송

6   정답   because of

해설   뒤에 명사구(an accepted theory)가 왔으므로 전치사 because of가 와야 한다. that ~ proven은 수식어(관계절)이다.

해석   아이디어는 논리적 추론을 통해 발견되지만, 그것들은 오직 증명된 용인된 이론 때문에 가능하게 된다.

어휘   reasoning 추론

7   정답   though

해설   뒤에 주어(many types of deeply hidden fears)와 동사(are)가 포함된 절이 왔으므로 접속사 though가 와야 한다.

해석   비록 깊이 숨겨진 많은 종류의 공포는 꽤 비이성적일지라도, 공포증은 흔한 심리적 현상이다.

어휘   phobia 공포증   phenomenon 현상   irrational 비이성적인

PRACTICE   본책 p.97

01   정답   because → because of

해설   뒤에 명사구(the human brain)가 왔고, '인간의 뇌 때문에'라는 의미인 것이 적절하므로 because를 전치사 because of로 고쳐야 한다. enabling ~ thought는 수식어(분사구)이다.

해석   우리는 자기반성적인, 추상적인 사고를 가능하게 하는 인간의 뇌 때문에 우리가 생각하는 방식을 평가할 수 있다.

어휘   evaluate 평가하다   self-reflective 자기반성적인   abstract 추상적인

02   정답   O

해설   뒤에 주어(they)와 동사(arise)가 포함된 절이 왔고, '그것(문제)들이 발생한 후에'라는 의미인 것이 적절하므로 접속사 after가 온 것은 적절하다. after는 전치사와 접속사 둘 다로 쓰이며, 여기서는 '~한 후에'라는 의미의 접속사로 쓰였다.

해석   로봇은 인간처럼 그것들이 발생한 후에 문제들을 해결할 능력을 갖추고 있지 않고, 종종 도움이 되지 않거나 관련이 없는 데이터를 수집한다.

어휘   be equipped with ~을 갖추고 있다   capability 능력   irrelevant 관련이 없는

03   정답   in spite of → although[though]

해설   뒤에 주어(a profit)와 동사(is)가 포함된 절이 왔고, '비록 이익이 ~ 엄밀히 필요한 것은 아닐지라도'라는 의미인 것이 적절하므로 in spite of를 접속사 although[though]로 고쳐야 한다.

해석   비록 이익이 그 자체만으로는 자유 시장이 기능하기 위해 엄밀히 필요한 것은 아닐지라도 자본주의 체제는 이윤을 창출하는 것에 기반을 두고 있다.

어휘   capitalist 자본주의적인   strictly 엄밀히

04   정답   O

해설   뒤에 명사구(a window)가 왔고, '오늘날 미국의 문화 풍토를 이해하는 창으로서'라는 의미인 것이 적절하므로 전치사 as가 온 것은 적절하다. as는 전치사와 접속사 둘 다로 쓰이며, 여기서는 '~로서'라는 의미의 전치사로 쓰였다.

해석   학자들과 비전문가인 역사학 학생들은 비슷하게 Ken Burns의 'The Civil War'를 오늘날 미국의 문화 풍토를 이해하는 창으로서 높이 평가한다.

어휘   appreciate 높이 평가하다   culture climate 문화 풍토

05   정답   ② because of → because

해설   ① 뒤에 주어(this)와 동사(serves)가 포함된 절이 왔으므로 접속사

for가 온 것은 적절하다. for는 전치사와 접속사 둘 다로 쓰이며, 여기서는 '~하기 때문에'라는 의미의 접속사로 쓰였다.
② 뒤에 명사구(forming their personality)가 왔고, '그들이 원하는 것이기 때문에'라는 의미인 것이 적절하므로 because of를 접속사 because로 고쳐야 한다.

해석 더 개인주의적인 문화에서 온 사람들은 자기중심적인 통제를 유지하려는 의욕이 있는 경향이 있는데, 이는 이것이 사람의 자아 존중감의 기반의 역할을 하기 때문이다. 그들에게, 그들이 되고 싶은 사람으로 그들의 성격을 형성하는 것이 그들이 원하는 것이기 때문에 그들 자신에 대한 통솔을 유지하는 것은 매우 중요하다.

어휘 individualistic 개인주의적인 self-focused 자기중심적인
sustain 유지하다 personality 성격

06 정답 ② during → while

해설 ① 뒤에 주어(a friend)와 동사(showed)가 포함된 절이 왔고, '사진을 처음 보여준 이래로'라는 의미인 것이 적절하므로 접속사 since가 온 것은 적절하다. since는 전치사와 접속사 둘 다로 쓰이며, 여기서는 '~한 이래로'라는 의미의 접속사로 쓰였다.
② 뒤에 주어(the bus)와 동사(is heading)가 포함된 절이 왔고, '버스가 알자스로 향하는 동안'이라는 의미인 것이 적절하므로 during을 접속사 while로 고쳐야 한다.

해석 지금 알자스로 가는 버스에서, Jonas는 친구가 그에게 아름다운 프랑스 마을의 사진을 처음 보여준 이래로 오랫동안 이 견해를 고대해왔기 때문에 진정할 수 없다. 버스가 알자스로 향하는 동안 창밖으로 보이는 풍경은 매력적으로 보인다.

07 정답 (1) ⓐ despite → although[though]
(2) because the machine included technology that made manufacturing more productive

해설 (1) ⓐ 뒤에 주어(the cost)와 동사(was)가 포함된 절이 왔고, '비록 비용이 이전보다 상당히 더 낮았음에도'라는 의미인 것이 적절하므로 despite를 접속사 although[though]로 고쳐야 한다.
ⓑ 뒤에 주어(the machinery)와 동사(was)가 포함된 절이 왔고, '기계가 효과적이었기 때문에'라는 의미인 것이 적절하므로 접속사 as가 온 것은 적절하다. as는 전치사와 접속사 둘 다로 쓰이며, 여기서는 '~하기 때문에'라는 의미의 접속사로 쓰였다.
(2) 주어(the machine)와 동사(included)를 쓰고, 주어와 동사가 포함된 절 앞에는 접속사 because를 쓴다.

해석 한 조직은 비록 그것들을 만드는 비용이 이전보다 상당히 더 낮았음에도 새로운 기계로 높은 품질의 제품들을 생산했다. 이는 그 기계가 제조를 더 생산력 있게 만드는 기술을 포함했기 때문이다. 그 조직의 수익성은 치솟았고 기계가 효과적이었기 때문에 담당 책임자가 그의 실적을 인정받았다.

어휘 considerably 상당히 manufacturing 제조
productive 생산력 있는 profitability 수익성 soar 치솟다
in charge 담당인 machinery 기계 effective 효과적인

불패 전략 26 절과 절을 연결하려면 접속사/관계사가 있어야 한다!
본책 p.98

1 정답 which

해설 두 개의 절을 연결하는 접속사가 없고, 앞에 있는 절 전체에 대해 보충 설명하는 절을 연결해야 하므로 관계대명사 which가 와야 한다.

해석 아이들은 나이가 들면서, 혼자 힘으로 일정을 적기 시작할 것이고, 이는 그들의 통제력을 발달시키도록 더 도울 것이다.

1 정답 which

해설 두 개의 절을 연결하는 접속사가 없고, 명사 several different sources를 보충 설명하는 절(none ~ reliable)을 연결해야 하므로 관계대명사 which가 와야 한다.

해석 그 기자는 그가 몇 가지 다른 출처로부터 그의 정보를 얻었다고 말했는데, 그 중 어느 것도 믿을 만하다고 인정될 수 없다.

어휘 reliable 믿을 만한

2 정답 while the solar eclipse occurred

해설 두 개의 절을 연결하는 접속사가 없으므로, '일식이 지구의 서쪽 지역에서 일어나는 동안'이라는 의미가 되도록 접속사 while을 포함한 while the solar eclipse occurred가 와야 한다.

해석 지난달에, 일식이 지구의 서쪽 지역에서 일어나는 동안, 몇몇 통신 위성들이 방해받았다.

어휘 solar eclipse 일식 satellite 위성 disrupt 방해하다

3 정답 it

해설 두 개의 절을 연결하는 접속사(and)가 있으므로 대명사 it이 와야 한다.

해석 나는 나의 선물이 단지 책이라는 것을 천천히 깨달았고, 슬프게도, 그것은 내가 원했던 것과 너무 달랐다.

4 정답 whose

해설 두 개의 절을 연결하는 접속사가 없고, 명사 science를 보충 설명하는 절(advocates ~ scientism)을 연결해야 하므로 관계대명사 whose가 와야 한다.

해석 과학의 역할을 지나치게 강조하지 않는 것은 중요한데, 그것의 옹호자들은 종종 과학만능주의에 빠진다.

어휘 emphasize 강조하다 advocate 옹호자 slip into ~에 빠지다
scientism 과학만능주의

5 정답 them

해설 두 개의 절을 연결하는 접속사(Although)가 있으므로 대명사 them이 와야 한다.

해석 비록 캘리포니아 대학교에 다니는 학생인 Rhonda는 다른 사람들과 함께 캠퍼스 근처에 살고 있었지만, 그들 중 몇몇은 서로를 거의 알지 못했다.

6 정답 which

해설 두 개의 절을 연결하는 접속사가 없고, 명사 79 different drawings를 보충 설명하는 절(many ~ expressive)을 연결해야 하므로 관계대명사 which가 와야 한다.

해석 그 유명한 '게르니카'를 그릴 때, 피카소는 79개의 다른 그림들을 창작했는데, 그중 많은 것들이 꽤 표현력이 있었다.

어휘 expressive 표현력이 있는

7 정답 just as a blanket traps

해설 명사절 접속사 that이 이끄는 절 안에서 두 개의 절을 연결하는 접속사가 없으므로, '마치 담요가 당신의 몸에서 나오는 열을 가두는 것처럼'이라는 의미가 되도록 접속사 just as를 포함한 just as a blanket traps가 와야 한다.

해석 우리는 마치 담요가 당신의 몸에서 나오는 열을 가두는 것처럼, 이산화탄소가 지구의 열복사를 흡수한다는 것을 안다.

어휘 trap 가두다 carbon dioxide 이산화탄소 absorb 흡수하다
heat radiation 열복사

01 정답 Mars was → When[While/As] Mars was

해설 두 개의 절을 연결하는 접속사가 없고, '화성이 그 어느 때보다 더 지구에 가까웠을 때'라는 의미인 것이 적절하므로 Mars was를 접속사를 포함한 When[While/As] Mars was로 고쳐야 한다.

해석 화성이 인류 역사상 그 어느 때보다 더 지구에 가까웠을 때, 빛의 편도 이동 시간은 겨우 3분 6초였다.

어휘 one-way 편도의

02 정답 O

해설 foods와 they 사이에 목적격 관계대명사가 생략되어 있으므로 대명사 they가 온 것은 적절하다.

해석 냉장 보관 없이 시골 마을에 사는 사람들은 그들이 겨울 동안 땅속에 묻어두는 식초에 절이거나 말린 음식을 만든다.

어휘 rural 시골의　pickled 식초에 절인

03 정답 which → it

해설 know 뒤에 동사 know의 목적어인 명사절을 이끄는 명사절 접속사 that이 생략되어 있으므로 which를 대명사 it으로 고쳐야 한다. 이때 it은 the combination of nature and nurture를 강조하는 it-that 강조구문의 it이다.

해석 발달 생물학자들은 이제 아이들의 도덕성을 확립하는 것은 사실 천성과 교육의 조합이라는 것을 알고 있다.

어휘 developmental biologist 발달 생물학자　combination 조합
nature 천성　nurture 교육, 양육　moral 도덕성

04 정답 them → which

해설 두 개의 절을 연결하는 접속사가 없고, 명사구 anthropomorphism and totemism을 보충 설명하는 절(both ~ art)을 연결해야 하므로 them을 관계대명사 which로 고쳐야 한다.

해석 인간과 동물을 통합시키려는 경향의 표현들은 의인화와 토테미즘인데, 그것 둘 다 원시 예술을 통해 전파된다.

어휘 tendency 경향　integrate 통합시키다
anthropomorphism 의인화　totemism 토테미즘
primitive 원시의

05 정답 ① it → which[and it]

해설 ① 두 개의 절을 연결하는 접속사가 없고, 앞에 있는 절 전체에 대해 보충 설명하는 절을 연결해야 하므로 it을 관계대명사 which 또는 「접속사 + 대명사」 and it으로 고쳐야 한다.
② 두 개의 절을 연결하는 접속사가 없고, 명사구 3-D art, motion pictures, or visual illusions를 보충 설명하는 절(none ~ understand)을 연결해야 하므로 관계대명사 which가 온 것이 적절하다.

해석 우리의 뇌는 특정한 소리에 호의적으로 반응하는데, 이는 마음을 사로잡는 음악을 만들기 위해 기술자들에 의해 연구된 현상이다. 그 특별한 음악은 이론상으로는 3D 예술, 영화, 또는 착시와 비슷한데, 그 중 어느 것도 우리의 뇌가 진정으로 이해할 수 있을 만큼 충분히 오랫동안 존재하지 않았다.

어휘 favorably 호의적으로　phenomenon 현상　technician 기술자
captivate ~을 사로잡다　in principle 이론상으로는, 원칙적으로
visual illusion 착시

06 정답 ② which → it

해설 ① 두 개의 절을 연결하는 접속사가 없고, 명사구 the Badlands of Alberta를 보충 설명하는 절(numerous ~ Canada)을 연결해야 하므로 관계대명사 whose가 온 것은 적절하다.

② exclaimed 뒤에 동사 exclaimed의 목적어인 명사절을 이끄는 명사절 접속사 that이 생략되어 있으므로 which를 대명사 it으로 고쳐야 한다.

해석 Evelyn은 앨버타주의 Badlands를 탐험하는 것이 처음이었는데, 그곳의 수많은 공룡 화석은 캐나다 전역에서 유명했다. 그녀는 뼈처럼 보이는 것을 우연히 발견했고 그것이 그녀의 손안에서 매우 부드럽게 느껴졌다고 외쳤다.

어휘 numerous 수많은　come across ~을 우연히 발견하다
exclaim 외치다

07 정답 (1) ⓐ its → whose
(2) many of which looked quite unusual and smelled even worse

해설 (1) ⓐ 두 개의 절을 연결하는 접속사가 없고, 명사구 the new restaurant을 보충 설명하는 절(grand ~ tonight)을 연결해야 하므로 its를 관계대명사 whose로 고쳐야 한다.
ⓑ himself 뒤에 동사 said의 목적어인 명사절을 이끄는 명사절 접속사 that이 생략되어 있으므로 대명사 it이 온 것은 적절하다. 이때 it은 진짜 주어 to eat ~ chef를 대신하는 가주어이다.
(2) 관계대명사를 사용하여 밑줄 친 문장을 바꿔 써야 하므로, 밑줄 친 문장에 쓰인 접속사 and 대신 관계대명사 which로 두 개의 절을 연결한다. 밑줄 친 문장의 'many of them'이 'diverse dishes'를 보충 설명하므로, 'diverse of dishes,' 뒤에 'many of which'의 형태로 쓴다.

해석 Matthew는 그의 오피스텔 옆에 있는 개장이 오늘 밤인 새로운 레스토랑으로 향했다. 유명한 요리사 Riley가 다양한 요리를 선보였는데, 그것들 중 많은 것들은 상당히 특이해 보였고 더 나쁜 냄새가 났다. '그냥 걸어 나갈까?' 그는 음식을 보면서 고민했다. 결국, 그는 한숨을 내쉬고 모든 요리를 즐겁게 먹고 요리사를 기쁘게 하는 것이 더 낫겠다고 혼잣말을 했다.

어휘 grand opening 개장　present 선보이다　sigh 한숨을 내쉬다

불패 전략 27　선행사의 종류와 역할에 맞는 관계사가 왔는지 확인하라!

본책 p.100

1 정답 who

해설 뒤에 주어 없이 동사(lives)가 왔으므로 주어 역할을 하는 주격 관계대명사 who가 와야 한다.

해석 그녀는 끊임없이 무한한 창조적인 환경에 가장 가깝게 사는 독립적인 예술가이다.

어휘 independent 독립적인　constantly 끊임없이
unbounded 무한한

2 정답 where

해설 관계절이 수식하는 선행사 situations가 장소를 가리키는 명사이므로 관계부사 where가 와야 한다.

해석 비언어적 의사소통은 몇몇 사람들에게 말하는 것이 불가능하거나 부적절할지도 모르는 상황에서 유용할 수 있다.

어휘 non-verbal 비언어적인

Check up!

1 정답 Cora, whom

해설 뒤에 목적어 없이 주어(the club leader)와 동사(invited)가 왔으므로, 목적어 역할을 하는 목적격 관계대명사 whom이 와야 한다. 이

때 whom은 Cora를 보충 설명한다.

해석 Cora는 독서 모임의 새로운 회원이었는데, 모임의 리더가 초대했다.

2 정답 **Certain machines, which**

해설 관계절이 수식하는 선행사 Certain machines가 사물을 가리키는 명사이므로 관계대명사 which가 와야 한다. operated by workers는 수식어(분사구)이다.

해석 기업들이 공장에서 사용하는 인간들에 의해 작동되는 특정 기계들은 완전히 자동화된 것들로 교체되고 있다.

어휘 replace with ~로 교체하다   automated 자동화된

3 정답 **the day, when**

해설 관계절이 수식하는 선행사 the day가 시간을 가리키는 명사이므로 관계부사 when이 와야 한다. we ~ minds는 수식어(삽입절)이다.

해석 우리는 우리가 우리의 머릿속에서만 상상하는 삶을 진정으로 즐길 날을 고대하고 있다.

4 정답 **Residents putting out trash at all hours make the recycling area messy, which**

해설 '때를 가리지 않고 쓰레기를 내다 놓는 주민들은 재활용 구역을 지저분하게 만든다'라는 절 전체를 보충 설명하므로 관계대명사 which가 와야 한다. 이때는 which 대신 that이 올 수 없다.

해석 때를 가리지 않고 쓰레기를 내다 놓는 주민들은 재활용 구역을 지저분하게 만드는데, 이는 추가적인 노동력과 비용을 필요로 한다.

어휘 put out ~을 내다 놓다   require 필요로 하다

5 정답 **the way, that**

해설 관계절이 수식하는 선행사 the way가 방법을 가리키는 명사이므로 관계부사 that이 와야 한다. 선행사가 the way일 때는 the way와 how 중 하나는 반드시 생략하고 써야 하므로, the way 뒤에 how가 연달아 올 수 없다.

해석 자신감에 대한 수업을 들은 후에, 학생들이 그들 자신을 보는 방식에 몇몇 변화들이 있었고, 그것은 아이들이 더 잘 배우도록 도왔다.

어휘 self-confidence 자신감

6 정답 **a supermarket, where**

해설 관계절이 수식하는 선행사 a supermarket이 장소를 가리키는 명사이므로 관계부사 where가 와야 한다. on a busy night은 수식어(전치사 + 명사구)이다.

해석 상품들이 진열대 위에 무질서하게 배열되어 있는 슈퍼마켓에서 바쁜 밤에 쇼핑하려고 한다고 상상해 봐라.

어휘 arrange 배열하다, 정리하다

7 정답 **People, who**

해설 뒤에 주어 없이 동사(hold)와 목적어(a more interdependent identity)가 왔으므로, 주어 역할을 하는 주격 관계대명사 who가 와야 한다. we believe는 수식어(삽입절)이다.

해석 더 상호의존적인 정체성을 가지고 있다고 우리가 믿는 사람들은 관계에서 조화를 증진하는 방식으로 대처하는 것을 선호할지도 모른다.

어휘 interdependent 상호의존적인   identity 정체성   cope 대처하다   promote 증진하다, 촉진하다

PRACTICE

본책 p.101

01 정답 **who → which**

해설 관계절이 보충 설명하는 선행사 the box가 사물을 가리키는 명사

이므로 who를 관계대명사 which로 고쳐야 한다. designed by the researchers는 수식어(분사구)이다.

해석 쥐 한 마리가 연구원들에 의해 고안된 상자 안에 놓여졌는데, 그것에는 내부에 끼워진 특별한 막대가 들어 있었다.

02 정답 **whom → who**

해설 관계절이 보충 설명하는 선행사 Jimmy Carter가 사람이며, 뒤에 주어 없이 동사(promotes)만 왔으므로 whom을 주격 관계대명사 who로 고쳐야 한다. the public knows는 수식어(삽입절)이다.

해석 해비타트 운동을 추진하는 것으로 대중이 알고 있는 전 미국 대통령 지미 카터는 1994년 이래로 여러 나라들을 방문해왔다.

어휘 Habitat for Humanity 해비타트 운동 (무주택 서민의 주거 해결을 위한 단체)

03 정답 **O**

해설 관계절이 수식하는 선행사 a popular travel destination이 장소를 가리키는 명사이므로 관계부사 where가 온 것은 적절하다.

해석 뉴질랜드에 있는 마운트 쿡 국립공원은 사람들이 별이 빛나는 하늘 아래에서 캠핑하는 인기 있는 여행지이다.

어휘 underneath 아래에서   starry 별이 빛나는

04 정답 **whom → whose**

해설 뒤에 있는 명사 boat와 함께 '그의 배(his boat)'라는 의미인 것이 적절하므로, whom을 소유격 관계대명사 whose로 고쳐야 한다.

해석 'Final Goodbye'에서, Sean Arlen은 노르웨이에 사는 어부를 연기하는데 그의 배는 번개에 맞아, 그를 무인도에 갇히게 한다.

어휘 stuck ~에 갇힌   deserted 사람이 없는

05 정답 **① where → when**

해설 ① 관계절이 보충 설명하는 선행사 the 1980s가 시간을 가리키는 명사이므로 where를 관계부사 when으로 고쳐야 한다. of my younger self는 수식어(전치사 + 명사구)이다.
② 관계절이 보충 설명하는 선행사 mowing the lawn이 개념을 나타내는 명사이므로, 관계대명사 which가 온 것은 적절하다.

해석 나는 1980년대의 더 어린 나의 모습을 회상했는데, 그때 나의 오빠와 나는 여름에 가족 농장에서 일했다. 내가 어렸을 때 우리는 별로 우애가 없었고 그는 단지 잔디 깎는 일 같은 집안일을 하라고 나에게 끊임없이 잔소리했는데, 나는 그것을 싫어했다.

어휘 nag 잔소리하다   chore 집안일   mow the lawn 잔디를 깎다

06 정답 **② whom → whose**

해설 ① 뒤에 주어 없이 동사(takes)와 목적어(the 145 bus)가 왔으므로, 주어 역할을 하는 주격 관계대명사 who가 온 것은 적절하다. at ~ School은 수식어(전치사 + 명사구)이다.
② 뒤에 있는 명사 entire education과 함께 '그들의 모든 교육(their entire education)'이라는 의미인 것이 적절하므로, whom을 소유격 관계대명사 whose로 고쳐야 한다.

해석 나는 보통 통학하기 위해 145번 버스를 타는 Clarkson 고등학교 학생의 부모이다. 이 버스는 믿을 수 있는 교통수단 없이는 그들의 모든 교육이 지속될 수 없는 그 학교의 학생들에게 필수적이다.

어휘 typically 보통, 일반적으로   commute 통학하다   reliable 믿을 수 있는

07 정답 **(1) ⓐ which → who[that]**
(2) an economic historian whose work centered on the study of business history

해설 (1) ⓐ 관계절이 수식하는 선행사 a professor가 사람을 가리키는 명사이며, 뒤에 주어 없이 동사(redefined)만 왔으므로 which를 주격 관계대명사 who 또는 that으로 고쳐야 한다.

ⓑ 관계절이 수식하는 선행사 business and sociology classes
가 장소를 가리키는 명사이므로 관계부사 where가 온 것은
적절하다.

(2) 관계대명사를 사용하여 명사 work와 함께 '그의 연구'라는 의미
를 나타내야 하므로, 선행사 an economic historian을 먼저 쓰
고 뒤에 소유격 관계대명사 whose와 함께 whose work를 쓴다.

해석 Alfred Chandler는 산업화의 역사를 재정의한 하버드 대학교의 교
수였다. 그는 그의 연구가 경영 역사의 연구와, 특히 경영 관리에 초
점을 맞춘 경제사학자였다. Chandler의 연구는, 역사학과에서는 다
소 등한시되었지만, 그의 이론들이 영향력 있다고 증명된 경영학과
사회학 수업에서는 환영받았다.

어휘 redefine 재정의하다 industrialization 산업화
center on ~에 초점을 맞추다 administration 경영 관리
sociology 사회학 influential 영향력 있는

불패 전략 28 관계사 뒤에 온 절이 완전한지 불완전한지 확인하라!

본책 p.102

1 정답 **which**

해설 뒤에 주어(they)와 동사(spend)만 있고, 목적어가 없는 불완전한 절
이 왔으므로 관계대명사 which가 와야 한다.

해석 동태평양의 물개들이 겨울 동안 어디에서 먹이를 먹는지는 수수께
끼인데, 그들은 그 기간을 북아메리카의 해역에서 보낸다.

2 정답 **in which**

해설 뒤에 주어(you), 동사(will be doing), 목적어(exercise)가 모두 있
는 완전한 절이 왔으므로 「전치사 + 관계대명사」 in which가 와야
한다.

해석 당신이 운동을 하게 될 환경 조건에 어울리는 옷을 골라라.

어휘 appropriate ~에 어울리는, 적절한

Check up!

1 정답 **in which**

해설 뒤에 주어(a group of researchers)와 동사(work)가 모두 있는 완전
한 절이 왔으므로 「전치사 + 관계대명사」 in which가 와야 한다.

해석 연구원들 집단이 함께 일하는 실험실에서 아이디어가 넘쳐 나온다.

어휘 bubble out 넘쳐 나오다 laboratory 실험실

2 정답 **where**

해설 뒤에 주어(he), 동사(displayed), 목적어(a great sense of human
sensitivity)가 모두 있는 완전한 절이 왔으므로 관계부사 where가
와야 한다.

해석 셜록 홈스의 창조자인 아서 코난 도일 경은 그의 경력 동안 그의 훌
륭한 인간 감수성을 발휘한 많은 책들을 썼다.

어휘 display 발휘하다, 전시하다 sensitivity 감수성

3 정답 **where**

해설 뒤에 주어(they), 동사(noticed), 목적어(oceanic ~ prevalent)가
모두 있는 완전한 절이 왔으므로 관계부사 where가 와야 한다.
noticed와 oceanic 사이에 명사절 접속사 that이 생략되어 있다.

해석 그 기후학자들은 그들이 해양성 기후가 훨씬 더 우세하다는 것을
알아차린 장소들의 지면을 연구했다.

어휘 climatologist 기후학자 prevalent 우세한

4 정답 **by which**

해설 뒤에 주어(biological evolution)와 동사(functions)가 모두 있는 완
전한 절이 왔으므로 「전치사 + 관계대명사」 by which가 와야 한다.
참고로 동사 function은 자동사이므로 뒤에 목적어가 오지 않는다.

해석 불충분한 식량 공급에 적응할 수 있는 것은 생물학적 진화가 기능
하는 선택의 과정의 일부이다.

어휘 insufficient 불충분한 biology 생물학적

5 정답 **that**

해설 '그것(근육)들이 운동으로부터 회복할 시간이 없다는 점에서'라는
의미의 in that이 온 경우이므로 전치사 in 뒤에 명사절 접속사 that
이 와야 한다.

해석 매일 과도하게 훈련하는 것은 그것들이 운동으로부터 회복할 시간
이 없다는 점에서 당신의 근육에 위험할 수도 있다.

어휘 excessively 과도하게 workout 운동

6 정답 **which**

해설 뒤에 동사(address)와 목적어(the impact)만 있고, 주어가 없는 불
완전한 절이 왔으므로 관계대명사 which가 와야 한다.

해석 고아인 그 저자는 다양한 관점에서 입양의 영향을 다루는 수많은
베스트셀러들을 썼다.

어휘 orphan 고아 numerous 수많은

7 정답 **where**

해설 뒤에 주어(popular songs)와 동사(are sung)가 모두 있는 완전한 절
이 왔으므로 관계부사 where가 와야 한다.

해석 청소년 문화의 융합은 인기곡들이 스포츠 팬들에 의해 열광적으로
불려지는 수많은 사례들에서 보여질 수 있다.

어휘 inclusion 융합, 포괄, 포함 enthusiastically 열광적으로

PRACTICE

본책 p.103

01 정답 **O**

해설 뒤에 주어(one), 동사(may cause), 목적어(anger)가 모두 있는 완전
한 절이 왔으므로 「전치사 + 관계대명사」 through which가 온 것은
적절하다.

해석 사전은 용기를 사람이 화를 유발할지도 모르는 올바른 행동 방침을
추구하게 하는 특질로 정의한다.

어휘 pursue 추구하다 course of action 행동 방침

02 정답 **which → where[in which]**

해설 장소를 나타내는 선행사 real-life situations 뒤에 주어(students),
동사(develop), 목적어(their identities)가 모두 있는 완전한 절이
왔으므로 which를 관계부사 where 또는 「전치사 + 관계대명사」 in
which로 고쳐야 한다.

해석 수학 실습은 학생들이 수학 학습자로서의 그들의 정체성을 발달시
키는 실생활에서 고려되어야 한다.

어휘 practice 실습, 실행 identity 정체성

03 정답 **where → which**

해설 뒤에 동사(separate)와 목적어(traffic)만 있고, 주어가 없는 불완전
한 절이 왔으므로 where를 관계대명사 which로 고쳐야 한다. 이때
which는 앞에 있는 절 전체를 보충 설명한다.

해석 항공로에는 고정된 폭과 규정된 고도가 있으며, 이는 반대 방향으
로 움직이는 통행을 분리한다.

어휘 altitude 고도

04 정답 **which → where[in which]**

해설 장소를 나타내는 선행사 world 뒤에 주어(people), 동사(do not say), 목적어("I haven't got all day.")가 모두 있는 완전한 절이 왔으므로 which를 관계부사 where 또는 「전치사 + 관계대명사」 in which로 고쳐야 한다.

해석 야구는 경기될 정해진 경기 시간이 없고 따라서 사람들이 "나는 이러고 있을 시간이 없어"라고 말하지 않는 종류의 세계에 속한다.

05 정답 **① where → which[that]**

해설 ① 개념을 나타내는 선행사 a routine 뒤에 동사(turns into)와 목적어(habitual behavior)만 있고, 주어가 없는 불완전한 절이 왔으므로 where를 관계대명사 which[that]로 고쳐야 한다.
② 개념을 나타내는 선행사 the mechanism 뒤에 주어(routine), 동사(enables), 목적어(difficult things), 목적격보어(to become)가 모두 있는 완전한 절이 왔으므로 「전치사 + 관계대명사」 by which가 온 것은 적절하다.

해석 무언가를 반복해서 하는 것은 그것을 결국 습관적인 행동이 되는 일과로 만드는 가장 좋은 방법이다. 사실, 일과가 어려운 것들이 쉬워지도록 만드는 방법을 설명하는 방대한 과학적 연구가 있다.

어휘 habitual 습관적인 mechanism 방법

06 정답 **① who → when[in which]**

해설 ① 시간을 나타내는 선행사 the specific moment 뒤에 주어(people), 동사(decide), 목적어(to work)가 모두 있는 완전한 절이 왔으므로 which를 관계부사 when 또는 「전치사 + 관계대명사」 in which로 고쳐야 한다. among individuals는 수식어(전치사 + 명사)이다.
② 개념을 나타내는 선행사 inclusivity 뒤에 주어(everyone's ideas)와 동사(are heard)가 모두 있는 완전한 절이 왔으므로 「전치사 + 관계대명사」 in which가 온 것은 적절하다.

해석 가장 좋은 결과는 개인들 사이에서 사람들이 함께 일하기로 결심하는 특정한 순간에 발생한다. 문제 해결에서의 배타성은, 천재와 함께일지라도, 모든 사람의 의견이 들어지고 해결책이 협업을 통해 개발되는 포용성만큼 효과적이지 않다.

어휘 exclusivity 배타성, 독점 inclusivity 포용성
collaboration 협업

07 정답 **(1) ⓐ which → when[that/at which/during which]**
(2) there are certain spaces where music can weaken them

해설 (1) ⓐ 시간을 나타내는 선행사 A time 뒤에 주어(music), 동사(has), 목적어(potentially damaging effects)가 모두 있는 완전한 절이 왔으므로 which를 관계부사 when[that] 또는 「전치사 + 관계대명사」 at which[during which]로 고쳐야 한다.
ⓑ 시간을 나타내는 선행사 circumstances 뒤에 주어(loud, quick-tempo music)와 동사(was played)가 모두 있는 완전한 절이 왔으므로 「전치사 + 관계대명사」 during which가 온 것은 적절하다.
(2) 장소를 나타내는 선행사 certain spaces 뒤에 주어(music), 동사(can weaken), 목적어(them)가 모두 있는 완전한 절이 오므로 선행사 뒤에 관계부사 where를 쓴다.

해석 연구들은 음악이 신체적, 정신적 능력을 향상시킨다는 것을 보여주지만, 음악이 그것들을 약화시킬 수도 있는 특정한 장소들이 있다. 음악이 잠재적으로 해로운 영향을 미치는 시기는 운전 동안이다. 한 연구에서, 사람들은 차 안에서 크고 빠른 박자의 음악이 재생되는 상황에 더 빨리 또는 더 난폭하게 운전하는 경향이 있었다.

어휘 potentially 잠재적으로 recklessly 난폭하게

불패 전략 29 **뒤에 있는 절의 형태에 맞는 명사절 접속사가 왔는지 확인하라!**
본책 p.104

1 정답 **when**

해설 뒤에 주어(people), 동사(conquered), 목적어(the people)가 모두 있는 완전한 절이 왔으므로 when이 와야 한다. when ~ another는 동사 were의 주격보어 역할을 하는 명사절이다.

해석 문명들간의 가장 극적인 접촉은 한 문명의 사람들이 다른 문명의 사람들을 정복했을 때이다.

어휘 dramatic 극적인 civilization 문명 conquer 정복하다

2 정답 **what**

해설 뒤에 주어(the company)와 동사(provides)만 있고 목적어가 없는 불완전한 절이 왔으므로 what이 와야 한다. what ~ materials는 동사 specifies의 목적어 역할을 하는 명사절이다.

해석 그 제품 보증서는 그 회사가 예비 부품과 자재로 무엇을 제공하는지 분명하게 명시한다.

어휘 warranty 보증서 specify 명시하다 spare 예비의, 남는

Check up!

1 정답 **whether**

해설 뒤에 주어(the process)와 동사(will be completed)가 모두 있는 완전한 절이 왔으므로 whether가 와야 한다. whether ~ completed는 to부정사 to know의 목적어 역할을 하는 명사절이다.

해석 그 과학자들은 그 실험을 하고 있지만 그 과정이 성공적으로 완료될지 알 방법이 없다.

2 정답 **if**

해설 뒤에 주어(their clients), 동사(were), 주격보어(at fault)가 모두 있는 완전한 절이 왔으므로 if가 와야 한다. if ~ accident는 to부정사 to determine의 목적어 역할을 하는 명사절이다.

해석 변호사들은 그들의 의뢰인들이 실제로 그 사고에 대해 잘못이 있는지를 확인하려고 노력했다.

어휘 at fault 잘못이 있는, 책임이 있는

3 정답 **where**

해설 뒤에 주어(conditions)와 동사(could be controlled and monitored)가 모두 있는 완전한 절이 왔으므로 where가 와야 한다. where ~ experiment는 전치사 for의 목적어 역할을 하는 명사절이다.

해석 그 연구원들은 그들의 실험을 위해 조건들이 엄격하게 통제되고 관찰될 수 있는 곳에 대한 구체적인 요구 사항들을 염두에 두고 있다.

어휘 tightly 엄격하게, 단단히

4 정답 **whatever**

해설 절(they do)과 절(it ~ enough)을 연결하는 접속사가 필요하므로, 부사절 접속사로 쓸 수 있는 whatever가 와야 한다.

해석 때때로 완벽주의자들은 그들이 하는 무엇이든지 상관없이, 그것은 결코 충분히 좋아 보이지 않기 때문에 그들이 어려움에 처했다고 생각한다.

어휘 perfectionist 완벽주의자

5 정답 **that**

해설 뒤에 주어(social media), 동사(plays), 목적어(a large role)가 모두 있는 완전한 절이 왔으므로 that이 와야 한다. that ~ spread는 동사 said의 목적어 역할을 하는 명사절이다.

해석 그 기자는, 인터넷 루머들을 조사할 때, 소셜 미디어가 정보가 어떻게 퍼지는지에 큰 역할을 한다고 말했다.

6 정답 **what**

해설 뒤에 주어(the drums)와 동사(are doing)만 있고 목적어가 없는 불완전한 절이 왔으므로 what이 와야 한다. what ~ background는 동사 might notice의 목적어 역할을 하는 명사절이다.

해석 우리는 노래를 두 번째로 들을 때, 우리가 알아채지 못했던 가사를 듣거나, 드럼이 뒤에서 무엇을 하고 있는지 알아차릴지도 모른다.

어휘 lyric 가사

7 정답 **whatever**

해설 뒤에 주어(the district leaders)와 동사(decide)만 있고 목적어가 없는 불완전한 절이 왔으므로 whatever가 와야 한다. whatever ~ policy는 동사 will support의 목적어 역할을 하는 명사절이다.

해석 호주의 총리는 세금 정책에 관하여 지역 지도자들이 결정하는 무엇이든지 지지할 것을 확실히 했다.

어휘 confirm 확실히 하다 district 지역 concerning ~에 관하여

PRACTICE

본책 p.105

01 정답 **O**

해설 뒤에 주어(the sound)와 동사(can be used)가 모두 있는 완전한 절이 왔으므로 how가 온 것은 적절하다. how ~ used는 전치사 on의 목적어 역할을 하는 명사절이다.

해석 소리가 이동하는 매체의 물리적 특성들은 소리가 어떻게 사용될 수 있는지에 큰 영향을 미친다.

어휘 characteristic 특성, 특질

02 정답 **Whatever → Whether**

해설 뒤에 주어(Egyptians), 동사(used), 목적어(only manpower ~ method)가 모두 있는 완전한 절이 왔고, '인력만을 사용했든 알려지지 않은 건설 방법을 사용했든 상관없이'라는 의미인 것이 적절하므로 Whatever를 '~이든 아닌든 상관없이'라는 의미의 부사절 접속사 Whether로 고쳐야 한다.

해석 이집트인들이 인력만을 사용했든 알려지지 않은 건설 방법을 사용했든 상관없이, 그것으로 피라미드를 지음으로써 그들은 그들이 얼마나 발전했는지를 증명했다.

어휘 manpower 인력 construction 건설

03 정답 **which → that**

해설 뒤에 주어(those), 동사(will accept), 목적어(it)가 모두 있는 완전한 절이 왔고, '사람들이 그것을 받아들일 것이라는 강력한 보장'이라는 의미인 것이 적절하므로 which를 동격 that으로 고쳐야 한다.

해석 같은 목표를 염두에 둔 의사소통이 발생하기 위해, 신호를 받은 사람들이 그것을 받아들일 것이라는 강한 보장이 있어야 한다.

어휘 guarantee 보장

04 정답 **O**

해설 뒤에 주어(the future), 동사(is), 주격보어(open)가 모두 있는 완전한 절이 왔고, '미래가 열려 있는지 아닌지'라는 의미이므로 if가 온 것은 적절하다. if ~ not은 동사 don't know의 목적어 역할을 하는 명사절이다.

해석 우리는 과거는 변하지 않는다는 깊은 직감을 가지고 있지만, 미래가 열려 있는지 아닌지 모른다.

어휘 intuition 직감

05 정답 **① what → how**

해설 ① 부사 significantly 뒤에 주어(the indifference), 동사(had caused), 목적어(a decrease)가 모두 있는 완전한 절이 왔고, '세계 사건들에 대한 무관심이 얼마나 크게 신문 읽기의 감소를 유발했는지'라는 의미인 것이 적절하므로 what을 how로 고쳐야 한다. how ~ reading은 동사 wonder의 목적어 역할을 하는 명사절이다.

② 뒤에 주어(we), 동사(are doing), 목적어(more of ~ reading)가 모두 있는 완전한 절이 왔고, '우리가 우리의 신문 읽기를 온라인으로 더 많이 하고 있다는 사실'이라는 의미인 것이 적절하므로 동격 that이 온 것은 적절하다.

해석 전문가들은 세계 사건들에 대한 무관심이 얼마나 크게 신문 읽기의 감소를 유발했는지 궁금해한다. 물론, 이러한 감소의 일부는 우리가 우리의 신문 읽기를 온라인으로 더 많이 하고 있다는 사실 때문이다.

어휘 indifference 무관심

06 정답 **① which → that**

해설 ① 뒤에 주어(your skills), 동사(are), 주격보어(strong)가 모두 있는 완전한 절이 왔고, '당신의 능력이 뛰어나다는 것을 안다'라는 의미인 것이 적절하므로 which를 that으로 고쳐야 한다. that ~ strong은 동사 know의 목적어 역할을 하는 명사절이다.

② 부사 sharp 뒤에 주어(you), 동사(are), 주격보어(sharp)가 모두 있는 완전한 절이 왔고, '당신이 정말 얼마나 예리한지'라는 의미인 것이 적절하므로 how가 온 것은 적절하다. how ~ are는 동사 judge의 목적어 역할을 하는 명사절이다.

해석 만약 당신이 호기심을 보이고 의사소통을 잘 한다면 고용주들은 당신의 말을 주의 깊게 들음으로써 당신의 능력이 뛰어나다는 것을 안다. 그들은 통찰력 있는 질문들을 함으로써 당신이 정말 얼마나 예리한지 판단한다.

어휘 insightful 통찰력 있는 sharp 예리한

07 정답 **(1) ⓑ what → whether[if]**
(2) whatever historians recorded did not always remain relevant or accurate

해설 (1) ⓐ 뒤에 동사(would persist)만 있고 주어가 없는 불완전한 절이 왔고, '무엇이 지속될지'라는 의미인 것이 적절하므로 which가 온 것은 적절하다.

ⓑ 뒤에 주어(the dates ~ discoverers)와 동사(could be identified)가 모두 있는 완전한 절이 왔고, '발견의 날짜와 그것들의 발견자들이 정확하게 확인될 수 있는지'라는 의미인 것이 적절하므로 what을 whether[if]로 고쳐야 한다. whether[if] ~ precisely는 to부정사 to ask의 목적어 역할을 하는 명사절이다.

(2) 명사절 접속사를 사용하여 '역사가들이 기록한 무엇이든지'라는 의미가 되어야 하므로 whatever를 사용하여 whatever historians recorded를 주어로 쓴다.

해석 많은 과학적 발견들이 기록되었지만, 그것들 중에서, 대중들에게 얼마나 인기가 있는지가 무엇이 수십 년 동안 지속될지를 결정짓곤 했다. 그러나, 역사가들이 기록한 무엇이든지 항상 적절하거나 정확하게 남아있지는 않았기 때문에 이 기록 보존 방법들의 결함은 명백해졌다. 게다가, 과학적 발견들에 대한 더 자세한 분석은 역사가들이 발견의 날짜와 그것들의 발견자들이 정확하게 확인될 수 있는지 질문하도록 이끌었다.

어휘 breakthrough 발견 persist 지속되다, 계속되다

apparent 명백한, 분명한   accurate 정확한   analysis 분석
precisely 정확하게

1 정답 **what**

해설 뒤에 주어(others)와 동사(didn't see)만 있고 목적어가 없는 불완전한 절이 왔으므로 what이 와야 한다. what ~ see는 to부정사 to see의 목적어 역할을 하는 명사절이다.

해석 확실히 레오나르도 다빈치는 다른 사람들이 보지 못한 것을 보는 특이한 사고방식과 특별한 능력을 가지고 있었다.

Check up!

1 정답 **that**

해설 뒤에 주어(you), 동사(make), 목적어(your mistakes)가 모두 있는 완전한 절이 왔으므로 명사절 접속사 that이 와야 한다. 문장 앞의 It은 가주어이고, that ~ life는 진짜 주어이다.

해석 당신은 인생의 나중보다는 일찍 실수하는 것이 더 낫다.

2 정답 **that**

해설 뒤에 주어(he), 동사(could pick), 목적어(the best places)가 모두 있는 완전한 절이 왔으므로 명사절 접속사 that이 와야 한다. that ~ camp는 동사 was의 주격보어 역할을 하는 명사절이다.

해석 Arthur에 대한 한 가지 멋진 점은 그가 항상 캠핑하기에 가장 좋은 장소들을 고를 수 있다는 것이었다.

3 정답 **that**

해설 '먹을 수 있는 음식'이라는 의미로, the food(선행사)를 수식하는 관계사 자리이므로 that이 와야 한다. what은 선행사를 수식하는 관계사로는 쓸 수 없다.

해석 먹을 수 있는 음식을 찾는 것이 많은 에너지를 소모하기 때문에, 많은 종들은 오랜 기간의 시간 동안 음식 없이 생존하기 위해 그들의 칼로리 섭취를 낮춘다.

어휘 intake 섭취

4 정답 **what**

해설 뒤에 주어(they)와 동사(did)만 있고 목적어가 없는 불완전한 절이 왔으므로 what이 와야 한다. what ~ it은 전치사 on의 목적어 역할을 하는 명사절이다.

해석 만약 당신이 그들의 성취에 대해 아이들에게 지속적으로 보상을 해준다면, 그들은 그것을 얻기 위해 그들이 한 것보다 보상을 받는 것에 더 집중할지도 모른다.

어휘 consistently 지속적으로   accomplishment 보상

5 정답 **that**

해설 '독립성을 장려하는 환경'이라는 의미로, environments(선행사)를 수식하는 관계사 자리이므로 that이 와야 한다. what은 선행사를 수식하는 관계사로는 쓸 수 없다.

해석 교사들은 교실에서의 토론을 통해 독립성을 장려하는 환경을 조성하는 데 중요한 역할을 한다.

어휘 independence 독립성   discussion 토론

6 정답 **What**

해설 뒤에 동사(appears)와 주격보어(simultaneous)만 있고 주어가 없는 불완전한 절이 왔으므로 What이 와야 한다. What ~ simultaneous는 동사 is의 주어 역할을 하는 명사절이다.

해석 우리에게 동시에 일어나듯이 보이는 것은 종종 눈이 볼 수 있는 것보다 더 빠르게 움직이는 행동의 일종이다.

어휘 simultaneous 동시에 일어나는, 동시의

7 정답 **that**

해설 뒤에 주어(a shared sense of morality), 동사(is), 주격보어(necessary)가 모두 있는 완전한 절이 왔으므로 명사절 접속사 that이 와야 한다. that ~ society는 명사 perspectives의 상세 내용을 설명하는 동격절이다.

해석 공유된 도덕 관념은 사회에 필수적이라는 광범위한 범위에 걸쳐 합의가 있다.

어휘 agreement 합의   perspective 관점   morality 도덕

01 정답 **that → what**

해설 뒤에 동사(differentiates)와 목적어(the best musicians)만 있고 주어가 없는 불완전한 절이 왔으므로 that을 what으로 고쳐야 한다. what ~ lesser ones는 동사 lies의 주어 역할을 하는 명사절이다. found와 what 사이에 명사절 접속사 that이 생략되어 있다.

해석 몇몇 연구자들은 최고의 음악가들을 그보다 덜 뛰어난 음악가들로부터 구별하는 것은 최고의 음악가들이 만들어내는 소리의 질에 있다는 것을 발견했다.

어휘 differentiate 구별하다

02 정답 **that → what**

해설 뒤에 주어(you)와 동사(hear)만 있고 목적어가 없는 불완전한 절이 왔으므로 that을 what으로 고쳐야 한다. what ~ hear는 동사 covert의 목적어 역할을 하는 명사절이다.

해석 논리적인 가정은 당신이 들은 것을 당신이 배우는 무언가로 얼마나 잘 전환하는지에서 큰 차이를 만든다.

어휘 assumption 가정   convert 전환하다

03 정답 **What → That**

해설 뒤에 주어(cell metabolism and structure), 동사(must be), 주격보어(complex)가 모두 있는 완전한 절이 왔으므로 What을 That으로 고쳐야 한다. That ~ complex는 동사 would not be의 주어 역할을 하는 명사절이다.

해석 세포의 신진대사와 구조가 복잡함이 틀림없다는 것은 놀랍지 않을 것이지만, 사실, 그것들은 오히려 단순하다.

어휘 metabolism 신진대사

04 정답 **O**

해설 so와 함께 '너무 크게 절감해서 그렇게 하는 것이 제품의 품질을 해친다'라는 의미가 되어야 하므로, 「so … that ~」 구문을 만드는 부사절 접속사 that이 온 것은 적절하다.

해석 만약 제조사가 원가를 너무 크게 절감해서 그렇게 하는 것이 제품의 품질을 해친다면, 증가한 수익성은 오래 지속되지 않을 것이다.

어휘 manufacturer 제조사   profitability 수익성

05 정답 ② what → that

해설 ① 뒤에 주어(to send ~ Lyons), 동사(would cost), 목적어(18 scudi)가 모두 있는 완전한 절이 왔으므로 that이 온 것은 적절하다. that ~ sea는 동사 calculated의 목적어 역할을 하는 명사절이다.

② 뒤에 주어(forming ~ captains), 동사(would be), 주격보어(advantageous)가 모두 있는 완전한 절이 왔으므로 what을 that으로 고쳐야 한다. made와 clear 사이의 it은 가목적어이고, that ~ advantageous는 진짜 목적어이다.

해석 한 이탈리아인 인쇄업자는 1550년에 로마에서 리옹으로 한 짐의 책들을 보내는 것이 뱃길로는 4스쿠도가 드는 데 비해 육로로는 18스쿠도가 들 것이라고 계산했다. 이 계산은 선장들과 긴밀한 관계를 형성하는 것이 재정적으로 유리할 것이라는 것을 분명히 했다.

어휘 scudi 스쿠도 (19세기까지 쓰인 이탈리아 은화 (화폐 단위)) financially 재정적으로 advantageous 유리한, 이로운

06 정답 ② that → what

해설 ① '이로운 박테리아, 지렁이, 그리고 벌레들을 죽이는 살충제'라는 의미로, pesticides(선행사)를 수식하는 관계사 자리이므로 that이 온 것은 적절하다. what은 선행사를 수식하는 관계사로는 쓸 수 없다.

② 뒤에 동사(may fix)와 목적어(the issue)만 있고 주어가 없는 불완전한 절이 왔으므로 that을 what으로 고쳐야 한다. what ~ issue는 전치사 out의 목적어 역할을 하는 명사절이다.

해석 우리의 음식에서의 미네랄의 감소는 토양에 있는 이로운 박테리아, 지렁이, 그리고 벌레들을 죽이는 살충제를 사용한 것의 결과이다. 살충제는 현대 농업에 상당히 필수적이기 때문에, 과학자들은 무엇이 그 문제를 해결할 수 있는지 알아내려고 노력하고 있다.

어휘 pesticide 살충제 beneficial 이로운 essential 필수적인

07 정답 (1) ⓐ that → what

(2) what keeps us fascinated is the endless possibility

해설 (1) ⓐ 뒤에 주어(technology)와 동사(can achieve)만 있고 목적어가 없는 불완전한 절이 왔으므로 that을 what으로 고쳐야 한다. what ~ achieve는 동사 can support의 목적어 역할을 하는 명사절이다.

ⓑ 뒤에 주어(worlds)와 동사(are made)가 모두 있는 완전한 절이 왔고, '컴퓨터에 의해 창조된 세계들이 만들어지는 방식'이라는 의미로, the way(선행사)를 수식하는 관계부사 자리이므로 that이 온 것은 적절하다.

(2) that과 what 중 동사 keep, 목적어 us, 목적격보어 fascinated 앞에 와서 '우리를 매혹되게 하는 것'이라는 의미를 만들 수 있는 것은 불완전한 절 앞에 올 수 있는 명사절 접속사 what이므로, what keeps us fascinated를 주어로 쓴다.

해석 우리는 기술이 성취할 수 있는 것을 지지할 수 있는데, 이는 우리에게 상상의 장소에 대한 접근을 제공한다. 우리는 컴퓨터에 의해 창조된 세계가 만들어지는 방식의 진가를 인정한다. 기술적인 발전 덕분에, 우리가 상상하는 모든 것은 디지털 세상 안에서 창조될 수 있다. 우리의 꿈은 화면을 통해 살아 움직이는 것처럼 보이고, 우리를 매혹되게 하는 것은 끝없는 가능성이다.

어휘 imaginary 상상의 appreciate 진가를 인정하다 technological 기술적인

본책 p.108

어법 만점 TEST

01	what	02	in which	03	(A) that, (B) who		
04	①	05	②	06	①	07	④	08	②
09	②	10	⑤	11	④	12	⑤		

13 (1) ⓐ when, ⓑ when we, ⓒ Although, ⓓ that, ⓔ what, ⓕ that
(2) began to advertise ways that computers can replace parents

01 정답 what

해설 뒤에 주어(they)와 동사(were)만 있고 주격보어가 없는 불완전한 절이 왔으므로 what이 와야 한다. what ~ were는 동사 remember의 목적어 역할을 하는 명사절이다. (불패전략 30)

해석 병원에 있는 그들의 부모나 조부모를 방문하는 아이들은 그들이 한때 무엇이었는지 기억하고 그들의 무력으로 인해 우울해하지 않을 수 없다.

어휘 depressed 우울한 incapacity 무력, 무능력

02 정답 in which

해설 뒤에 주어(a firm), 동사(finds), 목적어(that ~ factories)가 모두 있는 완전한 절이 왔으므로 「전치사 + 관계대명사」 in which가 와야 한다. (불패전략 28)

해석 기업이 그것의 상품을 팔 수 없고 따라서 그것의 공장들을 폐쇄해야 한다는 것을 알게 되는 상황들이 종종 있다.

03 정답 (A) that, (B) who

해설 (A) 뒤에 주어(fans), 동사(have), 목적어(strong attachments)가 모두 있는 완전한 절이 왔으므로 that이 와야 한다. that ~ tradition은 동사 can mean의 목적어 역할을 하는 명사절이다. (불패전략 29)

(B) 뒤에 주어 없이 동사(connect)만 왔으므로 주어 역할을 하는 주격 관계대명사 who가 와야 한다. it turns out은 수식어(삽입절)이다. (불패전략 27)

해석 스포츠의 감정적 강렬함은 많은 경우에 팬들이 향수와 구단의 전통을 통해 조직에 강한 애착을 갖는다는 것을 의미할 수 있다. 따라서, 팀과 크게 교감하는 것으로 드러나는 팬들은 보통 꽤 충성스럽다.

어휘 emotional 감정적인 intensity 강렬함 attachment 애착 nostalgia 향수

04 정답 ① what → that

해설 ① '가장 중요한 열 가지라고 생각하는 사건들'이라는 의미로, the events(선행사)를 수식하는 관계사 자리이므로 what을 that으로 고쳐야 한다. what은 선행사를 수식하는 관계사로는 쓸 수 없다. (불패전략 30)

② 뒤에 주어(we)와 동사(liked)만 있고 목적어가 없는 불완전한 절이 왔으므로 불완전한 절 앞에 오는 명사절 접속사 whatever가 온 것은 적절하다. (불패전략 29)

해석 자기탐구 워크숍에서, 우리는 우리의 인생에서 가장 중요한 열 가지라고 생각하는 사건들을 쓰는 활동이 주어졌다. 첫 번째는 '나는 태어났다'였고, 우리는 그 후에 우리가 원하는 무엇이든지 써넣을 수 있었다.

어휘 self-exploratory 자기탐구의

05 정답 ② them → which

해설 ① 뒤에 있는 명사 birthday와 함께 '그들의 생일(their birthday)'이라는 의미가 되어야 하므로, 소유격 관계대명사 whose가 온 것은 적절하다. (불패전략 27)

② 두 개의 절을 연결하는 접속사가 없고, 명사구 aquamarine and

bloodstone을 보충 설명하는 절(both ~ courage)을 연결해야
하므로 them을 관계대명사 which로 고쳐야 한다. (불패전략 26)

해석 몇몇 사람들은 생일이 3월에 있는 사람들은 그들의 또래보다 더 대
담한 경향이 있어, 그들이 CEO가 될 가능성이 더 높다고 말한다. 사
실, 그들의 탄생석은 아쿠아마린과 혈석인데, 그것들 둘 다 용기를
상징한다.

어휘 **bold** 대담한 **birthstone** 탄생석 **symbolize** 상징하다

06 정답 ① when → which

해설 ① 뒤에 동사(would be)와 주격보어(impossible)만 있고, 주어가 없
는 불완전한 절이 왔으므로 when을 관계대명사 which로 고쳐
야 한다. 이때 which는 앞에 있는 절 전체를 보충 설명한다.
(불패전략 27)

② 뒤에 주어(one)와 동사(can look, can notice)가 포함된 절이 왔
고, '사람은 ~ 바라보고 ~ 알아차릴 수 있기 때문에'라는 의미인
것이 적절하므로 접속사 as가 온 것은 적절하다. as는 전치사와
접속사 둘 다 쓰이며, 여기서는 '~하기 때문에'라는 의미의 접
속사로 쓰였다. (불패전략 25)

해석 스무 살에, 나는 나의 학창 시절의 역사를 정확하게 쓸 수 있었는
데, 이것은 지금은 꽤 불가능할 것이다. 하지만 사람은 새로운 눈으
로 과거를 바라보고 이전에 숨겨져 있던 사실들을 알아차릴 수 있
기 때문에 사람의 기억은 오랜 시간 후에도 더 날카로워질 수 있다.

어휘 **with accuracy** 정확하게 **previously** 이전의

07 정답 ④ because of - where - that

해설 (A) 뒤에 명사구(satellite failures)가 왔으므로 전치사 because of
가 와야 한다. that happen unexpectedly는 수식어(관계절)이
다. (불패전략 25)

(B) 뒤에 주어(they)와 동사(will burn)가 모두 있는 완전한 절이 왔
으므로 관계부사 where가 와야 한다. (불패전략 28)

(C) such와 함께 '너무 불확실한 방법들이어서 몇몇 전문가들은 그
것들이 얼마나 잘 작용할지에 대해 회의적이다'라는 의미가 되
어야 하므로, 「such … that ~」 구문을 만드는 부사절 접속사
that이 와야 한다. (불패전략 30)

해석 유엔은 모든 회사들이 그들의 임무 종료 후 25년 이내에 그들의 인
공위성을 궤도에서 제거할 것을 요청한다. 그러나, 이것은 예치치
않게 발생하는 인공위성 고장 때문에 시행하기 어렵다. 이 문제를
다루기 위해, 전 세계의 몇몇 회사들은 새로운 해결책들을 생각해
냈다. 이것들은 작동하지 않는 인공위성을 궤도에서 제거하고 그것
들이 타버릴 대기권으로 다시 끌어오는 것을 포함한다. 우리가 이것
을 할 수 있는 방법들은 인공위성을 잡기 위해 작살을 사용하는 것,
거대한 그물 안에 그것을 잡는 것, 그것을 잡기 위해 자석을 사용하
는 것, 또는 심지어 인공위성을 가열하기 위해 레이저를 발사하는
것을 포함한다. 그러나, 이것들은 너무 불확실한 방법들이어서 몇몇
전문가들은 그것들이 얼마나 잘 작용할지에 대해 회의적이다.

어휘 **satellite** 인공위성 **enforce** 시행하다, 실시하다
unexpectedly 예치치 않게 **novel** 새로운 **drag** 끌고 가다
harpoon 작살 **skeptical** 회의적인

08 정답 ② who - which - what

해설 (A) 관계절이 수식하는 선행사 excellent students가 사람을 가
리키는 명사이므로 관계대명사 who가 와야 한다. at the
University of Chicago는 수식어(전치사 + 명사구)이다.
(불패전략 27)

(B) 두 개의 절을 연결하는 접속사가 없으므로 관계대명사 which가
와야 한다. (불패전략 26)

(C) 뒤에 동사(turned)와 목적어(influential theories)만 있고 주어
가 없는 불완전한 절이 왔으므로 what이 와야 한다. what ~

ethics는 동사 developed의 목적어 역할을 하는 명사절이다.
(불패전략 29)

해석 Frank Hyneman Knight는 20세기의 유명한 경제학자였다. Knight
는 세계 최고의 경제학자들 중 한 명인 한편, 시카고 대학교에서
후에 노벨상을 받은 우수한 학생들 또한 가르쳤다. Knight는 경제
행위에서 기업가의 역할에 대한 연구인 'Risk, Uncertainty and
Profit'의 저자이다. 'The Economic Organization'이라는 제목의
경제학에 대한 간략한 입문서 또한 Knight에 의해 쓰였는데, 그것
은 미시경제학 이론의 고전이 되었다. 이 책에서, 그는 정부에 의해
활용되는 현재의 경제 이론들에 대한 그의 많은 회의를 논했다. 더
나아가, Knight는 자유, 민주주의, 그리고 윤리에 대한 영향력 있는
이론들이 된 것을 발전시켰다.

어휘 **renowned** 유명한 **entrepreneur** 기업가
microeconomic 미시 경제학의 **skepticism** 회의론
influential 영향력 있는 **democracy** 민주주의 **ethics** 윤리, 도의

09 정답 ② what → that[which]

해설 ② '무서워하는 것에 대한 평판이 있는 동물'이라는 의미로,
an animal(선행사)을 수식하는 관계사 자리이므로 what을
that[which]으로 고쳐야 한다. what은 선행사를 수식하는 관계
사로는 쓸 수 없다. (불패전략 30)

오답
분석
① 뒤에 주어(we)와 동사(blink)가 모두 있는 완전한 절이 왔으므로
「전치사 + 관계대명사」 at which가 온 것은 적절하다. (불패전략 28)

③ 시간을 나타내는 선행사 time 뒤에 주어(they), 동사(can't see),
목적어(an approaching predator)가 모두 있는 완전한 절이 왔
으므로 관계부사 when이 온 것은 적절하다. (불패전략 27)

④ 뒤에 주어(the animal), 동사(must keep), 목적어(the eyes), 목
적격보어(open)가 포함된 완전한 절이 왔고, '그 동물은 가능한
한 많이 눈을 뜨고 있어야 하기 때문에'라는 의미인 것이 적절하
므로 접속사 since가 온 것은 적절하다. since는 전치사와 접속
사 둘 다 쓰이며, 여기서는 '~하기 때문에'라는 의미의 접속사
로 쓰였다. (불패전략 25)

⑤ as 뒤의 생략 전 내용은 'as the Chihuahua's eyelids close and
open more quickly'이며, 반복되는 동사 close and open이 일
반동사의 현재형이므로 do가 온 것은 적절하다. (불패전략 24)

해석 셔터 속도는 카메라 셔터의 속도를 의미하지만, 행동 프로파일링에
서는, 우리가 위험하거나 예상치 못한 상황에 직면했을 때 눈을 깜
빡이는 속도를 의미한다. 따라서, 셔터 속도는 공포의 측정이다. 무
서워하는 것에 대한 평판이 있는 동물을 생각해보라. 치와와가 떠
오를지도 모른다. 포유류의 경우, 진화 때문에, 그들의 눈꺼풀은 그
들이 다가오는 포식자를 볼 수 없는 시간을 최소화하기 위해 속도
를 높일 것이다. 동물이 경험하고 있는 공포의 정도가 클수록, 그 동
물은 다가오는 포식자에 대해 더 걱정한다. 그 동물은 가능한 한 많
이 눈을 뜨고 있어야 하기 때문에 눈꺼풀이 무의식적으로 빨라진
다. 속도는, 행동에 관한 한, 거의 항상 두려움과 일치한다. 인간의
경우, 만약 우리가 공포를 경험하면, 치와와의 것이 그렇게 하는 것
처럼 우리의 눈꺼풀은 더 빨리 닫히고 열린다.

어휘 **profiling** 프로파일링, 자료 수집 **measurement** 측정
reputation 평판 **eyelid** 눈꺼풀 **involuntarily** 무의식적으로

10 정답 ⑤ which → that

해설 ⑤ 뒤에 주어(he), 동사(had), 목적어(complete confidence)가 모
두 있는 완전한 절이 왔으므로 which를 명사절 접속사 that으
로 고쳐야 한다. that ~ honor는 동사 assured의 목적어 역할
을 하는 명사절이다. (불패전략 29)

오답
분석
① 관계절이 수식하는 선행사 His physicians가 사람을 나타내는
명사이며, 뒤에 주어 없이 동사(were)만 왔으므로 주어 역할
을 하는 주격 관계대명사 who가 온 것은 적절하다. historians
presume은 수식어(삽입절)이다. (불패전략 27)

② 분사구문의 주어 The medicine이 '준비하는' 행위의 대상이므로 과거분사 prepared가 온 것은 적절하다. (불패전략 08)

③ 뒤에 주어(the physician)와 동사(had been bribed)가 모두 있는 완전한 절이 왔으므로 명사절 접속사 that이 온 것은 적절하다. that ~ master는 명사 a suspicion의 상세 내용을 설명하는 동격절이다. (불패전략 30)

④ 주격 관계대명사 that 앞의 선행사 the cup이 '전달하는' 행위의 대상이므로 수동태 was extended가 온 것은 적절하다.
(불패전략 17)

해석 소아시아를 지나는 행진에서, Alexander 대왕은 위험한 병에 걸렸다. 역사가들이 추정하기에 만약 그들이 성공하지 못하면 비난받을 것을 두려워한 그의 의사들은 그를 치료하기를 주저했다. 오직 한 사람, Philip만이 기꺼이 위험을 감수했다. 약이 준비되고 나서, Alexander는 낯선 사람으로부터 편지를 받았다. 그 편지에는 그 의사가 그의 주인을 독살하도록 뇌물을 받았다는 의혹이 있었다. Philip이 약을 가지고 텐트 안으로 들어갔을 때, Alexander는 그에게서 컵을 가져가며, Philip에게 편지를 건네주었다. 그 의사가 그것을 읽는 동안, Alexander는 자신감 있는 손으로 그에게 전달된 컵의 내용물 전부를 침착하게 마셨다. 공포에 질려, Philip은 왕의 침대 머리맡에 몸을 내던졌지만, Alexander는 그에게 그는 그의 명예에 대한 전적인 신뢰가 있다고 확언했다. 3일 후에, 그 왕은 그의 군대 앞에 다시 나타나기에 충분히 건강해졌다.

어휘 march 행진 Asia Minor 소아시아 physician 의사
be hesitant to ~을 주저하다 suspicion 의혹
bribe 뇌물을 주다, 매수하다 assure 확언하다, 장담하다

11 정답 ④ what → whether[if]
해설 ④ 뒤에 주어(we), 동사(know), 목적어(each other's names, everything about the other person)가 모두 있는 완전한 절이 왔고, '우리가 서로의 이름만 아는지 혹은 다른 사람에 대한 모든 것을 아는지'라는 의미이므로 what을 '~인지 (아닌지)'라는 의미의 명사절 접속사 whether[if]로 고쳐야 한다. whether[if] ~ person은 동사 determine의 목적어 역할을 하는 명사절이다. (불패전략 29)

오답
분석 ① 뒤에 주어 없이 동사(shapes)와 목적어(how ~ people)만 왔으므로 주어 역할을 하는 주격 관계대명사 that이 온 것은 적절하다. (불패전략 27)

② paths와 people 사이에 목적격 관계대명사가 생략되어 있고, 문장에 주절의 동사 determine이 있으므로 관계절의 동사로 동사 take가 온 것은 적절하다. (불패전략 26)

③ 두 개의 절을 연결하는 접속사가 없고, 뒤에 있는 명사 world와 함께 '그들의 세계(their world)'라는 뜻으로 명사 the designers를 보충 설명하는 절(world ~ spaces)을 연결해야 하므로 소유격 관계대명사 whose가 온 것은 적절하다. (불패전략 26, 27)

⑤ 관계절이 수식하는 선행사 a seemingly intimate space가 장소를 가리키는 명사이고, 뒤에 주어(their writing), 동사(seems), 주격보어(to be)가 모두 있는 완전한 절이 왔으므로 관계부사 where가 온 것은 적절하다. (불패전략 27, 28)

해석 온라인 세계는 완전히 인간이 만들고 설계한 인공적인 우주이다. 우리가 어떻게 보이고 우리가 다른 사람들에게서 무엇을 보는지를 형성하는 근본적인 시스템은 의도적으로 이 방식으로 설계되었다. 그것은 대화의 구조와 누가 어떤 정보에 대한 접근을 갖는지를 결정한다. 물리적인 도시의 건축가들은 사람들이 이용하는 길과 그들이 보는 광경을 결정한다. 그러나, 건축가들은 그 건물들의 거주자들이 어떻게 그들 자신을 나타내거나 서로를 보는지를 통제하지 않지만, 가상공간에서 그들의 세상이 살아나는 인공적인 장소의 설계자들은 그렇게 한다. 그들은 그들의 사용자들의 사회적 경험에 훨씬 더 큰 영향을 미친다. 그들은 우리가 서로의 이름만 아는지 혹은 다른 사람에 대한 모든 것을 아는지 결정한다. 그들은 관객의 규모를 드

러낼 수 있고 겉보기에는 사적인 방식으로 소통하고 교류할 수 있는 겉보기에는 친밀한 공간을 지정할 수 있는데, 여기서 그들의 글은 사실은 수백만 명이 읽고 있다고 하더라도 몇 만명을 위한 것처럼 보인다.

어휘 artificial 인공적인 underlying 근본적인 architect 건축가
designate 지정하다 seemingly 겉보기에 intimate 친밀한

12 정답 ⑤ them → which
해설 ⑤ 두 개의 절을 연결하는 접속사가 없고, 명사 the quick or slow methods를 보충 설명하는 절(both ~ situation)을 연결해야 하므로 them을 관계대명사 which로 고쳐야 한다. (불패전략 26)

오답
분석 ① 관계절이 수식하는 선행사 the time이 시간을 가리키는 명사이고, 뒤에 주어(the housework)와 동사(should get done)가 모두 있는 완전한 절이 왔으므로 관계부사 when이 온 것은 적절하다. (불패전략 27, 28)

② 뒤에 명사구(the rest of the day)가 왔고, '그들에게 남은 하루의 나머지 동안'이라는 의미인 것이 적절하므로 전치사 during이 온 것은 적절하다. that ~ remaining은 수식어(관계절)이다. (불패전략 25)

③ advised 뒤에 동사 advised의 목적어인 명사절을 이끄는 명사절 접속사 that이 생략되어 있으므로 대명사 it이 온 것은 적절하다. 이때 it은 뒤에 있는 진짜 주어 that ~ break를 대신하는 가주어이다. (불패전략 26)

④ What they agree to do for fewer chores는 단수 취급하는 명사절 주어이므로 단수동사 is가 온 것은 적절하다. (불패전략 11)

해석 나의 친구와 그의 아내는 집안일이 끝나야 하는 시간을 결정하는 것에 대한 끊임없는 갈등을 겪었다. 그는 짧은 시간 동안 일하고 TV 방송을 보거나 맛있는 식사를 만들기 위해 잦은 휴식을 취하기를 원했다. 그녀는 모든 것을 한 번에 끝내고 그들에게 남은 하루의 나머지 동안 함께 어울리며 쉬기를 원했다. 나는 내 친구에게 그와 그의 아내가 단지 서로 다른 선호를 가진 것이고, 둘 중 누구도 틀리지 않았다는 것을 짚어줄 수 있었다. 나는 그들이 짧은 시간에 많은 집안일을 해야 할 때는, 그녀의 방법을 사용하되 식사 시간을 갖는 것이 가능하다고 조언했다. 더 적은 집안일에 대해 그들이 하기로 동의한 것은, 그들이 그의 방법을 사용하되 휴식을 취하기 전에 특정한 일을 완벽하게 끝내는 것이다. 이 방법으로, 그 부부는 빠른 방법이나 느린 방법을 번갈아 할 수 있었는데, 그것 둘 다 상황에 따라 생산적일 수 있었다.

어휘 conflict 갈등 chore 집안일 productive 생산적인

13 정답 (1) ⓐ when, ⓑ when we, ⓒ Although, ⓓ that, ⓔ what, ⓕ that
(2) began to advertise ways that computers can replace parents

해설 (1) ⓐ 뒤에 주어(every working mom and dad), 동사(is looking for), 목적어(a babysitter)가 모두 있는 완전한 절이 왔으므로 관계부사 when이 와야 한다. of busy individuals는 수식어(전치사 + 명사구)이다. (불패전략 28)

ⓑ 두 개의 절을 연결하는 접속사가 없으므로, '우리는 ~라고 가정할 때'라는 의미가 되도록 접속사 when을 포함한 when we가 와야 한다. (불패전략 26)

ⓒ 뒤에 주어(the answer), 동사(appears), 주격보어(hard)가 모두 있는 완전한 절이 왔으므로 접속사 Although가 와야 한다. (불패전략 25)

ⓓ 뒤에 주어(we), 동사(need to be), 주격보어(present)가 모두 있는 완전한 절이 왔고, '우리가 그들과 함께 존재하기만 하면 된다는 점에서'라는 의미의 in that이 온 경우이므로 전치사 in 뒤에 명사절 접속사 that이 와야 한다. (불패전략 28)

ⓔ 뒤에 주어(we)와 동사(accomplish)만 있고 목적어가 없는 불

완전한 절이 왔으므로 what이 와야 한다. (불패전략 29)

ⓕ 뒤에 주어(we)와 동사(can live)가 모두 있는 완전한 절이 왔으므로 명사절 접속사 that이 와야 한다. talk that과 is possible 사이의 it은 가주어이고, that ~ others는 진짜 주어이다. (불패전략 30)

(2) 적절한 관계사를 함께 사용하여 '부모들을 대신할 수 있는 방법들'이라는 의미를 만들어야 한다. 이때 관계절이 수식하는 선행사 ways가 방법을 가리키는 명사이므로 how는 쓸 수 없고, that을 써야 한다. 9단어로 써야 하므로 관계부사 that 대신에 「전치사 + 관계대명사」는 쓸 수 없다. (불패전략 27)

해석 우리는 모든 일하는 엄마와 아빠가 육아 도우미를 찾는 바쁜 개인들의 시대에 산다. 이것이 몇몇 컴퓨터 회사들이 컴퓨터가 부모들을 대신할 수 있는 방법들을 광고하기 시작한 이유이다. 그들은 너무 늦었다. 텔레비전이 이미 그것을 했다. 하지만, 심각하게, 도덕 교육을 포함한 교육의 모든 분야에서, 우리는 특정한 유형의 내용이나 특정한 교육 방법이나 학생들과 공간의 특정한 배치가 우리의 목적을 달성할 것이라고 가정할 때 실수를 한다. 비록 그러한 상황에 대한 해답은 어려워 보이지만, 우리가 그들과 함께 존재하기만 하면 된다는 점에서 그것은 사실 간단하다. 부모님이고 선생님인 우리는, 우리의 아이들과 함께 살고, 그들과 이야기하고 그들의 말을 들어야 한다. 우리는 그들에게 우리가 성취하는 것과 어떻게 대화하는지를 통해 우리가 다른 사람들과 함께 감사하게 살 수 있다는 것을 보여주어야 한다.

어휘 babysitter 육아 도우미 advertise 광고하다 replace 대신하다 configuration 배치, 배열 appreciatively 감사하게

CHAPTER 07 명사·대명사·한정사

불패 전략 31 대명사와 그것이 가리키는 명사의 수를 일치시켜라!

본책 p.114

1 정답 **that**

해설 '그들의 주변의 온도보다'라는 의미이므로 단수명사 a temperature를 가리키는 단수대명사 that이 와야 한다.

해석 온혈동물은 그들의 주변의 것보다 온도를 더 높게 유지하기 위해 많은 에너지를 소비해야 한다.

어휘 surrounding 주변, 주위 expend 소비하다

Check up!

1 정답 **Asking something insightful during a job interview, it**

해설 '구직 면접 동안 통찰력 있는 것을 질문하는 것은 당신의 고용될 기회를 향상시킨다'라는 의미이므로 단수 취급하는 동명사구 Asking ~ interview를 가리키는 단수대명사 it이 와야 한다.

해석 구직 면접 동안 통찰력 있는 것을 질문하는 것은 중요하고, 그것은 당신의 고용될 기회를 향상시킬 것이다.

어휘 insightful 통찰력 있는

2 정답 **machines, ones**

해설 '불필요하게 비용이 추가된 더 복잡한 기계들보다'라는 의미이므로 복수명사 machines를 가리키는 복수대명사 ones가 와야 한다.

해석 이러한 간단한 기계들의 수익성은 불필요하게 비용이 추가된 더 복잡한 것들보다 훨씬 더 높다.

어휘 profitability 수익성 unnecessarily 불필요하게

3 정답 **to engage in improving ourselves, it**

해설 뒤에 있는 진짜 목적어인 to부정사구 to engage in improving ourselves를 대신하는 가목적어이므로 it이 와야 한다.

해석 만약 우리의 모든 어리석은 행동들이 영구적인 기록으로 영원히 보존된다면, 우리는 우리 자신을 향상시키는 데 몰두하는 것을 더 어렵다고 생각할지도 모른다.

어휘 permanent 영구적인 engage in ~에 몰두하다

4 정답 **Halfhearted individuals, their**

해설 '그들의 복지와 관련될 때도'라는 의미이므로 복수명사 Halfhearted individuals를 가리키는 복수대명사 their가 와야 한다.

해석 성의가 없는 사람들은 심지어 그것이 그들의 복지와 관련될 때도 거의 용기 있게 행동하지 않는다.

어휘 halfhearted 성의가 없는, 냉담한 courageously 용기 있게

5 정답 **humans, their**

해설 '인류의 최초의 공식적인 방법'이라는 의미이므로 복수명사 humans를 가리키는 복수대명사 their가 와야 한다.

해석 초기 천문학은 언제 농작물을 심을지에 대한 정보를 제공했고 인류에게 시간의 흐름을 기록하는 그들의 최초의 공식적인 방법을 제공했다.

어휘 astronomy 천문학 formal 공식적인 passage 흐름, 경과

6 정답 **Evaluation, it**

해설 '정교한 채점 규칙들이 평가를 더 공정하게 만들도록 돕는다'라는 의미이므로 불가산명사 Evaluation을 가리키는 단수대명사 it이 와야 한다.

해석 비록 정교한 채점 규칙들이 그것을 더 공정하게 만들도록 돕지만, 체조와 같은 경기에서 성과에 대한 평가는 주관적일 수도 있다.

어휘 evaluation 평가 subjective 주관적인 elaborate 정교한

7 정답 **products, those**

해설 '돈을 거의 못 버는 상품들을 중단함으로써'라는 의미이므로 복수명사 products를 가리키는 복수대명사 those가 와야 한다.

해석 그 회사는 수익성 있는 상품들에 집중하고 돈을 거의 못 버는 것들을 중단함으로써 그것의 사업 모델을 근본적으로 바꾸고 있다.

어휘 fundamentally 근본적으로, 완전히 profitable 수익성 있는 cut off 중단시키다

PRACTICE

본책 p.115

01 정답 **it → them**

해설 '우리가 살아갈 남은 날들을 사용하는 방식'이라는 의미이므로 it을 복수명사 days를 가리키는 복수대명사 them으로 고쳐야 한다.

해석 우리가 살아갈 남은 날들은 우리에게 남은 날들의 수보다는 그것들을 사용하는 방식에서 행복과 기쁨을 가져다줄 수 있다.

02 정답 **that → those**

해설 '콜리플라워에 사용되는 농업 요건들'이라는 의미이므로 that을 복수명사 The farming requirements를 가리키는 복수대명사 those로 고쳐야 한다.

해석 콜리플라워에 사용되는 것들과 비슷하게, 그 농업 요건들은 건강한 브로콜리 작물을 재배하기에 극도로 어려워지지 않는다.

어휘 cultivate 재배하다

03 정답 O

해설 뒤에 있는 진짜 주어인 to부정사구 to reveal all of its subtleties to us를 대신하는 가주어이므로 it이 온 것은 적절하다.

해석 때때로, 예술 작품이 그것의 모든 중요한 세부 요소들을 우리에게 드러내는 데 더 오랜 시간이 걸릴수록, 우리는 그것을 더 좋아하게 된다.

어휘 subtleties 중요한 세부 요소[사항]들

04 정답 O

해설 '진실하지 않은 미소로부터'라는 의미이므로 단수명사 smile을 가리키는 단수대명사 one이 온 것은 적절하다.

해석 진실하지 않은 것으로부터 진짜 미소를 식별하는 몇몇 분명한 방법들은 얼굴의 아래쪽 절반을 보는 것과 눈에 집중하는 것이다.

어휘 identify 식별하다   genuine 진짜의   insincere 진실하지 않은

05 정답 ① they → it

해설 ① 뒤에 있는 진짜 주어인 to부정사구 to hire someone to perform these services를 대신하는 가주어 자리이므로 they를 it으로 고쳐야 한다.
② '유능한 조수들은 들어오는 환자들을 받을 수 있다'라는 의미이므로 복수명사 assistants를 가리키는 복수대명사 they가 온 것은 적절하다.

해석 비록 대부분의 의사들이 기록 보관과 예약을 관리하는 것을 잘할지라도, 이러한 서비스들을 수행할 누군가를 고용하는 것은 일반적으로 그들의 이익에 부합할 것이다. 유능한 조수들은 신뢰할 수 있는 일정을 지키는 데 의지될 수 있고, 그들은 들어오는 환자들을 받을 수 있다.

어휘 arrange 관리하다, 정리하다   competent 유능한
reliable 신뢰할 수 있는

06 정답 ② it → them

해설 ① '아이들의 갈수록 더 가상화되는 세상'이라는 의미이므로 복수명사 children을 가리키는 복수대명사 their가 온 것은 적절하다.
② '우리의 아이들을 실제 세계에 더 자주 노출시켜야 한다'라는 의미이므로 it을 복수명사 our children을 가리키는 복수대명사 them으로 고쳐야 한다.

해석 누군가는 우리의 아이들의 그들의 환경에 대한 정보를 인식하고 분류하는 고유한 능력이 그들의 갈수록 더 가상화되는 세상에서의 생활에 적응하기 위해 서서히 사라지고 있는지 궁금해한다. 우리의 아이들이 완전히 픽셀로 이루어진 세계에 너무 익숙해지지 않도록 확실히 하기 위해, 아마도 우리는 그들을 실제 세계에 더 자주 노출시켜야 한다.

어휘 inherent 고유한, 내재하는   capacity 능력   adapt 적응하다
virtualize 가상 현실로 바꾸다   expose 노출시키다

07 정답 **(1) ⓑ their → its**
(2) it is typical for the parts to have an individual
nervous system

해설 (1) ⓐ '땅 아래에 사는 작은 곤충들을 포함하여'라는 의미이므로 복수명사 insects를 가리키는 복수대명사 ones가 온 것은 적절하다.
ⓑ '각각의 부분의 고유한 개별적이고 자율적인 두뇌'라는 의미이므로 their를 단수명사 each individual section을 가리키는 단수대명사 its로 고쳐야 한다.
(2) 진짜 주어인 to부정사구는 문장 뒤에 to have an individual nervous system으로 쓰고, 이를 대신하는 가주어로 it을 쓴다. 이때 to부정사의 의미상 주어로는 for the parts를 쓴다.

해석 땅 아래에 사는 작은 것들을 포함하여 많은 곤충들은 그들을 보호

하는 단단한 외피를 가지고 있다. 외피는 여러 부분들로 나뉘며, 그 부분들은 개별적인 신경계를 갖는 것이 일반적이다. 어떤 의미에서, 여러 부분들로 이루어진 몸통의 각각의 개별적인 부분은 그것의 고유한 개별적이고 자율적인 두뇌를 가진다.

어휘 outer covering 외피   underground 땅 아래에, 지하에
segment 부분   autonomous 자율적인
nervous system 신경계

볼패 전략 32 명사의 수에 따라 올 수 있는 한정사/대명사를 익혀둬라!

본책 p.116

1 정답 **other**

해설 수식받는 plausible options가 복수명사이므로 other가 와야 한다.

해석 최종 결정을 내리기 전에, 다른 그럴듯한 선택들이 무시되거나 간과되고 있는지를 고려하라.

어휘 plausible 그럴듯한   overlook 간과하다

Check up!

1 정답 **many**

해설 of 뒤의 the measures가 복수명사이므로 many가 와야 한다.

해석 불행하게도, 전문가들이 에너지 효율을 증진시키기 위해 검증한 조치들 중 많은 것들은 비용 효율적이지 않다.

어휘 measure 조치, 정책   promote 증진시키다

2 정답 **all**

해설 수식받는 animals가 복수명사이므로 all이 와야 한다.

해석 지나치게 조심스러워하는 문제를 극복하기 위해, 거의 모든 동물들은 빈번하게 일어나는 안전한 자극에 익숙해진다.

어휘 overcome 극복하다   cautious 조심스러운, 신중한   stimuli 자극

3 정답 **both**

해설 수식받는 groups가 복수명사이므로 both가 와야 한다.

해석 실험 후에, 연구원은 한 그룹이 또 다른 그룹보다 감기에 덜 걸렸는지 확인하기 위해 두 그룹 모두를 관찰했다.

어휘 determine 확인하다, 결정하다

4 정답 **Each**

해설 수식받는 moment가 단수명사이므로 Each가 와야 한다.

해석 당신이 진정한 행복을 경험하는 매 순간에, 저장된 감정들은 당신이 훨씬 더 깊은 기쁨으로 넘쳐남에 따라 활성화된다.

어휘 stored 저장된   activate 활성화시키다

5 정답 **anything**

해설 부정의 의미를 가진 어구 unable(~할 수 없는)이 문장에 이미 포함되어 있으므로 anything이 와야 한다.

해석 만약 세계가 지금 행동하지 않는다면, 우리는 곧 지구를 보호할 수 없게 되거나 자연을 보존하는 것에 관한 무엇도 할 수 없게 될 것이다.

어휘 with regard to ~에 관한   preserve 보호하다

6 정답 **little**

해설 수식받는 patience가 불가산명사이므로 little이 와야 한다.

해석 예술을 창조하는 데 집중한 사람들은 그들을 방해하는 사람들에 대한 인내심이 거의 없다.

어휘 interrupt 방해하다

7 정답 **Many**

해설 of 뒤의 the PC users가 복수명사이므로 Many가 와야 한다.

해석 1980년대의 많은 PC 사용자들은 이메일을 사용하는 것이 우리의 컴퓨터에 전력을 공급하는 데 사용되는 전기와 다를 바 없는 만큼을 필요로 한다고 생각하는 경향이 있었다.

어휘 assume 생각하다, 추정하다

PRACTICE

본책 p.117

01 정답 **a little → a few**

해설 수식받는 changes가 복수명사이므로 a little을 a few로 고쳐야 한다.

해석 몇 가지 신중하고 주의하는 변화들로, 불필요한 이산화탄소 배출은 시간, 돈 또는 너무 많은 노력을 요구하지 않고 쉽게 방지될 수 있다.

어휘 mindful ~에 주의하는 unnecessary 불필요한

02 정답 **many → much**

해설 수식받는 stress가 불가산명사이므로 many를 much로 고쳐야 한다.

해석 새로운 채널들이 도처에 개설되면서 발생한 텔레비전 시청자의 분열은 광고주들에게 많은 스트레스를 불러일으켰다.

어휘 division 분열 launch 개설하다, 시작하다

03 정답 **O**

해설 of 뒤의 the opinions가 복수명사이므로 neither가 온 것은 적절하다.

해석 올해 시행된 교육 개혁은 그들의 선거 운동 동안 대통령이나 부통령에 의한 의견들 중 어느 것에도 일치하지 않았다.

어휘 reform 개혁 implement 시행하다

04 정답 **no → any**

해설 부정의 의미를 가진 어구 without(~하지 않고)이 문장에 이미 포함되어 있으므로 no를 any로 고쳐야 한다.

해석 Melanie가 완벽한 스텝으로 춤추는 것을 보며, 그녀의 어머니는 "이상하지 않아요? Melanie는 아무 정식 훈련도 받지 않고 너무 잘 춤추고 있어요!"라고 말했다.

어휘 flawless 완벽한

05 정답 **② every → all**

해설 ① any는 수식하는 명사의 종류에 상관없이 쓸 수 있으므로, 불가산명사 time 앞에 온 것은 적절하다.
② 수식받는 mammals가 복수명사이므로 every를 all로 고쳐야 한다.

해석 포유동물들의 심박수는 종에 따라 삶의 어떤 특정 시간에든 분당 800회 이상부터 고작 13회까지 다양하다. 그러나 심박수의 엄청난 차이에도 불구하고, 만약 그들이 평균적인 수명을 산다면 거의 모든 포유동물들은 약 10억 회 심장이 뛴다.

어휘 mammal 포유동물 vast 엄청난

06 정답 **① another → other**

해설 ① 수식받는 accepted ideas가 복수명사이므로 another를 other로 고쳐야 한다.
② of 뒤의 the statements가 복수명사이므로 neither가 온 것은 적절하다.

해석 아이디어들은 다른 수용된 아이디어들의 논리적 진술이나 결과로부터 발전되며, 이러한 방식으로 문화적 혁신과 발견이 가능하다.

두 개의 진술은 새로운 결론으로 이어질 수 있지만, 오직 그 진술들 중 어느 것도 거짓으로 판명되지 않는 경우에만 그렇다.

어휘 logical 논리적인 statement 진술 innovation 혁신 turn out ~로 판명되다, 밝혀지다

07 정답 **(1) ⓑ a number of → much of[a lot of/lots of/plenty of]**
(2) few children who have difficulty learning language even with little

해설 (1) ⓐ of 뒤의 babies' skill이 불가산명사이므로 much가 온 것은 적절하다.
ⓑ of 뒤의 babies' competence가 불가산명사이므로 a number of를 much of[a lot of/lots of/plenty of]로 고쳐야 한다.
(2) 복수명사인 children은 few로 수식하고, 불가산명사인 education은 little로 수식한다.

해석 과학자들은 언어를 학습하는 데 있어 아기들의 많은 기술은 끊임없는 반복을 통해 학습된다는 것을 발견했다. 아기들은 어떤 소리가 계속해서 나는지 알아낼 수 있고 그들이 무엇을 들을 것인지에 대한 예상을 할 수 있다. 따라서, 과학자들은 언어를 학습하는 것에 대한 아기들의 많은 역량이 개연성을 계산하는 능력 때문이라고 결론짓는다. 그것이 심지어 교육이 거의 없이도 언어를 학습하는 데 어려움을 겪는 아이들이 거의 없는 이유이다.

어휘 constant 끊임없는 repetition 반복 come up 나다, 생기다 expectation 예상 competence 역량, 능력 probability 개연성

불패 전략 33 목적어가 주어와 같은 대상인지 다른 대상인지 확인하라!

본책 p.118

1 정답 **themselves**

해설 '사람들이 그들 자신을 세상에 보여주는 방식'이라는 뜻으로, present의 목적어가 주어 people과 동일한 대상을 가리키므로 재귀대명사 themselves가 와야 한다.

해석 옷은 사람들이 그들 자신을 세상에 보여주는 방식의 일부이고, 패션은 사회에서 일어나고 있는 일과 관련하여 그들을 현재에 위치시킨다.

Check up!

1 정답 **themselves, unknown brands**

해설 전치사 for의 목적어가 getting의 의미상 주어 unknown brands와 동일한 대상을 가리키므로 재귀대명사 themselves가 와야 한다.

해석 소셜 미디어는 광고의 도움 없이는 그들 자신을 위해 이름을 밝히는 데 어려움을 겪는 알려지지 않은 브랜드를 대중화하도록 돕는다.

어휘 popularize 대중화하다

2 정답 **her, Ms. Edler**

해설 'Edler 씨에게 Erika의 최고의 예술작품 중 일부를 보여주다'라는 의미로, showed의 목적어가 주어 she(Erika)와 다른 대상을 가리키므로 목적격 대명사 her가 와야 한다.

해석 Edler 씨는 Erika에게 그 전시회에 참가하라고 권했고, 그녀는 행복했고 그녀에게 그녀의 최고의 예술작품 중 일부를 보여주었다.

3 정답 **themselves, The climbers**

해설 '그들 자신을 격려하면서'라는 의미로, encouraging의 목적어가 encouraging의 의미상 주어 The climbers와 동일한 대상을 가리키므로 재귀대명사 themselves가 와야 한다.

해석 그 등반가들은 그들의 등산 장비들을 잃어버렸지만, 어떤 일이 있어도 계속 나아가라고 그들 자신을 격려하면서, 희망을 포기하는 것을 거부했다.

4 정답 **it, your social image**

해설 '당신의 사회적 이미지를 개선하는 필요한 조치들'이라는 의미로, improve의 목적어가 주격 관계대명사절의 선행사 the necessary steps와 다른 대상을 가리키므로 목적격 대명사 it이 와야 한다.

해석 만약 당신의 사회적 이미지가 형편없다면, 당신 자신을 들여다보고 오늘 그것을 개선하는 필요한 조치들을 취해라.

어휘 necessary 필요한

5 정답 **yourself**

해설 '당신 자신에게 상기시켜라'라는 의미로, remind의 목적어가 명령문의 생략된 주어인 you와 동일한 대상을 가리키므로 재귀대명사 yourself가 와야 한다.

해석 두려움은 무서울 수 있지만, 당신 자신에게 당신의 힘과 당신에게 그것들을 극복할 용기가 있다는 것을 상기시켜라.

어휘 courage 용기 overcome 극복하다

6 정답 **themselves, objects**

해설 '수평으로나 수직으로 그들 자신을 정렬하지 않는다'라는 의미로, do not organize의 목적어가 주어 objects와 동일한 대상을 가리키므로 재귀대명사 themselves가 와야 한다.

해석 우리는 물건들이 깔끔하게 들어맞기를 원하지만, 세상은 직선의 장소가 아니며, 실생활에서 사물들은 수평으로나 수직으로 그들 자신을 정렬하지 않는다.

어휘 neatly 깔끔하게 linear 직선의, 선으로 된 horizontally 수평으로 vertically 수직으로

7 정답 **her, Maggie**

해설 'Maggie가 무엇을 해야 할지 결정하게 하기 위해'라는 의미로, (to) allow의 목적어가 주어 the five siblings와 다른 대상을 가리키므로 목적격 대명사 her가 와야 한다.

해석 그들의 아버지가 돌아가신 후에, 막내인 Maggie를 위한 유산을 의논하고 그녀가 무엇을 해야 할지 결정하게 하기 위해, 다섯 남매는 옛집에 모였다.

어휘 in order to ~하기 위해 inheritance 유산

PRACTICE

본책 p.119

01 정답 **O**

해설 '그것 자신을 과대평가했고'라는 의미로, overestimating의 목적어가 overestimating의 의미상 주어 The company와 동일한 대상을 가리키므로 재귀대명사 itself가 온 것은 적절하다.

해석 화장품 시장에서 우위를 차지하기를 원하는 그 회사는 결국 그것 자신을 과대평가했고 1년 안에 개발과 광고를 위한 자금이 바닥났다.

어휘 dominate 우위를 차지하다 overestimate 과대평가하다

02 정답 **themselves → them**

해설 '기업들을 둘러싼 무역 시장'이라는 의미로, surrounding의 목적어가 surrounding의 의미상 주어 the trade markets와 다른 대상을 가리키므로 themselves를 목적격 대명사 them으로 고쳐야 한다.

해석 지속 가능한 사업 성과를 보장하기 위해, 기업들은 그들을 둘러싼 무역 시장을 고려해야 한다.

어휘 sustainable 지속 가능한 firm 기업

03 정답 **himself → him**

해설 '그가 환경을 해치고 있다는 것을 아는 것은 그를 기분 좋지 않게 만든다'라는 의미로, makes의 목적어가 주어 Knowing ~ environment와 다른 대상을 가리키므로 himself를 목적격 대명사 him으로 고쳐야 한다.

해석 그가 환경을 해치고 있다는 것을 아는 것은 그를 기분 좋지 않게 만들어서, 그는 작은 탄소 발자국을 남기기 위해 열심히 노력한다.

어휘 carbon footprint 탄소 발자국

04 정답 **it → itself**

해설 '역사는 그것 자체를 계속 반복할 것이다'라는 의미로, will repeat의 목적어가 주어 history와 동일한 대상을 가리키므로 it을 재귀대명사 itself로 고쳐야 한다.

해석 많은 위대한 철학자들이 말하듯이, 사회가 과거의 실수들로부터 배우고 앞으로 나아가지 않는 한 역사는 그것 자체를 계속 반복할 것이다.

어휘 progress 나아가다

05 정답 **② itself → it**

해설 ① '당신 자신을 협상가라고 상상함으로써'라는 의미로, imagining의 목적어가 명령문의 생략된 주어인 you와 동일한 대상을 가리키므로 재귀대명사 yourself가 온 것은 적절하다.
② '포식자에게 사냥감을 쫓지 말라고 설득할 수 있다'라는 의미로, not to chase의 목적어가 not to chase의 의미상 주어 a predator와 다른 대상을 가리키므로 itself를 목적격 대명사 it으로 고쳐야 한다.

해석 당신 자신을 협상가라고 상상함으로써 심지어 가장 공격적인 관계에서도 의사소통이 잘되도록 노력하라. 사냥감은 포식자에게 그것을 쫓지 말라고 설득할 수 있다.

어휘 aggressive 공격적인 negotiator 협상가 predator 포식자

06 정답 **② him → himself**

해설 ① 'Ted가 원해왔던 승진을 마침내 Ted에게 승인할 수 있는 남자'라는 의미로, could grant의 목적어가 주격 관계대명사절의 선행사 the man(Mr. Lawrence)과 다른 대상을 가리키므로 목적격 대명사 him이 온 것은 적절하다.
② '그 자신에게 반복해서 말했다'라는 의미로, 전치사 to의 목적어가 주어 he(Ted)와 동일한 대상을 가리키므로 him을 재귀대명사 himself로 고쳐야 한다.

해석 Ted는 Lawrence 씨의 사무실로 들어가서 그가 원해왔던 승진을 마침내 그에게 승인할 수 있는 남자 앞에 초조하게 섰다. Ted는 그냥 거기 앉았고, 그는 "당황하지 마."라는 문장을 그 자신에게 반복해서 말했다.

어휘 grant 승인하다, 주다 promotion 승진

07 정답 **(1) ⓐ itself → it**
(2) it is not a pleasant experience for us to find ourselves

해설 (1) ⓐ '불편한 상황으로부터 우리를 구해 줄 모든 것'이라는 의미로, 전치사 from의 목적어가 to save의 의미상 주어 everything과 다른 대상을 가리키므로 itself를 목적격 대명사 it으로 고쳐야 한다.
ⓑ '불쾌함을 넘어 당신 자신을 확장하면'이라는 의미로, extend

의 목적어가 명령문의 생략된 주어인 you와 동일한 대상을 가리키므로 재귀대명사 yourself가 온 것은 적절하다.

(2) to find의 목적어가 to find(to부정사)의 의미상 주어 for us의 us와 동일한 대상을 가리키므로 재귀대명사 ourselves를 쓴다.

해석 사람들은 불편한 상황에 있는 것을 좋아하지 않아서, 우리 중 대부분은 그것으로부터 우리를 구해 줄 모든 것을 한다. 어쨌든, 우리가 직업이 없거나 가족과 싸우는 우리를 발견하는 것은 즐거운 경험이 아니다. 하지만, 불쾌함을 넘어 당신 자신을 확장하면 당신은 역경에 직면함으로써 당신이 많이 배울 수 있다는 것을 깨달을 것이다.

어휘 unpleasantness 불쾌함 face 직면하다 adversity 역경

어법 만점 TEST

본책 p.120

01	a few	02	its	03	(A) that, (B) ourselves		
04	①	05	②	06	②	07	③	08	⑤
09	④	10	②	11	③	12	④		
13	(1) ⓓ every → all, ⓔ no → any, ⓖ it → itself (2) other things but it needed another law to explain its own origin						

01 정답 a few
해설 수식받는 local companies가 복수명사이므로 a few가 와야 한다.
해석 비록 적은 수의 지역 기업들은 버틸 수 있었지만, 경기 침체는 대부분의 작은 기업들이 문을 닫게 할 정도로 충분히 심각했다. (불패전략 32)
어휘 downturn 침체 endure 버티다

02 정답 its
해설 '벌의 날개를 봄으로써'라는 의미이므로 단수명사 a bee를 가리키는 단수대명사 its가 와야 한다. (불패전략 31)
해석 만약 당신이 몇몇의 꽃들 주변에서 윙윙거리는 벌 한 마리를 본다면, 당신은 그것의 날개를 봄으로써 나는 것이 이동의 정상 방식이라는 것을 추측할 수 있을 것이다.
어휘 buzz 윙윙거리다 transport 이동

03 정답 (A) that, (B) ourselves
해설 (A) '다른 종에서 발견하는 뇌'라는 의미이므로 단수명사 brain을 가리키는 단수대명사 that이 와야 한다. (불패전략 31)
(B) '우리 자신의 다른 부분들을 외부에서 볼 수 있도록 한다'라는 의미로, 전치사 of의 목적어가 주어 we와 동일한 대상을 가리키므로 재귀대명사 ourselves가 와야 한다. (불패전략 33)
해석 상위 인지는 간단히 '생각하는 것에 대해 생각하는 것'을 의미하며, 그것은 인간의 뇌와 우리가 전형적으로 다른 종에서 발견하는 것 사이의 주요 차이점들 중 하나이다. 그것은 우리가 자각하게끔 해서, 우리가 우리의 생각과 우리 자신의 다른 부분들을 외부에서 볼 수 있도록 한다.
어휘 metacognition 상위 인지, 초인지 distinction 차이점

04 정답 ① them → it
해설 ① 뒤에 있는 진짜 목적어인 to부정사구 to drop our son off at school을 대신하는 가목적어 자리이므로 them을 it으로 고쳐야 한다. (불패전략 31)
② 뒤에 있는 with the ability to do so의 수식을 받아 '그렇게 할 수 있는 능력을 가진 사람들'이라는 의미이므로, '~한 사람들'이라는 의미의 those가 온 것은 적절하다. (불패전략 31)
해석 나의 남편과 나는 아침 일찍 일을 시작하고 이것은 우리가 우리의 아들을 학교에 데려다주는 것을 불가능하게 만든다. 우리는 우리가

할 수 있기를 바라고, 그렇게 할 수 있는 능력을 가진 사람들은 그들이 이 간단한 행동에 참여하는 것이 얼마나 운이 좋은지 모른다.

05 정답 ② many → much
해설 ① '수학이나 기초 화학에서의 진보와 같은 더 작은 발전들'이라는 의미이므로 복수명사 breakthroughs를 가리키는 복수대명사 ones가 온 것은 적절하다. (불패전략 31)
② of 뒤의 progress가 불가산명사이므로 many를 much로 고쳐야 한다. (불패전략 32)
해석 생명의 유전적 구조를 이해하는 것과 같은 주요한 발전과, 수학이나 기초 화학에서의 진보와 같은 더 작은 것들은, 모두 대학교 연구실에서 발생할 수 있다. 사실, 크고 멋진 기업이 아니라, 학생 실험실, 창고, 그리고 심지어 식당도 많은 과학적 진보가 발견될 수 있는 곳이다.
어휘 breakthrough 발전 genetic 유전적인 lab 연구실

06 정답 ② those → that
해설 ① '현재가 끊임없이 그것 자신을 갱신하고 있다'라는 의미로, is updating의 목적어가 주어 the present와 동일한 대상을 가리키므로 재귀대명사 itself가 온 것은 적절하다. (불패전략 33)
② '움직이는 기차 안에서의 풍경의 순간처럼'이라는 의미이므로 those를 단수명사 a moment를 가리키는 단수대명사 that으로 고쳐야 한다. (불패전략 31)
해석 현재가 끊임없이 그것 자신을 갱신하고 있다는 점에서, 시간은 그것이 문자 그대로 움직이고 있는 것처럼 느껴질 수도 있다. 따라서, 현재의 순간은 움직이는 기차 안에서의 풍경의 것처럼 단 몇 초 만에 사라진다.
어휘 literally 문자 그대로 constantly 끊임없이 scenery 풍경의

07 정답 ③ every - herself - it
해설 (A) 수식받는 bone이 단수명사이므로 every가 와야 한다. (불패전략 32)
(B) '그녀 자신을 위한 것'이라는 의미로, 전치사 for의 목적어가 주어 the homeless woman과 동일한 대상을 가리키므로 재귀대명사 herself가 와야 한다. (불패전략 33)
(C) 뒤에 있는 진짜 주어인 to부정사구 to see a homeless woman showing kindness를 대신하는 가주어이므로 it이 와야 한다. (불패전략 31)
해석 Jeffery는 주유소 앞에 서있는 한 여자를 보았다. 그는 그 여자가 노숙자라는 것을 알 수 있었다. 그녀의 옷은 해졌고 Jeffery는 그녀의 몸에 있는 거의 모든 뼈를 볼 수 있었다. 갑자기, 개 한 마리가 걸어왔다. Jeffery는 그 개가 새끼강아지들에게 먹이를 주는 어미라는 것을 알 수 있었다. 그 개는 몹시 말랐고, 그는 그것이 너무 불쌍한 기분이 들었다. 하지만 그는 아무것도 하지 않았다. 그러나, 돈이 없어 보였던 그 노숙자 여성은 가게 안으로 들어갔고 그 개를 위한 개 사료 한 캔을 샀지만 그녀 자신을 위한 것은 아무것도 사지 않았다. 그날 이후로, Jeffery는 어려움에 처한 사람들, 특히 아이들을 키우기 위해 고생하는 어머니들을 도와왔다. 그의 다른 모든 경험들에도 불구하고, 한 노숙자 여성이 친절을 보여주는 것을 본 것은 Jeffery의 삶을 완전히 바꾸었다.
어휘 worn 해진, 닳은 kindness 친절

08 정답 ⑤ another - those - its

해설 (A) 수식받는 명사 level이 단수명사이므로 another가 와야 한다. (불패전략 32)

(B) '스마트 홈 비서의 서비스들과 유사한'이라는 의미이므로 복수명사 services를 가리키는 복수대명사 those가 와야 한다. (불패전략 31)

(C) '음악에 대한 소셜 개인 로봇 도우미의 참여를 표현한다'라는 의미이므로 단수명사 a social personal assistant robot을 가리키는 단수대명사 its가 와야 한다. (불패전략 31)

해석 개인 로봇 도우미는 물건을 다루거나 심지어 움직일 수도 없는 장치이다. 대신, 그것들은 뚜렷한 사회적 실재감을 보이며 있고 눈, 귀 또는 입과 같이 사회적으로 상호 작용하는 그들의 능력을 연상시키는 시각적 특징을 가진다. 그들은 사람들을 의식하는 듯한 인상을 주어서, 더 단순한 기계들과 비교하여 그들을 친숙함의 또 다른 수준에 둔다. 비록 개인 로봇 도우미는 스마트 홈 비서의 것들과 유사한 서비스들을 제공하지만, 그들의 사회적 실재감은 소셜 로봇에 고유한 기회를 제공한다. 예를 들어, 사용자를 위해 음악을 재생하는 것에 더하여, 소셜 개인 로봇 도우미는 사용자가 로봇과 함께 음악을 듣고 있는 것처럼 느낄 수 있도록 음악에 대한 그것의 참여를 표현한다.

어휘 distinct 뚜렷한 presence 실재감, 존재 suggestive 연상시키는 interact 상호 작용하는 impression 인상 familiarity 친숙함 engagement 참여

09 정답 ④ them → it

해설 ④ '편견 없이 상호작용을 받아들이다'라는 의미이므로 them을 단수명사 a considerable degree of interaction을 가리키는 단수대명사 it으로 고쳐야 한다. (불패전략 31)

오답분석 ① 뒤에 주어(children's literary texts), 동사(are), 주격보어(formative, important)가 모두 있는 완전한 절이 왔으므로 명사절 접속사 that이 온 것은 적절하다. that ~ socially는 명사 a theory의 상세 내용을 설명하는 동격절이다. (불패전략 30)

② '그것 자신이 언젠가 되기를 바라는 것'이라는 의미로, wishes의 목적어가 주어 it(society)과 동일한 대상을 가리키므로 재귀대명사 itself가 온 것은 적절하다. (불패전략 33)

③ '텔레비전의 영향력보다'라는 의미이므로 단수명사 influence를 가리키는 단수대명사 that이 온 것은 적절하다. (불패전략 31)

⑤ of 뒤의 children's literary classics가 복수명사이므로 Many가 온 것은 적절하다. (불패전략 32)

해석 아동문학에서의 이념에 대한 관심은 아동문학 텍스트가 문화적으로 형성적이고 교육적으로, 지적으로, 그리고 사회적으로 중요하다는 이론에서 비롯된다. 아마도 다른 어떤 텍스트보다, 그것들은 사회가 보여지기를 바라는 것과 무의식적으로 그것 자신이 언젠가 되기를 바라는 것대로 사회를 반영한다. 당연히, 문학은 아이들의 삶에서 유일한 사회화 요인이 아니다. 예를 들어, 오늘날 책의 영향력은 텔레비전의 것보다 낮다고 주장하는 것도 가능하다. 그러나, TV 방송과 책들 사이에 상당한 수준의 상호작용이 일어나고, 우리는 편견 없이 그것을 받아들여야 한다. 소위 고전 아동 문학이라고 불리는 것들 중 많은 것들이 TV로 방영되고, 그 결과로 생긴 새로운 도서 판들은 텔레비전 시청이 그 이후의 독서를 장려할 수 있다는 것을 강하게 시사한다. 비슷하게, 어린이를 위한 몇몇 텔레비전 시리즈들은 책 형태로 출판된다.

어휘 ideology 이념 literary 문학의 formative 형성적인 intellectually 지적으로 unconsciously 무의식적으로 agent 요인 inferior to ~보다 낮은, 열등한 considerable 상당한 degree 수준, 정도 prejudice 편견 classic 고전 resultant 그 결과로 생긴 subsequent 그 이후의

10 정답 ② him → himself

해설 '그(Haffkine)는 그 자신에게 콜레라 백신을 실험했다'라는 의미로, 전치사 on의 목적어가 주어 he(Haffkine)와 동일한 대상을 가리키므로 him을 재귀대명사 himself로 고쳐야 한다. (불패전략 33)

오답분석 ① any는 수식하는 명사의 종류에 상관없이 쓸 수 있으므로, 단수명사 way 앞에 any가 온 것은 적절하다. (불패전략 32)

③ 주어 Haffkine이 '임명하는' 행위의 대상이므로 was 뒤에 수동태 동사를 만드는 appointed가 온 것은 적절하다. the director of the Plague Laboratory는 5형식 동사 appoint의 목적격보어이다. (불패전략 18)

④ 「devote + 목적어 + to(~하는 것에 (목적어)를 헌신하다/전념하다)」의 to는 전치사이므로 전치사의 목적어 자리에 올 수 있는 동명사 writing이 온 것은 적절하다. (CH 02 불패표현)

⑤ 뒤에 있는 진짜 목적어인 to부정사구 to adapt ~ the country를 대신하는 가목적어이므로 it이 온 것은 적절하다. (불패전략 31)

해석 Waldemar Haffkine은 1860년 3월 16일에 러시아의 오데사에서 태어났다. 1889년에, Haffkine은 Pasteur Institute에서 일하기 위해 파리로 갔고 콜레라 백신을 만들기 위해 어떤 방법이든 찾겠다고 맹세했다. 몇 차례의 동물실험을 거듭한 끝에, 동료로부터의 반대에도 불구하고, 그는 그의 목숨을 걸고 그 자신에게 콜레라 백신을 실험했다. 1893년 인도의 콜레라 유행 동안, 그는 캘커타로 가서 초기의 비판 이후에 널리 받아들여진 그의 백신을 소개했다. Haffkine은 봄베이에 있는 Plague Laboratory의 연구소장으로 임명되었다. 1914년 그의 은퇴 이후에, 그는 프랑스로 돌아와서 의학 저널에 글을 쓰는 데 전념했다. 그는 몇 년 후에 그의 고향인 오데사를 다시 방문했지만 그 나라에서의 혁명 이후의 엄청난 변화들에 적응하는 것이 어렵다고 여겼다. 그는 스위스로 이주했고 그의 인생의 마지막 2년 동안 그곳에 머물렀다.

어휘 vow 맹세하다 protest 반대 epidemic 유행, 유행병 initial 초기의 criticism 비판 appoint 임명하다 retirement 은퇴 tremendous 엄청난 revolution 혁명

11 정답 ③ one → ones

해설 ③ '어린 유기체들이 더 먼 장소로 퍼지도록 돕는다'라는 의미이므로 one을 복수명사 organisms를 가리키는 복수대명사 ones로 고쳐야 한다. (불패전략 31)

오답분석 ① '육지에 있는 지리적 경계들보다'라는 의미이므로 복수명사 boundaries를 가리키는 복수대명사 those가 온 것은 적절하다. (불패전략 31)

② of 뒤의 the ocean valleys가 복수명사이므로 each가 온 것은 적절하다. (불패전략 32)

④ 선행사인 wide areas가 복수명사이므로 주격 관계대명사 뒤에 복수동사 are가 온 것은 적절하다. (불패전략 13)

⑤ 수식받는 명사 nutrition이 불가산명사이므로 little이 온 것은 적절하다. (불패전략 32)

해석 주요 대양들은 모두 서로 연결되어 있기 때문에 육지에 존재하는 것들보다 지도에서 지리적 경계들이 덜 명확하다. 결과적으로, 그들의 생물 군집은 육지에 있는 것들보다 더 적은 뚜렷한 차이를 보인다. 각각의 대양 골짜기 안의 물은 천천히 순환하기 때문에 대양 자체는 계속해서 움직이고 있다. 이 움직이는 해류들은 해양 유기체들을 이곳저곳으로 옮기며, 또한 어린 것들이 더 먼 장소로 퍼지도록 돕는다. 게다가, 다른 지역의 환경들 사이의 해수 질량의 변화도는 매우 점진적이며 다른 조건에서 사는 매우 다양한 유기체들에 의해 서식되는 넓은 지역에 걸쳐 종종 확장된다. 그러나, 유기체의 이동에는 몇몇 자연적인 장벽이 있을 수도 있다. 예를 들어, 그들은 영양분이 거의 없거나 포식자가 너무 많은 지역에는 가지 않을지도 모른다.

어휘 geographical 지리적인 boundary 경계 landmass 육지
biota 생물 군집 continually 계속해서 marine 해양의
organism 유기체 gradient 변화도 inhabit 서식하다, 살다
barrier 장벽 movement 이동 nutrition 영양분

12 정답 ④ it → them

해설 ④ '당신의 감정들을 방출할지도 모른다'라는 의미이므로 it을 복수
명사 your feelings를 가리키는 복수대명사 them으로 고쳐야
한다. (불패전략 31)

오답
분석 ① '당신 자신을 완전히 분리하려고 노력해라'라는 의미로,
to separate의 목적어가 명령문의 생략된 주어인 you와 동일
한 대상을 가리키므로 재귀대명사 yourself가 온 것은 적절하
다. (불패전략 33)
② 뒤에 주어(you)와 동사(are feeling)만 있고 목적어가 없는 불완
전한 절이 왔으므로 what이 온 것은 적절하다. what ~ feeling
은 준동사 to understand의 목적어 역할을 하는 명사절이다.
(불패전략 30)
③ 분사구문의 의미상 주어 we가 '접하는' 행위의 주체이므로 현재
분사 encountering이 온 것은 적절하다. (불패전략 08)
⑤ 수식받는 relationships가 복수명사이므로 other가 온 것은 적
절하다. (불패전략 32)

해석 우리는 감정적으로 격앙되어 있을 때, 우리의 더 깊은 감정들을 숨
기기 위해 종종 분노를 사용하는데, 이는 진정한 해결을 가능하게
하지 않는다. 감정적으로 속상하게 하는 상황으로부터 당신 자신을
완전히 분리하려고 노력해라. 그것은 당신에게 당신이 진정으로 느
끼는 것을 더 잘 이해하는 데 당신이 필요로 하는 공간을 제공한다.
반면에, 우리는 우리가 감정들을 다룰 수 없도록 하는 상황을 접할
때 다른 사람들에게 감정들을 옮길지도 모른다. 예를 들어, 만약 당
신이 직장에서 성공적이지 못한 발표를 한다면, 당신은 사무실에서
당신의 감정들을 억누르고, 이후 그날 저녁에 집에 돌아오면 당신의
배우자와 싸움으로써 그것들을 방출할지도 모른다. 분명히, 당신의
분노는 집에서 비롯되지 않았지만, 당신은 그곳에서 그것을 방출했
다. 당신은 당신의 감정들을 완전히 이해하기 위해 적절한 시간을
가질 때, 가족, 친구들, 그리고 다른 가까운 관계들과의 유대를 강화
한다.

어휘 emotionally 감정적으로 charged 격앙된 resolution 해결
encounter 접하다, 마주치다 deal with ~을 다루다
unsuccessful 성공적이지 못한 suppress 억누르다, 참다
release 방출하다 spouse 배우자 originate 비롯되다
digest 완전히 이해하다, 소화하다 bond 유대

13 정답 (1) ⓓ every → all, ⓔ no → any, ⓖ it → itself
(2) other things but it needed another law to explain
its own origin

해설 (1) ⓓ 수식받는 existing bodies가 복수명사이므로 every를 all로
고쳐야 한다. (불패전략 32)
ⓔ 부정의 의미를 가진 어구 unable(~할 수 없는)이 문장에 이미
포함되어 있으므로 no를 any로 고쳐야 한다. (불패전략 32)
ⓖ '어떤 것이든 그것 스스로를 설명하는 것은 불가능하다'라는
의미로, to explain의 목적어가 to explain의 의미상 주어 for
anything의 anything과 동일한 대상을 가리키므로 it을 재귀
대명사 itself로 고쳐야 한다. (불패전략 33)

오답
분석 ⓐ of 뒤의 the philosophers가 복수명사이므로 many가 온 것은
적절하다. (불패전략 32)
ⓑ '중력 그 자체의 법칙'이라는 의미로, 단수명사 the law를 가리키
는 단수대명사 that이 온 것은 적절하다. (불패전략 31)
ⓒ 뒤에 오는 who ~ other의 수식을 받아 '~ 알고 싶어 하는 사람
들'이라는 의미이므로, '~한 사람들'이라는 의미의 those가 온 것
은 적절하다. (불패전략 31)

ⓕ 수식받는 fundamental laws and principles가 복수명사이므로
both가 온 것은 적절하다. (불패전략 32)

해설 (2) 복수명사인 things는 other로 수식하고, 단수명사인 law는
another로 수식한다. '뉴턴의 법칙 자체의 기원을 설명하기 위
해'라는 의미이므로 단수명사 Newton's law를 가리키는 단수
대명사 its를 쓴다. (불패전략 31, 32)

해석 과거의 많은 철학자들에 따르면 과학이 결코 모든 것을 설명할 수
없을 논리적인 이유가 있다. 무언가를 설명하기 위해서, 우리는 어
떤 다른 것을 참고해야 한다. 하지만 무엇이 첫 번째 것을 설명할까?
이를 설명하기 위해, 뉴턴이 중력의 법칙을 사용하여 다양한 범위
의 사건들을 설명했다는 것을 떠올려봐라, 그러나 중력 그 자체의
것은 무엇이 설명할 수 있는가? 왜 존재하는 모든 물체들이 서로에
게 중력을 가하는지 알고 싶어하는 사람들에게 우리는 무엇을 말해
주어야 하는가? 뉴턴은 이 질문에 대해 어떤 대답도 제공할 수 없었
다. 뉴턴의 과학에서, 중력의 법칙은 근본 원칙이었다. 뉴턴의 법칙
은 다른 것들을 설명했지만 그것의 기원을 설명하기 위해 다른 법칙
이 필요했다. 미래의 과학이 아무리 많은 것을 설명할 수 있을지라
도, 그것이 제공하는 설명은 기본적인 법칙들과 원칙들을 둘 다 사
용해야 할 것이다. 어떤 것이든 그것 스스로를 설명하는 것은 불가
능하기 때문에, 적어도 이러한 법칙과 원칙들 중 몇몇은 영원히 설
명되지 않은 채로 남아 있을 것이다.

어휘 logical 논리적인 refer to ~을 참고하다 recall 떠올리다
diverse 다양한 law of gravity 중력의 법칙
gravitational 중력의 fundamental 근본적인 principle 원칙
origin 기원

CHAPTER 08 형용사·부사·비교구문

불패
전략 **34** 형용사 자리와 부사 자리를 구별하라! 본책 p.126

1 정답 **relatively**

해설 '상대적으로 적은 양의 플라스틱'이라는 의미로 뒤에 있는 형용사
small을 수식하므로 부사 relatively가 와야 한다.

해석 우리는 상대적으로 적은 양의 플라스틱을 모으기 위해 엄청난 양의
바닷물을 여과해야 한다.

어휘 filter 여과하다 relatively 상대적으로

Check up!

1 정답 **full**

해설 '복잡한 언어로 가득 찬 그의 소설들'이라는 의미로 앞에 있는 명사
구 his novels를 수식하므로 형용사 full이 와야 한다.

해석 James Joyce는 상징적인 작가였지만, 복잡한 언어로 가득 찬 그의
소설들은 대부분의 독자들에게 읽기가 쉽지 않다.

어휘 iconic 상징적인

2 정답 **easily**

해설 '쉽게 알아볼 수 있는'이라는 의미로 뒤에 있는 형용사 recognizable
을 수식하므로 부사 easily가 와야 한다.

해석 빙하에 의한 지반의 침식과 침식된 물질들의 침전물들은 특징적이
고 쉽게 알아볼 수 있다.

어휘 erosion 침식 glacier 빙하 deposit 침전물
recognizable 알아볼 수 있는

3 정답 **pleasant**

해설 seem은 주격보어를 취하는 동사이므로 형용사 pleasant가 와야 한다. how로 인해 주격보어가 절 앞으로 도치되었다.

해석 냄새를 맡을 수 있는 능력이나, 그것이 얼마나 쾌적하게 보이는지에 관련하여, 개인들 간에 차이가 있다.

어휘 odour 냄새, 악취

4 정답 **automatically**

해설 '자동으로 조절하다'라는 의미로 뒤에 있는 동사 regulates를 수식하므로 부사 automatically가 와야 한다.

해석 세탁은 이제 자동으로 물을 조절하고, 세제를 측정하고, 씻고, 헹구는 기계에 의해 행해진다.

어휘 detergent 세제

5 정답 **helpless**

해설 render는 목적격보어를 취하는 동사이므로 목적어 students 뒤에 형용사 helpless가 와야 한다.

해석 이해를 동반하지 않은 수학 기술의 설명은 학생들이 그 설명으로부터 이익을 얻는 데 무력하게 만든다.

어휘 instruction 설명

6 정답 **subtle**

해설 be동사 is는 주격보어를 취하는 동사이므로 형용사 subtle이 와야 한다. as ~ silent는 「as + 원급 + as」 형태의 비교구문이다.

해석 때때로 누군가 거짓말을 한다는 조짐은 조용히 있는 것처럼 미묘하다.

어휘 indication 조짐, 암시   subtle 미묘한

7 정답 **forcefully**

해설 '강하게 제한한다'라는 의미로 앞에 있는 동사 limit을 수식하므로 부사 forcefully가 와야 한다.

해석 동시에, 우리는 예술가들이 보통 재료의 선택과 표현의 형태에 의해 그들 자신을 꽤 강하게 제한한다는 것을 안다.

PRACTICE

본책 p.127

01 정답 **direct → directly**

해설 '직접적으로 명시하다'라는 의미로 앞에 있는 동사 state를 수식하므로 direct를 부사 directly로 고쳐야 한다. as ~ can은 「as + 원급 + as」 형태의 비교구문이다.

해석 만약 당신이 이메일을 통해 제안이나 요청을 거절해야 한다면, 당신이 할 수 있는 한 직접적으로 당신의 답변을 명시해서 오해의 여지가 없도록 해라.

어휘 state 명시하다   room for ~의 여지

02 정답 **uniformly → uniform**

해설 be동사 was는 주격보어를 취하는 동사이므로 uniformly를 형용사 uniform으로 고쳐야 한다. 형용사 주격보어 uniform이 문장 앞으로 와서 동사(was)와 주어(the loyalty)가 도치되었다.

해석 로마 왕의 군대에 대한 충성심이 한결같았기 때문에, 정말, 한 군인이 반란을 일으켰을 때 꽤 주목할 만했다.

어휘 loyalty 충성심   noteworthy 주목할 만한   rebel 반란을 일으키다

03 정답 **instant → instantly**

해설 '즉시 보상받지 못하다'라는 의미로 동사 are not rewarded를 수식하므로 instant를 부사 instantly로 고쳐야 한다.

해석 우리는 노력하고 즉시 보상받지 못할 때, 우리가 시작하기 전에 그랬던 것보다 실제로 더 나쁘게 느끼게 된다.

어휘 instantly 즉시   wind up 처하게 되다

04 정답 **honestly → honest**

해설 목적격보어를 취하는 5형식 동사 keep의 수동태 be kept 뒤에는 목적격보어가 와야 하므로 honestly를 형용사 honest로 고쳐야 한다.

해석 적대적인 관계에서 의사소통이 작용하도록 하기 위해, 메시지들은 전반적으로 정직하게 유지되어야 한다.

어휘 adversarial 적대적인

05 정답 ① **eagerly → eager**

해설 ① '성공하기를 열망하는 기업'이라는 의미로 앞에 있는 명사구 A newly established business를 수식하므로 eagerly를 형용사 eager로 고쳐야 한다.
② '기본적으로 공짜 돈을 번다'라는 의미로 동사 are earning을 수식하므로 부사 basically가 온 것은 적절하다.

해석 성공하기를 열망하는 새롭게 설립된 기업은 그들이 할 수 있는 한 많은 사람을 고용하는 것보다는 그들이 할 수 있는 한 최고의 사람들을 고용해야 한다. 만약 기업이 더 적은 직원들로부터 더 많은 생산량을 얻을 수 있다면, 그들은 기본적으로 공짜 돈을 버는 것이다.

어휘 eager 열망하는   production 생산량   earn 벌다

06 정답 ② **possibly → possible**

해설 ① seem은 주격보어를 취하는 동사이므로 형용사 obvious가 온 것은 적절하다.
② make는 목적격보어를 취하는 동사이므로 가목적어 it 뒤에 possibly를 형용사 possible로 고쳐야 한다.

해석 자연이 더 약한 것들로부터 더 강한 종들을 분리하는 것은 분명해 보인다. 따라서, 굶주림은 더 큰 다양성의 이익을 달성하는 것을 가능하게 하는 한 과정이다.

어휘 obvious 분명한, 명백한   starvation 굶주림

07 정답 **(1) ⓐ significantly → significant**
(2) Walking into a classroom is a good experience but feels greatly overwhelming

해설 (1) ⓐ '더 중요한 날'이라는 의미로 앞에 있는 명사구 a day를 수식하므로 significantly를 형용사 significant로 고쳐야 한다. more ~ then은 「비교급 + than」 형태의 비교구문이다.
ⓑ 부사절 접속사 뒤의 「주어 + be동사」는 생략할 수 있으므로, 부사절 접속사 wherever 뒤에 형용사 available이 온 것은 적절하다.
(2) feel은 주격보어를 취하는 동사이므로 형용사 overwhelming을 쓴다. '매우 부담스러운'이라는 의미로 형용사 overwhelming을 수식하는 부사 greatly를 쓴다.

해석 많은 아이들에게, 학교의 첫날은 그 이전의 다른 어떤 날보다 더 중요한 날이다. 교실 안으로 걸어 들어가는 것은 좋은 경험이지만 매우 부담스럽게 느껴진다. 선생님들은 그들에게 약간의 통제권을 줌으로써 이러한 변화를 더 쉽게 만들도록 도울 수 있다. 그들은 하루의 일정을 검토하면서 시간을 보낼 수 있으며, 할 수 있는 어디에서든 학생들에게 그 일정에서의 선택권을 줄 수 있다.

어휘 significant 중요한   overwhelming 부담스러운
transition 변화, 이행

본책 p.128

1 정답 close
해설 be동사 are는 주격보어를 취하는 동사이므로 형용사 close가 와야 한다.

해석 숙련된 음악가들은 그 음악을 제대로 연주하는 것에 그들이 얼마나 가까운지 알 수 있도록 그들 자신을 주의 깊게 듣는다.

어휘 skilled 숙련된, 노련한

Check up!

1 정답 free
해설 feel은 주격보어를 취하는 동사이므로 형용사 free가 와야 한다.

해석 수업에 대한 더 많은 정보를 위해, 언제든지 (215) 8393-6047로 저희에게 문의하세요.

2 정답 hardly
해설 '거의 관심을 끌지 않았다'라는 의미로 동사 appealed를 수식하므로 '거의 ~ 않다'라는 뜻의 부사 hardly가 와야 한다.

해석 도로 위에서 세 시간 동안 운전한 후에, Jonas는 끝없는 농경지 외에는 아무것도 보지 못했는데, 그것은 광활했지만 그에게 거의 관심을 끌지 않았다.

어휘 agricultural 농업의 vast 광활한 appeal 관심을 끌다

3 정답 short
해설 keep은 목적격보어를 취하는 동사이므로 목적어 their campaign slogan 뒤에 형용사 short가 와야 한다.

해석 정치 후보들에게 있어, 만약 그들이 사람들이 그것을 기억하기를 원한다면 그들의 선거 슬로건을 짧게 유지하는 것은 중요하다.

4 정답 deadly
해설 '치명적인 힘'이라는 의미로 뒤에 있는 명사 power를 수식하므로 '치명적인'이라는 뜻의 형용사 deadly가 와야 한다. deadly는 -ly로 끝나지만 부사가 아니라 형용사이다.

해석 파도는 매우 치명적인 힘을 가질 수 있고, 쓰나미의 경우에, 그것들은 자동차들을 쉽게 내던지며 건물들과 도시들을 파괴할 수 있다.

어휘 deadly 치명적인 tsunami 쓰나미 toss 내던지다

5 정답 near
해설 '석양이 가까이 드리우다'라는 의미인 것이 자연스러우므로 '가까이'라는 뜻의 부사 near가 와야 한다. nearly는 '거의, 친밀하게'라는 뜻의 부사이다.

해석 석양이 가까이 드리웠을 때 그녀는 그녀의 집 뒤의 흙길을 따라 맨발로 달렸다.

어휘 barefoot 맨발로 along ~을 따라

6 정답 deep
해설 make는 목적격보어를 취하는 동사이므로 목적어 their poetry 뒤에 형용사 deep이 와야 한다.

해석 많은 시인들은 그들의 시를 깊게 만드는 고난과 트라우마를 경험해 왔다.

어휘 struggle 고난, 투쟁

7 정답 old enough
해설 '충분히 오래'라는 의미로 형용사 old를 수식하므로, enough가 old 뒤에 와야 한다. 따라서 old enough가 와야 한다.

해석 만약 소문이 충분히 오래되었다면, 그것은 '전통'이라고 불리기 시작하고, 사람들은 그것을 더욱더 믿는다.

PRACTICE

본책 p.129

01 정답 O
해설 '매우 문제가 많다'라는 의미로 뒤에 있는 형용사 problematic을 수식하므로 '매우'라는 뜻의 부사 deeply가 온 것은 적절하다.

해석 비록 때때로 성공적이기는 하지만, 자기 자신에게 실험하는 것은 여전히 매우 문제가 많다.

어휘 deeply 매우 problematic 문제가 있는[많은]

02 정답 late → lately
해설 '최근에 힘든 시기를 겪고 있는'이라는 의미로 앞에 있는 분사구 going through a tough time을 수식하므로 late를 '최근에'라는 뜻의 부사 lately로 고쳐야 한다.

해석 최근에 힘든 시기를 겪고 있는 직원들은 정부에 의해 시행된 몇 가지 세금 우대 조치들로 약간의 위안이 주어졌다.

어휘 tax break 세금 우대 조치 initiate 시행하다, 착수시키다

03 정답 high → highly
해설 '매우 반복되는'이라는 의미로 뒤에 있는 형용사 repetitive를 수식하므로 high를 '매우'라는 뜻의 부사 highly로 고쳐야 한다.

해석 로봇은 특히 매우 반복되는 간단한 동작들에 능숙한데, 이는 그것들이 공장에서 작업을 위해 자주 사용되는 이유이다.

어휘 labor 작업, 노동

04 정답 O
해설 '오랫동안 알고 있었다'라는 의미로 동사 have known을 수식하므로 '오랫동안'이라는 뜻의 부사 long이 온 것은 적절하다. long은 형용사와 부사 둘 다로 쓸 수 있는 단어이다.

해석 우리는 최근 몇 년 동안 정서 지능의 중요성을 인식하기 시작한 반면, IQ와 이성적 지능에 대해서는 오랫동안 알고 있었다.

어휘 appreciate 인식하다, 진가를 알아보다 rational 이성적인

05 정답 ② closely → close
해설 ① become은 주격보어를 취하는 동사이므로 형용사 likely가 온 것은 적절하다. likely는 -ly로 끝나지만 부사가 아니라 형용사이다.
② '자세히 살펴보다(take a look)'라는 의미로 뒤에 있는 명사 look을 수식하므로 closely를 형용사 close로 고쳐야 한다.

해석 많은 개인들의 집합적인 작업은 특정 발견이 가능해지거나 장기적으로 더 가능성이 있게 되는 지식의 집적을 생산한다. 만약 당신이 정보의 모음을 자세히 살펴보면 당신은 몇몇 놀라운 결과들을 발견할지도 모른다.

어휘 collective 집합적인, 집단의 corpus 집적, 지성 finding 결과

06 정답 ② hardly → hard
해설 ① '오랫동안 반영된'이라는 의미로 분사 reflected를 수식하므로 '오랫동안'이라는 뜻의 부사 long이 온 것은 적절하다. long은 형용사와 부사 둘 다로 쓸 수 있는 단어이다.
② '강하게 밀어붙여 오다'라는 의미로 앞에 있는 동사 has pushed를 수식하므로 hardly를 '세게'라는 뜻의 부사 hard로 고쳐야 한다. hardly는 '거의 ~ 않다'라는 뜻의 부사이다.

해석 Marilyn Strathern이 말했듯이, '정치적'이라는 개념은 서양의 개념에 오랫동안 반영된 편향이다. 서양은 수년 동안 그들의 체계를 세게 밀어붙여 와서 많은 국가들이 이제 서구화되었다.

어휘 bias 편향, 편견

07 정답 **(1) ⓑ closely → close**
(2) if you live near enough to older relatives

해설 (1) ⓐ '그렇게 많은'이라는 의미로 뒤에 있는 형용사 much를 수식하므로 '그렇게, 그 정도로'라는 뜻의 부사 that이 온 것은 적절하다. that은 형용사와 부사 둘 다로 쓸 수 있는 단어이다.
ⓑ '가까운 관계'라는 의미로 뒤에 있는 명사 relationships를 수식하므로 closely를 형용사 close로 고쳐야 한다.
(2) '충분히 가까이'라는 의미로, '가까이'라는 뜻의 부사 near를 수식하는 enough는 near 뒤에 써야 하므로 near enough로 쓴다.

해석 몇몇 노인들은 가까운 누구와도 교류하지 않고 몇 주, 몇 달, 혹은 심지어 몇 년을 보낸다. 하지만 만약 노인들이 그렇게 많은 시간을 혼자 보낸다면 그들은 우울증에 빠지거나 신체적으로 아플 수도 있다. 이것이 노인들이 정서적 행복을 이루는 데 더 중점을 두며, 가까운 관계를 우선시해야 하는 이유이다. 더욱이, 몇몇 전문가들은 만약 당신이 나이 든 친척들과 충분히 가까이 산다면, 당신은 당신이 할 수 있을 때마다 그들을 방문하도록 노력해야 한다고 조언한다.

어휘 senior 노인 depression 우울증 unwell 아픈
prioritize 우선시하다

불패 전략 36 most와 almost, so와 such의 쓰임을 구별하라! 본책 p.130

1 정답 **most**
해설 '대부분의 책임'이라는 의미로 명사 responsibility를 수식하므로 형용사 most가 와야 한다.
해석 만약 음식이 상한다면, 영국 정부는 대부분의 책임을 생산자들이 아니라 소비자들에게 전가한다.
어휘 go bad 상하다, 나빠지다

2 정답 **such**
해설 '그런 환경세들'이라는 의미로 명사 green taxes를 수식하므로 such가 와야 한다.
해석 그런 환경세들의 많은 예시들이 존재하며, 기업들이 대체 에너지원을 찾게 만든다.
어휘 green tax 환경세 alternative 대체의

Check up!

1 정답 **so**
해설 '매우 정밀하게'라는 의미로 부사 precisely를 수식하므로 so가 와야 한다.
해석 오늘날까지, 중국의 만리장성이 현대 기계의 사용 없이 매우 정밀하게 건설되었다는 것은 역사학자들을 놀라게 한다.

2 정답 **almost**
해설 '거의 현재의'라는 의미로 형용사 present를 수식하므로 부사 almost가 와야 한다.
해석 동물들이 육지로 처음 퍼졌을 때인 약 3억 7천만 년 전에 산소는 지구상에서 거의 현재의 수준까지 상승했다.
어휘 oxygen 산소

---

3 정답 **such**
해설 '그런 특정한 관점'이라는 의미로 「형용사 + 명사」 a specific viewpoint를 수식하므로 such가 와야 한다.
해석 만약 우리가 무언가가 '이 방식으로' 또는 '저 방식으로' 되기를 원한다면, 우리는 그런 특정한 관점을 지지하는 방식으로 확실히 증거를 마련할 수 있다.
어휘 arrange 마련하다, 정리하다 specific 특정한 viewpoint 관점

4 정답 **most**
해설 '대부분의 신입자들'이라는 의미로 명사 newcomers를 수식하므로 형용사 most가 와야 한다.
해석 나는 대부분의 신입자들이 몇 달 후에 결국 동아리에서 탈퇴한다는 것을 알지만, 그녀는 다를 것이라고 생각했다.
어휘 newcomer 신입자 eventually 결국

5 정답 **So**
해설 '매우 복잡한'이라는 의미로 형용사 complex를 수식하므로 So가 와야 한다. 형용사 주격보어 complex가 문장 앞으로 와서 동사(is)와 주어(the mathematical equation)가 도치되었다.
해석 그 수학 방정식은 매우 복잡해서 학자들이 해답을 알아내는 데 10년 이상이 걸렸다.
어휘 equation 방정식 academic 학자, 교수

6 정답 **such**
해설 '그런 끊임없는 싸움'이라는 의미로 「형용사 + 명사」 ceaseless fights를 수식하므로 such가 와야 한다.
해석 라이트 형제는 그것들을 즐겼기 때문에 그런 끊임없는 싸움을 했다.
어휘 ceaseless 끊임없는

7 정답 **Most**
해설 '신호의 다양한 형태들 중 대부분'이라는 의미로 명사구 the various forms를 수식하므로 of 앞에 '대부분'이라는 뜻의 대명사 Most가 와야 한다.
해석 다른 종의 동물들에 의해 사용되는 신호의 다양한 형태들 중 대부분은 아직 과학자들에 의해 발견되지 않았다.
어휘 identify 발견하다, 확인하다

PRACTICE 본책 p.131

01 정답 **most → almost**
해설 '거의 모든'이라는 의미로 형용사 every를 수식하므로 most를 부사 almost로 고쳐야 한다.
해석 이것이 궁극적으로 관련된 모든 이들에게 더 많은 이익을 가져다주기 때문에 거의 모든 산업의 기업들은 함께 무리를 이루게 되는 경향이 있다.
어휘 firm 기업 cluster 무리를 이루다 ultimately 궁극적으로

02 정답 **so → such**
해설 '매우 큰 짖는 소리와 고함소리'라는 의미로 「형용사 + 명사구」 loud barking and yelling을 수식하므로 so를 such로 고쳐야 한다.
해석 새로 문을 연 반려견 공원의 매우 큰 짖는 소리와 고함소리 때문에 나는 밤에 나의 아파트에서 쉴 수 없다.

03 정답 **almost → most**
해설 '대부분의 목표 관객'이라는 의미로 명사구 the target audience를 수식하므로 of 앞에 almost를 '대부분'이라는 뜻의 대명사 most로

고쳐야 한다.

해석 영화 속의 외국어 대화가 자막 처리되어 있지 않아서, 대부분의 목표 관객이 이해할 수 없는 경우들이 있다.

어휘 occasion 경우 subtitle 자막 처리를 하다
incomprehensible 이해할 수 없는

04 정답 such → so

해설 '매우 심한 화상'이라는 의미이므로, 「so + 형용사 + a + 단수명사」 형태가 되도록 such를 so로 고쳐야 한다.

해석 불이 꺼진 후에, 그 소방관은 그가 매우 심한 화상을 입어서 입원해야 한다는 것을 깨달았다.

어휘 extinguish 끄다 hospitalize 입원시키다

05 정답 ② so → such

해설 ① '대부분의 지역 광고'라는 의미로 명사구 local advertising을 수식하므로 형용사 most가 온 것은 적절하다.
② '그런 계획'이라는 의미로 명사 a plan을 수식하므로 so를 such로 고쳐야 한다.

해석 그 도시는 대부분의 지역 광고가 이루어지는 더 많은 광고판들을 세우기로 결정했지만, 그것들은 우리 마을의 자연미를 해친다. Sunnyville의 주민으로서, 나는 그런 계획은 받아들일 수 없다고 생각해서, 시의회가 지역사회의 우려에 귀를 기울일 것을 촉구한다.

어휘 billboard 광고판 disrupt 해치다, 방해하다
unacceptable 받아들일 수 없는 council 시의회

06 정답 ① most → almost

해설 ① '거의 멀지 않은'이라는 의미로 뒤에 있는 형용사 near를 수식하므로 most를 부사 almost로 고쳐야 한다.
② '매우 놀라운'이라는 의미로 형용사 remarkable을 수식하므로 So가 온 것은 적절하다. 형용사 주격보어 remarkable이 문장 앞으로 와서 동사(is)와 주어(this achievement)가 도치되었다.

해석 20세기 동안의 농업 생산량의 엄청난 향상은 기근을 거의 멀지 않은 근절까지 몰아냈다. 이 업적은 매우 놀라워서 그 진보에 기여한 많은 사람들이 노벨상을 받았다.

어휘 yield 생산량, 산출량 banish 몰아내다 famine 기근
eradication 근절, 박멸 contribute to ~에 기여하다

07 정답 (1) ⓑ so → such
(2) stars and planets played so important a role,
stars and planets played such an important role

해설 (1) ⓐ '대부분의 문명'이라는 의미로 명사 civilizations를 수식하므로 형용사 most가 온 것은 적절하다.
ⓑ '그런 실용적인 목적들'이라는 의미로 「형용사 + 명사」 practical purposes를 수식하므로 so를 such로 고쳐야 한다.
(2) 「so + 형용사 + a/an + 단수명사」는 「such + a/an + 형용사 + 단수명사」로 바꿔 쓸 수 있으므로, 두 문장에 각각 so important a role과 such an important role을 쓴다.

해석 사회의 발전에 있어서, 별들과 행성들은 매우 중요한 역할을 했다. 사실, 대부분의 문명은 농사짓고, 자원을 모으고, 세계를 항해하는 것에의 도움을 위해 밤하늘에 의존했다. 심지어 현대에도, 지구의 외딴 지역에 있는 많은 사람들은 그런 실용적인 목적들로 밤하늘을 관찰한다.

어휘 civilization 문명 resource 자원 navigate 항해하다
practical 실용적인

1 정답 as

해설 앞에 as와 원급 surely가 있으므로 as가 와야 한다.

해석 워싱턴 국립 대성당이 지역 사회 교회와 다른 것과 마찬가지로 틀림없이, 미학적 건축물은 일반 건물들과 다르다.

어휘 aesthetic 미학적, 심미적

Check up!

1 정답 than

해설 '~보다'라는 의미로 비교급 higher 뒤에 와야 하므로 than이 와야 한다.

해석 재사용할 수 있는 장바구니와 같은 저공해 상품들은 주류 제품들의 것보다 더 높은 재료 비용을 수반한다.

어휘 involve 수반[포함]하다 mainstream 주류의

2 정답 best

해설 '가장 좋은 균형'이라는 의미인 것이 자연스러우므로 '가장 좋은'이라는 뜻의 최상급 best가 와야 한다. most는 '가장 많은'이라는 뜻의 최상급이다.

해석 각각의 사람은 그들의 이상적인 일정과 그들의 통근 중에 그들이 겪을 혼잡함 사이에서 가장 좋은 균형을 만든다.

어휘 trade-off 균형 congestion 혼잡함 commute 통근

3 정답 very

해설 원급 few를 수식하므로 very가 와야 한다.

해석 우리는 우리의 고객들로부터 매우 적은 불평들을 받아서, 지금 고객 서비스 교육은 필요하지 않다.

4 정답 as

해설 앞에 as와 원급 fundamental이 있으므로 as가 와야 한다.

해석 무엇이 빅뱅을 일으켰는지 알아내는 것은 지구에서 어떻게 생명체가 시작되었는지 발견하는 것만큼 과학자들 사이에서 근본적인 문제이다.

어휘 fundamental 근본적인

5 정답 less

해설 '덜 우울하게'라는 의미로 뒤에 than이 있으므로 비교급 less가 와야 한다.

해석 약물 치료에 덧붙여 상담사와 대화하는 것은 사람들이 그저 혼자 참는 것보다 대부분의 경우 훨씬 덜 우울하게 느끼도록 돕는다.

어휘 counselor 상담사 medication 약물 치료

6 정답 as

해설 앞에 as와 원급 gifted가 있으므로 as가 와야 한다.

해석 젊은 환경 운동가인 Greta Thunberg는 역사상 최고의 연설가들 중 몇몇만큼 설득력 있는 연설술에 재능이 있다.

어휘 persuasive 설득력 있는 orator 연설가, 웅변가

7 정답 much

해설 비교급 more complex를 수식하므로 비교급을 강조하는 much가 와야 한다.

해석 반려동물을 소유하는 것은 단순히 동물에게 먹이를 주고 쉴 곳을 제공하는 것보다 훨씬 더 복잡하다.

어휘 shelter 쉴 곳을 제공하다

01 정답 **O**

해설 '~보다'라는 의미로 비교급 further 뒤에 와야 하므로 than이 온 것은 적절하다.

해설 만약 당신이 잘 쉬었다면, 카페인의 가벼운 자극은 10분 동안 걷는 것보다 당신의 기억 수행에 더 이상의 향상을 제공하지 않는다.

어휘 mild 가벼운　stimulation 자극

02 정답 **last → latest**

해설 '최신의 모델'이라는 의미인 것이 자연스러우므로 last를 '최신의'라는 뜻의 최상급 latest로 고쳐야 한다. last는 '지난, 마지막의, 마지막에'라는 뜻의 최상급이다.

해설 Steven은 항상 가장 최신의 휴대폰을 사용하는 것을 좋아하기 때문에, 휴대폰이 나올 때마다, 가게에서 최신의 모델을 사러 간다.

03 정답 **very → much/far/even/still/a lot 등**

해설 비교급 greater를 수식하므로 very를 비교급을 강조하는 much/far/even/still/a lot 등으로 고쳐야 한다.

해설 베스트셀러 작가 Yuval Noah Harari는 "우리는 그것을 이해하려고 노력하는 것보다 세상을 통제하려고 노력하는 것에 훨씬 더 많은 시간과 노력을 소비한다"고 말한다.

04 정답 **much → more**

해설 '더 관련이 있다'라는 의미인 것이 자연스러우며 뒤에 than이 있으므로 much를 비교급 more로 고쳐야 한다.

해설 합리적인 결정을 내리는 우리의 능력은 우리의 논리적 사고보다 우리의 사회적 상호작용과 더 관련이 있다.

어휘 reasonable 합리적인　logical 논리적인

05 정답 **① as → than**

해설 ① '~보다'라는 의미로 비교급 more quickly 뒤에 와야 하므로 as를 than으로 고쳐야 한다. as ~ news의 as는 비교구문의 as가 아닌 '~로(서)'라는 뜻의 전치사이다.
② '가장 멀리 간다'라는 의미인 것이 자연스러우므로 '가장 멀리'라는 뜻의 최상급 furthest가 온 것은 적절하다.

해설 흥미롭게도, 생각은 증명된 사실보다 더 빨리 소문이나 나쁜 소식으로 퍼진다. 대부분의 상황에서, 그 생각은 더 충격적이고 끔찍할 때 가장 멀리 간다.

어휘 rumor 소문　proven 증명된

06 정답 **② better → good**

해설 ① 비교급 more를 수식하므로 비교급을 강조하는 even이 온 것은 적절하다.
② 앞뒤에 원급 비교구문 as ~ as가 있으므로 better를 원급 good으로 고쳐야 한다.

해설 귀신 이야기들은 만약 그것들이 아주 무섭다면 말하기에 재미있고, 만약 당신이 그것들이 사실이라고 주장한다면 훨씬 더 그렇다. 그것들을 이야기하는 것은 다른 어떤 기적 이야기들과 전설들만큼 친구들과 가족들 사이에서 공유하기 좋은 취미이다.

어휘 claim 주장하다　pastime 취미

07 정답 **(1) ⓑ as → than**
(2) we would know far less about ancient cultures than we know

해설 (1) ⓐ '최고의 문학 텍스트'라는 의미이므로 '최고의'라는 뜻의 최상급 best가 온 것은 적절하다.
ⓑ '~보다'라는 의미로 비교급 better 뒤에 와야 하므로 as를 than으로 고쳐야 한다.

(2) '~보다 훨씬 더 적게'라는 의미로 비교급 less와 than을 쓰고, 비교급 less는 far로 강조한다.

해설 우리에게 고대 문명의 문화에의 통찰력을 주는 것에 관한 한 영수증과 청구서는 최고의 문학 텍스트와 같다. 그런 거래의 기록을 연구하는 것은 사회가 어떻게 작동했는지 이해하는 데 동굴 벽화들을 보는 것보다 훨씬 더 좋다. 만약 그러한 기록들이 없다면, 우리는 지금 우리가 아는 것보다 고대 문명들에 대해 훨씬 더 적게 알 것이다.

어휘 receipt 영수증　literary 문학의　insight 통찰력 transaction 거래

불패 표현　**비교구문 관련 표현**　　　　　本책 p.134

1 해석 럭비에서, 코치들은 초보 선수들에게 가능한 한 안전하게 상대방을 태클하는 방법을 가르친다.

어휘 athlete 선수, 운동선수

2 해석 맹목적인 신뢰는 전혀 신뢰가 없는 것만큼 많은 곤경에 우리를 빠뜨릴 것이다.

어휘 blind 맹목적인, 눈이 먼

3 해석 낯선 대상에 마주하게 되면, 동물은 얼어붙을지도 모르지만, 만약 아무 일도 일어나지 않는다면, 머지않아 그것은 그것의 활동을 계속할 것이다.

4 해석 어느 물체든 열은 표면에서 손실되기 때문에, 표면적이 더 많을수록, 당신은 따뜻하게 있기 위해 더 열심히 노력해야 한다.

5 해석 업무 스트레스를 예방하거나, 적어도, 완화하는 것은 경영진의 책임이다.

어휘 responsibility 책임　management 경영진

6 해석 아르헨티나는 국토 면적과 수역을 합치면 여덟 번째로 가장 큰 국가이다.

7 해석 부모들은 그들의 아이의 웃음소리가 가장 아름다운 소리라고 말한다.
= 부모들은 어떤 다른 소리도 그들의 아이의 웃음소리만큼 아름답지 않다고 말한다.
= 부모들은 어떤 다른 소리도 그들의 아이의 웃음소리보다 더 아름답지 않다고 말한다.

---

01 정답 **clearest → clear**

해설 '가능한 한 ~한'이라는 의미로 「as + 원급 + as possible」을 써야 하므로, clearest를 원급 clear로 고쳐야 한다.

해설 새로운 상품에 대해 발표할 때, 구상과 설명은 가능한 한 명확해야 한다.

어휘 description 설명

02 정답 **rarer → rarest**

해설 '몇 번째로 가장 ~한'이라는 의미로 「the + 서수 + 최상급」을 써야 하므로, rarer를 최상급 rarest로 고쳐야 한다.

해설 1967년에 호주에서 처음 발견된 무스그라바이트는 세계에서 다섯 번째로 가장 희귀한 원석인데, 캐럿당 약 35,000달러의 값어치이다.

어휘 gemstone 원석

03 정답 **strong → stronger**

해설 '점점 더 ~해지다'라는 의미로 「get + 비교급 + and + 비교급」을 써야 하므로, strong을 비교급 stronger로 고쳐야 한다.

해석 몇몇 사람들은 달리기와 같은 유산소 운동을 함으로써, 운동 순서에 웨이트 트레이닝을 추가하지 않고도 몸이 점점 더 튼튼해진다고 생각한다.

어휘 aerobic 유산소의 routine 순서, 관례

04 정답 **O**

해설 '가능한 한 가장 ~한'이라는 의미로 「the + 최상급 + possible」을 써야 하므로 possible이 온 것은 적절하다.

해석 우리는 모두 우리의 뇌가 가능한 한 가장 합리적인 방법으로 정보를 분류한다고 믿고 싶어 한다.

어휘 sort through 분류하다, 자세히 살펴보다 rational 합리적인

05 정답 **O**

해설 '…의 몇 배만큼 ~한'이라는 의미로 「배수사 + as + 원급 + as」를 써야 하므로 as가 온 것은 적절하다.

해석 현재, 모든 인간들을 합친 것은 총 킬로그램의 관점에서 모든 들소들과 코끼리들을 합친 것의 350배만큼 보다 더 무게가 나간다.

어휘 gross 총, 모두 bison 들소

06 정답 **① as → than**

해설 ① '어떤 다른 (단수명사)보다도 더 ~한'이라는 의미로 「비교급 + than any other + 단수명사」를 써야 하므로 as를 than으로 고쳐야 한다.
② '…보다 늦지 않게, …까지는'이라는 의미로 no later than을 쓰므로 no later than이 온 것은 적절하다.

해석 안나푸르나는 세계의 다른 어떤 8,000미터 등반보다 더 힘들다. 심지어 좋은 날씨에도 그것은 극도로 위험하다. 등산객들은 봄 시즌을 맞아 4월까지는 40일간의 도보 여행을 시작할 것을 권장받고 있다.

어휘 Annapurna 안나푸르나(네팔 북부의 히말라야산맥의 산) climb 등반, 등산

07 정답 **(1) ⓑ greater → great**
(2) the more messages we send and receive, the more servers we need

해설 (1) ⓐ '가장 ~한 (복수명사)들 중 하나'라는 의미로 「one of the + 최상급 + 복수명사」를 써야 하므로 최상급 biggest가 온 것은 적절하다.
ⓑ '어떤 다른 (단수명사)도 …만큼 ~하지 않다'라는 의미로 「no (other) + 단수명사 - as + 원급 + as」를 써야 하므로 greater를 원급 great으로 고쳐야 한다.
(2) '더 ~할수록, 더 …하다'라는 의미가 되어야 하므로 「the + 비교급 ~, the + 비교급 …」을 쓴다. 비교급 형용사로는 '더 많은'이라는 의미의 비교급 more를 쓴다.

해석 근대에서, 우리 문화에 핵심적으로 영향을 미친 가장 중대한 발명품들 중 하나는 스마트폰이었다. 이제, 특히 통신에 관한 한, 어떤 다른 기술도 그것만큼 훌륭하지 않다. 우리는 어떤 다른 이전의 방법보다 더 휴대폰 메시지를 통해 문자와 사진을 교환한다. 그리고, 우리가 더 많은 메시지들을 주고받을수록, 우리는 더 많은 서버들이 필요하다.

어휘 invention 발명품 fundamental 핵심적인, 근본적인

01	valuable	02	most	03	(A) shortly, (B) than				
04	②	05	①	06	②	07	③	08	①
09	④	10	③	11	②	12	④		

13	(1) ⓒ tolerably → tolerable, ⓕ than → as
	(2) Quick movements and loud noises cause so much stress

01 정답 **valuable**

해설 find는 목적격보어를 취하는 동사이므로 가목적어 it 뒤에 형용사 valuable이 와야 한다. (불패전략 34)

해석 돈이나 화려한 직함을 추구하는 대신, 당신은 다른 사람들을 돕는 것이 마음과 정신 모두에서 가치 있다는 것을 알게 될지도 모른다.

어휘 title 직함 valuable 가치 있는 spirit 정신

02 정답 **most**

해설 '대부분의 문화사'라는 의미로, 명사구 cultural history를 수식하므로 of 앞에 '대부분'이라는 뜻의 대명사 most가 와야 한다. (불패전략 36)

해석 우리는 문화에 대해 생각할 때, 제일 먼저 컴퓨터, 패션, 그리고 팝스타를 떠올리지만, 대부분의 문화사에서, 그러한 것들 중 어느 것도 존재하지 않았다.

03 정답 **(A) shortly, (B) than**

해설 (A) '제안 후에 곧'이라는 의미로 전치사구 after a proposition을 수식하므로 '곧'이라는 뜻의 부사 shortly가 와야 한다. (불패전략 35)
(B) '~보다'라는 의미로 비교급 smarter와 better 뒤에 와야 하므로 than이 와야 한다. (불패전략 37)

해석 가끔은, 당신은 제안 후에 곧 혼자서 빠른 결정을 내리는 것이 최선이라고 생각할지도 모른다. 하지만 때로는 당신이 무언가를 당신 혼자 결정하는 것보다 모든 것들에 대해 편견이 없는 것이 더 똑똑하고 궁극적으로 더 낫다.

어휘 proposition 제안 open-minded 편견 없는

04 정답 **② responsibly → responsible**

해설 ① '충분히 효과적인'이라는 의미로 형용사 effective를 수식하므로, enough가 effective 뒤에 온 것은 적절하다. (불패전략 35)
② 의미상 주어가 있는 분사구문에서 being이 생략되었고, 의미상 주어 뒤에 주격보어가 와야 하므로 responsibly를 형용사 responsible로 고쳐야 한다. (불패전략 34)

해석 지구상에서 가장 간단한 것들인 세포가 모든 생명체의 기본 단위를 형성하는데 충분히 효과적이라는 것은 꽤 놀랍다. 심지어 가장 복잡한 세포도 적은 수의 부분들만을 가지고 있는데, 각각은 세포 수명의 별개의 측면을 담당한다.

어휘 effective 효과적인 distinct 별개의, 뚜렷한

05 정답 **① increasing → increasingly**

해설 ① '점점 더 힘든'이라는 의미로 뒤에 있는 형용사 tough를 수식하므로 increasing을 부사 increasingly로 고쳐야 한다. (불패전략 34)
② 비교급 worse를 수식하므로 비교급을 강조하는 much가 온 것은 적절하다. (불패전략 37)

해석 통틀어 많은 스포츠 직업들이 있지만, 사람이 더 높은 직위에 오를수록 경쟁은 점점 더 힘들어진다. 맨 꼭대기에서, 그곳에 머물기 위한 투쟁은 훨씬 더 심해서, 많은 사람들이 그만두게 만든다.

어휘 increasingly 점점 더 struggle 투쟁

06 정답 ② so → such

해설 ① be동사 were는 주격보어를 취하는 동사이므로 형용사 Similar
가 온 것은 적절하다. 형용사 주격보어 Similar가 문장 앞으로 와
서 동사(were)와 주어(the occasional markets)가 도치되었다.
(불패전략 34)

② '매우 필수적인 측면'이라는 의미로 「형용사 + 명사」 essential
aspects를 수식하므로 so를 such로 고쳐야 한다. (불패전략 36)

해석 해안에 사는 Sio 마을 사람들이 내륙 마을의 New Guinea 사람들
을 만나는 비정기적인 시장들은 우리의 노천 시장들과 비슷했다. 상
품, 문화, 그리고 우정을 교환할 수 있는 기회는 이러한 모임들이 부
족 생활의 매우 필수적인 측면이 된 이유이다.

어휘 open-air market 노천 시장 occasional 비정기적인, 임시의
inland 내륙의 essential 필수적인 tribal 부족의

07 정답 ③ almost - latest - effectively

해설 (A) '거의 모든'이라는 의미로 형용사 every를 수식하므로 부사
almost가 와야 한다. (불패전략 36)

(B) '최신의 소셜 미디어 도구들'이라는 의미인 것이 자연스러우므
로 '최신의'라는 뜻의 최상급 latest가 와야 한다. last는 '지난, 마
지막의, 마지막에'라는 뜻의 최상급이다. (불패전략 37)

(C) '효과적으로 사용되다'라는 의미로 뒤에 있는 동사 is used를 수
식하므로 부사 effectively가 와야 한다. (불패전략 34)

해석 소셜 미디어를 이용한 시도를 고려해볼 때, 거의 모든 조직은 소셜
미디어 플랫폼에 너무 많이 집중하고 사업 목표에 충분히 집중하지
못하는 실수를 한다. 기업의 현실은 소셜 미디어 프로그램을 만드는
것이 최신의 소셜 미디어 도구들에 대한 통찰력에서 시작되지 않는
다는 것이다. 오히려, 그것은 조직 자체의 목표에 대한 철저한 이해
에서 시작된다. '소셜 미디어에 있는 것'은 그것 자체로는 아무런 목
적도 없다. 중요한 것은 소셜 미디어의 존재가 조직과 그것의 고객
들을 위해 문제들을 해결하는 데 얼마나 효과적으로 사용되는지이
다. 모든 것에서, 목적이 성공을 만들고 소셜 미디어도 다르지 않다.

어휘 insight 통찰력 thorough 철저한 presence 존재
drive 만들다

08 정답 ① silent – hard - faster

해설 (A) become은 주격보어를 취하는 동사이므로 형용사 silent가 와
야 한다. (불패전략 34)

(B) '가능한 한 열심히 보고 생각하다'라는 의미로 앞에 있는 동사
looked와 thought를 수식하므로 '열심히'라는 뜻의 부사 hard
가 와야 한다. hardly는 '거의 ~ 않다'라는 뜻의 부사이다.
(불패전략 35)

(C) '더 ~할수록, 더 …하다'라는 의미로 「the + 비교급 ~, the + 비교
급 …」을 써야 하므로 비교급 faster가 와야 한다. (CH 08 불패표현)

해석 보는 이로부터 등을 돌린 채로 해안가에 서 있는 수도자의 이미지
를 보여주던 우리의 미술 교수는, 우리에게 "무엇이 보이나요?"라고
물었다. 어두운 강당은 호기심으로 가득 찼고 조용해졌다. 우리 모
두는 그 도전에 직면했다. 우리는 숨겨진 의미를 발견하기 위해 가
능한 한 열심히 보고 또 보고 생각하고 또 생각했지만, 아무것도 생
각해내지 못했다. 그녀는 격분해서, "이것은 수도자의 그림이에요!
그의 등은 우리에게서 돌려져 있습니다! 그는 해안가 근처에 서 있
어요!"라고 말했다. 왜 그것을 못 봤을까? 당신이 봐야 한다고 생각
하는 것보다 당신이 실제로 보는 것을 더 빨리 인정할수록, 당신은
당신의 세상을 더 잘 이해하게 된다.

어휘 project 보여주다, 나타내다 monk 수도자, 수도승
unearth 발견하다, 찾다 exasperation 격분
acknowledge 인정하다

09 정답 ④ as → than

해설 ④ '~보다'라는 의미로 비교급 louder 뒤에 와야 하므로 as를 than
으로 고쳐야 한다. (불패전략 37)

오답 ① '점점 더 ~해지다'라는 의미로 「get + 비교급 + and + 비교급」을
분석 써야 하므로, 비교급 worse가 온 것은 적절하다. (CH 08 불패표현)

② '걱정스럽게 올려다보았다'라는 의미로 앞에 있는 동사 looked
를 수식하므로 부사 anxiously가 온 것은 적절하다. (불패전략 34)

③ 동사 appear는 뒤에 목적어가 오지 않아 수동태로 쓸 수 없는
자동사이므로 능동태 appeared가 온 것은 적절하다. (불패전략 16)

⑤ 두 개의 절을 연결하는 접속사가 없고, 명사 the surrounding
paths를 보충 설명하는 절(all ~ same)을 연결해야 하므로 관계
대명사 which가 온 것은 적절하다. (불패전략 26)

해석 지난 10분 동안, 점점 더 심해지기만 했기 때문에, 그 비는 빠르게
그치는 봄 소나기 그 이상이었다. Sadie와 Lauren은 우비 없이 밖
에 있었다. 피신처도 없었다. Sadie는 눈을 크게 뜨고 하늘을 걱정
스럽게 올려다보며, 검은 구름이 움직이는지 보려고 노력했다. 그러
나 그것은 더 이상 하나의 구름이 아니었다. 불과 몇 분 만에 마치
온 하늘이 어두워진 것처럼 보였다. 그들의 온순한 봄비가 격렬한
뇌우로 변했다. 굉음이 계속되면서, 천둥소리는 폭탄이 터지는 것보
다 더 커지고 있었다. "아마도 우리는 돌아가야 해. 우리가 어느 길
로 왔는지 아니?" Lauren이 걱정하며 물었다. Sadie는 낙담했다. 그
녀는 다른 방향들로 향하는 주위의 길들을 공포에 질려 바라보았는
데, 그것들 모두는 똑같아 보였다.

어휘 rain gear 우비, 우의 innocent 온순한, 순진한, 악의 없는
raging 격렬한

10 정답 ③ suitably → suitable

해설 ③ '길 찾기에 적합한 뇌'라는 의미로 앞에 있는 명사 the brain을 수
식하므로 suitably를 형용사 suitable로 고쳐야 한다. (불패전략 34)

오답 ① 수식받는 명사 Neanderthals가 '선호하는' 행위의 주체이므로
분석 현재분사 preferring이 온 것은 적절하다. (불패전략 07)

② '그렇게 길게'라는 의미로 뒤에 있는 부사 long을 수식하므로
'그렇게, 그 정도로'라는 뜻의 부사 that이 온 것은 적절하다. that
은 형용사와 부사 둘 다로 쓸 수 있는 단어이다. (불패전략 35)

④ 두 개의 절을 연결하는 접속사가 없고, 뒤에 있는 명사 travels
와 함께 '그들의 여행(their travels)'이라는 의미가 되어야 하므
로, 소유격 관계대명사 whose가 온 것은 적절하다. (불패전략 26)

⑤ 비교급 better를 수식하므로 비교급을 강조하는 much가 온 것
은 적절하다. (불패전략 37)

해석 10만 년도 더 전에, 호모 사피엔스가 거래하고, 음식을 나누고, 의심
의 여지없이, 잡담하기 위해 수백 마일을 여행하는 것은 드문 일이
아니었다. 대체로 작은 단위로 사는 것을 선호하는 네안데르탈인과
달리, 그들의 사회 집단은 그들 자신의 가족을 훨씬 넘어 확장되었
다. 수백 제곱 마일의 구석기 시대의 황야를 가로질러 사회연결망
을 유지하려고 노력한다고 상상해 보라. 그렇게 길게 여행하기 위해
서, 당신은 길 찾기 기술, 공간 인식, 그리고 당신의 머릿속에 지형의
지도를 저장하는 능력이 필요했다. 인류학자 Ariane Burke는 길 찾
기에 적합한 뇌는 우리의 조상들이 그들의 이웃들과 연락하기 위해
했던 모든 이러한 노력들을 통해 발달되었다고 믿는다. 한편, 그들
의 여행이 그들을 그만큼 멀리 데려가지 않은 네안데르탈인들은 수
준 높은 사냥꾼들이었고 추위에 잘 적응했음에도 불구하고 멸종되
었다. 선사시대의 불모지에서, 신체적 건강은 유용했지만 한 무리의
친구들은 훨씬 더 유용했다.

어휘 gossip 잡담[험담]하다 unit 단위 Paleolithic 구석기 시대의
wilderness 황야, 황무지 navigation 길 찾기, 항해
spatial 공간의 awareness 인식 anthropologist 인류학자
extinct 멸종된 sophisticated 수준 높은, 지적인
prehistoric 선사시대의 badlands 불모지

11 정답 ② subjective → subjectively

해설 ② '주관적으로 더 큰'이라는 의미로 뒤에 있는 비교급 형용사 louder를 수식하므로 subjective를 부사 subjectively로 고쳐야 한다. (불패전략 34)

오답 분석 ① '플루트의 음색보다'라는 의미이므로 불가산명사 tone을 가리키는 단수대명사 that이 온 것은 적절하다. (불패전략 31)

③ '그것을 방금 녹음한 음악가'라는 의미로, a musician(선행사)을 수식하는 관계사 자리이므로 that이 온 것은 적절하다. (불패전략 27, 30)

④ find는 목적격보어를 취하는 동사이므로 가목적어 it 뒤에 형용사 bright가 온 것은 적절하다. (불패전략 34)

⑤ '그런 수정된 곡들'이라는 의미로 「형용사 + 명사」 modified tracks를 수식하므로 such가 온 것은 적절하다. (불패전략 36)

해석 소리의 밝기는 더 높은 주파수에서의 많은 에너지를 의미한다. 바이올린의 음색은 플루트의 것과 비교하여 훨씬 더 밝다. 오보에는 클래식 기타보다 더 밝고, 심벌즈는 더블베이스보다 더 밝다. 확실히, 사람들은 밝음을 좋아한다. 한 가지 이유는 그것이 소리를 주관적으로 더 크게 만들기 때문인데, 이는 현대 전자 음악에서의 시끄러움 전쟁의 일부이다. 모든 사운드 엔지니어들은 만약 그들이 음악 트랙을 그것을 방금 녹음한 음악가에게 다시 틀어주고 더 높은 주파수를 추가하면, 그 음악가가 그것을 훨씬 더 좋아할 것이라는 것을 알고 있다. 하지만 이것은 단기적인 효과이고, 장기적으로는, 사람들은 그것이 계속해서 듣기에 너무 밝다는 것을 알게 된다. 따라서 그런 수정된 곡들을 틀지 않는 것이 현명한데, 덜 밝음이 결국 그의 음악에 더 잘 기여한다고 음악가를 설득하는 데 보통 시간이 걸리기 때문이다.

어휘 brightness 밝기 frequency 주파수 subjectively 주관적으로 play back ~에 틀어주다, 재생시키다 convince 설득하다

12 정답 ④ Such → So

해설 ④ '매우 효율적인'이라는 의미로 형용사 efficient를 수식하므로 Such를 So로 고쳐야 한다. 형용사 주격보어 efficient가 문장 앞으로 와서 동사(is)와 주어(the technique)가 도치되었다. (불패전략 36)

오답 분석 ① be동사는 주격보어를 취하는 동사이므로 형용사 timely가 온 것은 적절하다. timely는 -ly로 끝나지만 부사가 아니라 형용사이다. (불패전략 34)

② be동사 is는 주격보어를 취하는 동사이므로 형용사 inconvenient가 온 것은 적절하다. not only가 문장 앞으로 와서 동사(is)와 주어(using a recorder)가 도치되었다. (불패전략 34)

③ listening to it again은 단수 취급하는 동명사구 주어이므로 단수동사 is가 온 것은 적절하다. to select ~ use는 수식어(to부정사구)이다. (불패전략 11)

⑤ '(미래에) 습관을 들일 것을 기억해라'라는 의미로 동사 remember 뒤에 to부정사 목적어 to get이 온 것은 적절하다. (불패전략 04)

해석 인터뷰를 녹음하는 것은 모든 것을 공책에 휘갈기려고 노력하는 것보다 인터뷰 진행자에게 더 철저하고 더 시기적절할 수도 있다. 하지만 녹음기를 사용하는 것은 때때로 불편할 뿐만 아니라 최선의 해결책과도 거리가 멀다. 만약 인터뷰가 한동안 지속된다면, 당신이 사용하고 싶은 인용문을 선별하기 위해 그것을 다시 듣는 것은 때때로 시간 소모가 큰데, 특히 촉박한 마감 동안에 그렇다. 선택적인 노트 필기의 기술은 매우 효율적이다. 이것은 그것들이 나중에 쉽게 다른 기록 형태로 바뀔 수 있도록 인터뷰에서 핵심 답변들을 받아 적는 것을 포함한다. 당신이 필요할 것이라고 생각하는 것보다 더 많이 기록하는 것은 현명하지만, 당신이 필요로 하지 않을 자료를 삭제하는 습관을 들일 것을 기억해라. 그것은 자료를 나중에 다루기에 훨씬 더 쉽고 빠르게 만든다.

어휘 thorough 철저한 timely 시기적절한 scribble 휘갈기다 at times 때때로 quote 인용문 tight 촉박한 transcribe 바꾸다 sensible 현명한, 분별 있는 take down ~을 기록하다 handle 다루다

13 정답 (1) ⓒ tolerably → tolerable, ⓕ than → as
(2) Quick movements and loud noises cause so much stress

해설 (1) ⓒ become은 주격보어를 취하는 동사이므로 tolerably를 형용사 tolerable로 고쳐야 한다. (불패전략 34)
ⓕ 앞에 as와 원급 much가 있으므로 than을 as로 고쳐야 한다. (불패전략 37)

오답 분석 ⓐ '가까운 도시들'이라는 의미로 뒤에 있는 명사 cities를 수식하므로 '가까운'이라는 뜻의 형용사 near가 온 것은 적절하다. (불패전략 35)

ⓑ '동물들 중 대부분'이라는 의미로 명사 the animals를 수식하므로, of 앞에 '대부분'이라는 뜻의 대명사 most가 온 것은 적절하다. (불패전략 36)

ⓓ '충분히 가까이'라는 의미로 부사 close를 수식하므로, enough가 close 뒤에 와야 한다. 따라서 close enough가 온 것은 적절하다. (불패전략 35)

ⓔ 비교급 less를 수식하므로 비교급을 강조하는 far가 온 것은 적절하다. (불패전략 37)

해설 (2) 「so + much + 명사」 형태가 되도록 much stress를 so로 수식한다. (불패전략 36)

해석 때때로 동물들은 심지어 가까운 도시들 인근에 있을 때도 개의치 않는 듯이 보이는 반면, 다른 때에는 그들은 당신이 눈에 들어오면 순식간에 사라진다. 동물들은 예기치 않고 예측할 수 없는 사건들로 인해 동요되는 경향이 있다. 빠른 움직임과 큰 소음들은 그들에게 매우 많은 스트레스를 유발한다. 방문객들에 의해 정기적으로 동요되는 동물들 중 대부분은 인간과 이전에 접촉한 적이 거의 없는 동물들보다 방해에 더 견딜 수 있게 된다. 예를 들어, Yellowstone 국립공원에서는, 주민들을 볼 수 있을 정도로 Mammoth Hot Springs 마을에 충분히 가까이 사는 엘크는 보통 크로스컨트리 스키어들이 50피트보다 훨씬 적게 다다를 때까지 도망치지 않는다. 반면에, 공원의 더 외진 곳에 사는 엘크는 스키어들이 0.25마일만큼 많이 떨어져 있을 때 도망친다.

어휘 unconcerned 개의치 않는 in a flash 순식간에, 눈 깜짝할 새 tend to ~하는 경향이 있다 disturb 동요되다, 방해하다 unpredictable 예측할 수 없는 tolerable 견딜 수 있는 intrusion 방해, 침범 elk 엘크(북유럽이나 아시아에 사는 큰 사슴) flee 도망치다, 달아나다

실전 모의고사

실전 모의고사 01
본책 p.142

1 정답 ⑤ because of - were - many

해설 (A) 뒤에 명사구(the availability of labor)가 왔으므로 전치사 because of가 와야 한다. that ~ provided는 수식어(관계절)이다. (불패전략 25)

(B) 주어 Plows가 복수명사이므로 복수동사 were가 와야 한다. that ~ pulled와 to turn ~ planting은 수일치에 영향을 미치지 않는 수식어이며 각각 관계절과 to부정사구이다. (불패전략 10)

(C) 수식받는 30,000 citizens가 복수명사이므로 many가 와야 한

다. (불패전략 32)

해석   바퀴, 쟁기, 그리고 범선이라는 세 가지 매우 중요한 발명품들이 메소포타미아에서 나왔다. 바퀴와 쟁기는 동물들이 제공한 노동의 가용성 때문에 가능했다. 말들에 의해 끌려지는 바퀴 달린 수레는 더 많은 상품을 시장으로 더 빠르게 운반할 수 있었다. 작물을 심을 땅을 갈기 위해 동물들이 끄는 쟁기는 사람들보다 훨씬 더 효율적이었다. 항해는 바다를 통해서만 도달할 수 있는 나라들과 무역하는 것을 가능하게 했다. 세 가지 발명품들은 모두 메소포타미아의 도시들을 각각 3만 명만큼 많은 시민이 있는 강력한 무역 중심지로 만들었다.

어휘   plow 쟁기   sailboat 범선   availability 가용성
turn over ~을 갈다, ~을 뒤집다   earth 땅   efficient 효율적인

2   정답   ③ what → that[which]

해설   ③ '~에 뿌리 박혀 있는 매우 흔한 인간의 경향'이라는 의미로, a very common human tendency(선행사)를 수식하는 관계사 자리이므로 what을 that[which]으로 고쳐야 한다. what은 선행사를 수식하는 관계사로는 쓸 수 없다. (불패전략 30)

오답 분석
① 주어 places가 복수명사이므로 복수동사 exist가 온 것은 적절하다. like ~ Koreatown은 수일치에 영향을 미치지 않는 수식어 (전치사 + 명사구)이다. (불패전략 10)
② we 뒤의 생략 전 내용은 'we share our values and look at the world'이며, 반복되는 동사 share와 look이 일반동사의 현재형이므로 do가 온 것은 적절하다. (불패전략 24)
④ '친숙하지 않거나 낯선 무언가'라는 의미이므로 단수명사 something을 가리키는 단수대명사 it이 온 것은 적절하다. (불패전략 31)
⑤ 목적어 us가 '연결하는' 행위의 주체이고 make가 동사원형을 목적격보어로 취하는 동사이므로 동사원형 relate가 온 것은 적절하다. (불패전략 05)

해석   우리는 보통 우리와 같다고 생각하는 사람들과 가장 잘 지낸다. 사실, 우리는 그들을 찾아낸다. 그것이 리틀 이탈리아, 차이나타운, 코리아타운과 같은 장소들이 존재하는 이유이다. 하지만 나는 인종, 피부색, 또는 종교만을 말하고 있지 않다. 나는 우리의 가치관을 공유하고 우리가 그러는 것과 같은 방식으로 세상을 바라보는 사람들에 대해 말하고 있다. 속담처럼, 같은 깃털을 가진 새가 함께 무리 짓는다. 이것은 우리 종이 어떻게 발전했는지에 뿌리 박혀 있는 매우 흔한 인간의 경향이다. 당신이 숲에 나가 걷고 있다고 상상해 보라. 그것이 당신을 죽이는 데 관심이 있을 가능성이 크기 때문에 당신은 친숙하지 않거나 낯선 무언가를 피하도록 길들여져 있을 것이다. 유사점은 우리가 다른 사람들과 마음이 더 잘 연결되도록 하는데, 우리는 그들이 다른 사람들보다 더 깊은 수준으로 우리를 이해할 것이라고 생각하기 때문이다.

어휘   tendency 경향   condition 길들이다   likelihood 가능성

3   정답   ④ were → was

해설   ④ 주어 One of his most famous art works에서 One of는 항상 앞을 단수 취급하는 표현이므로 were를 단수동사 was로 고쳐야 한다. (불패전략 12)

오답 분석
① 과거의 한 시점인 at a time을 포함하고 있으므로 단순과거 documented가 온 것은 적절하다. (불패전략 19)
② 두 개의 절을 연결하는 접속사가 없고, 뒤에 있는 명사 sister와 함께 '그의 누나(his sister)'라는 뜻이 되어야 하므로, 소유격 관계대명사 whose가 온 것은 적절하다. (불패전략 26)
③ 동사 become은 뒤에 목적어가 오지 않아 수동태로 쓸 수 없는 자동사이므로 능동태 became이 온 것은 적절하다. (불패전략 16)

⑤ '매우 존경받는'이라는 의미로 뒤에 있는 형용사 respected를 수식하므로 '매우'라는 뜻의 부사 deeply가 온 것은 적절하다. (불패전략 35)

해석   사진작가이자 작가, 감독, 그리고 음악가였던 Gordon Parks는 흑인 사회 밖에서는 그들의 삶에 익숙한 사람이 거의 없던 시절에 아프리카계 미국인들의 일상생활을 기록했다. Parks는 그의 가족 농장에서 자랐지만, 그의 어머니의 죽음 이후에, 그의 누나가 미네소타에 살았던 Parks는 그의 고향을 떠나야 했고 그곳에서 그녀와 함께 살기로 결정했다. 하루는, 그는 이주 농장 일꾼들에 관한 포토 에세이를 읽었고, 그들이 마주한 투쟁들은 그의 가장 큰 관심사가 되었다. Parks는 시카고로 옮겨갔고 가난한 아프리카계 미국인들의 사진을 찍기 시작했다. 그의 가장 유명한 예술 작품들 중 하나가 이 시절 즈음에 찍혔다. Parks는 2006년에 사망할 때까지 영감을 주는 예술가였고 여전히 아프리카계 미국인들과 사진 단체에서 매우 존경받는 채로 남아있다.

어휘   document 기록하다   migrant 이주하는, 이주자   struggle 투쟁
inspiring 영감을 주는

4   정답   ⓐ them → themselves, ⓓ displaying → displayed

해설   ⓐ '그들 자신을 배 안에 단단히 자리 잡게 하도록'이라는 의미로, to keep의 목적어가 주어 Sophia and her friends Mia and Rebecca와 동일한 대상을 가리키므로 them을 재귀대명사 themselves로 고쳐야 한다. (불패전략 33)
ⓓ 수식받는 명사 The scenery가 '펼치는' 행위의 대상이므로 displaying을 과거분사 displayed로 고쳐야 한다. (불패전략 07)

오답 분석
ⓑ 문장의 동사(managed)가 따로 있고, 전치사의 목적어 자리에는 동명사가 와야 하므로 동명사 avoiding이 온 것은 적절하다. (불패전략 01)
ⓒ stop은 동명사를 목적어로 취하는 동사이므로 동명사 rocking이 온 것은 적절하다. stop 뒤에 to부정사가 올 때는 '~하기 위해 (하던 일을) 멈추다'라는 의미이다. (불패전략 04)
ⓔ 뒤에 주어(the nature), 동사(is), 주격보어(beautiful)가 모두 있는 완전한 절이 왔고, '네가 콜로라도에서 보는 자연이 얼마나 멋진지'라는 의미이므로 how가 온 것은 적절하다. 문장 앞의 It은 가주어이고, how ~ is는 진짜 주어이다. (불패전략 29)

해석   물의 힘에 맞서 싸우는 것은 짜릿한 도전이었다. Sophia와 그녀의 친구들인 Mia와 Rebecca는 바위에 세게 부딪히는 물결에 주의하면서, 그들 자신을 배 안에 단단히 자리 잡게 하도록 노력했다. 그들은 물보라로 흠뻑 젖었다. Mia는 Sophia에게 "너 괜찮니?"라고 소리쳤다. "난 괜찮아!"라고 Sophia가 신이 난 채로 다시 소리쳤다. 비록 배가 이리저리 내던져지고 있었지만, 그 소녀들은 어느 바위에 부딪히는 것도 피할 방법을 찾도록 애썼다. 갑자기, 거의 물이 더 거칠어졌던 것만큼 빠르게, 파도는 배를 흔드는 것을 멈췄고, 모두는 긴장을 풀기 시작했다. 안도의 한숨을 쉬면서, Sophia는 주변을 둘러보았다. "우와! 정말 멋진 풍경이다!"라고 그녀는 소리쳤다. 그들의 눈 앞에 펼쳐진 경치는 Sophia와 그녀의 친구들이 강을 따라 떠내려가는 동안 말문이 막히게 했다. 그들이 에메랄드빛 녹색의 로키 산맥을 즐길 때, Mia는 "네가 콜로라도에서 보는 자연이 얼마나 멋진지는 놀라워!"라고 말했다.

어휘   plant 자리를 잡다, 두다   firmly 단단히   soak 흠뻑 적시다
manage to 애쓰다, 간신히 해내다

1 정답 ② **that - forms - herself**

해설 (A) 뒤에 주어(I), 동사(have given), 간접목적어(her), 직접목적어 (more)가 모두 있는 완전한 절이 왔으므로 명사절 접속사 that 이 와야 한다. that ~ name은 동사 reminds의 목적격보어 역할 을 하는 명사절이다. (불패전략 30)

(B) 주어 The skin이 단수명사이므로 단수동사 forms가 와야 한다. around her eyes는 수일치에 영향을 미치지 않는 수식어(전치 사 + 명사구)이다. (불패전략 10)

(C) '그녀 자신에게 혼잣말을 하다'라는 의미로, used to tell의 목적 어가 주어 she(Emily)와 동일한 대상을 가리키므로 재귀대명사 herself가 와야 한다. (불패전략 33)

해석 나는 나의 딸 Emily의 얼굴을 들여다볼 때마다, 부성의 힘에 대해 생각한다. 그녀의 얼굴은 내가 단지 나의 이름 이상을 그녀에게 주 었다는 것을 나에게 상기시킨다. 나처럼, 그녀는 거의 밴드에이드 같이 그녀의 콧등을 가로질러 늘어선 주근깨를 갖고 있다. 그녀의 눈 주변의 피부는 작고 가는 선들을 형성하고, 그 선들은 내 것과 일 치한다. "Emily가 웃으면,"이라고 나의 어머니는 내게 말씀하신다. "그녀는 너랑 똑같아." 나는 그녀의 영혼의 창인 그녀의 눈 속에서 나의 모습을 분명하게 본다. 나처럼, Emily는 성공하고자 하는 의욕 을 갖고 있으며 어떤 것이든 시도할 것이다. "지시를 기다릴 필요가 뭐 있나요?" Emily는 체조 시간에 철봉을 하려고 시도할 때, 그녀 자 신에게 혼잣말을 하곤 했다. 한 번 이상, 그녀는 실패했다. 또한, 한 번 이상, 그녀는 성공했다.

어휘 freckle 주근깨 reflection (거울 등에 비친) 모습[상]
instruction 지시 high bar (체조의) 철봉

2 정답 ④ **need → needed**

해설 ④ 명사절 접속사(that)로 절과 절이 연결되어 있고, 문장에 주절의 동사(do have to teach)와 명사절의 동사(is)가 있으므로 need 를 수식어 역할을 하는 분사로 고쳐야 하는데, 이때 수식받는 명 사 the skills가 '필요로 하는' 행위의 대상이므로 need를 과거분 사 needed로 고쳐야 한다. (불패전략 02, 07)

오답 분석 ① 분사구문의 의미상 주어 they(students)가 '맡기는' 행위의 대상 이므로 과거분사 left가 온 것은 적절하다. (불패전략 08)

② '대단히'라는 의미로 뒤에 있는 형용사 competitive를 수식하므 로 부사 immensely가 온 것은 적절하다. (불패전략 34)

③ 뒤에 주어(the playground and the media)와 동사(do)가 포 함된 절이 왔으므로 접속사 as가 온 것은 적절하다. (불패전략 25)

⑤ '당신은 ~ 가르치고 ~ 육성해야 한다'라는 의미로, should 뒤의 동사원형 teach와 나열되어야 하므로 동사원형 nurture가 온 것 은 적절하다. (불패전략 03)

해석 그들의 선생님의 지도 없이는, 학생들은 개인적인 발전을 통한 협 력의 가치에 대해 배우지 못할 것이다. 그들 자신의 방법들에 맡겨 질 때, 그들은 그저 시험 점수와 선생님의 피드백을 계속 비교할 것 이다. 그러므로, 그들은 서로가 더 나아지도록 돕지 않고 본능적으 로 대단히 경쟁적이 될 것이다. 우리는 운동장과 미디어가 그들에 게 그렇게 하듯 우리의 학생들에게 승자와 패자에 대해 가르칠 필 요가 없다. 그러나, 우리는 그들에게 이기는 것보다 인생에는 더 이 상이 있다는 것과 성공적인 협력에 필요되는 기술에 대해서는 정말 가르쳐야 한다. 성공적으로 함께 일하는 집단은 높은 수준의 대인 관계 인식뿐만 아니라 다양한 사회적 기술을 가진 개인들을 필요 로 한다. 또래들 간의 협력을 당신의 교실에 가져오기 위해서, 당신 은 그들에게 미래를 준비시키는 이러한 기술들을 의식적으로 가르 치고, 그들을 학창 시절 내내 지속적으로 육성해야 한다.

어휘 guidance 지도 cooperation 협력 device 방법, 장치

instinctively 본능적으로 immensely 대단히
interpersonal 대인관계에 관련된 awareness 인식 peer 또래
consciously 의식적으로 nurture 육성하다

3 정답 ① **sharing → shared**

해설 ① 주어 a large collection of different traits가 '공유하는' 행위의 대상이므로 would be 뒤에 sharing을 수동태 동사를 만드는 shared로 고쳐야 한다. (불패전략 15)

오답 분석 ② 주어 you가 '놀라게 하는' 행위의 대상이므로 과거분사 surprised가 온 것은 적절하다. (불패전략 09)

③ '어떤 인종의 전형이라고 식별하기 위해 사용되는'이라는 의미 로, 「be used to + 동사원형」(~하기 위해 사용되다)의 동사원형 identify가 온 것은 적절하다. (CH 04 불패표현)

④ 뒤에 주어("brown skin"), 동사(becomes), 목적어("white skin") 가 모두 있는 완전한 절이 왔으므로 명사절 접속사 where가 온 것은 적절하다. (불패전략 29)

⑤ 뒤에 주어(we), 동사(use), 목적어(physical differences)가 모두 있는 완전한 절이 왔으므로 「전치사 + 관계대명사」 in which가 온 것은 적절하다. (불패전략 28)

해석 인간은 많은 면에서 신체적으로 서로 다르다. 만약 대부분의 사람 들이 그것들을 정의하듯이, 인종이 정말 생물학적 실체라면, 아프 리카계 혈통인 사람들은 매우 다양한 특성들을 공유하는 한편 사 람을 정의하는 수많은 다른 특성들이 유럽계 혈통인 사람들 사이 에서 공유될 것이다. 하지만 당신이 피부색과 머릿결보다 덜 가시적 인 특성들을 추가해 보면 당신은 우리가 '같은 인종'이라고 인식하 는 사람들이 서로 점점 덜 비슷하며 우리가 '다른 인종'이라고 인식 하는 사람들과는 점점 더 비슷하다는 것에 꽤 놀랄 것이다. 어떤 사 람을 어떤 인종의 전형이라고 식별하는 데 사용되는 신체적 특성들 (예를 들어, 피부색)이 지속적으로 변할 수 있다는 점을 더해 보라. 그래서, 아무도 어디서 '갈색 피부'가 '흰 피부'가 되는지를 정확히 말 할 수 없다. 비록 신체적 차이 그 자체가 실재하더라도, 우리가 사람 들을 별개의 인종으로 분류하기 위해 신체적 차이를 사용하는 많은 방식들 중 몇몇은 문화적 구성이다.

어휘 biological 생물학적인 entity 실체 ancestry 혈통 trait 특성
visible 가시적인 feature 특성 representative 전형
variable 변할 수 있는 construction 구성

4 정답 ⓐ **which → that, ⓔ their → its**

해설 ⓐ 뒤에 주어(carbon dioxide), 동사(is), 주격보어(a natural part)가 모두 있는 완전한 절이 왔으므로 which를 명사절 접속사 that으 로 고쳐야 한다. that ~ atmosphere는 동사 were taught의 목 적어 역할을 하는 명사절이다. (불패전략 29)

ⓔ '이산화탄소의 수치의 변화'라는 의미이므로 their를 불가산명 사 carbon dioxide를 가리키는 단수대명사 its로 고쳐야 한다. (불패전략 31)

오답 분석 ⓑ 수식받는 명사 carbon dioxide가 '포함하는' 행위의 대상이므로 과거분사 contained가 온 것은 적절하다. (불패전략 07)

ⓒ '8천만 년 전(과거)에 0.1%였음이 틀림없다'라는 의미이므로 조 동사 must 뒤에 have been(have p.p.)이 온 것은 적절하다. (불패전략 22)

ⓓ 관계절이 수식하는 선행사 the engineering group이 사람 을 가리키는 명사이며, 뒤에 주어 없이 동사(sets)와 목적어 (standards)만 왔으므로 주격 관계대명사 who가 온 것은 적절 하다. with worldwide membership은 수식어(전치사 + 명사구) 이다. (불패전략 27)

해석 불과 몇 년 전에, 학교 아이들은 이산화탄소가 단지 대기의 자연스 러운 한 부분이라고 가르쳐졌다. 그러나, 오늘날의 아이들은 이산 화탄소를 독소라고 생각하기가 더 쉽다. 이는 대기 중에 포함된 이 산화탄소의 양이 0.028%에서 0.038%로 지난 백 년간에 걸쳐 크

게 상승했기 때문이다. 그러나 사람들이 모르는 것은 8천만 년 전의 이산화탄소 수치가 적어도 0.1%였음이 틀림없다는 것이다. 사실, 만약 당신이 새로운 에너지 효율이 높은 사무실 건물에서 일한다면 당신이 정기적으로 호흡하는 이산화탄소의 농도가 그 정도일 것이다. 그리고, 그것은 또한 난방과 환기 시스템을 위한 기준을 설정하는 전 세계적인 자격이 있는 기술자 집단에 의해 설정된 수준이다. 그러므로 이산화탄소는 우리의 몸에 유독하지 않을 뿐만 아니라, 그것의 수치의 변화가 꼭 인간 활동을 반영하는 것도 아니다.

어휘 carbon dioxide 이산화탄소 essence 본질
substantially 크게 concentration 농도 ventilation 환기
necessarily 꼭, 필연적으로 mirror 반영하다

실전 모의고사 03 본책 p.146

1 정답 ③ interests - them - when

해설 (A) 선행사인 anything이 단수대명사이므로 주격 관계대명사 뒤에 단수동사 interests가 와야 한다. to read는 수식어(to부정사)이다. (불패전략 13)

(B) '우리의 아이들을 신나게 하는'이라는 의미이므로 복수명사 our kids를 가리키는 복수대명사 them이 와야 한다. (불패전략 31)

(C) 뒤에 주어(you), 동사(were), 주격보어(a child)가 모두 있는 완전한 절이 왔으므로 when이 와야 한다. when ~ child는 전치사 about의 목적어 역할을 하는 명사절이다. (불패전략 29)

해석 책을 읽지 않는 아이들의 가장 큰 불만은 그들이 그들에게 흥미를 일으키는 읽을 무엇도 찾을 수 없다는 것이다. 이것이 부모인 우리가 우리의 아이들이 그들을 신나게 하는 장르를 찾도록 도와주는 일을 더 잘해야 하는 이유이다. 당신의 지역 공공 도서관의 사서, 당신의 아이의 학교 사서, 혹은 좋은 서점의 아동 도서 분야의 담당자가 당신이 당신에게 익숙하지 않은 새로운 자료를 선택하는 것을 도울 수 있다. 또한, 당신이 아이였을 때와 당신이 좋아했던 책들의 종류에 대해 생각해 보라. 나의 남편과 나는 둘 다 Beverly Cleary가 쓴 책들을 즐겼고, 결국 우리의 아이들도 그것들을 좋아하는 것으로 밝혀졌다.

어휘 identify 찾다, 발견하다

2 정답 ③ are → do

해설 ③ so 뒤의 생략 전 내용은 the animals that prey upon them completely lose their food source and die out이며, 반복되는 동사 lose와 die가 일반동사의 현재형이므로 are를 do로 고쳐야 한다. do와 주어가 도치된 구조이다. (불패전략 24)

오답
분석 ① 뒤에 주어(wildlife), 동사(would have), 목적어(more opportunities)가 모두 있는 완전한 절이 왔으므로 how가 온 것은 적절하다. how ~ shelter는 전치사 for의 목적어 역할을 하는 명사절이다. (불패전략 29)

② 장소를 나타내는 선행사 a forest 뒤에 주어(it), 동사(is), 주격보어(the only source)가 모두 있는 완전한 절이 왔으므로 관계부사 where가 온 것은 적절하다. (불패전략 28)

④ '그런 갑작스러운 변화'라는 의미로 「형용사 + 명사」 sudden changes를 수식하므로 such가 온 것은 적절하다. (불패전략 36)

⑤ '~ 지키고 ~ 유지하는 종 다양성'이라는 의미로, biodiversity의 수식어인 to부정사 to save와 나열되어야 하므로 to부정사가 와야 하지만, 뒤에 나열되는 to부정사는 to를 생략하고 동사원형만 쓸 수도 있으므로 동사원형 keep이 온 것은 적절하다. (불패전략 03)

해석 어떻게 야생 동물이 음식과 보금자리를 얻을 더 많은 기회를 가지는지에 대한 답은 생물이 다양한 생태계이다. 다양한 종들은 그들의 환경에서 변화들에 다르게 작용하고 반응한다. 예를 들어, 단 한 종류의 식물만 그 안에 있고, 그것이 그 숲의 먹이 그물 전체의 유일한 먹이원이자 서식지인 한 숲을 상상해 보라. 이제, 갑작스러운 건기가 오고 이 식물이 죽는다. 초식인 동물들은 그들의 먹이원을 완전히 잃고 멸종되고, 그들을 먹이로 삼는 동물들도 그렇게 된다. 하지만, 종 다양성이 있을 때, 그런 갑작스러운 변화의 영향은 그렇게 극적이지 않다. 다양한 종의 식물들이 가뭄에 다르게 반응하고, 많은 것들이 건기에 생존할 수 있다. 우리의 숲 생태계는 그것을 지키고 동물들이 다양한 먹이원들을 먹을 수 있게 유지하는 종 다양성에 달려 있다.

어휘 biodiverse 생물이 다양한 habitat 서식지 dry season 건기
source 원천 die out 멸종되다 prey upon ~을 먹이로 삼다
biodiversity (생물학적) 종 다양성 drought 가뭄

3 정답 ② frequently → frequent

해설 ② be동사 were는 주격보어를 취하는 동사이므로 frequently를 형용사 frequent로 고쳐야 한다. twice ~ alone은 「배수사 + as + 원급 + as」 형태이다. (불패전략 34, CH 08 불패표현)

오답
분석 ① '~을 비교해서'라는 의미로 compared to를 쓰므로 과거분사 compared가 온 것은 적절하다. (불패전략 08)

③ '사람들을 편안하게 느끼게 만든 사회적 유대'라는 의미로, 뒤에 주어 없이 동사(made), 목적어(people), 목적격보어(feel)만 온 주격 관계대명사 자리이므로 that이 온 것은 적절하다. (불패전략 28)

④ 주어 This fact의 동사가 필요하므로 동사가 와야 하며, 주어 This fact가 '뒷받침하는' 행위의 주체이므로 능동태 supported가 온 것은 적절하다. that ~ well은 This fact를 보충 설명하는 동격절이다. (불패전략 02, 15)

⑤ '생각하는 경향이 있는 것이 아니라 ~ 이용하는 경향이 있다'라는 의미로, do not tend의 목적어인 to부정사 to find와 나열되어야 하므로 to부정사가 와야 하지만, 뒤에 나열되는 to부정사는 to를 생략하고 동사원형만 쓸 수도 있으므로 동사원형 use가 온 것은 적절하다. (불패전략 03)

해석 사회적 상황에서 웃음의 중요한 역할의 한 예로, Devereux와 Ginsburg는 익살스러운 동영상을 함께 본, 모르는 사람들이나 친구들끼리 짝지어진 쌍을, 그것을 혼자 본 사람들과 비교해서 웃음의 빈도를 조사했다. 개인들이 웃은 횟수는 혼자 있을 때보다 짝을 이루어 있을 때 거의 두 배 더 빈번했다. 웃음의 빈도는 모르는 사람들보다 친구들의 경우가 약간 더 짧았을 뿐이다. Devereux와 Ginsburg에 따르면, 모르는 사람들과 함께 웃는 것은 사람들을 편안하게 느끼게 만든 사회적 유대를 형성하는 데 기여했다. 모르는 사람과 있는 그들의 조건에서, 한 사람이 웃을 때 상대방도 웃을 가능성이 있었다는 이 사실은 그 설명을 뒷받침했다. 흥미롭게도, 그 세 가지 사회적 조건들은 동영상의 재미나 행복감 또는 불안감에 대한 그들의 평가에 있어서 다르지 않았다. 이 발견은 우리가 다른 사람들과 함께 있을 때 어떤 것이 더 재미있다고 생각하는 경향이 있는 것이 아니라 오히려 다른 사람들과 가까워지기 위해 웃음을 이용하는 경향이 있다는 것을 의미한다.

어휘 context 상황 frequency 빈도 social bond 사회적 유대
anxiousness 불안감

4 정답 ⓐ associating → associated,
ⓑ very → much/far/even/still/a lot 등

해설 ⓐ 수식받는 명사 a familiar symbol이 '연상하는' 행위의 대상이므로 associating을 과거분사 associated로 고쳐야 한다. (불패전략 07)

ⓑ 비교급 more worthy를 수식하므로 very를 비교급을 강조하는 much/far/even/still/a lot 등으로 고쳐야 한다. (불패전략 37)

ⓒ 뒤에 주어(iron, coal, and steam), 동사(were), 주격보어(the main innovations)가 모두 있는 완전한 절이 왔으므로 「전치사 + 관계대명사」 in which가 온 것은 적절하다. (불패전략 28)

ⓓ '20세기의 특유한 형태와 특성'이라는 의미이므로 단수명사 the twentieth century를 가리키는 단수대명사 its가 온 것은 적절하다. (불패전략 31)

ⓔ '(지금 있지만) ~이 없다면'이라는 의미의 Were it not for가 현재 사실의 반대를 말하는 가정법 과거이며, 주절에 would see(would + 동사원형)가 왔으므로, Were가 온 것은 적절하다. (CH 05 불패표현)

해석 토머스 에디슨은 훌륭한 발명가였고, 그의 가장 유명한 발명가인 전구는 전통적으로 창의적 행위가 연상되는 영감을 받은 천재에 대한 친숙한 상징이다. 그러나, 다른 이유들이 '총명한 아이디어'의 표본이라는 것 외에 에디슨의 전깃불을 훨씬 더 연구할 가치가 있게 만든다. 전깃불과 전력의 도입과 확산은 철, 석탄, 그리고 증기가 주요 발명품이었던 산업 시대에서부터, 후기 산업 시대에 이르기까지 세상의 변화에 있어 핵심 단계들 중 하나였다. 다음 시대에, 전기는 석유, 경금속과 합금, 그리고 내연 기관과 결합해 20세기에 그것의 특유한 형태와 특성을 부여했다. 21세기의 전기의, 컴퓨터화된, 그리고 미디어의 경이가 없다면, 아마도 우리는 우리의 시대가 얼마나 달랐을지 볼지도 모른다.

어휘 inspired 영감을 받은 associate 연상하다 inventive 창의적인
introduction 도입 industrial age 산업 시대 era 시대
petroleum 석유 alloy 합금
internal combustion engine 내연 기관
distinctive 특유한, 독특한

실전 모의고사 04
본책 p.148

1 정답 ③ whether - closed - measure

해설 (A) 맥락상 '그들이 일을 하고 있는지'라는 의미가 되는 것이 자연스러우므로 whether가 와야 한다. whether ~ them은 동사 can never tell의 목적어 역할을 하는 명사절이다. (불패전략 29)

(B) 수식받는 명사 his eyes가 '감는' 행위의 대상이므로 과거분사 closed가 와야 한다. (불패전략 07)

(C) schemes와 I 사이에 생략된 목적격 관계대명사로 절과 절이 연결되어 있고, 문장에 관계절의 동사(have encountered)만 있고 주절의 동사가 없으므로 동사 measure가 와야 한다. (불패전략 02)

해석 내가 전에 그 밑에서 일했던 가장 똑똑한 IT 중역들 중 한 명은 프로그래머의 생산성에 있어 오직 가시적인 것만을 측정하는 것에 강하게 반대했다. 그는 컴퓨터 프로그래머를 관리하는 데 가장 큰 문제점은 그저 그들을 보는 것만으로는 그들이 일을 하고 있는지 다른 것을 하고 있는지 결코 알 수 없다는 것이라고 말하는 것을 좋아했다. 나란히 앉아 일하고 있는 두 명의 프로그래머를 상상해 보라. 한 명은 눈이 감겨지고 책상 위에 발을 올린 채로 뒤로 기대어 의자에 앉아 있고, 다른 한 명은 코드를 타이핑하고 있다. 전자는 열심히 생각하고 있을 수도 있는 한편 다른 한 명은 많은 생각 없이 타이핑하고 있을 수도 있다. 불행하게도, 내가 접했던 생산성 측정 제도들 중 대부분은 노력이나 겉으로 보이는 활동을 측정한다. 그들은 그 바쁜 타이피스트에게는 상을 주고 그의 생각 깊은 동료에게는 벌을 줄 것이다.

어휘 executive 중역, 간부 visible 가시적인 productivity 생산성
scheme 제도 apparent 겉으로 보이는

2 정답 ③ considering → consider

해설 ③ 문장에 관계절의 동사(might include)만 있고 주절의 동사가 없으므로 considering을 동사 consider로 고쳐야 한다. 명령문은 주어 you를 생략하고 동사원형으로 시작한다. (불패전략 02)

오답분석 ① so와 함께 '너무 고통스러워서 아예 무언가를 요청하지 않는다'라는 의미가 되어야 하므로, so … that ~ 구문을 만드는 부사절 접속사 that이 온 것은 적절하다. (불패전략 30)

② 수식받는 courage가 불가산명사이므로 little이 온 것은 적절하다. (불패전략 32)

④ '당신 자신을 거절당하게 함으로써'라는 의미로, getting의 목적어가 주어 you와 동일한 대상을 가리키므로 재귀대명사 yourself가 온 것은 적절하다. (불패전략 33)

⑤ 목적어 your fears가 '축소하는' 행위의 대상이므로 과거분사 minimized가 온 것은 적절하다. (불패전략 05)

해석 거절은 우리 삶의 일상적인 부분이지만, 대부분의 사람들은 그것을 잘 감당하지 못한다. 많은 사람들에게, 거절을 경험하는 것은 너무 고통스러워서 그들은 요청하고 거절당할 위험을 감수하기보다는 아예 무언가를 요청하지 않으려 한다. 하지만, 옛말처럼, 만약 당신이 요청하지 않으면, 대답은 항상 '아니오'이다. 거절을 피하는 것은 당신의 삶의 많은 측면에 부정적으로 영향을 미친다. 이 모든 것은 단지 당신이 그것을 감당할 용기가 거의 없기 때문에 일어난다. 이러한 이유로, 요청을 제안하는 것이나 일반적으로 거절로 끝나는 활동을 포함한 거절 요법을 고려해 보라. 판매 분야에서 일하는 것이 하나의 그러한 사례이고 매장에서 할인을 요청하는 것 또한 효과가 있을 것이다. 의도적으로 당신 자신을 거절당하게 함으로써, 당신은 당신이 인생에서 훨씬 더 많은 것을 떠맡을 수 있게 만드는 둔감함을 기르게 될 것이다. 이 방식으로, 당신은 당신의 공포가 축소된 것을 발견할 것이고 호의적이지 않은 상황들에 대처하는 데 더 성공적이게 될 것이다.

어휘 handle 감당하다, 다루다 refusal 거절 deliberately 의도적으로
thick skin 둔감함, 무신경 unfavorable 호의적이지 않은
circumstance 상황

3 정답 ④ risk → risks

해설 ④ 주어 comparing ~ are는 단수 취급하는 동명사구 주어이므로 risk를 단수동사 risks로 고쳐야 한다. (불패전략 11)

오답분석 ① '사회적인 존재들'이라는 의미인 것이 자연스러우므로 복수명사 creatures를 가리키는 복수대명사 ones가 온 것은 적절하다. (불패전략 31)

② feel은 주격보어를 취하는 동사이므로 형용사 inadequate가 온 것은 적절하다. (불패전략 34)

③ 주절의 동사(leads)와 명사절의 동사(call)가 따로 있으며, to부정사의 의미상의 주어 for someone의 someone이 '만나는' 행위의 주체이므로 to meet이 온 것은 적절하다. (불패전략 02, 06)

⑤ 뒤에 동사(has been shown)만 있고, 주어가 없는 불완전한 절이 왔으므로 관계대명사 which가 온 것은 적절하다. 이때 which는 앞에 있는 절 전체에 대해 보충 설명하는 절을 이끈다. (불패전략 27)

해석 타인과 견주어 우리 자신을 평가해서는 안 된다는 많은 경고에도 불구하고, 우리 중 대부분은 여전히 그렇게 한다. 우리는 한 가지의 입장만을 가진 의미를 추구하는 존재들일 뿐만 아니라, 사회적인 존재들이기도 해서, 끊임없이 대인 간의 비교를 한다. 그러나 사회적 비교의 문제는 그것이 흔히 역효과를 낸다는 것이다. 우리보다 더 잘하고 있는 사람과 우리 자신을 비교할 때, 우리는 종종 무능하다고 느낀다. 이것은 때로는 심리학자들이 '악성 질투'라고 부르는 것, 즉 누군가가 불행을 만나기를 바라는 욕망("그녀가 그녀가 가진 것을 가지고 있지 않으면 좋을 텐데.")으로 이어진다. 또한, 우리보다 더 못하고 있는 사람과 우리 자신을 비교하는 것은 경멸, 즉 다른 사람들은 우리의 관심을 받을 가치가 없는 사람들이라는 느낌("그녀

는 내가 주목할 가치가 없어.")을 가질 위험이 있다. 또 한편으로는, 우리 자신을 다른 사람들과 비교하는 것은 또한 '양성 질투', 즉 그들이 불행해지기를 바라지 않고 다른 사람의 성취를 재생산하려는 열망("그녀가 가진 것을 나도 가지면 좋을 텐데.")으로 이어질 수 있으며, 이는 몇몇 상황에서 우리의 노력을 늘리도록 우리에게 영감을 주고 동기를 부여하는 것으로 보여져 왔다.

어휘 **abundant** 많은, 풍부한 **meaning-seeking** 의미를 추구하는 **interpersonal** 대인 관계의 **comparison** 비교 **backfire** 역효과를 내다 **inadequate** 무능한, 부족한 **malignant** 악성의 **misfortune** 불행 **scorn** 경멸 **undeserving** 받을 가치가 없는 **beneath** ~할 가치가 없는, ~보다 낮은 **benign** 양성의 **longing** 열망, 갈망 **accomplishment** 성취 **inspire** 영감을 주다 **motivate** 동기를 부여하다

4 정답 ⓑ **which → that**, ⓓ **be → are**

해설 ⓑ 뒤에 주어(false findings), 동사(may be), 주격보어(the majority of published research claims)가 모두 있는 완전한 절이 왔고, '잘못된 결과가 게재된 연구 주장들의 대대수일지도 모른다는 염려'라는 의미이므로 which를 동격 that으로 고쳐야 한다. (불패전략 28, 29)

ⓓ 동사 insists의 목적어인 that절이 '~ 과학 초록의 '결론' 부분들이 때때로 과장된다'라는 의미이므로 be를 현재시제 are로 고쳐야 한다. (불패전략 23)

오답
분석
ⓐ '매우 의심스러워지고 혼동케 하는'이라는 의미로, becoming의 주격보어인 형용사 questionable과 나열되어야 하며, 분사는 형용사의 역할을 하기 때문에 분사 misleading이 온 것은 적절하다. (불패전략 03)

ⓒ 주어 the scientists가 '공을 인정하는' 행위의 대상이므로 수동태 are credited가 온 것은 적절하다 credit은 전치사 with와 함께 be credited with(~에 대한 공을 인정받다) 형태의 관용표현으로 자주 쓰인다. (CH 04 불패표현)

ⓔ there로 인해 단수명사 주어(a disconnect)와 도치되었고, 일반동사의 동사원형 exist 앞에 와서 일반적 사실을 나타내므로 강조동사 does가 온 것은 적절하다. (불패전략 24)

해석 저널리스트들은 연구가 무언가를 발견했다고 보도하는 것을 매우 좋아하는데, 이는 그것들의 새로움에 뉴스 가치가 있기 때문이다. 그러나 '사상 최초의' 발견들은 후속 연구에 의해 매우 의심스러워지고 약화되기가 아주 쉽다. 그것이 일어날 때, 뉴스 매체는 대개 그들의 독자들에게 그 변화에 관해 알리지 않는다. CBC News 기자인 Kelly Crowe는 한 전염병학자의 말을 인용하며 "현대 연구에서, 잘못된 결과가 게재된 연구 주장들의 대대수일지도 모른다는 증가하는 염려가 있다."라고 말한다. 게다가, 저널리스트들이 인용하는 연구들의 과학자들은 부당한 성취로 공을 인정받기도 한다. 그녀는 무비판적으로 그 주장들을 받아들이는 명성 있는 학술지와 매체로부터 관심을 끌기 위해 과학 초록의 '결론' 부분들이 때때로 과장된다고 주장한다. Crowe는 뉴스와 과학 사이에는 여전히 단절이 존재한다는 것을 강조함으로써 자신의 글을 끝맺는다.

어휘 **newsworthiness** 뉴스[보도] 가치가 있음 **novelty** 새로움 **questionable** 의심스러운 **misleading** 혼동케 하는, 호도하는 **subsequent** 후속의 **quote** 인용하다 **epidemiologist** 전염병학자 **cite** 인용하다 **undeserved** 부당한, 받을 만한 가치가 없는 **summary** 초록, 요약 **overstate** 과장하다 **prestigious** 명성 있는 **uncritically** 무비판적으로 **stress** 강조하다 **disconnect** 단절

1 정답 ③ **that - causes - was**

해설 (A) '규모가 작은 집단의 잠재력'이라는 의미이므로 불가산명사 potential을 가리키는 단수대명사 that이 와야 한다. (불패전략 31)

(B) 주절의 진짜 주어 역할을 하는 명사절 that ~ small group 안에서, 주어 a large group의 동사가 필요하므로 동사 causes가 와야 한다. (불패전략 02)

(C) 주어 the area가 단수명사이므로 단수동사 was가 와야 한다. of ~ sites와 used ~ companies는 수일치에 영향을 미치지 않는 수식어이며, 각각 「전치사 + 명사구」와 분사구이다. (불패전략 10)

해석 대부분의 황무지를 방문하는 집단은 대부분 보통 2명에서 4명 사이로 규모가 작다. 그러나 규모가 큰 집단도 황무지를 방문하고, 그들이 야영지를 훼손할 잠재력은 규모가 작은 집단의 것과는 다르다. 비록 야영지에 대한 집단의 크기의 영향이 공식적으로 연구된 적은 전혀 없지만, 큰 집단이 훼손되지 않은 지역에 작은 집단보다 더 빠르게 충격을 가할 수 있다는 점은 일리가 있다. 예를 들어, 웨스트버지니아주의 New River 강가에서, 규모가 큰 상업적 래프팅 회사들에 의해 사용된 장소에서 초목이 손실된 지역은 작은 규모의 어부들에 의해 사용된 장소의 지역보다 네 배 이상 더 넓었다. 그러나, 잘 확립되어 있는 야영지에서는, 그들이 그들의 활동을 야영지로 제한하는 한 규모가 큰 집단이 문제는 아니다.

어휘 **wilderness** 황무지 **potential** 잠재력 **undisturbed** 훼손되지 않은, 방해받지 않은 **vegetation** 초목 **restrict** 제한하다

2 정답 ④ **which → where[with which]**

해설 ④ 장소를 나타내는 선행사 a source 뒤에 주어(they), 동사(can confirm), 목적어(their own personal set of beliefs)가 모두 있는 완전한 절이 왔으므로 which를 관계부사 where 또는 「전치사 + 관계대명사」 with which로 고쳐야 한다. (불패전략 28)

오답
분석
① 주어 People이 '노출시키는' 행위의 주체이므로 has been 뒤에 능동태 동사를 만드는 exposing이 온 것은 적절하다. (불패전략 15)

② 뒤에 주어(so many types of news), 동사(are), 주격보어(available)가 모두 있는 완전한 절이 왔으므로 명사절 접속사 that이 와야 한다. 문장 앞의 it은 가주어이고, that ~ audiences는 진짜 주어이다. (불패전략 29, 30)

③ '사람들은 주류의 뉴스를 보거나 ~ 뉴스를 전적으로 피했다'라는 의미로, 동사 watched와 나열되어야 하므로 동사 avoided가 온 것은 적절하다. (불패전략 03)

⑤ '결국 ~하게 되다'라는 의미로 end up v-ing를 쓰므로 동명사 creating이 온 것은 적절하다. (CH 02 불패표현)

해석 사람들은 오랫동안 뉴스 콘텐츠에 그들 자신을 선택적으로 노출시켜왔다. 그러나, 매우 많은 종류의 뉴스가 다양한 시청자들에게 끊임없이 이용 가능하다는 것은 현대에서 훨씬 더 중요하다. 과거에는, 뉴스의 공급처가 얼마 없었기에, 사람들은 주류의 뉴스를 보고 그들 자신의 것과 상반되는 신념을 보거나 뉴스를 전적으로 피했다. 이제 인터넷과 정보를 쉽게 퍼뜨릴 능력과 함께, 사람들은 그들이 그들 자신의 개인적 신념들을 지속적으로 확인할 수 있는 뉴스의 공급처를 쉽게 찾을 수 있다. 이것은 결국 그들의 관점이 의심의 여지 없이 전적으로 옳다고 생각하는 사람들의 집단들 간에 많은 갈등을 만들어낼 수도 있다.

어휘 **selectively** 선택적으로 **expose** 노출시키다 **mainstream** 주류의 **consistently** 지속적으로 **confirm** 확인하다, 보여주다 **tension** 갈등

3 정답 ② as → than

해설 ② '~보다'라는 의미로 비교급 more concerned 뒤에 와야 하므로 as를 than으로 고쳐야 한다. a philosophical exercise 앞의 as는 '~로서'라는 뜻의 전치사이다. (불패전략 37)

오답분석 ① 부정을 나타내는 어구인 nor가 문장의 앞쪽에 와서 도치되었으므로 동사는 뒤에 있는 단수명사 this style에 수일치해야 한다. 따라서 단수동사 has가 온 것은 적절하다. (불패전략 14)
③ 분사구문의 의미상 주어 Greek music이 '포괄하는' 행위의 주체이므로 현재분사 comprising이 온 것은 적절하다. (불패전략 08)
④ 목적어 music이 '무미건조한' 행위의 주체이고 consider가 to부정사를 목적격보어로 취하는 동사이므로 to부정사 to be가 온 것은 적절하다. (불패전략 05)
⑤ '일반적으로 걸쳐 있다'라는 의미로 뒤에 있는 동사 span을 수식하므로 부사 generally가 온 것은 적절하다. (불패전략 34)

해석 우리는 고대 그리스 음악이 어떤 소리를 냈는지 모르는데, 그 이유는 그것이 기록된 형태로 되어 있는 사례가 없고, 이 방식이 구전으로도 살아남지 못했기 때문이다. 어쨌든 그것의 대부분은 아마도 특정 규칙과 관례 내에서 즉흥적으로 연주되었을 것이다. 그래서 우리는 주로 플라톤과 아리스토텔레스와 같은 작가들의 설명으로부터 그것의 토대를 추측할 수밖에 없는데, 그들은 그것에 대한 기술적인 개관을 제공하는 것보다 철학적인 실천으로서 음악에 대해 글을 쓰는 것에 대체로 더 관심이 있었다. 그리스 음악은 대체로 성악 형식이며, 수금과 같은 악기의 반주를 받는 운문을 포괄했던 것으로 보인다. 사실, 플라톤은 춤과 노래 없이 수금과 피리만 연주되는 음악을 매우 무미건조하다고 여겼다. 그 선율은 매우 제한된 음역을 가지고 있었던 것으로 보이는데, 왜냐하면 그 악기들은 일반적으로 한 옥타브에만 걸쳐 있기 때문이다.

어휘 oral tradition 구전 improvise 즉흥 연주를 하다 convention 관례, 관습 philosophical 철학적인 predominantly 대체로, 대부분 comprise 포괄하다, 포함하다 lyre 수금 exceedingly 매우 span 걸치다, 걸쳐 이어지다 octave 옥타브

4 정답 ⓒ which → whose, ⓔ survive → to survive

해설 ⓒ 두 개의 절을 연결하는 접속사가 없고, 뒤에 있는 명사 cycle과 함께 '그들의 주기(their cycle)'라는 의미가 되어야 하므로, which를 소유격 관계대명사 whose로 고쳐야 한다. (불패전략 26)
ⓔ 가주어 it의 진짜 주어 자리이며, 명사 역할을 하는 to부정사가 와야 하므로 survive를 to부정사 to survive로 고쳐야 한다. (불패전략 01)

오답분석 ⓐ '열대 우림의 덮개 안에 있는 유기체들'이라는 의미이므로 복수명사 They(Ecosystems)를 가리키는 복수대명사 those가 온 것은 적절하다. (불패전략 31)
ⓑ 수식받는 명사 The processes가 '지배하는' 행위의 주체이므로 현재분사 governing이 온 것은 적절하다. (불패전략 07)
ⓓ 의미상 주어(all other things)가 있는 분사구문이며, being은 주격보어를 취하므로 형용사 equal이 온 것은 적절하다. (불패전략 34)

해석 생태계들은 구성과 범위에 있어 차이가 있다. 그것들은 당신의 입 안에 있는 유기체들의 군집과 상호작용 혹은 열대 우림의 덮개 안에 있는 것들에서부터 지구의 바다에 있는 모든 것들까지의 범위에 이르는 것으로 정의될 수 있다. 그것들을 지배하는 과정들은 복잡성과 속도의 면에서 차이가 있다. 몇 분 안에 끝나는 주기의 시스템도 있고, 그것들의 주기가 수백 년까지 연장되는 것들도 있다. 어떤 생태계는 광범위한 한편 다른 것들은 지역의 작은 지점으로 국한된다. 이에 상관없이, 조화감이 있다. 장벽을 만들어 한 생태계를 부분들로 나누면, 그 부분들의 생산성의 총합은 일반적으로, 다른 것들이 동일하다면, 전체의 생산성보다 더 낮다는 것이 발견될 것이

다. 한 가지 이유는 생물학적 개체군의 이동성인데, 이주하는 종들의 경우도 마찬가지이다. 장벽들 사이로 생태계가 제공하는 안전한 통행로들 때문에 그들이 생존하는 것이 가능하다.

어휘 ecosystem 생태계 canopy 덮개, 지붕 모양으로 우거진 것 complexity 복잡성 confine 국한시키다 barrier 장벽 productivity 생산성 mobility 이동성 migratory 이주하는

실전 모의고사 06
본책 p.152

1 정답 ① profoundly - satisfying - which

해설 (A) 'Guggenheim 박물관이 그랬던 것만큼이나 완전히 ~ 성공적으로 바꾸어 놓았다'라는 의미로 앞에 있는 동사 have transformed를 수식하므로 부사 profoundly가 와야 한다. as ~ Bilbao는 'as + 원급 + as」 형태의 비교구문이다. (불패전략 34)
(B) 주어 Being musicians and playing together in a group이 '만족스럽게 하는' 행위의 주체이므로 현재분사 satisfying이 와야 한다. (불패전략 09)
(C) 두 개의 절을 연결하는 접속사가 없고, 명사 musical events를 보충 설명하는 절(some ~ from)을 연결해야 하므로 관계대명사 which가 와야 한다. (불패전략 26)

해석 Guggenheim 박물관이 Bilbao에 그랬던 것만큼이나 완전히, 몇몇 지역사회에서 음악과 공연이 동네 전체를 성공적으로 바꾸어 놓았다. 브라질의 Salvador에서 음악가인 Carlinhos Brown은 위험한 동네들에 여러 개의 음악 센터들을 세웠다. 지역 아이들은 노래를 부르고 무대에서 공연하도록 권장되었다. 이러한 활동들을 통해, 아이들은 마약을 거래하는 것에서 손을 떼기 시작했다. 음악가가 되고 그룹을 이루어 함께 연주를 하는 것이 더 재미있어 보였으며 더 만족스러웠다. 조금씩, 이 동네들에서 범죄율이 감소했고, 희망이 돌아왔다. 아마 Brown의 본보기에 영감을 받았을 다른 빈민가 지역에서, 문화센터가 지역 아이들이 뮤지컬 공연들을 무대에 올리도록 권장하였으며, 이들 중 몇몇은 아이들이 아직 회복 중이던 비극적인 사건을 극화한 것이었다.

어휘 profoundly 완전히 formerly 이전에 put on 공연하다, 상연하다 slum 빈민가 dramatize 극화하다, 각색하다 recover 회복하다

2 정답 ③ take → taking

해설 ③ '다수에게 동의하는 것과 그 주장에서 한 걸음 더 나아가는 것'이라는 의미로, 동명사 agreeing과 나열되어야 하므로 take를 동명사 taking으로 고쳐야 한다. (불패전략 03)

오답분석 ① 뒤에 주어 없이 동사(express)와 목적어(different opinions)가 왔으므로, 주어 역할을 하는 주격 관계대명사 who가 온 것은 적절하다. you know는 수식어(삽입절)이다. (불패전략 27, 28)
② 목적어 group members가 '취하는' 행위의 주체이고 cause가 to부정사를 목적격보어로 취하는 동사이므로 to부정사 to take가 온 것은 적절하다. (불패전략 05)
④ '한 주제에 대한 토론에의 노출은 사람을 그들의 태도에 대한 새로운 주장으로 안내한다'라는 절 전체를 보충 설명하므로 관계대명사 which가 온 것은 적절하다. (불패전략 27)
⑤ any는 수식하는 명사의 종류에 상관없이 쓸 수 있으므로, 복수명사 arguments 앞에 any가 온 것은 적절하다. (불패전략 32)

해석 상식은 당신이 아는 다른 의견을 내는 사람들과의 토론이 그 집단 내의 모든 사람에게 좀 더 온건한 태도를 만들어 낼 것이라고 말한다. 놀랍게도, 이것이 항상 사실은 아니다. 집단 극화에서, 일정 기간의 토론은 집단 구성원들이 쟁점들에 대해 그들이 평소에 그랬던 것보다 더 극단적인 입장을 취하도록 한다. 두 가지 압력들이 이를

초래한다. 첫째로, 소속에 대한 욕구는 집단 극화에 기여한다. 만약 어떤 집단의 다수가 특정한 방향으로 기울어 있다면, 그 다수에게 동의하고 그 주장에서 한 걸음 더 나아가는 것보다 당신이 소속되고 싶다는 것을 보여줄 더 나은 방법이 무엇이겠는가? 둘째로, 한 주제에 대한 토론에의 노출은 사람을 그들의 태도에 대한 새로운 주장으로 안내하는데, 이는 그들의 태도를 강화한다. 만약 당신이 이미 총기 규제에 반대하고 있으며 당신의 입장을 지지하는 어떤 추가적인 주장을 듣는다면, 당신은 결국 당신이 원래 그랬던 것보다 더 반대하게 될지도 모른다.

어휘 **common sense** 상식 **moderate** 온건한 **attitude** 태도
group polarization 집단 극화, 집단양극화 **extreme** 극단적인
affiliation 소속 **majority** 다수의 **lean in** 기울이다, 기대다

3 정답 ② **dominantly → dominant**

해설 ② become은 주격보어를 취하는 동사이므로 dominantly를 형용사 dominant로 고쳐야 한다. how로 인해 주격보어가 절 앞으로 도치되었다. (불패전략 34)

오답 분석 ① 가목적어 it의 진짜 목적어 자리이며, 명사 역할을 하는 to부정사가 와야 하므로 to부정사 to compete가 온 것은 적절하다. (불패전략 01)

③ 수식받는 명사 regulations가 '편애하는' 행위의 주체이므로 현재분사 favoring이 온 것은 적절하다. (불패전략 07)

④ 뒤에 주어(you)와 동사(are doing)만 있고 목적어가 없는 불완전한 절이 왔으므로 what이 온 것은 적절하다. what ~ doing은 전치사 at의 목적어 역할을 하는 명사절이다. (불패전략 29, 30)

⑤ 뒤에 주어(opportunities)와 동사(are)가 모두 있는 완전한 절이 왔고, '다른 사람들이 돈을 벌 기회가 있다는 신호'라는 의미이므로 동격 that이 온 것은 적절하다. (불패전략 29)

해석 독점의 실제 문제들은 자본주의가 아니라 국가 통제주의에 의해 야기된다. 국가 통제주의 사회체제하에서는, 세금과 규제가 종종 시장에서 기존의 대기업들을 보호하는 역할을 한다. 그러한 기업들은 그 보호책들을 유지하거나 확대할 전략들을 종종 사용하는데, 새로운 기업들이 그들과 경쟁하는 것을 더 어렵게 만드는 세금이나, 오직 대기업만이 준수할 수 있는 규제 조치 같은 것들이다. 반면에, 자본주의 사회 체제하에서는, 정부는 기업이 그것의 산업에서 얼마나 우위를 점하게 될지에 대한 통제권을 갖지 않는다. 게다가, 자본주의 사회는 권리를 침해하는 세금 또는 누군가를 편애하는 규제를 가지고 있지도 않고 그것은 독점도 금지하지 않는다. 자본주의하에서, 우위는 오직 당신이 하고 있는 것에 정말 능숙해짐으로써만 성취될 수 있다. 그리고 우위를 유지하기 위해, 당신은 계속해서 경쟁에서 앞서 있어야 하는데, 이는 당신의 우위와 이익을 다른 사람들 또한 돈을 벌 기회가 있다는 신호로 여긴다.

어휘 **monopoly** 독점 **statism** 국가 통제주의 **capitalism** 자본주의
regulation 규제 **player** 회사 **regulatory** 규제력을 지닌
dominant 지배적인 **violating** 침해하는 **dominance** 우위, 우월

4 정답 ⓑ **what → whether[if]**, ⓔ **be → have been**

해설 ⓑ 뒤에 주어(this glass)와 동사(weighs)가 모두 있는 완전한 절이 왔고, '이 잔이 무게가 많이 나가는지 적게 나가는지'라는 의미이므로 what을 whether[if]로 고쳐야 한다. whether[if] ~ little은 문장의 진짜 주어 역할을 하는 명사절이다. (불패전략 29)

ⓔ '처음(과거)에는 습관을 고치는 것이 쉬웠을지도 모른다'라는 의미이므로 조동사 might 뒤에 be를 have been(have p.p.)으로 고쳐야 한다. (불패전략 22)

오답 분석 ⓐ 동사 lie는 뒤에 목적어가 오지 않아 수동태로 쓸 수 없는 자동사이므로 능동태 lay(lie의 과거형)가 온 것은 적절하다. (불패전략 16)

ⓒ 수식받는 명사 severe pain이 '전해지는' 행위의 주체이므로 현재분사 running이 온 것은 적절하다. (불패전략 07)

ⓓ '과거에 노력한 것을 기억하다'라는 의미이므로 동사 Remember

뒤에 동명사 목적어 trying이 온 것은 적절하다. (불패전략 04)

해석 스트레스 관리 원칙들을 가르치던 중에, 한 심리학 교수가 그녀의 책상에 놓여있던 컵을 가리켰다. 그녀는 그것을 들어 올리고 그녀의 학생들에게 "제가 들고 있는 이 물 한 잔은 얼마나 무거울까요?"라고 물었다. 학생들은 다양한 대답을 외쳤다. 그 교수가 답했다. "이 잔이 무게가 많이 나가는지 적게 나가는지는 중요하지 않습니다. 이는 제가 그것을 얼마나 오래 들고 있느냐에 달려 있어요. 만약 제가 이것을 1분 동안 들고 있다면, 이것은 꽤 가볍죠. 하지만, 만약 제가 이것을 하루 종일 들고 있다면 저는 심각한 고통이 제 팔을 통해 전해지는 채로 잔을 바닥에 떨어뜨릴 것입니다. 과거에 나쁜 습관을 고치려고 노력하던 것을 기억해보세요. 처음에는 쉬웠을지도 모르지만, 여러분이 더 오래 노력할수록 더 어려워졌을 것입니다. 목표는 같은 채로 있었지만, 여러분이 여러분의 욕구에 맞서 싸우려고 더 오래 노력할수록, 여러분의 목표를 고수하는 것은 더 어려워집니다." 학생들은 동의하며 고개를 끄덕였다.

어휘 **management** 관리 **principle** 원칙 **various** 다양한
run through ~을 통해 전해지다, ~속으로 퍼지다

실전 모의고사 07

본책 p.154

1 정답 ⑤ **taught - set - by which**

해설 (A) 주어 some nonhuman primates가 '배우는' 행위의 대상이므로 have been 뒤에 수동태 동사를 만드는 taught가 와야 한다. to use는 4형식 동사 teach의 목적어이다. (불패전략 18)

(B) 주어 the complexity ~ animals의 동사가 필요하므로 동사 set이 와야 한다. used는 the communication systems를 수식하는 분사로 쓰였다. (불패전략 01)

(C) 뒤에 주어(different culture groups)와 동사(are identified)가 모두 있는 완전한 절이 왔으므로 「전치사 + 관계대명사」by which가 와야 한다. (불패전략 28)

해석 언어는 인간과 동물 사이의 주요한 특징들 중 하나이다. 많은 동물들이 소리, 냄새, 그리고 다른 화학물질, 또는 움직임을 통해 서로 의사소통을 한다. 게다가, 인간이 아닌 몇몇 영장류는 인간과 의사소통을 하기 위해 손짓 언어를 사용하도록 가르침을 받아왔다. 그러나, 인간 언어의 복잡성, 미묘한 차이가 있는 감정과 생각을 전달하는 그것의 능력, 그리고 사회적 동물로서 우리의 존재에 있어서의 그것의 중요성은 그것을 다른 동물들에 의해 사용되는 의사소통 체계와 구분 짓는다. 여러 가지 면에서, 언어는 문화의 본질이다. 그것은 다른 문화 집단들이 구별되게 하는 단 하나의 가장 보편적인 요인을 제공한다. 언어는 혁신의 문화적 확산을 촉진하고, 또한 우리가 우리의 환경을 인지하고 이름을 붙이는 방식을 형성하도록 돕는다.

어휘 **primate** 영장류 **complexity** 복잡성 **convey** 전달하다
nuance 미묘한 차이 **set apart** 구분 짓다, 구별하다
essence 본질 **facilitate** 촉진하다 **diffusion** 확산

2 정답 ② **that → what**

해설 ② 뒤에 주어(we)와 동사(are using), 목적어(more)가 있지만 전치사(of)의 목적어가 없는 불완전한 절이 왔으므로 that을 what으로 고쳐야 한다. what ~ of는 동사 has affected의 목적어 역할을 하는 명사절이다. (불패전략 30)

오답 분석 ① 주어 the amount of paper에서 the amount of는 항상 앞을 단수 취급하는 표현이므로 단수동사 has가 온 것은 적절하다. (불패전략 12)

③ '가까이 데려다주지 못하다'라는 의미로 준동사 bringing을 수식하므로 '가까이'라는 뜻의 부사 close가 온 것은 적절하다. (불패전략 35)

④ '더 ~할수록, 더 …하다'라는 의미로 「the + 비교급 ~, the + 비교급 …」을 써야 하며, 앞에 비교급을 만드는 more가 왔으므로 원급 modern이 온 것은 적절하다. (CH 08 불패표현)

⑤ If가 이끄는 절이 조건의 부사절이므로, 미래에 일어날 일이더라도 현재시제 continues가 온 것은 적절하다. (불패전략 20)

해석 종이의 필요성을 부정하는 것처럼 보이는 모든 첨단 기기들에도 불구하고, 미국에서 사용된 종이의 양은 최근 거의 두 배로 증가했다. 기술은 항상 우리가 더 사용하고 있는 것에 영향을 미쳐 왔고, 그것의 진보는 대개 더 적은 재료들을 쓰는 것의 가능성을 제시한다. 그러나, 현실은 그것들이 역사적으로 더 많은 재료 사용을 야기해 왔으며, 천연자원 사용으로부터 더 독립적이 되고자 하는 우리의 목표에 우리를 가까이 데려다주지 못했다. 세계는 이제 그 어느 때보다도 훨씬 더 많은 '것'을 소비한다. 우리는 금, 구리, 그리고 희귀 금속과 같은 산업 광물을 우리가 한 세기 이전에 그랬던 것보다 27배 더 많이 사용한다. 우리가 더 많은 혁신과 더 현대화된 생활 방식을 가질수록, 우리는 각자 더 많은 자원을 사용한다. 만약 세계가 이 순환을 계속한다면, 그것은 영구적인 손상을 야기하여, 우리가 지속가능성을 성취하는 것으로부터 더 멀어지게 될 것이다.

어휘 high-tech device 첨단 기기 independent 독립적인
natural resource 천연자원 industrial 산업의 cycle 순환
permanent 영구적인 sustainability 지속가능성

---

3 정답 ③ exist → exists

해설 ③ 주어 a desire는 단수명사이므로 exist를 단수동사 exists로 고쳐야 한다. Erich Fromm proposed와 to surpass ~ creatures는 수일치에 영향을 미치지 않는 수식어이며, 각각 삽입절과 to부정사구이다. (불패전략 10)

오답 분석 ① to부정사의 의미상 주어 for people의 people이 '이끄는' 행위의 대상이므로 to 뒤에 to부정사의 수동형을 만드는 be led가 온 것은 적절하다. (불패전략 06)

② 문장의 동사(possess)가 따로 있으므로 수식어 역할을 하는 to부정사(to invent)가 온 것은 적절하다. (불패전략 01)

④ 주어 humans가 '이끄는' 행위의 대상이므로 are 뒤에 수동태 동사를 만드는 driven이 온 것은 적절하다. to go는 5형식 동사 drive의 목적격보어이다. (불패전략 18)

⑤ '특별한 목적이 인간에 의해 만들어진다'라는 절 전체를 보충 설명하므로 관계대명사 which가 온 것은 적절하다. (불패전략 27)

해석 Gordon Allport는 그들에게 최소한의 도전만을 제공하는 삶에 만족하지 못한 많은 개인들을 역사가 기록한다고 주장했다. Allport는 사람들이 그들의 삶의 행로를 바꾸려는 그들의 욕구를 일깨우는 미래에 대한 통찰력에 의해 앞으로 이끌리는 것이 일반적이라고 여긴다. 그에 따르면, 사람들은 그들의 내면의 에너지를 쓸 동기와 목적을 만들어 내려는 욕구를 그들의 마음속에 지니고 있다. 마찬가지로, Erich Fromm은 수동적인 피조물의 역할을 넘어서고 싶은 욕구가 인간의 일부에 존재한다고 제시했다. 그에게, 인간은 단지 창조된 상태를 넘어서도록 본능적으로 이끌린다. 대신에, 인간은 그들 자신의 운명을 만드는 적극적인 행위자인 창조자가 되려고 노력한다. 존재의 수동적이고 우연한 본질을 넘어서, 특별한 목적이 인간에 의해 만들어지고, 이는 그들에게 자유의 진정한 토대를 제공한다.

어휘 be content with ~에 만족하다 alter 바꾸다
surpass 넘어서다 passive 수동적인 accidental 우연한
basis 토대

---

4 정답 ⓒ where → which[that], ⓔ What → That

해설 ⓒ 개념을 나타내는 선행사 their dreams 뒤에 주어(they)와 동사(create)만 있고, 목적어가 없는 불완전한 절이 왔으므로 where를 관계대명사 which[that]로 고쳐야 한다. (불패전략 28)

ⓔ 뒤에 주어(people), 동사(have), 목적어(similar dreaming experiences)가 모두 있는 완전한 절이 왔으므로 What을 That으로 고쳐야 한다. That ~ experiences는 동사 is의 주어 역할을 하는 명사절이다. (불패전략 29, 30)

오답 분석 ⓐ '전적으로 다른 감각을 통해'라는 의미로 전치사구 through their other senses를 수식하므로 부사 entirely가 온 것은 적절하다. (불패전략 34)

ⓑ '정상 시력을 가진 사람의 꿈들'이라는 의미이므로 복수명사 The dreams를 가리키는 복수대명사 those가 온 것은 적절하다. (불패전략 31)

ⓓ 분사구문의 의미상 주어 A person이 '사용하는' 행위의 주체이므로 현재분사 using이 온 것은 적절하다. (불패전략 08)

해석 시력이 없이 태어난 사람은 시각적 경험을 수집할 수 없어서, 세상에 대한 그들의 이해의 형성은 전적으로 다른 감각들을 통해 이루어진다. 그 결과, 시각장애인은 비시각적 감각에서 오는 경험과 기억을 통해 세상을 이해하는 능력을 개발한다. 선천적으로 시각장애를 가진 사람이 꾸는 꿈들은 정상 시력을 가진 사람의 것들처럼 생생하고 상상력이 풍부할 수 있다. 그러나, 그들이 만들어내는 그들의 꿈은 비시각적 경험과 기억으로부터 구성되기 때문에 그것들은 특별하다. 정상 시력을 가진 사람은 형태, 빛 그리고 색의 시각적 기억을 사용하여 친숙한 친구에 대해 상상하고 꿈을 꿀 것이다. 하지만, 시각장애인은 그 친구를 나타내는 비시각적 감각에서 나온 경험으로 그 친구를 연상할 것이다. 비록 그들이 사진처럼 꿈을 꾸지 않더라도 선천적 시각장애인들이 비슷한 꿈 경험을 한다는 것은 놀랍다.

어휘 formation 형성 vivid 생생한 construct 구성하다
associate with ~을 연상하다, 관련시켜 생각하다

실전 모의고사 08
본책 p.156

1 정답 ④ did - cover - that

해설 (A) it 뒤의 생략 전 내용은 meant at first이며, 반복되는 동사 meant가 일반동사의 과거형이므로 did가 와야 한다. (불패전략 24)

(B) if절의 동사가 purchased이며 맥락상 현재의 사실을 반대로 말하는 가정법 과거이므로, 주절에는 과거시제가 와야 하므로 would 뒤에 동사원형 cover가 와야 한다. (불패전략 21)

(C) '구매될 수 있는 상품'이라는 의미로, goods(선행사)를 수식하는 관계사 자리이므로 that이 와야 한다. what은 선행사를 수식하는 관계사로는 쓸 수 없다. in a sense는 수식어(삽입구)이다. (불패전략 30)

해석 당신의 결혼식 날에, 당신의 신랑 들러리가 당신을 울게 만드는 따뜻하고 감동적인 축사를 한다고 가정해보라. 당신은 나중에 그가 그것을 직접 쓰지 않고 온라인에서 샀다는 것을 알게 된다. 그렇다면, 그 축사는 당신이 그것이 보수를 받은 전문가에 의해 쓰여졌다는 것을 알기 전인, 처음에 그것이 그랬던 것보다 덜 의미 있을까? 대부분의 사람들은 그 구매된 결혼식 축사가 진짜 축사보다 더 낮은 가치를 지닌다는 것에 동의할 것이다. 비록 구매된 축사가 그것의 요구되는 효과를 달성한다는 의미에서 '효과가 있을지는' 모르지만, 그 효과는 기만에 좌우될지도 모른다. 즉, 만약 당신이 온라인에서 감동적인 명작 축사를 구매한다면, 당신은 아마 당신이 그렇지 않

은 척하면서 그것을 감출 것이다! 만약 구매된 축사가 그것의 출처를 숨기는 데 그것의 영향이 좌우된다면, 그것은 그것이 진짜의 부패한 형태라고 의심할 이유이다. 결혼식 축사는, 어떤 의미에서는, 구매될 수 있는 상품이지만, 그것들을 사고파는 것은 그것들의 가치를 떨어뜨린다.

어휘 best man 신랑 들러리   heartwarming 따뜻한   toast 축사
professional 전문가   authentic 진짜의   deception 기만, 속임
masterpiece 명작   conceal 숨기다, 감추다   suspect 의심하다
corrupt 부패한   diminish 떨어뜨리다, 깎아내리다

2 정답 ⑤ which → where[in which/during which]

해설 ⑤ 장소를 나타내는 a practice 뒤에 주어(they), 동사(debated), 목적어(spiritual and philosophical issues)가 모두 있는 완전한 절이 왔으므로 which를 관계부사 where 또는 「전치사 + 관계대명사」 in which[during which]로 고쳐야 한다. (불패전략 28)

오답분석 ① 주어 debate가 불가산명사이므로 단수동사 was가 온 것은 적절하다. held in the Senate meetings는 수일치에 영향을 미치지 않는 수식어(분사구)이다. (불패전략 10)
② '일상적으로 토의하다'라는 의미로 앞에 있는 동사 would have를 수식하므로 부사 routinely가 온 것은 적절하다. (불패전략 34)
③ 주격 관계대명사 that 앞의 선행사 debate가 '사용하는' 행위의 대상이므로 수동태 was used가 온 것은 적절하다. (불패전략 17)
④ 수식받는 명사 great debating contests가 '주는' 행위의 주체이므로 현재분사 offering이 온 것은 적절하다. (불패전략 07)

해석 토론은 언어 그 자체만큼이나 오래되었고 인간의 역사 내내 많은 형태들을 취해왔다. 고대 로마에서, 원로원에서 열린 토론은 시민 사회의 경영과 사법 제도에 있어서 대단히 중요했다. 그리스에서는, 정책 변화에 대한 옹호자들이 수백 명의 아테네인들로 구성된 시민 배심원단 앞에서 일상적으로 토의하곤 했다. 인도에서, 종교적인 논란을 해결하는 데 사용된 토론은 매우 인기 있는 오락의 한 형태였다. 인도의 왕들은 승리자들에게 상을 주는 대규모 토론 대회들을 후원했다. 중국은 자국만의 오래되고 뛰어난 토론 전통을 가지고 있다. 2세기에 시작되어, 도교와 유교의 학자들은 하루종일 지속되기도 하는 대회에서 관객들 앞에서 정신적이고 철학적인 문제를 토론했던 '청담(淸談)'이라고 알려진 관행에 참여했다.

어휘 Senate 원로원   civil society 시민 사회   justice 사법의
advocate 옹호자   jury 배심원단   religious 종교적인
controversy 논란   Taoist 도교의   Confucian 유교의
spiritual 정신적인   philosophical 철학적인

3 정답 ② it → which[and it]

해설 ② 두 개의 절 '"Development" ~ growth'와 'it ~ resources'를 연결하는 접속사가 없으므로 it을 관계대명사 which 또는 「접속사 + 대명사」 and it으로 고쳐야 한다. (불패전략 26)

오답분석 ① 부사절 접속사(Even though)로 절과 절이 연결되어 있고, 문장에 부사절의 동사(use)와 주절의 동사(agree)가 있으므로 수식어 역할을 하는 to부정사(to differentiate)가 온 것은 적절하다. (불패전략 02)
③ 주어 The question이 단수명사이므로 단수동사 needs가 온 것은 적절하다. of ~ planet은 수일치에 영향을 미치지 않는 수식어이며, 이때 of는 '~라는'이라는 뜻으로 동격을 나타내는 전치사이다. (불패전략 10)
④ 비교급 less를 수식하므로 비교급을 강조하는 much가 온 것은 적절하다. (불패전략 37)
⑤ 수식받는 명사 industries가 '만드는' 행위의 주체이므로 현재분사 creating이 온 것은 적절하다. (불패전략 07)

해석 비록 World Bank와 같은 기관들은 '선진' 국가와 '개발도상' 국가를 구별하기 위해 부를 사용하지만, 그들은 또한 발전이 경제 성장 그 이상이라는 것에 동의한다. '발전'은 경제 성장을 수반하는 사회적

이고 환경적인 변화도 포함할 수 있는데, 이 변화는 국가의 인구와 자원에 해를 끼칠 수도 있다. 경제 성장이 인간과 지구에 어떻게 영향을 미치고 있는지에 대한 문제는 다루어질 필요가 있다. 국가들은 경제 활동이나 프로젝트의 폐해를, 피해가 나타난 이후보다, 그것이 계획되는 때인 초기에 줄이려고 노력하는 것이 비용이 덜 들고 훨씬 적은 고통을 야기한다는 것을 서서히 깨닫고 있다. 이것을 하는 것은 쉽지 않고 항상 불완전하다. 그러나 그러한 노력이 필요하다는 것을 깨닫는 것은 새로운 제품과 서비스를 만드는 산업에만 집중했던 이전의 태도보다 더 중요한 증가하는 도덕적 관심을 나타낸다.

어휘 institution 기관   economic growth 경제 성장
accompany 수반하다   address 다루다, 고심하다
suffering 고통   imperfect 불완전한   concern 관심

4 정답 ⓒ unreliably → unreliable, ⓔ those → that

해설 ⓒ be동사 are는 주격보어를 취하는 동사이므로 unreliably를 형용사 unreliable로 고쳐야 한다. 형용사 주격보어 unreliable이 문장 앞으로 와서 동사(are)와 주어(some of these individuals)가 도치되었다. (불패전략 34)
ⓔ '바람과 함께 변하는 태도의 약속'이라는 의미이므로 those를 단수명사 The commitment를 가리키는 단수대명사 that으로 고쳐야 한다. (불패전략 31)

오답분석 ⓐ 수식받는 명사 people이 '즐겁게 하는' 행위의 주체이므로 현재분사 pleasing이 온 것은 적절하다. (불패전략 09)
ⓑ 장소를 나타내는 the position 뒤에 주어(they)와 동사(belong)가 모두 있는 완전한 절이 왔으므로 관계부사 where가 온 것은 적절하다. belong은 자동사이므로 뒤에 목적어가 오지 않는다. (불패전략 27, 28)
ⓓ '근처에 있거나 즉시 떠날 준비가 된'이라는 의미로, are의 주격보어인 형용사 nearby와 나열되어야 하며, 분사는 형용사의 역할을 하므로 분사 prepared가 온 것은 적절하다. (불패전략 03)

해석 사무실의 중요한 사람 주변에서, 당신은 항상 친구나 좋은 부하직원, 심지어는 대단한 동조자로서 다가오는 즐겁게 하고 행복한 사람들을 발견하지만, 몇몇은 진정으로 속해 있지 않다. 언젠가는, 어떤 사건이 그들의 위장을 날려 버릴 것이고, 그러면 당신은 그들이 진정으로 속한 위치를 알게 될 것이다. 모든 것이 편안하고 안전할 때, 그들은 기회가 생길 때마다 칭찬하며, 그곳에 있을 것이다. 하지만 어려운 시기는 충성심의 진정한 시험대이다. 물론, 이러한 개인들 중 몇몇은 매우 신뢰할 수 없어서, 그들은 어려움이 닥치자마자 사라지는 첫 번째일 것이다. Dr. Martin Luther King은 이러한 상황들은 사람의 진짜 정체를 밝힌다고 말했다. 그러므로 어떨 때만 근처에 있거나 즉시 떠날 준비가 된 친구들을 조심해라. 거친 폭풍우를 뚫고 당신과 함께 항해하겠다는 약속은 바람과 함께 변하는 태도의 것보다 훨씬 더 가치 있다.

어휘 subordinate 부하직원   sympathizer 동조자   ultimate 진정한
loyalty 충성심   unreliable 신뢰할 수 없는
reveal 밝히다, 드러내다   instant 즉시, 순간   commitment 헌신

실전에 강해지는 수능·내신 어법 훈련서

해커스

수능 어법
불변의
패턴 실력편

정답 및 해설

수능·내신 한 번에 잡는
해커스 불변의 패턴 시리즈

해커스 수능 어법 불변의 패턴

기본서
필수편 (고1)

· 역대 수능·모의고사 기출에서 뽑아낸
  55개의 불변의 패턴
· 출제포인트와 함정까지 빈틈없이 대비하는
  기출 예문 및 기출 문제

훈련서
실력편 (고2)

· 역대 수능·모의고사 기출 분석으로
  실전에 바로 적용하는 **37개의 불패 전략**
· 핵심 문법 설명부터 실전 어법까지
  제대로 실력을 쌓는 **단계별 학습 구성**

해커스 수능 독해 불변의 패턴

기본서
유형편 (예비고~고1)

· 역대 수능·모평·학평에서 뽑아낸
  32개의 불변의 패턴
· 끊어 읽기와 구문 풀이로
  독해 기본기 강화

실전서
실전편 (고2~고3)

· 최신 수능·모평·학평 출제경향과 패턴을
  그대로 반영한 **실전모의고사 15회**
· 고난도 실전모의고사 3회분으로
  어려운 수능에 철저히 대비

해커스 중고등 교재 MAP | 나에게 맞는 교재 선택!

	초 5	초 6	예비중	중 1	중 2
문법			Hackers Grammar Smart Starter	Hackers Grammar Smart Level 1	Hackers Grammar Smart Level 2
				기출로 적중 해커스 중학영문법 1학년	기출로 적중 해커스 중학영문법 2학년
서술형				해커스 쓰기 자신감 Level 1	해커스 쓰기 자신감 Level 2
구문					
독해	Hackers Reading Smart Starter Level 1	Hackers Reading Smart Starter Level 2	Hackers Reading Smart Level 1	Hackers Reading Smart Level 2	Hackers Reading Smart Level 3
				Hackers Reading Path Level 1	Hackers Reading Path Level 2
					해커스 첫수능 영어 기초독해
듣기				해커스 중학영어듣기 모의고사 24회 Level 1	해커스 중학영어듣기 모의고사 24회 Level 2
어휘				해커스 3연타 중학영단어	
				해커스 보카 중학 기초	해커스 보카 중학 필수
					해커스 보카 중학 숙어

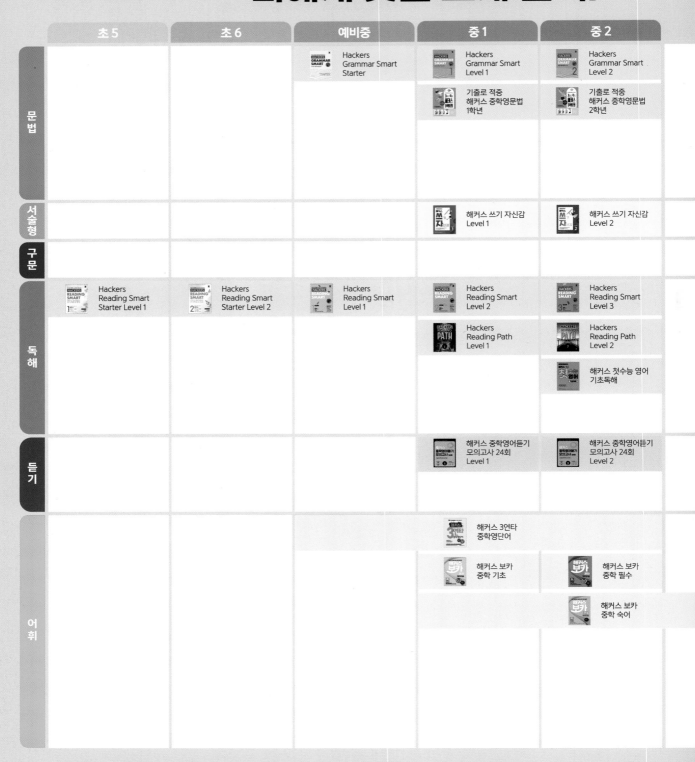

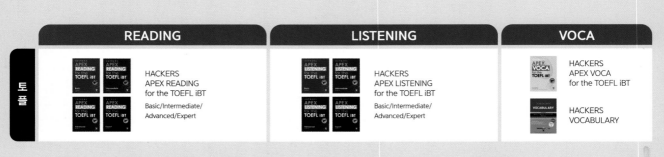

	READING	LISTENING	VOCA
토플	HACKERS APEX READING for the TOEFL iBT Basic/Intermediate/Advanced/Expert	HACKERS APEX LISTENING for the TOEFL iBT Basic/Intermediate/Advanced/Expert	HACKERS APEX VOCA for the TOEFL iBT HACKERS VOCABULARY